EXZELLENZ LASSEN BITTEN

Reclam Bibliothek

KUNSTWISSENSCHAFTEN

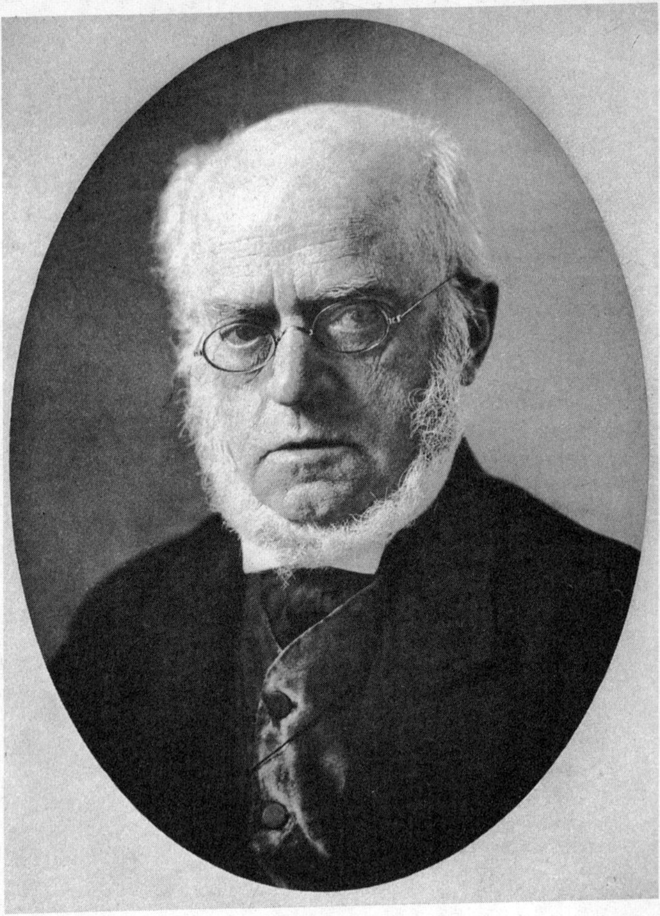

Adolph Menzel um 1895, Foto von Brasch

EXZELLENZ LASSEN BITTEN

Erinnerungen an Adolph Menzel

Reclam-Verlag Leipzig

Herausgegeben von Gisold Lammel
Mit 52 Abbildungen

ISBN 3-379-01435-4

Reclam-Bibliothek Band 1435
1. Auflage, 1992
Umschlaggestaltung: Friederike Pondelik
unter Verwendung eines Fotos von Fritz Schumann,
Adolph Menzel in Kissingen, 31. Juli 1904
Printed in Germany
Satz: INTERDRUCK Leipzig GmbH
Reproduktionen: Reprocolor GmbH, Leipzig
Druck und Binden: Ebner Ulm
Gesetzt aus Garamond-Antiqua

Ottomar Beta

Gespräche mit Adolph Menzel

I.

Die Musen sind Schwestern, welche einträchtiglich miteinander auf dem Olymp wohnen; die Sterblichen aber, welche sich ihre Jünger und Söhne nennen, sondern sich ziemlich streng voneinander ab. Es herrscht zwischen ihnen eine Art von dépit amoureux, der oft recht schroffe Formen findet. Insbesondere sind die bildenden Künstler und Schriftsteller, obgleich sie einander nicht entbehren können, schlecht aufeinander zu sprechen.

Anton v. Werner hat zwar mit seiner angeborenen Großherzigkeit vorgeschlagen, der Genossenschaft der Mitglieder der Akademie in Berlin, die aus zwei Sektionen – für die bildenden Künste und für die Musik – besteht, auch eine dritte für Dichter und Schriftsteller anzugliedern; aber die Welt der Mäzene schließt bekanntlich bei ihren Stiftungen diese letztere Kategorie meist ausdrücklich aus, und ich glaube, Herrn Direktor v. Werners Wunsch ist hauptsächlich auf die Erkenntnis zurückzuführen, daß drei sich besser vertragen als zwei (daher die Dreibünde und Triumvirate), und daß die Literatur ein vermittelndes Element in dieser akademischen Ehe werden könne, etwa ähnlich wie der Text im Wagnerschen Singspiel. Den Belletristen kann's recht sein. Die Welt der Lex-Fexe sucht ihnen aber auf alle mögliche Weise die Schwingen zu beschneiden, während sie doch den Exzellenzen des Kultus und der Finanzen weidlich zusetzen, daß für die Bildner in Ton und Terpentin noch lange nicht genug geschehe. Diese ahnungsvollen Engel! Wir grollen ihnen deswegen nicht.

Exzellenz Menzel nimmt nun zwischen den bildenden und den schreibenden Künsten selbst eine eigenartige Stellung ein, er ist ein „Bilderschriftsteller". Er selbst lächelt über die Vermessenheit, die ihm eine solche ab-

sonderliche Eigenart zuschreibt, und eine seiner ersten Fragen, die er an mich richtete, als er jüngst mich in seinem Atelier empfing, lautete: „Also das geben Sie doch zu, daß die Schriftsteller Leute sind, die ihren Beruf verfehlt haben?“
„Ei freilich, freilich, Exzellenz“, sagte ich, lebhaft mit dem Kopfe nickend. Und diese bereitwillige Selbsterkenntnis versöhnte den alten Herrn, beruhigte ihn. Von dem Moment an war er gegen mich die Güte selbst.
Zu meiner Freude ließ er sich auch leicht überzeugen, daß es Aufgaben gäbe, welche nur von solchen Leuten gelöst werden könnten, und eine Menge Dinge, die man seinen lieben Landsleuten und der ihnen vorstehenden Bürokratie nur durch eine in der Tat völlig unberufene eifrige, unermüdliche und immer wiederholte schriftstellerische Agitation zum Bewußtsein und zu Gemüte führen könnte. Ich hätte mich, sagte ich ihm, allmählich mit dem trüben Schicksal ausgesöhnt, diesem Stande anzugehören, und auch schon so manches Eis brechen helfen. Auch hier brach das Eis. Besonders schien es dem großen Bildner doch nicht ganz unangenehm zu sein, als ich ihn den literarischsten, uns am nächsten stehenden von den Malern aller Zeiten nannte.
Ich muß also wohl voraussenden, mit welchen Gefühlen ich vor diesen Mann hintrat, der über drei Jahrhunderte hinweg einem Dürer die Hand reicht.
Ich stand vor einer wirklichen Exzellenz.
Menzel und Windthorst sind von jeher viel miteinander verglichen worden, obwohl sie hinsichtlich ihrer Überzeugungen und ästhetischen Neigungen sicherlich Antipoden genannt werden müssen. Aber seitdem der große Meister bei der Feier seines achtzigjährigen Geburtstages vor drei Jahren diesen Titel trägt, und weil er in Habitus und habits, zum Beispiel selbst in der gravitätischen Behandlung der Sprache, mit Windthorst so manche Analogien bietet, so liegt es nahe, jetzt ihn „die kleine Exzellenz“ zu nennen. Und doch auch so fern. Denn Menzels Erscheinung hat etwas in hohem Grade Ehrfurcht Erregendes, was man von Windthorst nicht sagen konnte. Es liegt ihm ein sittlicher Ernst aufgeprägt,

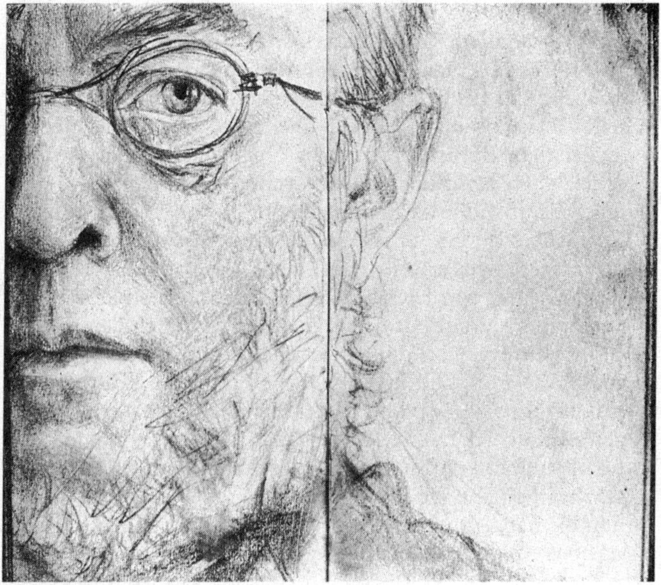

Adolph Menzel, Selbstbildnis im Ausschnitt, 1876/77

der jede Annäherung an Selbstironie, geschweige denn Selbstpersiflage ausschließt, die Windthorst wohlweislich nicht immer verschmähte. Bei ihm diente dergleichen als captatio benevolentiae. Menzel benötigt solcher Mittel nicht, um seine Größe zu wahren. Daß er sich nicht mit der Elle messen läßt, hat er einst auf einem Hofball dem „Papa" Wrangel, der sich an ihm zum Riesen emporzuranken hoffte, drastisch und deutlich ins Gesicht gesagt.

Selbst Helden körperlicher Großtat, wie Prinz Eugen, waren von Person keine Riesen. An diese würde mich Menzel erinnern. Man hat auf Hofbällen, die er meist ohne Bänder und Orden besucht, wirkliche Riesen vor einem Winke seines Fingers scheu und erschrocken zur Seite weichen sehen. Und der Titel Exzellenz, den noch nie zuvor ein bildender Künstler trug („Lords" gibt und gab es ja viele), mit welchem Kaiser Wilhelm II. ihm seine besondere Zuneigung und Ehrfurcht (anders möchte ich es auch in diesem Falle nicht nennen) ausdrückte, steht ihm gleichsam selbstverständlich zu Gesicht. Es ist ein durch unermüdliche Arbeit und Training in geistiger Sphäre errungener physiognomischer Ausdruck, der ihm diese Eigenart verleiht. Menzel begann seine Laufbahn etwa um das Jahr 1830, wo er von Breslau nach Berlin übersiedelte und die „Akademie schwänzte“, wie er selbst sagt, als Lithograph. Er stellte sich sofort in den Dienst der Geschichte. Er schrieb auf den Stein, was der Historiker beschreibt. Durch den ganzen Resurrektionsakt der friderizianischen Zeit bleibt er derselbe. Jedes Bild ist so gut wie ein Band „Künstlers Erdenwallen“, und vom „Vaterunser“ ist jedes ein ganzer Mikrokosmos, das Werk eines „Gedankenhelden“. Das hatten die Berliner Stadtväter nicht begriffen, als sie das bescheidene Honorar zu hoch fanden, das er für seinen Bismarck-Ehrenbürgerbrief forderte. Sie sahen darin nur ein geschickt bemaltes Pergament, ähnlich wie Herr v. Tschudi. Dem Geiste keinen Heller, war auch ihre Devise. Und Menzel ist also gewissermaßen auch ein Märtyrer des Geistes, wenigstens ist sein Atelier eine Werkstätte des Geistes, in dem ein Augen- und ein Händepaar, wie es solche wohl nie vorher gegeben, einem unermüdlichen und Tag und Nacht regen Forschergeiste mühselige, aber doch arbeitsfreudige Dienste verrichten. Sie fixieren die Ergebnisse rastloser Studien, beleben den Staub, auferwecken die Toten, aber unter all diesen Tausenden von Gestalten, die Menzels Hände schufen, ist nicht ein einziger Homunkulus, trotz Herrn v. Tschudi. Das ist das Wesentliche an diesem epochalen Manne, nicht das einzige, aber das wesentlichste. Er kennzeichnet seine Bedeutung weit mehr als seine minutiöse und an Details überreiche Ausführlichkeit in Öl, Aquarell und Gouache, sowie seine lakonische Holzschnittmanier, wo sie hingehört. Der gedankliche Inhalt bleibt diesem Meister immer das Maßgebende.

Kann man sich darüber wundern, wenn ein solcher

Mann etwas dem Leben Abgewendetes hat, wenn er das Alltägliche, Flache, Triviale, Konventionelle, Prunkhafte, Hohle und Leere oft in schroffer Weise von sich fernhält und als Solitär durch diese Menschheit wandelt, die er in so unerbittlicher Weise objektiviert und, trotz Herrn v. Tschudi, auch charakterisiert? Ich hielt es für ziemlich ausgemacht, daß es mir gar nicht gelingen würde, in das Sanktum dieses Meisters zugelassen zu werden. Man hatte mir so viel von seinem abweisenden Wesen erzählt, das sehr verschieden ist von der sogenannten „Menschenscheu", an der etwa ein Lothar Bucher litt oder zu leiden sich den Anschein gab. Bucher kannte die Menschen nur zu gut. Menzel kennt sie vielleicht ein bißchen zu wenig. Er weiß nicht, wie sehr er verehrt wird als Interpret nicht bloß eines volkstümlichen Helden, sondern aller Dinge unter der Sonne. Er weiß nur, daß diese froh genießende Welt keine Ahnung von der Arbeit und den Mühen seines eigenartigen Schaffens hat. Und manches andre hat sich vereinigt, ihm eine gewisse Bitterkeit zu geben.

Eine Anekdote, die man mir erzählte von Hunderten, wird am besten illustrieren, was ich meine. Sie betrifft die „kleine Wegner", die große Ernestine vom Wallnertheater, eine Soubrette, wie wir sie alle Jahrhundert kaum einmal haben. Diese hatte sich in Menzel gleichsam verliebt. Ich glaube, sie hielt sich für eine Geistesverwandte des grausamen Historikers und Analytikers. Sie wollte durchaus von ihm gemalt werden. Sie scheute die vier Hinterhaustreppen nicht, die zu ihm emporführen. Schon diese allein hätten das tapfere Mädchen abschrecken sollen, denn all ihre sonstigen malenden Freunde lebten in Villen in der nahen Hildebrandtschen Privatstraße und sind so bequem zu erreichen. Aber Ernestine drang vor und hinauf und klingelte beherzt. Überall sonst öffnet ein betreßter Diener. Hier nicht. Hier kommt der Herr Professor und Kanzler der Friedensklasse des idealsten aller Orden, des pour le mérite, kurz, die Exzellenz selbst, nachdem er einige verfängliche Stufen hinabklettert und einen dunkeln Korridor entlang gegangen. Das heißt, wenn er gerade guter

Laune ist – denn andernfalls kann klingeln wer will und so lange wie er will.
„Wer sind Sie?"
„Ernestine Wegner, Herr Professor."
„Was wollen Sie?"
„Ich will mich von Ihnen malen lassen."
„Wie kommen Sie, wie komme ich dazu?"
„Ich bin Schauspielerin, Herr Professor."
„Freut mich."
„Die kleine Wegner, Herr Professor."
„Kenne ich nicht."
„Vom Wallnertheater."
„Da war ich nie. Male keine Plakate, keine Reklamebilder. Sie stören mich nur bei der Arbeit."
Schnapp! Der kleinen Wegner fiel die Tür vor der Nase zu. Ewig schade! Die arme kleine Wegner hat diesen Refus nicht lange überlebt. Ich will nicht sagen, daß er ihr Ende herbeiführte, aber man hat Vorahnungen. Sie war in ihrer Weise auch ein Riesengeist und würdig, daß uns ein Menzel ihr sonniges Gesichtchen aufbewahrt hätte, an dessen flackerndem Leben sich Hunderttausende erfreuten, die nun betrübt schweigen und seufzen, wenn man ihren Namen nennt.
Das öfters abweisende Wesen ist Furcht vor Störung, aber keine Menschenfurcht. Diese kennt ein Menzel nicht. Er läßt sich von niemand verblüffen. Als der jetzige Kaiser, der hundertmal gutgemacht hat, was Menzel etwa an Vernachlässigung gelitten, das schöne friderizianische Fest auf Sanssouci zu dessen Ehren arrangierte und ihn in Person in weißer Kürassieruniform mit grünen Aufschlägen an der Pforte des Saales mit einer dem treuesten aller Gedächtnisse einverleibten poetischen Ansprache, gedichtet von dem Regisseur Max Grube, begrüßte, betrachtete der Altmeister forschend den hohen Herrn durch die Brille und sagte dann:
„Ich habe ja wohl die Ehre, den Generaladjutanten Lentulus vor mir zu sehn?"
Die Majestät war ihm hinter der Maske völlig verschwunden. Keine Rede von dem „Ersterben", das die

schöne Illusion zerstört hätte, auf die es hier allein ankam.
Der Kaiser selbst hat sie getreulich während des ganzen Verlaufs der Feier gewahrt und sogar, in seiner angenommenen Rolle neben dem Stuhl des Helden derselben stehend Posto gefaßt. Aber ein wenig ungewohnt war ihm, seiner eigenen Aussage nach, diese Menzelsche Unverblüffbarkeit doch, jedenfalls auffallend und merkwürdig.
„Ich fuhr damals mit Herrn Miquel nach Potsdam hinaus, in demselben Abteil. Ein sehr interessanter Kopf", sagte Menzel, als ich an diese Episode erinnerte, mit tiefem Sinnen, „sonst kenne ich von den Herren der haute finance keine."
Warum wird dieser allerdings sehr interessante Kopf nicht von einem Menzel der Nachwelt überliefert, sondern anderweitig gleich halbdutzendfach in die Mache gegeben?
Soll es uns auch mit diesem genialen Finanz-Proteus und derzeitigen Inhaber des Ringes der Nibelungen so gehen wie mit der kleinen Wegner?
Gemalt ist sie ja doch worden, aber von jemand, der, damals wenigstens, ein Paar trauriglustige Menschenaugen von einem Paar Hornknöpfen nicht unterscheiden konnte. Gott steh mir bei, in Kunstsachen ist es mir nicht gegeben, aus meinem Herzen eine Mördergrube zu machen.
Menzel hat in seinem langen Leben so viel Leute porträtiert, daß man durch dieses Gewimmel kaum hindurchfindet, nicht bloß Träger von Haupt- und Staatsaktionen, auch ganz einfache Mütterchen mit tausend Runzeln, jede einzelne gewissenhaftest registriert. Warum nicht auch die kleine Wegner? Sie stand auch im Dienste einer Muse – aber eben einer anderen.
Und es gibt Maler – ganz, ganz kleine –, welche für einen Mimen nur die Bezeichnung „Kunstkellner" haben, welche nicht immer verdient ist.
Item. Was also der kleinen Wegner recht war, war mir sicherlich billig, dem Mann mit dem verfehlten Beruf. Die Eingeweihtesten – nahe Verwandte des Meisters, lang-

jährige Kenner desselben – sagten mir, mein Unterfangen wäre völlig aussichtslos.
Menzel aufsuchen, sprechen, ihn reden lassen? Mit welchem Recht?
Ja, das ist so wahr?
Ein Recht gibt es für unsereinen, nachdem Jagd, Fischfang und was dergleichen mehr ist, fortgegeben, nur im Himmel. Und beinahe dort sollte es denn auch sein.
Man kann sich denken, daß ich nicht wenig überrascht war, eines Tages die Nachricht zu erhalten, Exzellenz wollten mich doch empfangen, und noch mehr, als ich unten in der Wohnung von der freundlichen Schwester des junggeselligen Meisters, die ihm die Wirtschaft führt und auch einige Ähnlichkeit mit ihm hat, die Weisung erhielt, nur gefälligst hinaufzugehen ins Atelier. Es war glücklicherweise ein überaus finsterer Tag, an welchem zu malen Augenmord gewesen wäre, und also störte ich nicht. Die phänomenale Konzentration, welche der Meister seiner Arbeit widmet und, da sie so durchgeistigt ist, widmen muß, würde sonst wohl auch hindernd in den Weg getreten sein. Denn angeblich gibt es keinen Menschen, von dem Menzel sich je beim Arbeiten hätte beobachten lassen. Wenn er wirklich einmal einen Besucher nicht abweisen kann, der ihm von der treuen Hüterin seines Heims durch Klingelzeichen signalisiert wird, so kommt er herunter und fertigt ihn schleunigst ab oder sitzt förmlich ein Weilchen und hört, was man zu seiner Entschuldigung für diesen Einbruch zu sagen hat, und man sieht ihm die Sehnsucht an, zu seiner Arbeit zurückzukehren. Und nicht anders geschieht es, wenn er irgendwo notgedrungen einer Verhandlung, etwa als Ehrenvorsitzender, beiwohnen muß. Er tritt dann den Vorsitz an einen anderen ab, meist an Anton v. Werner, den geborenen Vorsitzenden, und zeichnet inzwischen irgendein Gerät, das auf dem Tische steht, um seine Zeit nicht mit erbärmlichen Nebensächlichkeiten zu vertrödeln. Ja sogar im Restaurant, dessen stetiger und vielfach sehr später Gast er auch heut noch in seiner altjunggeselligen Weise zu sein pflegt, zeichnet er die Austern, ehe er sie ißt. Vielleicht wird unter seinem Stift – dem

bekannten breiten Menzelstift, der sehr malerische Qualitäten hat, oder dem fein wie ein Grabstichel geschärften – ein jedes dieser Schaltiere irgendein phantastisches Wesen. Denn dieser Realist ist zugleich Phantast, Satiriker und Grübler. Er weilt, während er sein Glas schlürft, mit seinen Gedanken in den Tiefen des Erdballs unter den Gnomen, die er vielleicht im Geiste seine Brüder nennt. Und alles, was er schafft und der Welt hinterlassen wird, vereinigt in sich die kühlste „Objektivität" mit der heißesten „Subjektivität", wie man das bei uns nennt, etwa umgekehrt wie das chinesische Fruchteis in glühendem Teig serviert.
Und nun sollte ich der seltenen Ehre teilhaft werden, mit ihm in seinem Atelier plaudern zu dürfen; ich, der Mensch mit dem verfehlten Beruf, plaudern mit dem Manne, der mehr als fast irgendein andrer Zeitgenosse den seinigen erfüllt hat.
Ich lauschte bangen Atems an der Tür und hörte den leisen Tritt die Stufen herab und den Korridor entlang. Die Korridortür öffnete sich, und Exzellenz stand vor mir. Er war in einen grauen Flauschrock mit Sammetkragen gehüllt, den Hals mit einem seidenen Tuch umwunden. Man kann nicht einfacher und schlichter und doch adretter gekleidet sein. Der mächtige Kopf, der jedem Kundigen der Gallschen Lehre eine Freude und Bestätigung ist, war ohne Bedeckung.
Es waren einige Briefe von befreundeter Hand vorausgegangen, die den Zweck meines Kommens erklärten, und praktisch wie in allen Dingen, sagte er kurz:
„Bitte, nur näher zu treten. – Sehen Sie sich vor, hier sind Stufen", fügte er mit der Sorgsamkeit eines ordentlichen Hausvaters, der Beinbrüche verhindern will, hinzu.
„Ich weiß freilich nicht recht, wie ich Ihren Wunsch erfüllen soll."
Dann schob er mich ins Atelier und trug noch schnell einige große Bände in die Bücherei.
„Ja, ja, das ist das unvollendete Bild", sagte er kurz und gleichmütig, als er zurückkehrte.
Die eine Wand des sehr geräumigen und lichtüberflute-

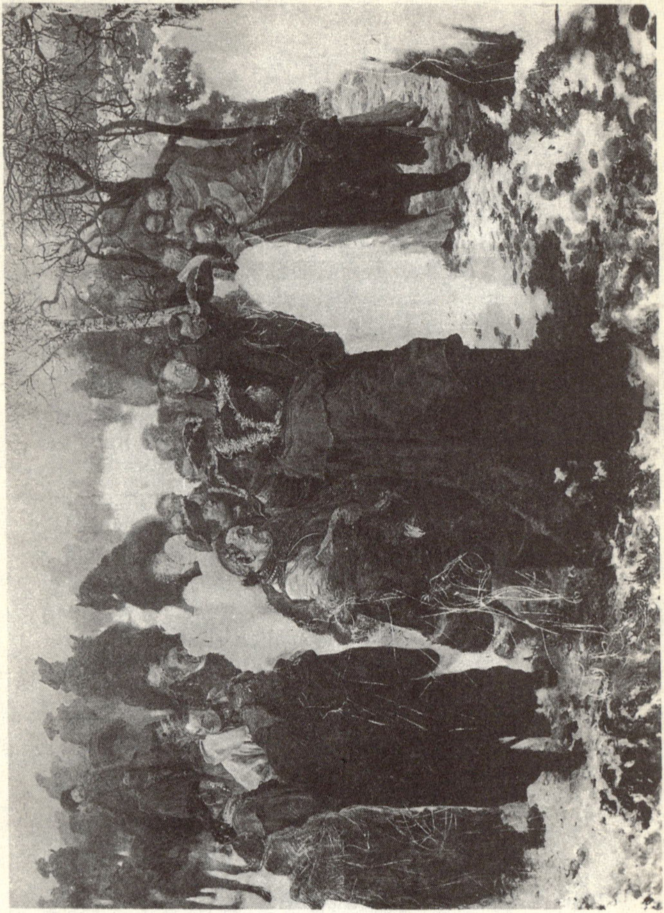

Adolph Menzel, Ansprache Friedrichs des Großen an seine Generale vor der Schlacht bei Leuthen 1757, unvollendet, 1858–1861

ten Ateliers, in dem ich mich inzwischen umsah, ist nämlich völlig von dem noch zum Teil kahlen Ölbilde „Friedrich der Große vor der Schlacht bei Leuthen" eingenommen, das ein Seitenstück zu dem Nachtbilde „Friedrich der Große bei Hochkirch" werden sollte. Es stammt aus dem Jahre 1859.

„Es wird so bleiben", fügte der Meister etwas bitter hinzu; „man hat es damals nicht wollen; es wurde gegen mich gearbeitet und mir die Lust verleidet, das Werk fortzusetzen. Und auch sonst war ich Berlins herzlich müde. Ich dachte schon daran, nach Paris überzusiedeln. Ich fand hier nicht, was ich suchte. Ich hatte meine ganze Kraft Aufgaben gewidmet, die nicht sehr lohnend waren. Meine Freunde haben sich nicht wenig darüber gewundert und haben mir abgeraten, mein Herzblut dahinzugeben für so wenig lohnende Dinge. Und die Lust, noch einmal ein solches Bild zu vollenden, ist mir denn auch gründlich benommen worden. Ich war abgetan und vergessen. Nachher freilich sollte ich mit Gewalt wieder darangehen, aber da hatte ich bereits andre Dinge, die mich fesselten. Denn ich kann nicht so abspringen von einer Aufgabe zur andern. Ich arbeite mich in eine Sache hinein, vertiefe mich in sie, bis ich auf der andern Seite wieder herauskomme. Ich war froh, daß ich den Wust hinter mir hatte und endlich aufatmen, mich mit andern, lebendigeren Vorwürfen beschäftigen konnte."

Diese Eingangsworte beweisen, daß Menzel während der Jahre 1860 bis 1866 nicht gerade auf Rosen gebettet war. Auch er litt schwer unter der Berliner Stagnation, die damals obwaltete. Ich erinnere mich, daß eine Ausstellung seiner Sepiaskizzen, die in jene Zeit fiel, außerordentlichen Zulauf hatte, aber sie blieb ein bloßes Berliner Ereignis. Wir Schüler waren erstaunt, zu sehen, was mit bloßer chinesischer Tusche alles gemacht werden konnte. Aber niemand ahnte, wie es gemacht wurde, und es hat ihm auch bis heute noch niemand nachgemacht, sowenig wie seine friderizianischen Holzschnittzeichnungen. Das Hauptwerk seines Lebens, die mühseligen 1200 Illustrationen zu Kuglers „Geschichte Friedrichs", zu Friedrichs „Werken" und zu Friedrichs

„Armee", hätten für die Welt eine förmliche Revolution, für den großen König eine Resurrektion, für die Kunst eine Erlösung aus dem Banne süßlicher Verschwommenheit sein sollen, aber es waren „Berliner Sachen" und sind für den Meister selbst nicht viel mehr gewesen als dürftig bezahlte Brotarbeit auf Grund unbezahlbarer, unermüdlicher Studien und ausgeführt mit unbezahlbarem Fleiße und unvergleichlichem Genie. Zum Teil nur in geringer Auflage vorhanden, blieben sie in Archiven und Privatbibliotheken begraben. (Das kolorierte Handexemplar des Meisters zu Friedrichs „Armee", welches Werk nur in dreißig Exemplaren für Potentaten bestimmt und wenn ich nicht irre, vom Kaiser Nikolaus bestellt war, befindet sich in Besitz der Wagnerschen Kunsthandlung [Pächter] in Berlin. Der Text ist von Menzel selbst in großen, charakteristischen Lettern geschrieben.) Und für das große Leuthen-Gemälde hatte man damals in Hofkreisen kein Interesse und auch – wie schon die Stadt Berlin für den Ehrenbürgerbrief – kein Geld. Hinc illae lacrimae. Berechtigtere Klagen hat es nicht viele gegeben.

Für mich hatte diese Eröffnung sachlich nichts Überraschendes, vielmehr war sie nach allem, was man weiß, hört und sieht, und was man an sich selbst erfuhr, ziemlich selbstverständlich. Man hat sich längst dreingefunden. Aber daß der große und an späteren Ehrungen so reiche Meister unter diesen Bitternissen in dem Maße gelitten, daß der Ausdruck davon in seinem Gemüt gleichsam stets und noch heute obenauf liegt, ist doch sehr kennzeichnend, wenn auch freilich nicht für Menzel allein. Es ist ein Ergebnis der spezifisch preußischen Situation und für uns alle physiognomisch geworden. Er liegt in dicken Furchen in jedem Gesichte aus friderizianischer Zeit, die in furchtbaren Kämpfen sich aufrieb, scheinbar nur, um eine Sandscholle zu verteidigen, in Wirklichkeit aber, um die Zukunft der Menschheit zu retten. Denn so sagt auch Carlyle, der große Biograph des einzigen Königs: „The future of Germany is the future of the World." Ich glaube nicht, daß Menzel, als er dem „Einzigen" sein „Herzblut" gab, wie er es nennt,

sich dieser Wahrheit weniger bewußt war als Carlyle, der sie erst 1870 in der „Times“ zum Ausdruck brachte.
Und nun sehe man sich daraufhin dieses eigenartige Menzelsche Gesicht an. Unter den lustig-listigen alles in sich aufnehmenden, breit auseinanderliegenden Künstler- und Kinderaugen dieser scharfgerissene Mund mit den stoisch schmalen, meist zusammengepreßten Lippen! Singen sie nicht das preußische Pfluglied:

„Ach Jott ja,
Alle Tage Pla!
Alle Tag Kartoffelsuppe!
Ach Jott ja!“ –?

Es hat sich seit sagen wir 1870 manches geändert, gewiß, aber aus gewissen Gründen, die zu erörtern hier nicht angebracht ist, klingt das alte Lied hinterm Pfluge noch unverdrossen weiter hell in die Frühlingsluft hinaus, ich sage „unverdrossen“, trotz alledem und alledem.
Vor allen Dingen aber gab es, nachdem Menzel einmal das moderne Gebiet der Industrie und des Großstadtlebens betreten hatte, kein Leuthen, kein Kunersdorfer Knüppelholz mehr, obwohl es noch öfter in dieser Unterhaltung durchklang.
Menzels Atelier ist außerordentlich geräumig und licht – wenn überhaupt Licht vorhanden ist. Es geht direkt auf den Himmel hinaus, und man bildet sich ein, man könnte die Seraphim vorbeifliegen sehen, wie Mrs. Gastells Held in „Cranford“ auf dem Himalaja solche manchmal bei der Jagd sogar, aus Versehen natürlich, mit zur Strecke brachte. Zur Zeit meines Besuches waren es finstere Wolken, Regen fiel in Strömen, der Sturm schien die enorme Fensterwand eindrücken zu wollen, und es war kalt. Aber den alten Herrn schien dieses Manko an Temperatur in seinem Flauschrocke so wenig zu stören wie der Sturm. Und auch als er mich in die andern ungeheizten Räume, die Bücherei, führte, blieb er unbedeckten Hauptes.
Ich hatte eine Höllenangst, meine Zudringlichkeit könnte am Ende noch bei ihm Ursache einer Erkältung

werden. Er aber lächelte nur mild zu meiner Besorgnis. Die Friderizianischen kennen keine kalten Füße, während, glaube ich, die Dachauer öfters mal einen Schnupfen haben. Die Friderizianischen fragen auch nicht nach „Stimmungen". Sie tun ihre verfluchte Pflicht, und zwar nicht bloß „von neun bis drei". Ach nein. Unser Menzel arbeitet recht oft bis tief in die Nacht hinein und geht dann noch ganz allein zum Schoppen oder ins Nachtcafé, um die Zeitungen zu lesen. Er kennt keine Art von Verweichlichung, weder seelisch noch physisch. Er hat einen so regen schaffenden Geist, daß er nichts entbehrt, weder den üblichen Celsius noch den Pfühl, am wenigsten die Gesellschaft. Und doch ist Menzel nicht ungesellig und unliebenswürdig. Er ist geblieben, was er war, als er mit sechzehn Jahren die Sorge für eine große Familie von Geschwistern auf sich nahm, ein aufopferungsvoller Verwandter und Freund mit einem Kindergemüt. Denn darin besteht das Genie, daß es im Herzen nicht altert. Für sich selbst braucht Menzel sehr wenig. Man erzählt aber von großen Opfern und – auch von Herrenabenden, wo der Traiteur und Weinhändler selber über die Rechnungen staunt, die er dann schreiben mußte. Sie liegen weit zurück, freilich. Aber bei solchen Gelegenheiten war Menzel altruistischer Bonvivant, auch darin soigneux für andre, wie in allen Dingen.
Menzel ist Nichtraucher, und darin zeigt sich seine Weisheit, denn ich kenne Maler, die sich durch das übermäßige Rauchen um ihren größten Schatz gebracht haben, das scharfe Auge. Es war wohl natürlich, daß ich seine Augen etwas neugierig betrachtete. Es sind die Augen des Forschers, ein paar Mikroskope. Die große bikonvexe Brille, hinter der sie sich verschanzen, erhöht noch diesen Ausdruck. Man bildet sich förmlich ein, man sähe die Schrauben dran. Sie sind grau. Ich habe immer gefunden, daß Maler mit grauen Augen eine ganz andere Farbenempfindung haben als solche mit braunen. Sie haben auch eine andre Farbenperspektive. Andreas und Oswald Achenbach, jener mit grauen, dieser mit braunen Augen, kennzeichnen die verschiedenen Auffassungsweisen, welche die Physis selbst zu bedingen scheint.

Auch Menzels Hände führen heut noch die Nadel ebenso fest und fein wie kaum die Jüngsten im Radiererverein.
Dies alles, disjecta membra, diene zur Charakteristik des epochalen Künstlers, dem ich nun zum ersten Male gegenübersaß. „Exzellenz haben es die Welt nicht entgelten lassen“, sagte ich, „daß sie ein wenig undankbar gegen Sie war, da Sie dann erst recht zu schaffen begannen und ein großes neues Stoffgebiet der Kunst eroberten, das der Technik und des Verkehrs. Und Sie haben es besonders uns Berliner nicht entgelten lassen, da Sie den großen Exodus nach Paris nicht mitmachten, wo Sie doch so sehr gefeiert und als Dioskure Meissoniers förmlich zum Ehrenfranzosen erhoben wurden.“
„Ja, sehen Sie, das ist der Grund, warum ich nicht wieder hingegangen bin, als man Meissoniers und meine Arbeiten zusammen ausstellte. Oh, ich weiß, man hatte mit mir alles mögliche vor. An mir sollte bewiesen werden, daß Frankreich in seiner Hypnose durch das Vogesenloch sich nicht um seinen Kunstsinn habe bringen lassen. Aber mir geht's wie Theodor Fontane. Ich bin kein Freund von Feierlichkeit. Und diese französische Sprache, ich habe mich redlich damit gequält, konnte aber dieses hirnverwirrende Formen- und Phrasenwerk nicht verdauen. Es ist nichts Natürliches dran. Man wird ganz dumm davon.“
„Das ist eine außerordentliche Bemerkung“, sagte ich. „Es gibt ein Buch: ‚An English Girl in the Carpathians‘, worin dies noch viel schroffer ausgesprochen wird, worin die Polen und die Franzosen geradezu als Opfer ihres den Geist überbürdenden linguistischen Formalismus hingestellt werden. Auch Taine sagt übrigens, ‚die akademische Korrektheit habe das Hirn des Ancien Régime zur Verödung gebracht‘. Wir Deutschen werden von der Engländerin sehr belobt, weil wir die Energie und Einsicht hatten, unsre Sprache sehr zu vereinfachen und, bis Herr v. Puttkammer kam, die Leute reden zu lassen, wie ihnen der Schnabel gewachsen ist. Man kann dagegen kaum ein Wort mit einem Franzosen sprechen, ohne korrigiert zu werden. Die Sprache nimmt dies Volk so

ganz in Anspruch, daß sie kaum noch andre Gedanken daneben haben. Die Sprache kann ein Unglück für ein Volk werden. Ich lobe mir das Englische. Aber Exzellenz haben ja bewiesen, daß man auch ohne Sprache auskommen kann, als Sie 1867 in Paris waren und mit Meissonier spazierengingen. Sie zeichneten sich gegenseitig Ihre Gedanken. Oh, was gäbe ich darum, wenn ich diese Serie von Hieroglyphen hätte sehen können! Wieviel könnte man daraus lernen!"
„Lernen! Wer will noch lernen!" klagte der Altmeister. „Das ist aus der Mode. Was soll's noch mit uns Alten? – Die Jungen gehn über uns weg. Man ist abgetan und wird bei lebendigem Leibe begraben."
Ich habe selten eine Emotion gesehen, wie sie sich bei diesen Worten in den Zügen des alten Herrn aussprach. Ich war geradezu erschrocken.
„Exzellenz", rief ich, „wie könnte man Sie abtun, der Sie einer von denen sind, die uns mit Stolz erfüllen, Deutsche zu sein! Denken Sie sich, all unser neuer Ruhm und die vielberufene Machtstellung des Reichs würde zunichte, und wir wären wieder darauf angewiesen, uns mit dem Spruche Richard Wagners zu trösten:

Was echt und deutsch wüßt' keiner mehr,
Wär's nicht durch deutscher Meister Ehr'!

Nun, an wen, in solchen Zeitläuften, würden wir uns klammern? Ich wüßte neben dem Ihrigen doch nicht sosehr viele Namen zu nennen."
Der große Meister rückte an seiner Brille und sah ein bißchen argwöhnisch zu mir herüber.
„Exzellenz, der, der das zu Ihnen spricht, ist auch schon ein alter Herr und weiß, was er sagt."
„Ja, ja, Sie könnten mein Sohn sein, wie ich denn einen Schüler habe, der siebzig Jahre alt ist, der einzige beinah. Ich habe überhaupt nur zwei gehabt. Der eine ist Fritz Werner. Das ist einer, der sich immer gleichbleibt. Andere können es nicht verantworten, mein Schüler genannt zu werden. Ich habe ein Prinzip, damit fing ich an, und damit höre ich auf: alles, was ich angriff,

so gut zu machen wie möglich, auch wenn es in den Augen der Leute geringfügige Dinge waren. Darin besteht das Geheimnis dessen, was man, wenn man will, meine Technik nennt. Nicht in besonderen Vehikeln und Kunstgriffen. Ich reibe mir nicht meine Farbe selber an und mit besonderen Lacken und Firnissen. Ich nehme sie, wie sie aus den Tuben kommt, und vermenge sie mit nichts, außer wenn sie sehr streng ist. Das Öl ist sehr gefährlich. Von meinen alten Bildern sind viele gerissen, zum Beispiel die ‚Tafelrunde auf Sanssouci', weil ich damals noch die Farbe stark mit Öl verdünnte. Wenn man Öl anwendet, muß man es wenigstens mit der Farbe unter dem Spachtel sehr intim verreiben. Sonst habe ich gar keine Geheimnisse und Rezepte. Aber ich durchdenke mein Thema und sehe mir meinen Gegenstand ganz genau an, ehe ich ihn zeichne."

„Das weiß die Welt, Exzellenz: mir schwindelt der Kopf, wenn ich daran denke, welche Studien zum Beispiel zu Ihrem ‚Walzwerk' gehörten."

„Ach ja", sagte er, „das war in Schlesien, auf Königshütte, wo ich diese Studien machte. Ich schwebte dabei in steter Gefahr, gewissermaßen mit verwalzt zu werden. Wochenlang von morgens bis abends habe ich da zwischen den sausenden Riesenschwungrädern und Bändern und glühenden Blöcken gestanden und skizziert. Diese Zyklopenwelt der modernen Technik ist überaus reich an Motiven. Ich meine nicht bloß das bißchen Rauch."

„Und nicht bloß die Masse Elend, der Exzellenz als moderner Winkelried, ohne es zu wollen, eine Gasse bahnten."

„Ja, man hat seitdem sehr viel solche Sachen gemalt; eins der besten ist das Meyerheimsche Bild."

Ich glaube, Paul Meyerheim ist neben Fritz Werner der einzige Maler, den Menzel als seinen Schüler gelten läßt. Jeder dieser beiden hat eine Richtung des Altmeisters fortgesetzt. Professor Fritz Werner, der im Dezember vorigen Jahres seinen siebzigsten Geburtstag feierte, hat Menzels „Tafelrunde" in geschabter Manier auf außerordentlich weitgetriebener Unterradierung ausgeführt und den Meister dann 1861 nach Königsberg begleitet, um ihm bei Skizzierung und Ausführung des großen Krönungsbildes zur Hand zu gehen, welches Fritz Kaulbach, als er Menzel im Berliner Schlosse daran malen sah, so unheimlich berührte – mit dem Atem einer neuen Zeit förmlich über den Haufen wehte.

„Ja, ja? Hier wird auch gemalt", sagte Menzel damals kurz und auch wohl kurz angebunden, von seinem hohen Gerüst auf den erstaunten Meister der Tendenz herabblickend.

Ob Menzel nun selbst nicht etwas von dieser Tendenz an sich hat?

Das ist eine Frage, die ich nicht ohne weiteres beantworten möchte.

Er ist ganz spezifisch preußisch und friderizianisch insofern, als er einer liberalisierenden Verflüchtigung der Form, die schließlich – les extrémes se touchent – wieder in byzantinischer Erstarrung endet (Exempla docent), jedenfalls „spinnefeind", wie man sagt, gegenübersteht. Ich traue ihm nicht jene Toleranz gegen die „Jungen" zu, wie etwa Ludwig Knaus sie in gutem Herzen trägt, der sich mit dem Gedanken an den Most beruhigt, welcher am Ende doch noch einen guten Wein gibt. Menzel zuckt zu den Essorts neuerer Meister, welche eine gewisse Unstetigkeit, Hast und Ungleichheit im Haschen nach Effekten und Absonderlichkeiten verraten, unwillig mit den Achseln. Eine Definition der Kunst ist bekanntlich noch nicht gefunden worden. Die Meister, die ich im Laufe der Jahre kennenlernte, hatten jeder eine andre, und für jeden einzelnen schien mir die seine berechtigt, insofern sie dem innern Gesetze und den Schranken seines individuellen Könnens entsprach. Die Menzelsche bildende scheint mir dieselbe Devise zu haben wie die Hohenzollernsche Staatskunst: „Ich dien'."

Freilich mit dem Unterschiede, daß die Hohenzollern in der glücklichen Lage sind, warten zu können. Die Menschheit muß ihnen kommen, denn sie sitzen in bevorzugter Stellung am großen Heerwege der Zukunft. Die andern Leute, welche dieser Devise huldigen, müssen sich herzuhalten und hinterher sein. Das ist in allen Dingen dasselbe, auch in denen der Kunst. Das ist Menzels Wesen, der Kunst zu dienen, die sich in den Dienst großer geistiger Disziplin stellt, nicht in Genußsucht, sondern in Pflichteifer. Und diese bewußte, fast puritanische Strenge ist es, die ihn von allen Berliner Künstlern Anton v. Werner so nahebringt, für den er eine ganz außerordentliche Verehrung besitzt.

„Wo wären wir", sagte er, „wenn wir diesen Mann nicht hätten! Ich habe seinerzeit selbst die Eingabe als einer der ersten mitunterzeichnet, worin die Regierung ersucht wurde, ihn uns zum Akademiedirektor zu geben. Er ist von jeher auf eine Weise angefeindet worden, die ebenso systematisch wie perfide genannt werden muß. (Dabei ergriff er ein Lineal und hieb ein paarmal kräftig in die Luft.) Das ist's, was diese Leute verdienten. Alle diese Angriffe gehen von einer in Berlin von jeher endemischen Clique aus. Nein, Liebermann, der in Verbindung hiermit ja viel genannt wird, ist nur später mit hineingezogen worden. Auch ich bin dieser Gesellschaft ein Dorn im Auge, obgleich ich niemand schade oder im Wege stehe."

„Es ist der Kampf um die Akademie. Anton v. Werner sagt, wenn wir alle Menzels wären, brauchten wir überhaupt keine."

„So, hat er das gesagt? Ist mir interessant zu hören. Jedenfalls konnte man eine solche Akademie, wie sie vor seiner Zeit bestand, überhaupt nicht brauchen. Der Unterricht schwebte in der Luft, war trocken, altmodisch und unpraktisch nach jeder Richtung hin, so daß ich schon nach wenigen Wochen schwänzte. Ich bin in die Museen, die Rüstkammern, die Archive gegangen und habe gezeichnet und studiert. Und meine Sinnesweise veranlaßte mich schon früh, mich in einen Gegenstand oder ein Thema förmlich zu verbeißen, so daß oft aus den kleinsten Anlässen ein Werk entstand. Sie sagen mir, daß Sie oft nur eine Notiz haben schreiben wollen, zum Beispiel über den Seegerschen Familien- und Selbstmord, und daß dann ein Buch daraus entstanden wäre: ‚Seeger, du und ich.' Nun ja, ganz ebenso geht es auch dem bildenden Künstler, geht es mir wenigstens. Ich fahre mit einem Gegenstand in die Tiefe, so daß ich auf der anderen Seite der Erde mit ihm wieder herauskomme. Wenn ich eine historische Persönlichkeit zeichnen soll, dann muß in ihrem Gesicht ihre Geschichte, ihr Schicksal zu lesen sein – so meine ich das. Und anders verstehe ich das nicht, was man charakterisieren nennt. Ich weiß nicht, was man heutzutage darunter versteht. Schließlich ist es dies, was man auch in den Kunstschulen lernen kann und soll, aber zu meiner Zeit, als ich noch jung war, nicht lernte – das Sehen und das dazugehörige Denken."

„Von allen Meistern, die es gab und gibt, stehen Exzellenz uns Schriftstellern am nächsten. Nur sind Sie glücklicher als wir – denn je mehr ein Schriftsteller seine Arbeit durchdenkt, ich meine, je mehr Voraussetzungen er demgemäß macht, um so weniger Gunst findet er beim Publikum."

Exzellenz lächelt. Er spricht – so wie er malt, jedes Wort scharf umrissen, leicht vorgetragen und doch mit fast dramatischem Ausdruck, bald kurz lakonisch, in schlichter Holzschnittmanier, bald fein pointiert, wortreich, mit kunstvollem Satzgefüge wie seine Miniaturen, ich meine etwa das „Bois de Boulogne" oder den „Gottesdienst im Buchenwalde", die „Abfahrt König Wilhelms 1870".

„Über mich haben sich die Herren nicht zu beklagen", sagte er, „ich habe stets eine enorme Bücherrechnung. Ganz Stöße liegen da noch unaufgeschnitten."

Das ist nur zu wahr. Und dies illustrierend wird mir folgendes erzählt:

„Paul", sagte eines Tages der Altmeister zu seinem Schüler auf dem Boden der Zoologie, P. Meyerheim, „besorge mir doch mal dieses oder jenes Buch."

P. Meyerheim erfüllt wie immer getreulich den Auftrag. Es war ein seltener Druck.

Menzel nimmt den Band mit freudiger Wallung entgegen, stutzt, betrachtet ihn aufmerksam, rückt an der Brille, räuspert sich und fragt ahnungsvoll:

„Warum ist denn das große Stück Kork darangebunden?"

„Damit es nicht untergeht."
Ganz wie bei Exzellenz v. Goethe, möchte ich hinzufügen. Menzel hat lange sehr ernsthaft über diesen Scherz nachgedacht. Es lag eine Mahnung darin, der sich sein gerechter Sinn nicht verschloß.
„Aber", so sagt er, „ich muß viele Bücher haben, denn es ist mir zu umständlich, jedesmal erst nach der Königlichen Bibliothek zu schicken, wenn ich etwas nachschlagen muß."
„Daß Ihre Augen das alles aushalten, Exzellenz! Es sind freilich die hellsten und schärfsten, die ich je gesehen habe."
„Meine Augen! Die hat mir der Himmel erhalten. Im vorigen Jahre war das eine – dieses hier – in Lebensgefahr. Ich fiel bei Frederich, wo ich des Abends zuweilen mein Glas Wein trinke, in den Keller runter, dessen Türen man offengelassen hatte, als ich im Dunkeln noch ins Kontor gehen wollte, um für den Sylvester etwas Herzerfrischendes zu bestellen. Wenn ich da von dem schweren Fall auf den Kopf das Bewußtsein verloren hätte, sagte der Chirurg, der mir den Skalp wieder zusammennähte, dann hätte ich es wahrscheinlich nie wiedergewonnen. Aber so hörte man mein Stöhnen und rettete mich noch rechtzeitig aus meiner hilflosen Lage. Und kurze Zeit nachher glitt ich unten in meiner Wohnung vor dem Kamin aus, und da hat das andre Auge eine schwere Blessur erhalten. Aber Gott sei Dank, die Schläge sind überstanden. So kurz vor dem Tode noch erblinden, das wäre schrecklich gewesen."
Ich erinnerte an Beethovens Taubheit und sprach von der normalen Lebensdauer des Menschen. Man hätte von der Natur die Anwartschaft auf einhundertvierzig Jahre, siebenmal die Zeit des Wachstums. „Hoffentlich werden Exzellenz uns beweisen, daß diese Theorie nicht falsch ist."
Nachdenklich erwiderte er: „Das ist richtig, die Langlebigkeit hat sehr zugenommen im Zeitalter der Hygiene; man impft ja jetzt gegen alles, aber gegen den Tod gibt's kein Schutzserum."
Ich sah mich nun in diesem Mikrokosmos von einem

Atelier ein wenig um. Es ist, wie gesagt, sehr geräumig, wenn auch frei von jeglichem Luxus. Die Möbel sind altdeutsches Schnitzwerk. Gipsmodelle, eine Reihe von Totenmasken der friderizianischen Helden, mancherlei bric-à-brac, Rüstungen, Waffen, Skizzen, Studien füllen es an. Am meisten fällt auf, daß es zweiseitig ist. Der

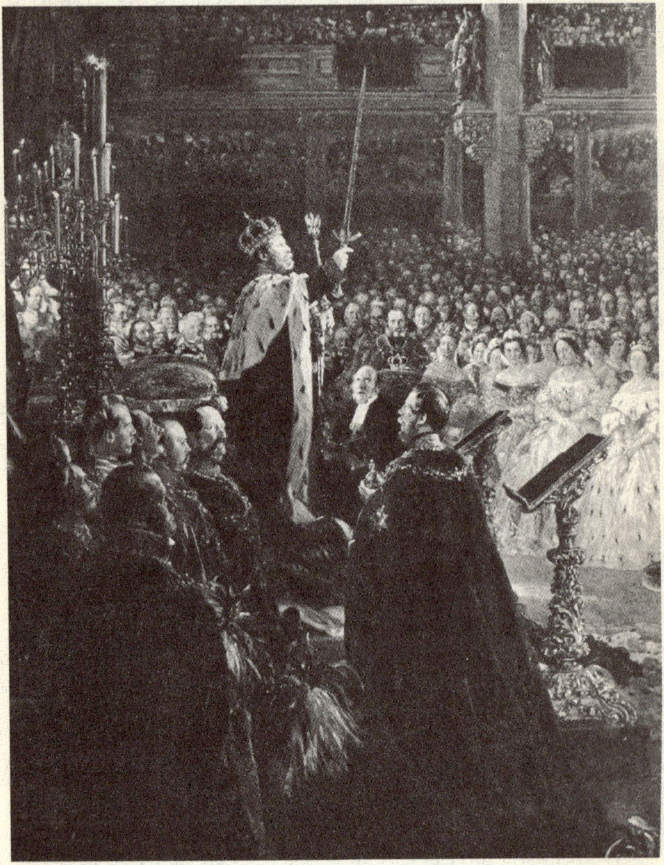

Adolph Menzel, Krönung Wilhelms I. in Königsberg, 1861 bis 1865 (Detail)

Altmeister kennt kein Licht, das ihm „über die Hand“ käme.
„Ja, hier rechts an der Staffelei male ich, und zwar mit der rechten Hand, und hier links zeichne, radiere oder aquarelliere ich, und zwar mit der linken. Niemand vermag zu unterscheiden, mit welcher Hand ich etwas gearbeitet habe, es ist mir völlig gleich.“
Es klingelte. Exzellenz kletterte die Stufen hinab und öffnete. Ein Geheimrat aus dem Kultusministerium meldete sich für eine spätere Stunde an, und ich empfahl mich mit der Bitte, wiederkommen zu dürfen, die mir gewährt wurde.

II.

„Es muß etwas nicht richtig sein hier in Berlin“, sagte Menzel zu mir. „Das ist richtig“, fügt er hinzu, „soweit es sich um die Ausstellung meiner Skizzen im Jahre 1861 handelt. So hat man mir gelegentlich des materiellen Mißerfolges derselben für den Zweck des Vereins Berliner Künstler gesagt. Es bezieht sich das auf unser Berliner Publikum und den Berliner Kunstmarkt. Doch darüber später. Zunächst haben Sie sich einen schönen Bären aufbinden lassen, wenn Sie das ‚rote Haus‘ anklagen. Es beruht auf müßigem Zeitungsgeschwätz, böswilligen Ausstreuungen gegen unsern lieben Magistrat, daß ich mit dieser erhabenen Körperschaft irgendwelche Mißverständnisse durchlebt hätte. Die Ehrenbürgerbriefe für den Fürsten Bismarck und den Feldmarschall Moltke sind mir gebührend honoriert worden, ebenso wie schon im Jahr 1850 die Glückwunschadresse an den Kronprinzen gelegentlich seiner Volljährigkeit. Und das gute Einvernehmen, welches damals entstand, fand später sogar Ausdruck in dem Gedanken, mir die gesamte Ausmalung des 1861 begonnenen neuen Rathauses zu übertragen.“
„Das ist etwas ganz Neues, Exzellenz“, rief ich betreten und erstaunt zugleich.
„Und warum ist daraus nichts geworden? Sollte dieser

Umstand die Ursache zu der Legendenbildung sein, die sich ehrwürdigen Traditionen gemäß mit den großen Männern deutscher Nation beschäftigt, und der auch Sie deshalb nicht entgehen konnten? Kein Kunstjünger, der nicht über Sie seine Leibanekdote kolportierte, um sich als zur Zunft gehörig zu legitimieren. Verzeihen Sie mir, wenn ich, in diese Wirbel mit hineingezogen, solchen Mitteilungen zum Opfer fiel. Speziell diese, Exzellenz, klingt obenein – so wahrscheinlich."

Exzellenz lächelte, ich möchte sagen wehmütig.

„Es begann in folgender Weise, lieber Herr", sagte er. „Oberbürgermeister Seydel und einige andre Herren kamen zu mir und forderten mich auf, zu dem Siegeseinzug des Königs nach dem Kriege 1866 eine Begrüßungsadresse künstlerisch zu gestalten. Und da ich wegen der kurz bemessenen Frist Bedenken trug, so übten sie einen gelinden Druck auf mich aus. Sie versicherten, einen andern als mich mit diesem Auftrage nicht betrauen zu wollen. Sollte es nun heißen, an meinem Widerstande wäre diese verdienstliche Absicht gescheitert? Schon im Interesse unserer Kunst, wenn nicht aus Loyalität, mußte ich also an die Arbeit gehen. Und das Ergebnis dieser Mühen steht nun im Hohenzollernmuseum."

„Die größte Zierde desselben."

„Schon gut. Jedenfalls meinte man es gut, auch habe ich bei jeder solchen Gelegenheit bei der Übergabe mit dabeisein müssen. Und überdies bot man mir für mein Bild ‚Friedrich der Große und seine Leute vor der Schlacht bei Leuthen' eine Wand in der Ruhmeshalle an, und, wie gesagt, sämtliche Wände des Rathauses. Anordnung und Art der Ausführung, alles wurde mir überlassen. Und da habe ich dann gemessen und gezeichnet und viele Entwürfe in mir herumgewälzt. Ich fühlte aufs neue die Hoffnung, Werke zu schaffen von kulturhistorischer Bedeutung, nach der Art, aber nicht nach dem wenig empfehlenswerten Vorbilde der Kaulbachschen im neuen Museum. In der Tat, daß ich jene Gelegenheit damals verlor, ist wohl die größte Bekümmernis meines Lebens."

„Aber all Ihre Werke, Exzellenz, haben eine solche Bedeutung. Trotzdem ist es ein Verlust von unermeßlicher Schwere, daß aus jenem Plan nichts geworden ist."
„Die Zeiten wurden andre, lieber Herr. Es kam 1870, noch ehe das Rathaus vollendet war. Dies wurde erst 1871 fertig, und meine Entwürfe, zum Teil eine Apotheose für Friedrich den Großen und König Wilhelm, verfielen dem Fluch der Inopportunität. Die Österreicher waren nun mit Recht unsre lieben Freunde, und die Siege über sie verloren ihre Bedeutung nach Sedan in der neuen Kaiserstadt. Damit erlosch zum zweiten Male die große Gelegenheit, nach der ich mich sehnte."
Welch eine bittere Enttäuschung für unsern Meister! Dies freilich vermag nur der zu ermessen, der den schönen Ehrgeiz und Schaffensdrang zu ermessen vermag, der mit solcher Größe wie der seinen Hand in Hand zu gehen pflegt.
Es war ja nicht die erste, nicht die zweite, die unser Menzel stoischen Mutes getragen. Man denke an den 21 Quadratmeter großen „Kasseler Karton", den er durch Wiederkauf vor Vernichtung bewahrte. (Er ist jetzt in Zürich beim Bankier Henneberg würdig plaziert.)
Wenn man erwägt, welche Riesenkraft unser Meister in seinen großen Bildern entfaltet, insbesondere in „Hochkirch", in der „Begegnung Friedrichs mit Joseph zu Neisse", in dem einzigartigen Krönungsbilde, und wie gerade er von Anfang an dem nationalen Stoffgebiete zugravitierte (in den Jugendschöpfungen aus der brandenburgischen Geschichte), so wird man des ganzen Schmerzes sich bewußt, welcher das Herz dieses Mannes jahrelang durchwühlt haben muß und auch unter der Asche der ruhigeren Lebensbetrachtung des höheren Alters noch fortglimmt. Daher solche Ausbrüche, wie ich sie erlebte.

„Funken sind es, die vergraben
Auf der Seele Grund geruht."

Wir wurzeln alle in unsrer Nationalität. Wohin wir uns in der Fremde wenden, weist man uns zurück. Dort sind wir d-d Dutchmen, hier tétes quarrées, am dritten Orte „Sklaven", ja, sogar „Dünger auf dem Acker fremder Kultur" und so weiter. Aber daheim wollen wir uns fühlen. Im eignen Vaterlande wollen wir die heilige Flamme unbeeinträchtigt sehen. Die Kunst will ihr Altäre errichten, will die Manen der Vorzeit wachrufen, sich zum Monumentalen aufschwingen. Und ein Künstler, dem man dieses Gebiet entzieht, ist so gut wie verbrannt. Der große Meister warf sich nun dem Genre in die Arme – er, der geborene und bewährte Darsteller der vaterländischen Vergangenheit und Gegenwart. Dieses „Leuthen" aber mahnt ihn tagtäglich und stündlich an das, was hätte sein können und nach seinem Gefühl hätte sein müssen.
Wie viele namhafte Männer haben schon vor dieser Leinwand gestanden, da, wo ich nun stand, vor diesem grandiosen Bilde, an welchem eigentlich nur noch die Mittelfigur fehlt, der große König, symbolisch für das, was Menzel in seinem Lebenswerk als Lücke empfindet.
Alle haben verlangt, es als eine Pflichterfüllung gegen seine Schöpfung gefordert, daß diese leere Stelle verschwinden solle. Aber der Meister schüttelt den Kopf: „Zu spät!"
„Er will nur nicht!" hat man hinter ihm hergerufen. Ob's ein Minister oder ein Oberbürgermeister war, ich hab's vergessen. Aber daß der Meister es gehört hat, darf ich bekunden.
Und ich darf hinzufügen, daß die Sache denn doch etwas anders liegt. Nicht der Eigensinn hindert den Meister, eine Komposition mit den letzten Attributen der „Vollendung" zu versehen, die ihn nicht mehr befriedigt.
Das ist freilich für mich schwer verständlich, war es für viele, unter anderem für Strousberg, der das Bild coûte que coûte haben wollte, aber der Meister will sich, nicht uns genug tun, noch seinem Beutel.
Und so wird das Bild bleiben, ein Monument seiner immensen künstlerischen Gewissenhaftigkeit!

Trotzdem – dies ist gewiß – die Berufung des auch von Menzel anerkannten Schöpfers der „Hunnenschlacht", des wegen seines oft bewährten Schönheitsgefühls bewunderten W. v. Kaulbach nach Berlin, um das neue Museum auszumalen, und die Zurückziehung des Rathausauftrages sind zwei Ereignisse im Leben dieses großen Mannes, die vieles erklären, was uns unbegreiflich ist, eine gewisse Bitternis in einem äußerlich so erfolgreichen Leben. Es ist eine tief innerliche Empfindung, die in alle Gedanken hineinklingt, einem Unbeteiligten, der das majestätische Gesamtergebnis dieses Lebenswerkes vor Augen hat, unvernehmbar.
Der große Meister tröstet sich jetzt über die verlorenen Hoffnungen mit leichtem Herzen hinweg.
„Ja", sagt er, „lieber Herr, ich möchte jetzt nicht, daß es anders gekommen wäre. Ich habe doch in dieser neuen Sphäre viele, viele Freude und Genugtuung erlebt. Es ist keine kleinere Sphäre, wie viele wähnen. Es ist eine größere, freiere, reichere, wenigstens so wirkt sie auf mich, verjüngend, und stets klingen mir, wenn ich schaffe, die schönsten Verse des ‚Faust' ins Gemüt:

‚In Lebensfluten,
Im Tatensturm
Wall' ich auf und ab,
Web ich hin und her,
Geburt und Grab – –
So schaff' ich am sausenden
Webstuhl der Zeit
Und wirke der Gottheit lebendiges Kleid?'"

Der alte Herr zitierte diese Verse begeistert und fuhr fort: „Über die andre Aufgabe – ich denke an die Ausmalung des Rathauses – wäre ich wohl dahingestorben. Lassen wir diese und andre Bitternisse – deren es viele gibt – in den Kasten der Personalien gleiten, den der Strom Lethe mit sich hinabführt. Ich möchte keine Gelegenheit geben, selbst nur mit solchen Körnchen Staub unsre Geschichte zu verunglimpfen – wie es ja mehr als genug damals geschah. Wahrscheinlich sind Ihnen auch sonst noch manche falsche und (mit Betonung) sogar wahre Dinge zu Ohren gekommen über Personen, deren Verhalten gegen mich sich seit damals sehr, sehr geändert hat. Ich kann nun nicht wünschen, daß diese Personen durch eine Veröffentlichung, die in aller Hände zu kommen bestimmt ist, an diese abgelegten Sachen erinnert werden. Für die Leserwelt ist über mich nun mal nichts ‚Schmackhaftes' herauszuschlagen."

Sehr charakteristisch ist folgende Korrektur, die er mir angedeihen läßt.

„Ich bin sehr pedantisch", sagt er, „und ich habe ein Monitum gegen Ihre Beschreibung der Uniform zu registrieren, die der Kaiser bei dem Fest auf Sanssouci trug. Es waren nicht grüne Rabatten, sondern blaue."

Und ferner die folgende Reservation:

„Man hat Ihnen gesagt, ich besuchte gewohnheitsmäßig die Hofbälle, ohne die Orden anzulegen, die in jedem Falle vorgeschrieben sind. Nun mag es wohl einmal vorgekommen sein, sagen wir aus Vergeßlichkeit. Im übrigen aber weiß ich mich der Etikette ebensogut anzubequemen wie andre vernünftige Leute. Sie wollen einen großen Mann aus mir machen, der sich den Hut über die Ohren zieht, wo man schon aus Dankbarkeit, wenn nicht aus Höflichkeit ihn abnimmt; aber so hoch richte ich meinen Ehrgeiz nicht."

An den seligen Kaiser Wilhelm knüpfen Menzel hauptsächlich liebenswürdige Erinnerungen. Dieser große Meister der Menschenbehandlung war wohl auf keinem Gebiete so unaffektiert gleichmütig, diffident und nachgiebig wie auf dem der bildenden Kunst. Ich fürchte, er unterschätzte ein wenig ihre nationale Bedeutung. Schlimm ist es, wenn eine Nation darin versimpelt und in babylonischer Verwirrung endet. Die Kunstpflege hat damit aber nichts zu tun. Sie ist das wesentliche Merkmal in der Physiognomie eines Volkes, und Kaiser Wilhelm hatte wohl noch etwas wichtigere Dinge am Herzen als solche gleichsam physiognomischen. Ich erinnere mich, daß er einmal, seinem guten Herzen folgend, irgendein unmögliches Bild größten Kalibers als für die nagelneue Nationalgalerie geeignet erklärte – ein Bild,

das man ebenfalls aus gutem Herzen im Preußischen Kunstverein aufgehängt hatte. Mit leidiger Miene nahm er dann, als die berufenen Personen ihre sehr starken Bedenken vortrugen, seinen Wunsch zurück. Es soll sein stehender Scherz gewesen sein, daß das Krönungsbild nicht fertig werden wollte, für das er selbst geduldig auf Anordnung des Meisters mit feierlich erhobenem Reichsschwert, stark gehandikapt durch den unglaublich schweren Ornat, gesessen oder vielmehr gestanden hatte. Jahre vergingen, und noch immer malte Menzel an dieser Enzyklopädie jener Frühlingsepoche des neuerwachenden nationalen Lebens, es ummodelnd, seiner Äußerlichkeiten entkleidend, mit Geist durchdringend, konzentrierend, das psychologische Moment steigernd und durch alle Details nach dem Leben ausführend. Menzel fand mit unsäglichen Mühen die freie Form (die seitdem für Schüler und Nachtreter Schablone geworden ist) dafür, solche Haupt- und Staatsaktionen gleichsam aufzurollen, ohne Rückenansichten darzustellen. Das gigantische Werk ist noch keineswegs seiner ganzen Schwierigkeit und Bedeutung entsprechend gewürdigt worden. Endlich, endlich hatte der Meister diese riesigen Massen „zusammen", gerade an einem Tage, wo wieder mal Hofball war, nämlich beim Kultusminister Mühler. Dort nun begrüßte der Kaiser seinen Maler mit dem hergebrachten Scherz.
„Nein, Majestät, jetzt hat das ein Ende!" rief dieser mit dämonischer Triumphatormiene und fügte mit Würde hinzu: „Ich habe heute meinen Namen unter das Bild gesetzt!"
Von dem Tage der Bestellung an, dem 12. Oktober 1861, bis zu diesem Tage der Vollendung, dem 15. Dezember 1865, während welcher Zeit Bethmann-Hollweg und Mühler fast vergingen, also vier Jahre, hat Menzel ausschließlich an diesem Werke gearbeitet. Schon hörte man in dumpfer, banger Vorahnung das Dröhnen und Brüllen der Kanonen von Königgrätz.
„Das Bild hat ein Stück Geschichte mitgespielt", erzählt der Meister. „Es hat schon im Jahre 1867 in Paris ausgestellt werden sollen; aber das von mir angebrachte erho-

bene Schwert erschien bedenklich, und so mußte man sich damit begnügen, das „Hochkirchbild“ dorthin zu schicken, und ich mich mit dem Orden der Ehrenlegion anstatt – der großen goldenen Medaille. Im folgenden Jahre, als Königgrätz schon etwas verdämmerte und das linke Rheinufer als Versöhnungsobjekt eine anonyme Idealrolle spielte, wurde es mir huldreichst – wieder auf einem Hof –, dem sogenannten Subskriptionsballe – für Paris freigegeben.“

Man weiß, mit welchem Erfolg. Die Franzosen waren es, die neben der Ausführung auch die Aufrollung anerkannten.

Ein Fa Presto war Menzel nie. Er konnte sich nie genug tun und verifizierte jede kleinste Einzelheit wieder und wieder, ehe er ein Bild hingab – nur um es sich am nächsten Tage vielleicht wiederzuholen. Über Nacht war ihm noch irgendein Detail eingefallen.

„Trotzdem habe ich nie eine schlaflose Nacht gehabt“, lachte er. „Ach ja, eine. Das war die nach der Ablieferung des Hochkirchbildes. Ich hatte es zur Ausstellung ins Akademiegebäude mit überführen helfen. Es war windig und staubig, und die riesige Leinwand war noch ganz frisch. Ich bin den ganzen Weg von der Ritterstraße bis zu den Linden Schritt vor Schritt rückwärts vor dem Transport hergegangen, um die muldenförmig arrangierte Last davor zu bewahren, vom Winde davongetragen und makuliert zu werden. Bei einbrechender Nacht kamen wir ans Ziel, und die Leinwand mußte flach auf dem Boden ausgebreitet ihrem Schicksal überlassen bleiben. Ich träumte, man gäbe ein Tanzkränzchen darauf. Aber Gott sei Dank, es ging alles gut.“

Ich kam angesichts der geringen Gunst, die das Bild bei Hof erfuhr, darauf zu sprechen, daß Hochkirch nicht bloß eine verlorene Schlacht, sondern nach Meinung mancher sogar eine absichtlich verlorene gewesen wäre – um andrer, diplomatischer Ziele willen. Aber Seine Exzellenz verabfolgten mir dementgegen eine solche Dosis Charaktergeschichte seines Helden, daß ich nie wieder den Mut haben werde, dieser „pragmatischen Maximen“ und Doktrinen auch nur zu gedenken.

Ein andres Bild mit großer Massenbewältigung, wenn auch in kleinerem Rahmen, ist aus einem inneren Grunde nie fertig geworden. Das ist die „Aufbahrung der Gefallenen vom 18. März 1848". Es fehlt eigentlich nur die linke Ecke des Vorplanes. Der Meister führte mich vor eine photographische Reproduktion dieses Bildes in seinem Atelier.
„Heute (21. März) sind es gerade fünfzig Jahre", erzählte er, „als ich nach Berlin zurückkehrte und diese erschütternde Szene vor Augen hatte. Ich war den ganzen Tag auf den Beinen, fast wie ein Zeitungsreporter, um zu skizzieren. Das Ergebnis erfüllte meine Seele mit Grauen und mein Herz mit Hoffnung; aber – aber. Was ich dann später sah und erlebte, hat mir die Lust benommen, noch einmal die Hand zu heben, um das Bild zu vollenden." Es ist der ewige Gegensatz zwischen Traum und Wirklichkeit, dem lichtvollen, luftigen Ziel und dem harten, holprigen Wege, der in weiten Krümmungen dorthin führt.
Der spätere Kaiser Friedrich hat Menzels Atelier, damals in der Ritterstraße, oft besucht und jedesmal eigenhändig dieses Bild aus einer verhältnismäßig dunkeln Ecke hervorgeholt und es dann lange betrachtet. „Es ist doch ein sehr, sehr gutes Bild!" pflegte er dann stets zu sagen. Ob er dabei des dargestellten Vorganges gedachte?
Ich meinte, ganz sicherlich – gerade er.
„Gesagt hat er es nie, und ebensowenig hat mir das Bild, wie man wohl fabeln hört, bei Friedrich Wilhelm IV. geschadet. Das Jahr 1848 hat an meiner Behandlung und Tätigkeit nicht die Spur geändert. Während der Märztage betrieb ich den Fortgang der Frideriziana genau wie vorher und nachher. Ach, im Schloß hatte man andre, ganz andre Sorgen als die Straße – viel – viel mehr!"
Etwas ganz andres ist der Fall. Nicht nach oben, sondern, wenn man will, nach unten hat das Jahr 1848 Verständigungen erschwert, und zwar zwischen dem „roten Hause" und A. v. Werner, der sich ebenfalls später ad usum delphini mit der Ausmalung des Rathauses beschäftigte. Der Kurzsinn (im Gegensatz zum Größenmöchte ich ihn den Erbärmlichkeitswahn nennen) führt

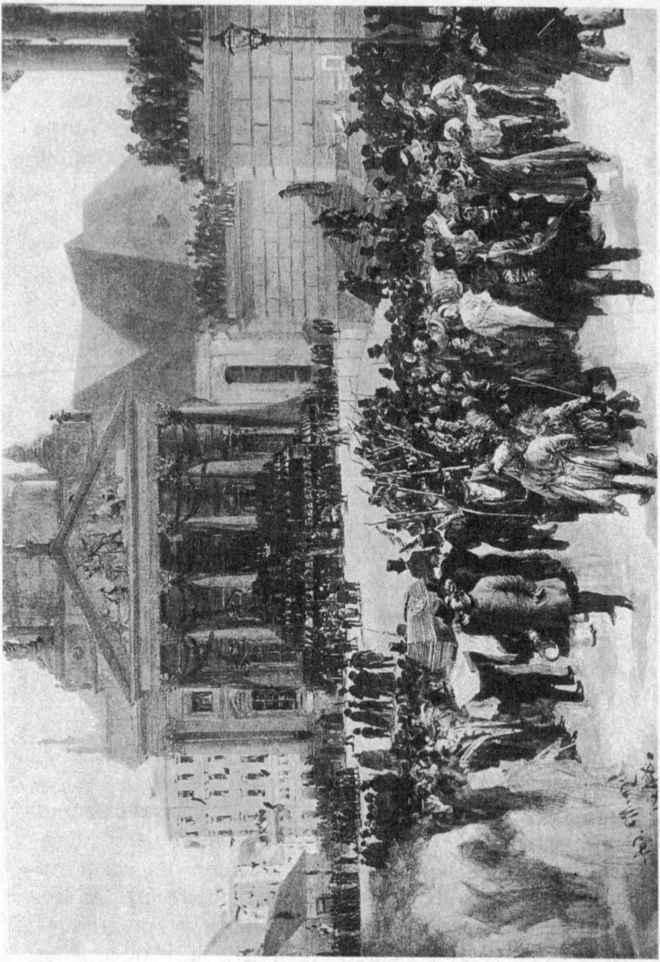

Adolph Menzel, Aufbahrung der Märzgefallenen, 1848

überall in Kabinetten und Ratssälen zu Kurzschlüssen. Er macht Welt- und Kunstgeschichte im Wege kleinlicher Zersplitterung der Kräfte. Er ist der Vater der „verfehlten Gelegenheiten". Wenn überhaupt davon die Rede sein könnte, daß Menzel jemals in „Ungnade" fiel, so hinge dies also nicht mit dem Umstande zusammen, daß er jene unheimliche Episode durch seine gerade damals besonders stark realistische Pinselführung der Nachwelt aufhob. Wer das Bild sieht, wird unwillkürlich von den Schrecken jener Zeit erfaßt. Man möchte es nicht missen. Allen ruft es ein „vanitas!" zu. Es ist jetzt in Zürich, wohin so viele andre Schätze Menzelscher Kunst ihren Weg genommen haben. Nur ist der dortige Mäzen ausnahmsweise kein Bankier, sondern, wenn ich nicht irre, ein Seidenfabrikant.

Auch die „Piazza d'Erbe in Verona" ist dorthin gewandert, nachdem sie lange Jahre bei Herrn Pächter (dem Inhaber der Wagnerschen Kunsthandlung) gehangen, und, so erzählt dieser, „zu einem Preise, der den von Ihnen genannten weit übertrifft". (Ich hatte viel über 100 000 Mark genannt.)

Menzel meint freilich lachend, er bekäme ihn nicht, und ich will die diesbezüglichen Bekundungen aus den diversen Kenner- und Interessentenkreisen nicht registrieren. Es stecken darin vieljährige Prozente der ursprünglichen Kaufsumme. Und anders als auf diesem Wege des Verkaufs eines ihn selbst völlig befriedigenden Kunstwerks macht unser Menzel keine Geschäfte. Er ist einer von den sehr wenigen, die wohl nie einen „Vorschuß" genommen haben.

Herr Pächter selbst sagte mir – und er ist doch hierin der kompetenteste Beurteiler –, daß unser Meister den Geschäften fremd und vornehm gegenüberstehe. „Er geht so in seiner Arbeit auf, daß ihm der finanzielle Erfolg gar nicht zum Bewußtsein kommt. Aber er ist ehrgeizig. Er sieht darin eine Anerkennung seiner Kunst, wenn der erzielte Preis nicht hinter dem zurückbleibt, was man für Sächelchen zahlt, die keinen Bruchteil der Mühen, des Könnens und der Kunstanschauung repräsentieren, welche Menzel in seinen Werken vereinigt."

Dabei führte er mich vor des Meisters neue Arbeit: „Schwedentor in Marienburg bei Abenddämmerung“, Gouache. „Sonnabend“ nennt's der Meister.
„Wieder ein Problem, an dem wohl jede andre Kraft erlahmt sein würde. Eine Fülle von bewegten Figuren, von der Arbeit aufbrechende Steinsetzer und so weiter, tausend Details im kleinsten Rahmen einer für den Sonntag das Verdeck klarmachenden kleinstädtischen Bevölkerung, lustige Leute, die den Lohn schon in der Tasche haben, flüchtende Mädchen, aus kleinen Luken blikkende Spittelweiber, Fuhrwerke, Tauben, Hühner, oben am Abendhimmel die Silhouetten von Architektur studierenden Touristen, und dies alles flächig, im Halbschatten modelliert – eine Arbeit von – drei Jahren.“
„Ja“, erzählt mir der Altmeister, „wohl noch mehr, denn es ist ein Bild aus dem Jahre 1855, das ich beim Suchen in einer Mappe entdeckte und der Ausführung würdig fand. Ich habe dann freilich drei Jahre gebraucht, um es zum Abschluß zu bringen, denn jedes Detail ist das Ergebnis neuer Beobachtungen, Einfälle und Studien.“
In Künstlerkreisen war Menzel schon seit einem Menschenalter Number One. Die Zunft hatte ihm den Titel „der deutsche Meissonier“ erobert, lange ehe das Ausland ihn konzedierte, welches an ihm überhaupt weit mehr die deutsche Eigenart schätzt, als der Laie wähnt. Der deutsche Erdgeruch, nicht der französische Firnis ist es, den die Sammler suchen und gern bezahlen, und was die Kunstjünger daheim an Menzel so hoch verehren, ist diese seine nationale Bedeutung. Nur gab er selbst wenig Gelegenheit, daß man seine Verehrung an den Mann bringen konnte, dem sie galt. Anton v. Werner erzählt, er habe als Schüler lange Zeit eine Empfehlung an ihn in der Tasche mit sich herumgetragen, ohne sie loswerden zu können. Er mußte sich damit begnügen, von Zeit zu Zeit den Preußischen Kunstverein zu besuchen, das heißt dessen Ausstellungslokal Unter den Linden, um dort die „Tafelrunde“, das berühmte Bild des verehrten Meisters, zu betrachten und zu studieren, das seit 1849 zu dessen Stammgalerie gehörte und dann 1875 von der Nationalgalerie übernommen wurde.

Dieses Bild ist nicht, wie man annimmt, im Auftrage des Vereins entstanden, sondern ebenso wie das Hochkirchbild aus der eigensten Initiative des Meisters hervorgegangen. Er befolgte dabei den Rat Alexander Dunckers, Magnus' und andrer Freunde, sich durch solche Werke wieder in Erinnerung zu bringen.
„Der erste dieser Versuche", erzählt Menzel, „war das ‚Flötenkonzert'. Ich bekenne heute offen, daß ich es lie-

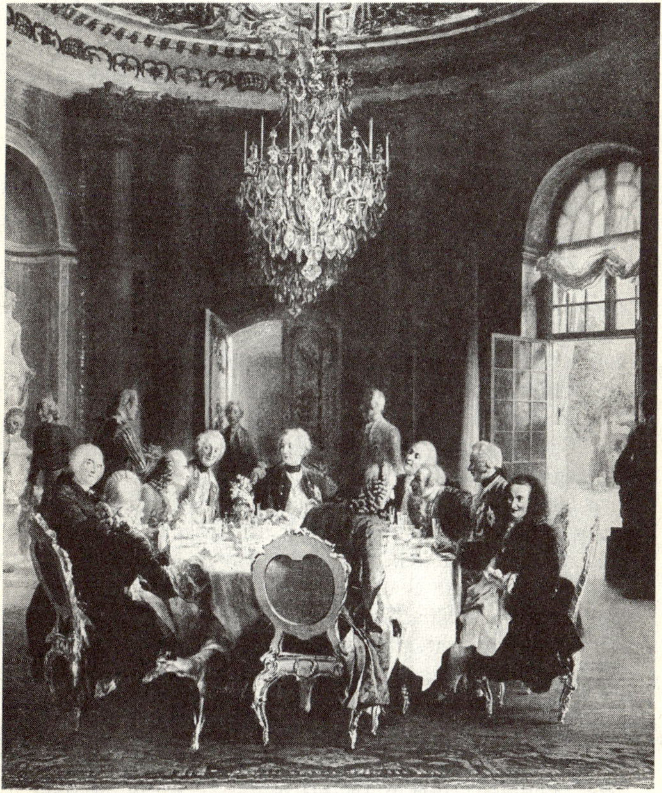

Adolph Menzel, Tafelrunde Friedrichs des Großen in Sanssouci, 1849/1850

ber nicht gemalt hätte. Aber es war sehr schwer, mich überhaupt aus dem Banne des friderizianischen Darstellungskreises zu befreien. Noch als ich 1872 dem mich um ein Bild angehenden Bankier Liebermann (dem Onkel des Malers) das ‚Eisenwalzwerk' zu malen vorschlug, welches vom Geheimrat Jordan später den Titel ‚Moderne Zyklopen' erhielt, war er zunächst ganz erstaunt. Und so geht's wohl einem jeden. ‚Es reitet jeder Komödiant auf seinem Eselein', heißt's im ‚Hamlet'. Die Welt will es so. Also das ‚Flötenkonzert' war fertig und stand fast ein Jahr beim Geheimrat Olfers, ohne daß der König es besichtigte. So mußte ich denn froh sein, es an den Stadtrat v. Jacobs in Potsdam loszuwerden für 2000 Taler, aus dessen Nachlaß es für 17000 Taler von Magnus Herrmann erworben wurde. Und als dieser sich in Grundstücksspekulationen übernommen hatte, ging es für denselben Preis im Notverkauf an die Nationalgalerie über.
Wenn das ‚Flötenkonzert' nicht zog, so wollte ich nun etwas von zwingender Gewalt schaffen, die ‚Tafelrunde'. Aber auch damit hatte ich kein Glück. Es kam das Attentat 1849 dazwischen, und nun hingen bei Olfers zwei solcher großen Würfe, denn der Handel mit dem ‚Konzert' hatte sich noch nicht vollzogen. Und ich steckte in Schulden über Schulden. Da legte sich denn aber der Preußische Kunstverein – nicht ohne Widerstände zu überwinden – ins Mittel."
Das Hochkirchbild erlebte fast dasselbe Schicksal. Es hat lange Jahre in einer „finstern Jammerecken" über dem Anrichttisch im Reiche der „Levkojen" gehangen, bis es endlich gleichsam neu entdeckt wurde. Es hängt jetzt über dem Arbeitstisch des Kaisers.
„Es war ein ergreifender Moment, lieber Herr, der mich für viele Drangsale entschädigt, als Seine Majestät selbst mich beim Arm nahm und vor dieses Bild an seinem neuen Ehrenplatze führte, – umringt von Lakaien mit Armleuchtern."
Diese einfache Relation erklärt, warum unser Menzel sich lange Zeit in einem chronischen Paroxysmus der Verbitterung befand, der auch heut noch ab und zu wie-

der ausbricht. Die fürchterlichen Jahre der Unberechenbarkeit und der Reaktion, die Preußen damals durchmachte, als der Meister im Aufstreben sich befand, drückten ihn nieder. Das Echo der immer lauter werdenden Anerkennung des Auslandes, solcher Männer wie Meissonier und Sir John E. Millais trug dazu bei, den Bann zu brechen, mit welchem Menzel sich selbst umgab.

III.

Der Indifferentismus Berlins hat seine besonderen Ursachen, die durch folgende Gespräche mit dem Altmeister eine Illustration erfahren. Ich besuchte ihn dazu in der Schummerstunde, wenn das Modell – meist ein weibliches – aufbricht. Dann ist er, nach getaner Arbeit, äußerst mitteilsam und liebenswürdig. „Ich freue mich", sagte er, „daß Sie sich der kleinen Sonderausstellung erinnern, die ich zu der Zeit Unter den Linden veranstaltete, als ich gerade mit dem Krönungsbilde anfing. Der Überschuß sollte dem Verein ‚Berliner Künstler' zugute kommen; aber statt dessen habe ich noch 33 Taler zugesetzt. Und von den vielen Sepiaskizzen, Gouachebildern, Aquarellen dieser Ausstellung habe ich damals auch nicht eine verkauft. Das damals in mir großgezogene Mißbehagen, meine Zweifel an der Qualität des Berliner Publikums hindern natürlich nicht, daß ich ein guter Lokalpatriot bin und viribus unitis vorwärts strebe. Noch weniger hindern sie mich, anzuerkennen, daß und wieviel insbesondere etwa seit 1866 hier geschaffen worden ist. Aber es herrscht doch immer noch, trotz allen durch den Aufschwung der Technik und des Verkehrs hier konzentrierten Reichtums, ein Geist der Dürftigkeit vor, der sehr verschieden ist von der altväterischen Tugend der Frugalität und Einfachheit. Dem widerspricht schon der Luxus, der daneben herläuft."

„Es ist eine alte Klage aller Gebildeten, Exzellenz", glaubte ich ergänzen zu dürfen. „Wir rühmen uns, mit Milliarden zu rechnen, und sind förmlich stolz darauf,

zehn Selbstmorde an einem Tage in Berlin zählen zu können. Dies und sehr vieles andre verrät einen sehr quantitativen Geist, dem die Würdigung qualitativer Begriffe im wesentlichen abgeht. Das ästhetische Gebiet würde ohne staatliche Hilfe verkümmern. Die Hohenzollern haben von jeher für die Kunst viel getan, König Friedrich Wilhelm I., Friedrich der Große, sein sonst wenig rühmlich genannter Nachfolger und last not least Friedrich Wilhelm IV. Aber die Flut ist zu gewaltig, um so schnell in geläuterte Bahnen gelenkt zu werden. Man muß sich also, bis Besserung kommt, damit begnügen, dem Ungeschmack Dämme entgegenzusetzen."
Exzellenz zuckte mit den Achseln. „Was können wir tun als arbeiten im Schweiße unsers Angesichts?"
„Ein Menzelmuseum, Exzellenz, würde nach dieser Richtung hin eine wirksame und willkommene Bildungsstätte abgeben."
Der Altmeister hat darüber jedenfalls seine eignen Gedanken und Absichten.
Der Fonds zu einem solchen Museum wäre ja wohl schon vorhanden. Viele Menzelsche Arbeiten, zum Beispiel auch die Skizzen zum Krönungsbilde, zum „Walzwerk", die Vorlagen zum Prozellanservice für Kaiser Friedrich und so weiter, sind bereits auf Umwegen aus dritter oder x-ter Hand zu hohen Preisen von der Nationalgalerie erworben worden.
Das Handzeichnungenkabinett der Nationalgalerie enthält nicht weniger als 1700 Stück von Menzels Hand. In den Mappen, welche „Frideriziana" genannt werden, befindet sich unter anderem auch die Gouacheskizze zu der Faust-Wagner-Pudel-Szene.
„Siehst du den schwarzen Hund durch Feld und Stoppel streifen?" Deutliche Feuerstrudel und ein undeutlicher Faust (ausgespart und mit Bleistift eingetragen) sind die wesentlichen Charakteristika des Bildes; aber die Klaue des Löwen ist unverkennbar, und der Homunkulusdestillateur Wagner trieft von Satire. Die Skizze stammt aus der Zeit der Vignetten zu der Radziwillschen Faustmusik.
„Der Faust hat mich mein Leben lang geplagt", sagt der

Meister, „mich und meine Umgebung. Wir pflegten sogar stundenlang nur in Faustzitaten miteinander zu reden. Besonders der zweite Teil ist mir eine Fundgrube hoher und hehrer Anregungen gewesen."

Man kommt zu einem ganz eigenartigen Resultat, wenn man die oben geschilderte Episode der sechziger Jahre vor Augen hat, wo Menzel gleichsam unter einer Wolke der Ungunst wandelte. Er hatte seine Frideriziana geschaffen, und es schien nun, als wäre er damit abgetan. Das Hochkirchbild, die großen Holzschnitte der friderizianischen Helden, das Flötenkonzert, die Tafelrunde auf Sanssouci, alle diese der eigensten Initiative entsprungenen großen und bedeutungsvollen Werke prallten wirkungslos ab an der gepanzerten Brust der Verhältnisse, wie Menzel es milde bezeichnet.

Er fühlte etwas wie der Mohr, der seine Schuldigkeit getan. Seitdem hat sich vieles geändert. Das „Walzwerk" hängt in der Nationalgalerie als Merkmal der Anschauungswende, „Das Konzert", „Die Tafelrunde", auch das „Kinderalbum", die zweiundvierzig berühmten und unvergleichlich ausgeführten Bildchen, meist aus dem zoologischen Garten, welche Menzel im Laufe der Jahre für seinen Neffen und seine Nichte malte, fanden einen gewundenen Weg in diesen Ruhehafen.

Aber der Meister hat wenig Genuß von diesen spätreifen Früchten. Er hätte am liebsten den Staub Berlins von seinen Sandalen geschüttelt und wäre nach Paris übergesiedelt.

Es ist Mode, auf dieses Berlin weidlich zu schimpfen. Und wir wollen diese Mode nicht mitmachen. Menzel aber selbst sagt, andre hätten ihm gesagt: „Es muß hier in Berlin etwas nicht richtig sein." Auch klagt er über den Geist der Unbildung unsrer hauptstädtischen Bevölkerung. Er reiht sich damit einer Anzahl meist bedeutender Männer an, für die Berlin noch immer nur der „Kietz" ist. Natürlich cum grano salis – mit einem Pfund Salz oder so viel von diesem Kondiment, wie man will. Der Schildbürger sitzt nicht bloß in Schilda; im Gegenteil, in der Reichshauptstadt hat er seine höchste Effloreszenz erreicht, ähnlich wie eine falsch berechnete

Kurve nicht deshalb richtig wird, wenn man ihre Dimensionen erweitert. Und in die Kurve unsrer Entwicklung hat sich ein falscher Koeffizient eingemengt, dessen störende Funktionen in einer Anderthalb-Millionen-Stadt ersichtlicher werden als etwa in Schöppenstädt. Darunter leiden nicht bloß die Malermeister à la Seeger, sondern auch die Meistermaler à la Menzel. Die Mehrzahl unsrer Meistermaler, die einen Lakaien in Livree halten, geraten außer sich, wenn man an solche Dinge erinnert. Exzellenz Menzel ist auch darin größer. Er kennt das Bleibende in der Erscheinungen Flucht.
Soweit also die „Menzels“ nicht bereits öffentlichen Sammlungen eingereiht wurden, befinden sie sich meist in Händen der haute finance. Die Liste zeigt außer einigen Museen und Galerien (Breslau, Dresden, Raczynski, Ravéné, Hohenzollernmuseum) hauptsächlich Bankiers. Wir erwähnen Behrens (Hamburg), Schwabach (in Firma Bleichröder), Hans von Bleichröder (Paris), v. d. Heydt (Elberfeld), Emil Meiner (Leipzig), Hitzig, H. Frenkel, Oskar Hainauer, Kühn, Kopetzky, Ed. Cohen (Frankfurt a. M.), R. Arnold, Itzinger, Cassirer, Meyer-Cohn, Goldschmidt, Landau, Schiff, Perl, L. E. Amsinck in Hamburg, R. Heckmann und Alb. Arons. Das eigentliche Unternehmertum, welches in England außer einigen Lords zum Beispiel sämtliche Werke Millais' in Händen hat, der, trotzdem er 40 000 Mark für ein Porträt bekam, als „Mittelstandsmaler“ charakterisiert wird, glänzt in dieser Liste als würdige Minderheit. Auch alle übrigen berufenen Träger des gehobeneren Geschmacks scheinen ausgeschaltet. Folgt also, daß der Berliner Kunstmarkt in gewissen engen Bahnen sich bewegt, dem der Künstler selbst fernsteht. Besonders fehlt es in der deutschen Reichshauptstadt auch an jenem Markt für „potboilers“, dessen sich London, Paris und München erfreuen und der sogar, meines Wissens, in Düsseldorf nicht fehlt. Der potboiler ist das Küchenbild, welches, schnell gemalt und schnell abgesetzt, „den Wolf von der Tür“ des angehenden Meisters fernhält, eine Skizze, eine Studie, die die Signatur der Klaue des werdenden Löwen trägt. Liebhaber für solche Küchenbilder gibt es

wie Sand am Meer, aber keine sachverständigen Leute, die ein kleines Kapital in solchen Hobelspänen aus der Werkstätte anzulegen für der Mühe wert hielten und den Vertrieb nach außerhalb übernähmen. Der Gewinn, der dabei für den Händler herausschaut, ist vielleicht klein; für die Kunstwelt würde er groß sein.

Wo der lokale Absatz fehlt, da müssen die Preise einem Druck unterliegen, der die Produktion ungünstig beeinflußt. Es wird geschludert und geschleudert. Allerdings mit sehr bemerkbaren Ausnahmen. So hatte die jüngste Auktion der Galerie Kuhtz ein überraschendes finanzielles Resultat. Aber die haute finance ist eben nicht „lokal", und im übrigen ist es erschrecklich, zu welchen Spottgeboten oft auf den Auktionen Sachen „im Ringe" den Zuschlag erfahren, die später an der äußersten Peripherie der Kulturwelt mit großem Gewinn auf den Markt gebracht werden. Auch passiert es alle naselang, daß Sammlungen à la Strousberg oder Liebermann wegen Niederbrechens ihres Eigentümers auf der Rennbahn der Spekulation den Markt überfluten. Das ist der Grund, warum Menzel und sein quasi Vertrauensmann, der Chef der Wagnerschen Kunsthandlung in Berlin, über den Verbleib vieler Gemälde nur schwer sichere Kunde erhalten. Aber über Mangel an monetarischer Würdigung hat unser Altmeister nicht mehr zu klagen. Er hat einen Weltruf errungen und wird in London wie in New York gleich sehr „gefragt". In Philadelphia ist kürzlich eines seiner Werke auf einen fabelhaften Preis hinaufgetrieben worden.

Menzel hängt mit väterlicher Liebe an jedem einzelnen Stück, das er je geschaffen. Ich beschrieb ihm einige der Gouache- und Sepiabildchen der Ausstellung von 1861, die sich meinem Gedächtnisse eingeprägt hatten, und er half meiner Erinnerung in einer Weise nach, aus der ersichtlich wurde, mit welcher Lebhaftigkeit seine Phantasie bei jeder, auch der kleinsten Schöpfung arbeitet, und wie ihn diese ins Detail führt, wo andre namhafte Künstler sich mit einem allgemeinen Ein- und Ausdruck begnügen. Zu dem Bleistift-Faust rief er mit selbstironischem Lachen: „Wäre nur gar nichts von ihm zu sehen!

Wer kann einen solchen Geist bannen wollen!" Dieser Geist entzieht sich der Detaillierung, die des Meisters Force ist. Seine Gewissenhaftigkeit in der Wiedergabe der Details auf Grund unermüdlicher Studien hat vielen Tausenden gegeben, was sonst nur wenigen Begünstigten zugänglich ist.

Eine andre Art von Kunstgestaltung hätte nicht ausgereicht, um uns die friderizianische Zeit aufs neue zu verlebendigen. Und Menzel ist stets stolz darauf, mehr, sehr viel mehr getan zu haben, als von ihm verlangt wurde und für Geld verlangt werden konnte. Besonders auch ist er stolz darauf, daß damals Friedrich Wilhelm IV. und sein Vertrauensmann, Geheimrat Olfers, ihm, dem doch noch so jungen Manne (er war dreißigjährig), völlig freie Hand in der Behandlung des Stoffes gaben. Er hat namentlich in den Zeichnungen zu den „Œeuvres" ganz gewagte Darstellungen sich erlaubt und dem königlichen Autor gegenüber ganz selbständige Kritik geübt. Er war der satirische Kommentator des hohen Autors.

„Ich schwang mich wie der Zaunkönig über den Adler der Fabel noch um einiges empor", sagt er lachend in seiner unvergleichlichen dramatischen Weise mit malender Gebärde. „Aber in keinem Falle haben der von seiner Herrscherwürde ganz gewiß überzeugte König und der stramm katholische Kunstrat auch nur die mindeste Beeinträchtigung meiner selbständigen Gedankenflüge oder eine Zensur meiner üppigen Einfälle für nötig gehalten." – „Der Respekt des Genies für das Genie, Exzellenz", fügte ich ein und dachte dabei an das reizvolle Aquarell von Magnus, welches in dem Handzeichnungskabinett der Nationalgalerie hängt und den noch jugendlichen, wenn auch schon vollbärtigen, damals zweiundzwanzigjährigen Künstler in der absonderlichen Kleidung jener vormärzlichen Zeit mit einem Riesenhut (damals Künstlerhut genannt) und einer Riesenrolle in das Riesenschloß eintretend darstellt, von der Schildwache argwöhnisch beobachtet.

Der König sah ihn weniger argwöhnisch an und ließ ihn wüten mit Voltairescher Verve.

Lenbach gab Anlaß zu einigen Bemerkungen insofern, als selbst Damen, offenbar nach seiner Manier, sich jetzt Porträts hypergenial hinzuhauen erdreisten. Diese Manier steht den quasi genialen Damen so wenig wie der Eisrieke ihr Rembrandthut. Was bei dieser Vortragsweise herauskommt, ist meist wenig befriedigend, zumal wenn die hingehauenen Pinselstriche nicht sitzen. „Und dies“, meinte der Altmeister lachend, „passiert auch sonstigen Porträthauern par excellence, so daß deren Köpfe den Eindruck machen, als ob sie von weiblicher Hand herrühren. Doch bitte, lassen Sie nur die Damen in Ruh!“
Einem Meister, der zehn große Studien macht, um eine Miniaturhand zu zeichnen, wie Menzel für eine seiner kleinen Radierungen, die er noch bis vor wenigen Jahren mit Vorliebe schuf, bleibt die Art, wie Lenbach das „Beiwerk“ behandelt, so ziemlich unverständlich. Aber wir möchten zwischen diesen beiden Großen nicht in die Klemme geraten. Kein Mensch kann aus seiner Haut heraus, und auch wenn die Maler zu den „Übermenschen“ zählen sollten, darin sind auch sie gemeine Sterbliche wie wir. Und das, was man Schule nennt, muß ja wohl auf der sicheren Seite bleiben. Auch steht wohl nicht zu befürchten, daß daraus eine Brutstätte der Pedanterie erwachse. Das Endziel der Malerei in der minutiösesten Wiedergabe aller Details zu sehen, ist bisher noch niemand eingefallen. Die Eigenart ist hier nicht Richtung, sondern entsteht unter dem Einflusse einer beispiellos scharfen Sehkraft.
„Bei den Niederländern“, sagt unser Altmeister, „war gerade diese Naturtreue Prinzip, und man muß es bewundern, mit welcher Genauigkeit sie Blumen, Käfer, Räupchen wiedergaben, ohne dem Eindruck des Ganzen Abbruch zu tun. Solche Arbeiten stehen in ihrer Weise ebenso hoch wie die der Antike. Aber für derartige Stillleben hat unsre Zeit den Sinn verloren, die Ruhe. Es gibt etwas wie die Dampfmaschine, und diese naturgetreu zu malen, dazu muß man ihr die Details in der Bewegung ablauschen. Und dazu kommt der Rauch.“
Wenn Cobden einst einer schönen Gegend ärgerlich den

Rücken drehte, weil ihm der Rauch und die Fabrikschornsteine darin fehlten, so machten die vormenzelschen Kunstschulen es gerade umgekehrt. Sie weinten bittere Schluchzer, weil der Rauch ihnen ihr Idyll zerstörte, wo sie Götter und Helden wie die Schafe auf die Weide trieben. Menzel hat nun der Kunst nicht nur das Malerische oder nur das Elend in dieser verräucherten modernen Technik erobert, sondern ihr frisches Leben und wird uns wie Mozart den Musikern in dieser Art zu sehen und zu schaffen ein dauerndes Vorbild bleiben.

„Ja, ja. Solch ein ‚Walzwerk'! Das ist auch keine Kleinigkeit!" rief der Zweiundachtzigjährige frohlockend wie ein Jüngling – als ich von diesem Bilde sprach, welches Kennern als das bedeutsamste der Neuzeit gilt. Es ist in London, Paris, Chicago mit ersten Preisen und goldnen Medaillen ausgezeichnet worden. Unser Meister ist auf solche Geistestaten sehr viel stolzer als auf das Exquisite seiner Technik. Hier ist es die Energie des Sehens, mit welchem er sein Objekt durchdringt. Aber deshalb ist Menzel auch im kleinen Rahmen kein bloßer Miniaturist und Detaillist, wie solche in Ermangelung des modernen Sinnes sich damit begnügen, einige Lustspielgestalten des Ancien Régime in Szene zu setzen, eine schäkernde Bauernfamilie um einen sprechenden Specht zu gruppieren oder einige Troupiers exakt zu adjustieren.

Warum derartige inhaltlose Bildchen trotzdem so hohe Preise erzielen? Hängt nicht auch dies mit dem Grundübel zusammen, oder ist es nur eine Reaktion gegen die in übermäßigen Rahmen die Segel ausspannenden Lichtmaler?

Raum und Licht in den modernen Stadtwohnungen sind beinahe unerschwingliche Dinge. Die verwendbaren Wände sind längst überfüllt. Da zahlt man gern für ein Miniaturbild einen Extrapreis, weil es leichter zu hängen ist. Will man den englischen Ausspruch gelten lassen: finish spoils the picture, dann sind solche Gemälde, deren Wert nur im finish liegt, doch recht traurige Zeichen der Zeit.

Man hat oft darüber geklagt, daß unser Altmeister die Schönheit nicht als solche empfände. Und wenn das wahr ist, so kann man nur der Wahrheit gemäß sagen, daß sich das Schönheitsgefühl unsers Meisters auf die Seite der Wahrheit und des Geistes gestellt habe, und diese sind oder waren bislang weniger bewertet.

Man muß das Lächeln des Altmeisters gesehen haben, wenn er der Typen gedenkt, die er auf solche Weise anatomisiert hat, um ihn ganz zu verstehen. „Ich habe nur die eine leitende Absicht, die Menschen so wiederzugeben, wie sie sind", sagt er. Seine Satire ist eine unwillkürliche. So nennt er die Durchsicht der Fahnen eines Artikels die „Fahnenweihe", natürlich ganz – ohne satirische Absicht. Im übrigen verschwinden solche subjektiven Anwandlungen in dem Makrokosmos der Menzelschen Welt. Sie machen sich kaum hie und da dem feinfühligen Forscherblick bemerkbar. Seine Schöpfungen sollten uns eine ähnliche Rolle spielen wie die ganz ähnlich abgestimmten des großen Shakespeare.

Ich glaube nicht, daß man jemand einen besseren Rat geben kann als den, sich in Besitz des billigen Menzelwerkes zu setzen, das im Münchener Verlag für Kunst und Wissenschaft, vormals Friedrich Bruckmann, mit Text von Max Jordan, dem Publikum zur Verfügung steht. Es enthält einunddreißig ganzseitige und etwa hundert Textbilder von vorzüglicher, vom Meister selber überwachter Ausführung. Und wenn es auch unter den Prachtwerken großen Formats rangiert, so bietet es doch unendlich viel mehr, als man von einem solchen erwarten kann. Als Festgabe zur Jubelfeier von Menzels achtzigstem Geburtstag (8. Dezember 1895) ist es höchst generös angelegt; es ist ein Auszug aus dem großen Menzelwerke von M. Jordan und R. Dohme, welches, ich weiß nicht wie viele hundert Mark kostet. Ich möchte nicht auf das Niveau der Reklamenotiz herabsinken. Der Altmeister meint: „Wer weder Sie noch mich kennt, könnte leicht einen solchen Eindruck gewinnen." Nun wohl! Ich habe mich nie gescheut, für eine gute Sache ins Zeug zu gehn, und es wird mir immer schwer, bei solchen Verlagsunternehmungen auf einen Hinweis verzichten zu sollen, der ihrer nationalen Bedeutung gerecht wird. Wenn endlich der Meister selbst sich mit die-

sem Werke außerordentlich einverstanden erklärt, so glaube ich, dem auch nichts weiter hinzufügen zu müssen.
Wer nun diese Blätter Revue passieren läßt, dem wird es auffallen, in wie hohem Maße – ähnlich wie bei Hogarth – der Adel der menschlichen Gestalt und die Schönheit vor der zersetzenden Schärfe des eignen Auges und Geistes bewahrt wird, wie Unschuld und Unerfahrenheit, Güte, Milde und Liebe und jedes andre Element des weiblichen Gemüts darin nach Ausdruck ringen, oft bis an die Grenze des Dämonischen. An solch einem kleinen Bilde, auf dem es „wibbelt und kribbelt", wie bei kaum einem andern Meister, ist ununterbrochen Nacht und Tag – und Tag und Jahr gearbeitet worden, ehe es dem Besteller zugeht, der nun etwas erhält, was den vielfachen Wert des vereinbarten Preises repräsentiert. So ist es wenigstens immer gewesen.
Das hängt in gewisser Weise mit Menzels Art zu komponieren zusammen, die sehr verschieden ist etwa von der Meissoniers oder gar Kaulbachs. Sie hat die Mängel ihrer Vorzüge. Menzel geht oft von einer ihn besonders fesselnden Einzelfigur aus, um die sich dann andre ansammeln. Ich fühle mich versucht, zu sagen: in Fällen „nach Bedarf". Jedes Detail ist interessant, etwa wie eine Charakterschilderung von Charles Dickens. Dieser hatte eine ähnliche Art zu komponieren. Er wußte deshalb manchmal wirklich nicht weiter. Das ist in der bildenden Kunst anders. „Zusammen" kommt endlich alles, Zeichnung und Farbenperspektive sind stets korrekt und von wunderbarer Feinheit, aber in ganz andrer Weise als bei einer Anlage, die den umgekehrten „akademischen" Weg verfolgt. Bei dieser gibt es keine Überraschung, bei Menzel auf Schritt und Tritt. Das macht seine Bilder so interessant, auch technisch eigenartig. Wenn ein Meissoniercher Kronleuchter so angelegt ist, daß danach ein Modell gefertigt werden kann (dies erklärte mir A. v. Werner), so setzt sich das Bild bei Menzel zunächst aus Lichtern und Reflexen zusammen. Der blendende Effekt, der das Auge fesselt, ist ihm das Wesentliche. Ob dann auch die genaue Gliederung des Objekts in allen

Linien zu verfolgen bleibt, scheint unserm Meister eine Erwägung zweiten Ranges.

„Es ist das Schwerste, was es gibt, solch ein Kronleuchter", sagt unser Altmeister ernst, „denn man soll nicht bloß die aberhundert glitzernden Kristallgehänge sehn und unterscheiden, sondern auch dazwischen und dahinter noch die durchgehenden Metallteile. Es ist nur etwas für den Kenner. Ich habe solche Lustres auch im Tageslicht gemalt, auf der ‚Tafelrunde', und erinnere mich noch, wie mein Freund Magnus mit dem Kopf dazu schüttelte. Ich glaube nicht, daß zwischen diesen und den Meissonierschen ein Unterschied ist. Bei den brennenden Lustres, zum Beispiel im ‚Cercle', ist das etwas andres. Da werden die Details vom Licht zerstört."

Menzel ist also Impressionist, während sein Dioskure Meissonier ein Stilist dagegen genannt werden muß. Wenn diesem die Pariser Künstlerschaft nach seinem Ähnlichkeitsdisput mit Mrs. Mackay ein Kondolenzdiner gab, so würde Menzel sich und seine Kunstgenossen schwerlich je in die Lage gebracht haben, einer solchen Kondolenz zu bedürfen. Er hätte der schönen Dame wahrscheinlich weit weniger schmeichelhafte Züge und Reize verliehen, aber er hätte sie überführt, wenn nicht überzeugt. Sie hätte willenlos klein beigegeben, etwa wie vor ihrem Arzte, und jammernd ausgerufen: „Ja, das bin ich, wenn auch vielleicht ohne Schminke und stellenweise auch ohne Epidermis."

Blickt man hinein in solch einen Menzel: „Missionsgottesdienst im Buchenwald", „Sonntag im Bois de Boulogne", so sieht man selbst die fern im Sonnenstaub sich auflösenden oder im Halbschatten verschwimmenden Gesichter noch lebendig an Ausdruck. Es sind nicht Silhouetten, die der Nebel glättet, sondern körperhafte Gestalten. Und sie bleiben, so sie hingehören. Diese Überwindung des Raums ist für Menzel, was die Luft für den freien Falter. Und diese Menzelschen Menschen leben im Rahmen, sie streben nie darüber hinaus, wie gewisse Parlamentsredner, die zum Fenster hinausreden, oder gewisse Bühnenvirtuosen, denen man das „Aus-dem-Rahmen-Treten" vorwirft. Daß diese mehr Applaus er-

zielen, ist freilich eine Tatsache, aber wer wird sich dadurch täuschen lassen?
Charakteristisch ist, daß Meissonier keine weiblichen Wesen malt. Menzel mit Vorliebe. Kaum irgend etwas gelingt ihm besser als die Wiedergabe weiblicher Naivität. Man denke an das auf dem Bilde „Cercle“ zum lustig schäkernden Kaiser Wilhelm emporblickende Hofnovizchen. Ich meine nicht die Angeredete, sondern eine Seitenfigur. Ein ganzes Lustspiel liegt in dem einen Gesicht.
Aber auch die Schattenseiten des Weibes kennt unser Meister sehr genau. „Man beachtet es zu wenig“, sagte er mir, „welche Rolle weiblicher Haß und weibliche Grausamkeit im Leben Friedrichs des Großen gespielt haben. Er war darin ganz gewiß kein Diplomat, daß er mit versengendem Hohn und Spott die Rachsucht einer Pompadour, einer Zarina und einer Maria Theresia gegen sich heraufbeschwor.“ Er machte eine große malende Bewegung. „Es gibt nichts Schrecklicheres!“ stieß er fast tonlos hervor.
Und trotzdem, mit welcher Grazie versteht er es, eine Pompadour zu bekleiden! Wie menschlich nahe bringt er uns des Königs Schwester Amalie!
Vielleicht ist in der Tat ein wenig Diplomatie dabei, welche Menzel – im Gegensatz zu der erzählten Begegnung mit der kleinen Wegner – gegen das schöne Geschlecht sonst sehr behutsam auftreten läßt. Wie subtil muß unser Altmeister, der der weiblichen Modelle im ausgiebigsten Maße sich bediente, gegen diese vielfach maltraitierten Repräsentantinnen des gefürchteten Geschlechts sich stets verhalten, da sie alle für ihn schwärmen! Auch die Eisenmänner von Königshütte tun das. Man sagt: willst du genau erfahren, was echte Bühnenkunst sei, so frage bei den Statisten an. – Was solcher Leute Herz gewinnt, sind die Leistungen. Womit ich nicht andeuten will, daß der Altmeister die Zeit solcher Leute nicht in deren Sinn zu schätzen wüßte.
„In Königshütte regnete es Taler“, erzählte mir ein dem Meister verwandter Ingenieur, der die Honneurs des Instituts bei dem seltenen Gaste mit dem Malkasten machte.

In dieser und mancher andern Hinsicht wird man noch zu tun haben, um das von der seichten Fama verhängte Bild der „kleinen Exzellenz“ richtigzustellen und so erfreulich zu gestalten, wie es der Wahrheit gemäß überliefert zu werden verdient.
In einer der Handzeichnungen unsers Meisters in der Sammlung der Nationalgalerie stellt er sich selbst dar, wie er mit lustigem Jugendübermut durch einen Reifen springt, auf dem wir die Ziffer 80 lesen. Es ist einem gleichaltrigen Freunde gewidmet. „Möge auch dir deine 80 keine Fessel sein!“ steht in den klaren, schwungvollen Lettern von des Meisters Hand darunter.
Menzel ist auch heute noch jugendfrisch. Möge das neugeborene Frühlingslicht, das jetzt die große Fensterwand seines Ateliers durchleuchtet, ihm den Weg weisen und ihm die Lust neu beleben, das größte Werk unsers größten Dichters, den „Faust“, durch seinen Stift zu deuten und seinen unsterblichen Namen dem Goethes zuzugesellen. Es würde ein epochales Werk werden für alle Menschen und Zeiten.

IV.

Es war ein wunderschöner Märznachmittag, als ich wieder einmal bei dem inzwischen geadelten und zum Ritter des Schwarzen Adlerordens erhobenen Altmeister vorsprach. Er ließ mich drei-, viermal klingeln und empfing mich wenig gnädig.
„Man hält Sie für einen Menschenfeind, Exzellenz“, sagte ich, „und ich bin nicht erstaunt darüber, daß ich meinen Teil dieser Antipathie abbekomme.“
„Nein, der bin ich nicht, das war ich mal“, sagte er im Nu gutgelaunt.
„Sie halten die Menschheit nicht für wert, daß man sie haßt oder auch nur verachtet – aber wir Kunstschreiber – besonders ein solcher ‚wider Willen‘, sind Ausnahmen.“
„Sie ist sehr störend, die liebe Menschheit“, meinte der Altmeister, „sobald sie aus der Rolle heraustritt, in der

ich sie allein brauchen kann, als Objekt für Pinsel und Stift. Sie glauben nicht, lieber Herr, wie fürchterlich ich überflutet werde mit Zuschriften, Prospekten, Bettelbriefen, Zumutungen, insbesondere von seiten der Bazare, die doch nun schon auch nicht mehr ziehen. Da ist denn eine neue Variante entstanden. Jetzt kramt man die Ateliers aus. Kein Buch bleibt undurchschnüffelt" – er wies auf riesige alte Folianten, die umherlagen – „man rückt mir mit photographischen Apparaten auf den Leib, die Post ist für mich eine Pandorabüchse. Namentlich die Schreiben von Damenhand – o du lieber Gott – es ist unmöglich, sie auch nur durchzulesen. Ich hätte nur für sie zu arbeiten, wenn ich es durchsetzen könnte, all diesen Anforderungen zu entsprechen. Wenn ich hier an diesem Pult stehe und arbeite, mich vertiefen möchte, so ist's mir immer, als ob mich etwas am Rockzipfel zupfte. Und dabei jammert es einen, all das Elend, das einem so beweglich geschildert wird. Aber, bitte, sagen Sie's niemand. Der will eine Stellung außerhalb antreten, fehlt nur das Reisegeld; jener wird exmittiert, liegt auf der Straße, will seine Frau begraben – so geht's Tag für Tag."
Wie wir sonst auf den lieben Gott zu sprechen kamen, weiß ich nicht mehr. Diesmal ergab es sich von selbst und führte uns ins Reich der Philosophie.
„Die Welt ist nun einmal so, Exzellenz, der liebe Gott hat sie so gemacht."
„Ich möchte keinen Streit mit der hohen Geistlichkeit", sagte der Altmeister ingrimmig lächelnd und ergriff einen langen alten Korporalstock mit bronzener Krücke in Form eines Drachen – ein „Objekt" –, und zog damit von oben herab ein paarmal durch die Luft. „Wenn er sie noch mal machte, würde er vieles anders machen, so wie ich es mir auf einem andern jüngeren Planeten denke, auf dem Mars etwa."
„Wer weiß", meinte ich, „denn die neueren Philosophen sind der Ansicht, daß Gott die Schöpfung auf sich selbst gestellt hat. Was sich erhalten will, sorge, daß es den göttlichen Geboten entspreche, da das minder Vollkommene stets dem Vollkommeneren den Platz räumen muß."

Er lachte. „Das ist wohl richtig! Aber in welchen Zeiträumen? In Milliarden von Jahren!"
Ich erlaubte mir ein leichtes Achselzucken.
„Zeit gibt es für den lieben Gott nicht; für uns ist sie alles, ebenso wie der Raum für die bildende Kunst; aber für Gott ist das, was uns nach Kant und Teichmüller für eine Kategorie der Anschauung gilt – nichts."
Exzellenz machte ein sehr ernstes Gesicht.
„Heute war ein Maler bei mir, dem es sehr schlecht geht. Seine Frau ist schwindsüchtig. Er selbst kann nichts mehr schaffen, und was er bisher geschaffen hat – hm – es ist nicht viel wert. Da dachte ich auch an die Philosophie. Der Mann hätte diese ergreifen sollen, nicht die arme maltraitierte bildende Kunst, worin er sich nicht zurechtfindet, da ihm die Kategorien der Anschauung, jedenfalls die des Raumes, so sehr verkümmert ist."
„‚Es wird immer Hilfsbedürftige unter euch geben', sagt schon der Prophet", erwiderte ich. „Wenn dem nicht so wäre, würde uns der Instinkt des Wohltuns verkümmern. Die andern Arten der Weltverbesserung hat der liebe Gott, wie es scheint, sich selbst vorbehalten."
Ich habe schon erwähnt, daß Menzel sich eine gewisse Einseitigkeit zur Last legt; es ist die Einseitigkeit des Genies, die Selbstbeschränkung des wahren Meisters. Sein ungemein praktischer Sinn, den er mit den langschädligen Engländern gemein hat (auch er ist dem Anschein nach ein Langschädel), hinderte ihn, sich der Musik in die Arme zu werfen, obgleich er sie sehr liebt und häufig die Konzerte besucht. Und sein Sprach- sowie Sprechtalent, insbesondere seine Art zu betonen und zu akzentuieren, sind eminent; jedes linguistische Problem interessiert ihn und bildet einen beliebten Gegenstand der Unterhaltung; aber er hat auch darin mit Zeit und Kraft gegeizt. Er liebt es, seine Rede mit drastischer Geste und Miene zu begleiten, gleichsam um sie abzukürzen.
Wieder zog er mit dem Stock durch die Luft.
„Sehen Sie, das tut der liebe Gott! Er schlägt drein, er vernichtet alle Tage den unnötigen Plunder, der sich breitmachen will. Und daran erkennen Sie sein Wirken.

Es täte sehr not, daß er mal wieder recht tüchtig dreinschlüge – so – so – so! Denn fast scheint's, als hätte er das Chiragra im Säbel. Aber kein Wort von alledem."
„Nun, nur einiges", meinte ich.
„Ich desavouiere alles", sagte er lachend.
Ich weiß nicht, ob der Altmeister an den Grafen Pückler-Klein-Tschirne dachte, der in jenen Tagen seine Drescherrede gehalten hatte („Und drischt und drischt und drischt." Der Berliner Volkswitz fügt hinzu: „Aber 'raus kommt dabei nischt."), oder nur an die Kapuzinade aus Schillers „Wallensteins Lager". Jedenfalls ist der kleine gewaltige Herr ein Mann der Tat. Auch in bezug auf die Hilfsbereitschaft. Er tritt für alles Gute ein wie ein Löwe. In jenen Tagen sammelte gerade Paul Meyerheim die künstlerischen Relikte des schon im 33. Lebensjahre, 1863 zu Wien, verstorbenen Tiermalers Teutwart Schmitson. Sie bilden jetzt eine great attraction der diesjährigen „Großen Berliner Ausstellung". Seine Naturauffassung und künstlerische Handhabung wird vielfach der Menzels gleichgestellt. „Er war ein Bahnbrecher", sagte der Meister, „und galt Ende der fünfziger Jahre in Berlin für einen Schüler von mir. Ich habe ihn gut gekannt. Er war keineswegs ein sogenanntes verkommenes Genie. Im Gegenteil, fleißig, gewissenhaft. Er war ein Frankfurter, ein gerollter Kiesel, lange in Paris gewesen und in Italien, wo er gegen die ‚Hetärenmalerei' einen Abscheu empfing. Das sprach er aus und stieß den Klassikern vor den Kopf; er wurde von den Handhabern der Schablone angefeindet, und ich habe viel Mühe gehabt, seinen Werken die Zulassung zu unsern Ausstellungen zu erkämpfen, am meisten zuletzt, als es ihm schon schlecht ging. Sein letztes Werk, ‚Die durchgehenden Ochsen', wollte die Jury in die Rumpelkammer stellen. Vielmehr, es war schon geschehen, und ich entdeckte das Bild durch Zufall unter den Zurückgewiesenen. Ich bäumte mich auf. ‚Was soll man von uns denken?' rief ich. Ich wurde grob. Das eine Mal half's – später nicht mehr. Man sagte später: ‚Wir kennen diese Nuance schon.' Es gelang mir, das Werk zu retten, leider nicht auch dessen armen Schöpfer."

Menzels Atelier ist genugsam mit Pferdeskizzen ausgestattet, welche nicht an die Jugendzeit erinnern, wie bei manchen „Meistern", die, obwohl früh sich krümmend, über das Stadium des Wiegenpferdes nicht weit hinauskommen. Die Schablone ist unausrottbar, und solche Männer wie Menzel und Schmitson sind jederzeit vonnöten.
Die Märzsonne durchleuchtete das ganze, mit so vielen seltsamen Dingen angefüllte Atelier und ließ mich eine Landschaft erkennen, die mir sonst im Dunkel der hintersten obersten Ecke, trotz ihrer respektabeln Größe, nicht sehr in die Augen gefallen wäre.
„Exzellenz!" rief ich, „das ist ja wie eine neue Erscheinung! Eine Landschaft, ganz Dachau und noch viel mehr!"
„Dachau!" rief er und gab mit dem Fuß einen gewaltigen Tritt nach hinten. „Da liegt Dachau!"
„Ich sage, viel mehr als Dachau sich je träumen ließ."
„Auch eine Jugendarbeit!" sagte er, da ich nun, meine Entdeckung bewundernd, näher trat, „der Kreuzberg vor sechzig Jahren. Ja, lieber Herr, für jene Landschaft sind mir schon große Summen geboten worden – oft – sehr oft. Wenn ein französischer Meister dieses Werk geschaffen hätte, es hinge nicht acht Tage in seinem Atelier, so hat man mir gesagt. Der Kreuzberg – gerade die Ecke, wo jetzt die Viktoriafälle sind, denke ich mir, aber ich bin schon seit vierzig Jahren nicht mehr dorthin gekommen. Ich weiß nur, das ist ein Wirtshaus von, glaub' ich, Fingeradi, wo damals noch die besten Bürger verkehrten. Der Bach vorn rechts und die Weiden sind freie Erfindung, sie wirken als Repousseur. Vor allem, es fehlt die Staffage. Links der Plan pflegte von Kindermädchen und ihrem militärischen Gefolge bunt genug auszusehen."
Er selbst betrachtete es liebevoll.
„Jener Ort ist mir lieb und wert. Ich habe dort meine Modelle, die großen Kerle in den alten unbegreiflichen Uniformen, in den Sandgruben aufgestellt und zum Hochkirchbilde skizziert."
Während ich dies schreibe, habe ich nur noch einen sub-

jektiven Eindruck von jenem Gemälde, einen durch Erinnerung und Phantasie verklärten. Es ist nach heutigen Begriffen genügend ausgeführt. Die Weiden stehen flimmernd in ruhigem Silberton, während der Mittelgrund, die roten Dächer und Giebel, der Bergesabhang, die Waldlisiere, die weite Luft darüber mit weißen Kumuluswolken einen grandiosen Eindruck von Raum und Freiheit gewähren, das Ganze ist ein chef d'œuvre, noch unentdeckt und unbesprochen, trotz seiner Wichtigkeit als Beispiel Menzelscher Landschaftsmalerei und als ein historisches Denkmal aus einer versunkenen Zeit.

„Das modernste Bild, was ich je gesehen, Exzellenz. Damit schießen Sie unter den Elfen den Vogel ab. Es gehört in die Ausstellung der Sezession am Theater des Westens."

„Vertreten bin ich ja dort auch, aber nicht mit solchen Privatstudien", meinte Menzel. (Durch das Gouachebild „Hochaltar in Innsbruck" aus dem Besitz des Bankiers Arnhold, die „Ölstudie eines alten Juden", die beim „Umbau des alten Museums" gefertigte, sehr wirksame Skizze einer Gruppe durcheinanderstehender Statuen und eine Anzahl von Zeichnungen, die Lichtwirkungen auf Zaumzeug etc., ganz impressionistisch belauschend, alle aus den vierziger und fünfziger Jahren.) „Man stellt heutzutage ja auch so etwas aus, aber es geschähe besser nicht."

„Man täuscht sich, Exzellenz, über die eignen Kinder am ehesten. ‚Denn selten weiß der Mensch, was er getan, und was er tut, weiß er fast nicht zu schätzen', sagt Goethe. Sie erleben dasselbe mit Ihrer ‚Botenfrau' auf der heurigen ‚Großen'. Das von Ihnen verachtete alte Bild ist die Perle derselben."

„Ich habe das Bild nicht verachtet", erwiderte der Meister, „im Gegenteil. Nur die linke Hand, auf dem Henkel des Korbes ruhend, bedurfte der Durchbildung. Und ich bin seit fünfzig Jahren nicht dazu gekommen, diese Arbeit vorzunehmen. Deshalb habe ich gegen alle, die da kamen, um das Bild zu kaufen, mich ablehnend verhalten, besonders gegen den Bankier Goldschmidt, der es durchaus nach Brüssel mitnehmen wollte, auf Wunsch seiner Frau und auf eignen. Es ist übrigens eine Torfträgerin, nicht eine Zeitungsfrau."

„Mit seltener Liebe durchgearbeitet. Sie versteckt keine ihrer Reize hinter einem Taschentuch wie die Königin Augusta –"

Unsre Unterhaltungen sollten sich auf einige technische Gesichtspunkte konzentrieren. Exzellenz wollte meinen Aufsatz über „Ton" in der Malerei (erschien in „Über Land und Meer") mit mir durchgehen. „Wenn die Tage erst länger werden", meinte er, „soll das gründlich geschehn."

„Zur Erholung von der einseitigen Beschäftigung der Malerei?" fragte ich auf gut Glück, eine etwas verstimmte Taste anschlagend.

„Die Malerei ist keine einseitige Beschäftigung", monierte Menzel ruhig, aber bestimmt.

„Wie Exzellenz diese Kunst betreiben, wo sie den ganzen Geist beansprucht, ist sie freilich nicht einseitig, aber so, wie zum Beispiel ich sie betreibe, zur Erholung vom Schreiben, Lesen, Studieren, darf ich sie wohl so nennen."

„Da sind Sie glücklich zu preisen, wenn Sie diese Retraite haben, anstatt wie andre ins Wirtshaus gehen und Billard spielen zu müssen", sagte er, „und für mich sind es die Bücher, auf die ich mich zurückziehe und aus denen ich Anregungen mit hinübernehme in die bildenden Künste."

„Ob's immer die besten Anregungen sind?"

„Ah – Sie sind ein Verdorbener!" lachte er, „jedenfalls geht's nicht ohne."

Im Geiste verborgen befinden sich die Quellen des Lebens, ohne sie wächst kein Blatt am Baum, keine Blüte sproßt, keine Frucht wird angesetzt, wenigstens keine, die wert und fähig wäre, an der Sonne zu reifen."

Dann fuhr er fort:

„Und was nun den ‚Ton' anbetrifft, das ist solch ein Modewort. Die Kunst der Malerei gleicht darin der der Bekleidungskünstler; bald wird dieser, bald wird jener edle Körperteil akzentuiert, bald gibt's Puffen und kleine Hüte, bald ganz enganliegende Roben und Riesenkopfaufbau, so wie zur Zeit. In der Malerei sind bald die Valeurs oben, die Kraus seinerzeit in die Mode brachte, bald die Stimmung. Nun malt man mit Weiß und nun mit Schwarz, bald satt, bald matt. Gebrochene Farben nennt man das. Als ob es andre gäbe. Je nach der Umgebung und Beleuchtung wird jede Farbe eine Umwandlung erfahren, über die man nicht Herr ist, deshalb sollte man auf sie auch nicht das Hauptgewicht, den Akzent legen und das Wichtige, Richtigkeit und Wahrheit, darüber vergessen. Nun wissen Sie, warum ich kein Sezessionist bin. Die Mehrzahl der Herren, die sich so nennen, sind es aus ganz andern Gründen. Das habe ich schon in München empfunden, und bei uns ist's ebenso. Man tut den Schlagwörtern, Impressionismus und so weiter, hinter denen sich viel Unfähigkeit, Anmaßung und Selbstbetrug verbirgt, zuviel Ehre an. Ehrliche Kunst ist die beste Kunst."

„L'art c'est le courage."

„Behalten Sie Ihre Fremdworte in der Tasche. Ich habe manche Zeit damit verloren, sie zu erlernen, aber meine Kunst ist Augenkunst und keine Ohrenkunst. Im übrigen auch zur ehrlichen Kunst gehört heutzutage schon Courage. Aber bitte, seien Sie diskret. Wenn man erfährt, daß ich solche Anschauungen ausspreche, wird man mich für anmaßend halten. Auch bitte ich, mich nicht fortwährend Altmeister zu nennen. Als sie mein siebzigstes (Jubiläum) feierten, noch in der Kommandantenstraße, wurde so viel ‚gealtmeistert', daß ich endlich aufstand und um der guten Stimmung wegen mir das Herumreiten auf diesem Worte verbat. Es waren noch eine Menge Redner vorgezeichnet, die alle sehr stark ‚altmeistern' wollten. Mir schräg vis-à-vis saß Löwenstein vom „Kladderadatsch", der die Toaste auf die Frauen monopolisiert hatte, wie jetzt Alexander Meyer. Er erhob sich – und ich meinen Zeigefinger, so daß er, der das Wort ‚Altmeister' dutzendfach im Konzept hatte, es nun jedesmal hörbar verschlucken mußte. Er ist fast an dem Wort erstickt – und die Hörer vor Lachen."

Exzellenz kann unmenschlich ironisch sein.

Einst brachte ich ihm eine Skizze, die ich am Stettiner

Dampfschiffbollwerk von der Baumbrücke gemacht. Als Staffage diente zum Teil das Begräbnis des seinerzeit an der ganzen Waterkant populären Restaurateurs Albert Timm.
„Aha, da haben Sie dabei geweint", sagte Exzellenz, „vor Tränen nicht sehen können. Und hinten der Rauch –?"
„Das ist eine Dampframme –"
„Sehr gut, dieser Rauch; er hat Ihnen in die Augen gebissen, und da sind Ihnen die Linien durcheinandergeraten."
„Stettin ist nicht nach dem Lineal gebaut, Exzellenz, am wenigsten die Lastadie."
„Nein, es mag da toll aussehn", lachte der – Altmeister (Pardon!). Und nun zeigte er seine Vorliebe für Details. Ein Rollwagen und die Pferde mit ihren Kumpten riefen seine Bewunderung hervor.
„Solche Luft malen viele", sagte er, „und solche Staffage nur sehr wenige. Beides ist ein großes Lob. Damit würden Sie mehr verdienen, als mit Ihren Büchern über die Bodenfrage." (Er hatte auf mein noch nicht gedrucktes Buch dieser Art: „Deutschlands Verjüngung", auch „Bodenwucher und Realkredit" subskribiert.)
Einige Exkurse auf das Gebiet der Politik, die sich daranschlossen, übergehe ich.
Er sagte: „Nun lassen Sie uns über diese Dinge nicht mehr sprechen. Genug! Nie wieder!" Entschiedene, aber sehr würdige Gesten begleiteten solche Worte. Und doch überschritt er selber ab und zu die Demarkationslinie:
„Ein ordentlicher Hausvater bekümmert sich um den Haushalt, ein ordentlicher Staatsbürger um den des Staats – aber nur soweit es nötig und möglich ist. Es muß auch solche geben, die sich ganz auf ihr eignes Schaffen konzentrieren, nicht rechts, nicht links sehen und die Leute wählen lassen, wen sie wollen. Schließlich kommt es ja doch auf dasselbe heraus, bei uns wenigstens. Es ist mit der Politik wie mit der Ehe. Da sagt man, wenn jeder so dächte wie Sie, lieber Herr, und alter Junggeselle bliebe, dann würde die Welt aussterben. Diese Gefahr ist aber gar nicht vorhanden. Und es ist

eine trügerische Redensart, daß jeder so viel Politik treiben müßte, wie nur irgend möglich. Wenn man darum sich ängstigen wollte, verlöre man sehr viel Zeit für Besseres, vielleicht Unersetzliches, was kein andrer machen kann. Kinder, die nur dem Pflichtgefühl ihre Existenz verdanken, gedeihen nicht, sagte schon Friedrich der Große. Es waren keine Marionetten, mit denen er seine Schlachten schlug, sondern Partisane, Anhänger seiner Weltanschauung."

Auch das große Bild „Friedrich und die Seinen vor der Schlacht bei Leuthen" leuchtete an diesem sonnigen, kristallklaren Nachmittage in von mir bisher noch ungeahnter Kraft; es erfüllte eigentlich, eine ganze Wand einnehmend, den großen Raum des Ateliers. Das brachte uns noch einmal auf Menzels wiederholte Weigerung, das mühevoll so weit Geförderte zu vollenden, und die ausgesparte Stelle durch die Hauptfigur, der des Meisters der schrägen Schlachtordnung, auszufüllen, welche „schräge" gerade bei Leuthen zur Perfektion geriet.

Das eine Thema „Friedrich der Große" beherrscht Menzel, wie man sich denken kann, mit der Genauigkeit eines Forschers und Gelehrten. Alle Namen und Figuren dieser Zeit sind mit ehernen Lettern seinem noch heute unfehlbaren Gedächtnisse eingeprägt. Wir haben einmal vier Stunden, von halb fünf Uhr bis neun Uhr abends, fast ganz diesem Thema und Carlyle gewidmet, in der Tat so lange, bis ein Verwandter des Meisters aus der Wohnung heraufkam und ins Atelier hineinrief: „Aber Onkel, hast du denn gar keine Ahnung, wie spät es ist!" Alle Schlachten wurden durchgenommen. Menzel kennt genau die menschlichen Schwächen seines Helden, er verzeiht ihm nach den Erfahrungen mit Voltaire seinen Zynismus und seine Menschenverachtung. „Jawohl, mein lieber Sulzer, die Menschen seind Hundsfötter! u., auch die Algarotti vielleicht."

Aber daß der große König nach den Erfahrungen der schlesischen Kriege in den sogenannten Siebenjährigen hineinzog, mit all dem unpraktischen Plunder, überschweren Helmen, Gamaschen, Zopf und Rasierzeug, weiß er sich nicht anders zu erklären, als daß er doch eigentlich keinen rechten militärischen Geist gehabt habe. Denn welche Zeit und Mühe kostete seinen Soldaten dieser tägliche Aufputz, der schon um drei Uhr in der Früh begann. Dessen Beibehaltung war zum Teil an den späteren Niederlagen schuld. Die Strategie Friedrichs wird abermals die der Zukunft sein. Und deshalb, weil sie bei Leuthen ihren größten Sieg feierte, schätzt Menzel sein großes Bild „Friedrich und die Seinen" als sein durchgeistigtestes.

„Man hat nicht verstanden, was ich wollte", sagte er gutlaunig, „weder der König noch die Herren von der Nationalgalerie, denen ich es angeboten. Sie ließen mich ohne Antwort. Jetzt lasse ich ein Gesicht nach dem andern herunterkratzen. Nur die links sollen einst davon zeugen, was ich eigentlich beabsichtigte." „Bei alledem ist Ihnen in jenen Artikeln ein Versehen passiert – oder mir. Es war nicht das ‚Flötenkonzert auf Sanssouci', welches über Jahr und Tag bei Geheimrat Olfers vergessen stand, sondern das Bittschriftenbild. Und das hätte ich sehr bald an den Mann bringen können; aber dieser Mann, ein Hofmann der guten alten Zeit, verlangte, daß ich den Weg, den der König entlang reitet, gleichsam planieren und säubern sollte. Er schien ihm nicht courfähig. Aber das – sehen Sie, lieber Herr –, konnte ich nicht erfüllen; ich habe es vorgezogen, ein Jahr zu darben."

„Im übrigen, diese elenden Anekdoten!" rief der Meister. „Es wimmelt jetzt wieder davon in den stoffhungrigen, am kleinlichen Kribskrabs haftenden Zeitungen. Es ist unmöglich, sich dagegen zu verwahren, als ob es sich jedesmal um eine Haupt- und Staatsaktion handelte. So ist nun wieder die Legende aufgekommen, ich hätte aus Rankünе gegen König Wilhelm das Bild so gelassen, wie es da hängt. Sie wissen ja warum, und haben es den Leuten in geehrten früheren Artikeln in der ‚Deutschen Revue' mitgeteilt. Das sollte doch genügen. Aber wo irgendein Widerspruch gegen den Willen und Wunsch eines Monarchen sich verspüren läßt, da wird das gleich als große Mannestat gepriesen. Ich danke für dieses Lob, ‚diese Bewunderung von Kindern und von Affen'. Weiß ich doch, worauf ich sie zurückführen muß. Es fehlt mir an Worten, zu sagen, wie tief durchdrungen ich bin von Dankesgefühlen gegen unsre Hohenzollernkönige, für all die Förderung, die die Kunst und ich durch sie genossen und immer wieder genieße. Und diese Gefühle sind durch die neueren Ereignisse und die beispiellose Ehrung, die ich erfahren habe, wahrlich nicht vermindert worden. Gerade heute erhielt ich eine neue Bekundung, ein Symbol der kaiserlichen Gnade, eine Statuette in Bronze, Reproduktion der Uphuesschen Statue Friedrichs des Großen, welche in der Siegesallee zur Aufstellung gelangt. Man hat behauptet, ich wäre darüber ägriert gewesen, daß König Wilhelm I. sich meinem Krönungsbilde gegenüber so wenig anerkennend verhalten habe, und daß er auch diesem Leuthen-Entwurf kein Verständnis entgegenbrachte. Da soll man nun dementieren, etwa wie ein Offiziosus, der womöglich, wenn es gerade gewünscht wird, das Blaue am Himmel leugnet und Sonne, Mond und Sterne! Das Schlimme ist, daß das Dementi gewisser Einschränkung unterliegen müßte. Wo man Rauch spürt, muß es brennen. Und auch wenn man dementiert, semper aliquid haeret. Aber das Aufbauschen ist Lakaienarbeit. Irgendeine allerhöchste flüchtige Bemerkung, ein allergnädigstes Achselzucken, gleichviel welcher Art und aus welchem Anlaß, wird einem in übertriebener Weise als äußerste und letzte Willensmeinung von den Achselträgern aufgetischt, wenn es diesen in den Kram paßt, und man geht betrübt oder wohl gar entrüstet von dannen. Nachher stellt es sich heraus, daß die einem gegebene Interpretation gar nicht gewollt war, daß sie womöglich ins gerade Gegenteil übersetzt werden muß. So war's in diesem Fall, und so ist es mir nicht einmal, sondern öfters passiert. Das hat mich gelehrt, nur den eignen Augen und Ohren zu trauen. Fürsten sind Menschen, und Menschen sind Launen unterworfen, Launen aber sind flüchtige Anwandlungen, die man möglichst ignorieren muß, wo es sich um an sich oder auch nur einem selbst persönlich wichtige Beschlüsse und Entscheidungen handelt. Man sollte auf lichte Momente warten, selbst dann, wenn sie

die Ausnahme bilden. Bei dem verstorbenen großen König brauchte man dazu nicht lange Zeit; denn die böse Laune war bei ihm nicht nur flüchtig, sondern auch selten. Der alte König hatte die ganze Bonhomie des Militärs, das noblesse oblige des allerhöchsten Standes. Mit Engelsgeduld hat er vier Jahre auf sein Krönungsbild gewartet und mir minutenlang das Schwert gehalten mit zitternder Hand. Ja, das können Sie jedem sagen, ich war's, der ihm das Schwert aufnötigte, denn in der Tat war es das Zepter gewesen, das er hielt. Ich bat ihn dringend, mich ihn mit erhobenem Schwerte malen zu lassen, und es gelang mir, ihn hierfür zu gewinnen. So ist das Bild zu einer Art von Prophetie geworden. Aber alles dies dürfen Sie nicht etwa schreiben. Ich werde alt und verschwätze mich. Bitte, lassen Sie alles Persönliche beiseite."
„Sie haben jahrzehntelang Ihre Persönlichkeit der Welt unterschlagen, Exzellenz, so gut es ging, aber sehn Sie, wir Deutschen hängen nun einmal an der Persönlichkeit, nicht allein aus Liebe, sondern es wirkt da noch etwas andres mit. Wir verlassen uns in allen Dingen auf Persönlichkeiten, zum Teil aus Bequemlichkeit, indem wir große Aufgaben, die alle angehen, am liebsten auf den einen abwälzen, nach dem Refrain: ‚O Hannemann, gang du voran, du hast die großen Stiebel an.' Aber so ist's einmal, und das ist der Grund, warum ich nicht bloß über Ihre abstrakten Kunstgedanken berichte, sondern auch andre Dinge, die Euer Exzellenz Persönlichkeit betreffen. Honni soit qui mal y pense!"
„Ich liebe keine Reklame oder Devotionsbekundungen."
„Eure Exzellenz sind vor dem Verdacht gefeit, und es wäre ein bißchen spät am Tage, damit anzufangen."
Es ist ein wenig Weh und Ach aller großen Leute, daß ihre kleinen Schwächen denen, die nach Pikanterien schmachten, zur Unterlage von Geschichtchen dienen müssen, welche nicht gar selten die Geschichte selbst verdunkeln. Altmeister Menzel teilt hierin das Geschick seines Helden, des großen Friedrich. Sein Scherz, seine Ironie werden als Bosheit und Verbitterung gedeutet. Ein besonderes Kapitel bilden Menzel und die Frauen.

Auf dem Ende-Festmahl im Künstlerhause erzählte Professor Paul Meyerheim in launiger Nachtischrede, Menzel habe darüber geklagt, daß man „jede Dame", die ins Atelier schwebt, wie eine Art höheres Wesen behandeln müsse. Er habe gefragt: „Sehen Sie denn ein weibliches Krokodil mit andern Augen an als ein männliches?"
Es schmerzt Menzel, daß man ihn, wie er sich ausdrückt, zu einem „brutalen Weiberfeind" machen möchte. Er hat so viele Beweise vom Gegenteil gegeben und stets mit Vorliebe weibliche Wesen gemalt.
Der Altmeister ist nicht nur meist sehr galant, sondern auch sehr nachsichtig gegen die Frauen. Er verwies mir gerade einen Ausfall gegen die freien Akademien, in welchen die Ausbildung der Frauen in den bildenden Künsten zur Spezialität geworden ist. Du lieber Gott, ein Mann von so durchdringendem Verstande und klarem Geiste sollte die Tatsache ignorieren, daß die größere Hälfte der Menschheit dem ewig Weiblichen angehört, das uns „hinanzieht" und als die bessere allgemeine Bewunderung, Liebe und Achtung genießt! Ein solcher Verehrer der Dichtkunst sollte die Muse nicht lieben, die den Dichter anregt, die Hände zu heben und in die Laute zu greifen? Wenn der betagte Meister kurz, knapp, sarkastisch ist, so ist er es, weil sein Fleiß, seine Konzentration, sein Bedürfnis steten künstlerischen Schaffens jede Störung übel empfindet, und die „bessere" Hälfte bekommt dann eben auch ihren Teil der Un-Gnade ab, wenn sie diese Kreise stört. In solchen Fällen mag es ihm ziemlich gleichgültig sein, ob er, seine Zeit, sein Schaffen, bildlich gesprochen, von einem männlichen oder einem weiblichen Krokodil „gefressen" wird. Der Unterschied ist nur, daß die Damen in solchen Fällen nicht einmal eine von den berühmten Krokodilstränen für ihr Opfer übrig haben. Sie nehmen jedes Opfer als ihrem Geschlecht unverdient zukommend hin, und es erscheint ihnen um so weniger erheblich, da ja auch jede andre Dame mit gleicher und selbstverständlicher Galanterie aufgenommen worden sein würde.
Das Wort Goethes:

*„Willst Du genau erfahren, was sich ziemt,
So frage nur bei edlen Frauen an"*

ist ewig schön und wahr, es bezieht sich aber nur auf die edlen Frauen. Deshalb trachte ein jeder nach Veredlung des Weibes, und Schmach dem, der zur Entwürdigung desselben beiträgt.

Ein andrer delikater Punkt ist die Geldfrage. Ich habe den Altmeister bereits gegen die vielfach vorhandene Annahme verteidigt, daß er das Wort Geldverdienen ähnlich groß schreibt wie manche andre Leute. Um seiner künstlerischen Gewissenhaftigkeit oder Idiosynkrasien wegen hat er auf große Summen verzichtet, die jeder andre ohne Skrupel frohgemut eingestrichen haben würde.

Die beiden Bilder, die ich oben erwähnte, die er oft gegen enorme Angebote verteidigte, legen dafür Zeugnis ab. Und es gibt keinen „billigeren" Künstler als Menzel, sobald es sich um ein öffentliches oder auch nur scheinbar öffentliches Interesse handelt. Kommt da noch jüngst ein unternehmender Verleger zu ihm, der eine Titelvignette braucht, welche einem „Prachtwerke" als besondere Empfehlung dienen soll. Der Altmeister erkundigt sich genau nach dem guten Zweck des Unternehmens. Die relative Mittellosigkeit des Unternehmens schreckt ihn nicht ab. Er quält sich vierzehn Tage lang mit Entwurf und Ausführung und gibt das kostbare Blatt für achtzig Mark hin. Andre nicht zu nennende Zeichner hatten für dieselbe Arbeit das Fünffache verlangt.

„Ja, lieber Herr, es ist für die deutsche – Industrie."

Man wird zugeben, daß ein bißchen mehr Empfindung für den Zusammenhang der Kunst mit dem öffentlichen Leben unsrer Generation wohl anstünde und daß sie hierin von den Männern der alten Schule noch einiges lernen könnte. Bei Menzel ist diese Empfindung in ganz außerordentlichem Maße entwickelt und ein Baustein zu den Fundamenten seiner Größe.

Ich war 1897 in Griechenland und 1898 in Ägypten und Palästina gewesen, und das gab Anlaß zu manchen Bemerkungen.

„Humann hat mich durchaus nach Smyrna haben wollen, ebenso wie Schlözer nach Rom. Beide Male sind ganze Programme für mich ausgearbeitet worden, aber über ... und die ... (zwei vom Meister für seine oft einzige sehr späte Mahlzeit beliebte Lokale) bin ich nicht hinaus gekommen. Und selbst diese unerläßlichen Ausflüge werden mir vielfach verleidet durch Leute, welche glauben, mich dort unterhalten und amüsieren zu sollen. Das habe ich nicht nötig, habe mich noch nie in meiner eignen Gesellschaft gelangweilt. Das ist auch der Grund, warum ich das Reisen nicht unerläßlich finde. Immer fesselt mich irgendeine Arbeit an das Atelier, irgend etwas, was der Vollendung entgegenreift. Und so ist es gekommen, daß ich das Leben eines Murmeltieres führen mußte."

„Ach, unsre Taten selbst, so gut als unsre Leiden,
Sie hemmen unsres Lebens Gang",

fuhr er fort: „Aber obwohl ich meine Modelle vielfach in Museen und Kabinetten habe suchen, gleichsam aus dem Staube habe ausgraben müssen, habe ich doch auch ein Stück Welt gesehen, und daß ich das lebende Modell nicht verschmähe, wie so viele meiner größeren Zeitgenossen in artibus symbolicis, das haben Sie ja beaugenscheinigt. Mit dem deutschen Gemüt malt man keine Bilder. Ein Böcklin kann das. Er malt Wesen, für die es keine Modelle gibt. Aber Hunderte, die ihm nachstreben oder auf diversen Pfaden von ihm ausgehen, können es nicht. Sie emanzipieren sich vom Modell, ehe sie gelernt haben, es richtig zu benutzen. Ich habe auf allen Wegen und Stegen nach der Natur, nach dem Leben gemalt, und auf dieser Suche nach der Wahrheit bin ich ziemlich weit herumgekommen. Über meine Reisen bitte ich, nichts in die Öffentlichkeit zu bringen. Ich war hier und dort, sogar im Lande, wo die Zitronen blühn (Veronabild); aber sobald die Leute erfahren, wo ich irgendwann mal gewesen bin, werde ich von den lokalen Geistern heimgesucht. Da soll ich kundtun, wie das Bier vor fünfzig Jahren in Stettin gewesen ist. Hat mich doch sogar der diesjährige Kongreß der Gastwirte in Breslau, obwohl ich mich mit Händen und Füßen gegen diese lächerliche Vornehmung sträubte, zum Ehrenmitglied oder Ehrengast erhoben. Ich würde den Herren so manches erzählen, wie es in ihren Hotels hergeht. Doch über das, was ich beurteilen könnte, will niemand etwas wissen."

Dennoch kam er wieder auf Stettin zu sprechen. Meine Skizze hatte alte Erinnerungen erweckt.

„Ich war nur kurze Zeit dort, vor fünfzig Jahren. Die Statue Friedrichs des Großen von Schadow beim Königstor rief mein Entzücken hervor. Ja, das ist er, wie er leibte und lebte. Und die Behandlung des Stofflichen – denken Sie an die Seide und den Sammet des Krönungsmantels! Vor diesem Monument habe ich lange gestanden. Dieses Bildwerk allein ist eine Reise dorthin wert. Auch der Springbrunnen, die Wasserkunst, auf dem Roßmarkt hat mich sehr gefesselt. Das Werk ist auf Kosten König Friedrich Wilhelms I. errichtet. Und das spricht sehr dafür, daß jener König denn doch nicht gar so knauserig gewesen sein kann, wie man immer wissen will. Er war sparsam, freilich, sehr sparsam, und könnte hierin unsrer Zeit als Vorbild dienen, aber wo es galt, da kannte er keine finanziellen Bedenken. Auch die prächtige Potsdamer Garnisonskirche mit dem Glockenspiel ist ein Beweis seiner Opulenz. Unsre Geschichtsschreiber lassen sich oft mehr von Legenden leiten als von Tatsachen. Selbst Carlyle ist nicht frei davon. Ja, ich weiß, daß dieser zu seinem Friedrich-Werke sehr eifrige Studien gemacht hat, aber als Fremder im Lande hat er sich vielfach falsch berichten lassen. Leider habe ich ihn nicht kennengelernt. Es war abgeredet worden durch Magnus, daß er mich besuchen oder daß ich ihn treffen sollte; aber ich war verreist. Schade – sehr schade. Ich hätte mich über vieles mit ihm unterhalten können, denn er sprach gut deutsch. Ich hätte ihm manches sagen können, was ihm entgangen ist, oder was er aus Abneigung gegen Dry-as-Dust falsch dargestellt hat. Dieser oft Genannte ist unser Preuß, und seine Geschichte unsers Helden ist vielleicht keine Heldengeschichte, sie ist gelehrt und bürokratisch, aber korrekt. Und Carlyle als Fremder und Poet hat viel gesehen, visionshaft, was nicht da war. Er würde wahrscheinlich, von Äußerlichkeiten abgesehen, noch sehr vieles andre verfehlt haben, wenn er Preuß nicht als sicheren Führer gehabt hätte. Deshalb ist sein ewiges Herumreiten auf Dry-as-Dust (trocken wie Staub) ein wenig undankbar. Die seltene Tugend der Fähigkeit anzuerkennen soll auch bei den Schotten nicht in Abundanz vorkommen. Darum schimpft jeder Schotte so gern auf England. Carlyle war aber wenigstens ein Heroenanbeter, Preuß nicht. Für mich bleibt der große König ein Held und ein Heroe auch ohne Aureole. Ich sehe ihn, wie er war, mitsamt seinem plundrigen Rock und seiner mit Siegellack eigenhändig geflickten Degenscheide, den großen Geist in der sterblichen Hülle. Aber Carlyle stellt ihn gleichsam gereinigt und frisch gefirnißt ins Schaufenster. Es ist schön, daß wir den großen und einzigen König auch in dieser Auffassung besitzen, aber mein Stil ist es nicht. Er hat ihn verwunderlicht, ihn, der ein Kind seiner Zeit war."

„Die er aber nicht erkannte", meinte ich, „ebensowenig wie Voltaire es tat, denn obwohl nur ein Jahrzehnt sie von dem Zusammenbruch des Ancien Régime trennte, haben sie davon nichts vorausgeahnt."

„Es ist mit den Übeln unsrer Zeit wie mit dem Weibsvolk", sagte der Altmeister lachend und zitierte Goethes: „Das Weibervolk taugt aus dem Grunde nichts, man sieht's, man hört's, man kann es greifen – und dennoch tanzt man mit."

„Es gibt kaum einen besseren Vergleich."

„Man soll nicht alles sagen, was wahr ist. Die ‚Lebenslüge' findet in der ‚Wildente' ihre Befürwortung, und Hamlet beanstandet es, daß man alte Männer wegen ihrer grauen Bärte aufzieht, obwohl sie unzweifelhaft solche haben. Was ernten Sie mit Ihren Wahrheiten als den Spott. Selbst Ihre Freunde nennen Sie einen Anglomanen."

„Der englische Staat gleicht einem gut instand gehaltenen Hause, das Deutsche Reich ist noch im Rohbau. Es

ist noch kein Stuhl da, nicht mal die Tapete. Siehe Inschrift überm Portal des Reichstags."
Exzellenz lachten. „Also England als Vorbild."
Menzel ist selbst ein wenig Anglomane, der „Punch", den er in ganzen Stapeln besitzt, sein Leib- und Magenblatt. Cruikshank, Leech, selbst Du Maurier, der seinen Figuren nicht acht, sondern achtzehn Kopflängen gibt, sind ihm vertraute Hausgenossen.
Ich konnte mich also darauf zurückziehen.
„Ich habe in englischen Schulen gelernt, daß es kein Redaktionsfehler vom lieben Gott ist, wenn er das neunte und zehnte Gebot trennt. Jedes bezieht sich auf ein andres Rechtsgebiet, die man bei uns durcheinandergeworfen hat. Unterscheidung aber ist der Anfang alles Wissens. Darum berufe ich mich auf England als Vergleichsobjekt, als tertium comparationis."
„Und wie denken Sie über den englischen Sonntag?" fragte der Altmeister mit arger List.
„Laßt jedes Volk seinen Sonntag nach seiner Art feiern, und laßt uns die zehn Gebote halten, vielleicht noch einiges drüber, Exzellenz. Die Niedersachsen und nordischen Leute haben nun einmal etwas Puritanisches und sind religiös aus Bedürfnis sowohl wie aus der Erwägung, daß die Frömmigkeit eine gute Gerberlohe für das soziale Leder abgibt. Auch bei uns will man deswegen dem Volke die Religion erhalten – aber sie ist auch danach."
„Nun ja, sie erschöpft ihre Kraft in Äußerlichkeiten. Von diesen halte ich nichts. Mir ist meine Arbeit auch Gottesdienst. Wenn die Woche neun Tage hätte, so arbeitete ich alle neun! Wenn ich hier an meinem Pulte stehe und die Sonntagsglockenschläge schallen feierlich herein, fühle ich mich bei der Arbeit doppelt wohl und gehoben. Daß ein Packknecht oder Steinträger nicht dasselbe Gefühl haben würde, wenn er des Sonntags seiner Arbeit nachginge anstatt zu ruhen, das muß ich allerdings wohl zugeben, denn es ist ein Unterschied zwischen schaffender Kunst und körperlicher Plackerei. Indessen schon der Landmann, der des Sonntags seine Ernte vor dem Verderben sichert, wird so fühlen kön-

nen wie ich. Er vollführt eine rettende Tat, er erhält sich den Segen Gottes. Und nun gar eine Inspiration, die vielleicht nie wiederkommt und die kein andrer an unser Statt vielleicht je wieder haben wird, kein andrer so ausführen kann, wie ich sie mir denke. Eine gute künstlerische Schöpfung ist wie eine erbauliche Predigt und deshalb ist für mich die Sonntagsarbeit die schönste Arbeit."

Die in solchen Worten kundgetane Auffassung Menzels von seiner Arbeit bestätigt, was ich wiederholt darlegte, daß ihm beim Schaffen jeder Gedanke an den dafür einzuheimsenden goldenen Gewinn völlig abgeht. Herr Pächter hob dies als für Menzel besonders charakteristisch hervor. Und man muß es dafür gelten lassen. Denn obwohl es ein Attribut aller echten Kunst ist, daß sie aus einer Inspiration hervorgeht, die mit Eigennutz und Erwerbssucht kaum in Fühlung steht, so gibt es doch daneben einen künstlerischen Ehrgeiz. Und dieser ist bei unserm Altmeister stärker mittätig, als bei irgendeinem Künstler, den ich kenne, insofern dieser Trieb als künstlerische Gewissenhaftigkeit und Freudigkeit sich manifestiert.

Ihm unter und über allen ist die Kunst Religion und die Religion Kunst geworden. Er selbst schätzt, glaube ich, sein Bild „Gottesdienst im Buchenwalde" mehr als irgendein andres. Ich tu's und sagte es ihm, und es leuchtete mir aus seinen Augen, diesen lustig-listigen Kinderaugen, etwas entgegen, was ich als eine hundertfache Bejahung annehmen konnte. Und so blieb manches unausgesprochen, was mir noch wertvoller scheint als manches Gesagte, nur daß ich es dem Leser – selbst vielleicht gegen den Wunsch des Altmeisters – nicht unterschlagen wollte.

Julius Norden

Bei Adolph von Menzel

Nun stand ich also wieder einmal in dem schmalen, dunklen Korridor, vier Treppen hoch, in der schönen stillen Sigismundstraße. Zagen Herzens, denn man weiß doch nie, ob man dem alten Herrn nicht allzu ungelegen kommt und nicht kurzerhand abgewiesen wird. Freilich, seit sich mir das so schwer zugängliche Atelier vor zwölf Jahren zum ersten Male gastlich geöffnet hat, habe ich nur gute Erfahrungen gemacht. Aber – immerhin – man kann nicht wissen!

Doch da ist das freundliche Fräulein zurück, das mir eben, einen Stock tiefer, in des Meisters Privatwohnung, die Visitenkarte abgenommen hatte: „Exzellenz lassen bitten!"

Und da war ich wieder in dem vielleicht häßlichsten Künstleratelier Berlins, in der bescheidenen, anspruchslosen, nüchternen Werkstatt, in der Altmeister Menzel nunmehr schon sechsundzwanzig Jahre gearbeitet hat; unermüdlich, jahraus, jahrein, mit Unterbrechung nur in den Sommermonaten, die er meistens in einem bayerischen Badeorte zubringt, vornehmlich in Kissingen; vom frühen Morgen bis zum späten Abend, bei Tageslicht mit Ölfarben malend, abends zeichnend und aquarellierend.

Alles unverändert in dem großen Raum, jahraus, jahrein. Rechts an der Wand noch immer das unvollendete große Gemälde „Friedrich der Große bei Leuthen", um dessen Beendigung (für das „Zeughaus") man ihn so oft schon vergeblich gebeten hat. Vor dem Bilde mit seinen lebensgroßen Figuren in winterlicher Landschaft ragt seit 1895 auf hohem Postament die Büste Wilhelms II., die der Kaiser dem Künstler zum achtzigsten Geburtstag verehrte. Sie sieht so feierlich aus, hier, vor dem halbvollendeten Gemälde, zwischen hohen steifbeinigen Stühlen, Uniformen, Kleidungsstücken und Geräten aus der friderizianischen Zeit, den mancherlei großen und kleinen Staffeleien ... Drüben, an der anderen Kurz-

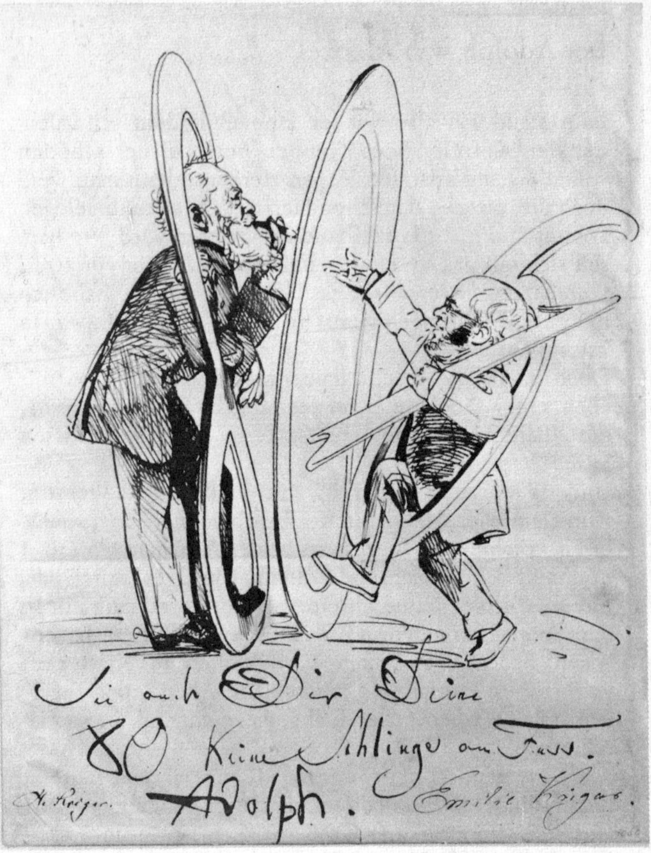

Adolph Menzel, Menzel gratuliert Puhlmann zum 80. Geburtstag

wand, in der Mitte ein gewaltiger Kamin, der aber seinen Beruf verfehlt hat, denn kein lustiges Feuer flackert in ihm: aufgetürmt liegen vor ihm Mappen, Alben, Bücher, teils auf dem Boden, teils auf Stühlen, Bänken; auch links vom Kamin sind sie gehäuft auf einem niedrigen, alten, geschnitzten Schrein, den ich nun auch schon lange kenne, wie in der anderen Ecke das alte harte Sofa mit den zwei Lehnsesseln davor und dem Paneelbrett darüber mit verstaubten Büsten, Kreuzen, gipsernen Aktmodellen, Studien etc., und wie das alte Schreibpult mit dem blindgewordenen Messingbeschlag gleich hinter dem eisernen Ofen, der, vor der linken Längswand, von Gittern und Schirmen umgeben, eine so wohlige Wärme verbreitet an diesem naßkalten grauen Herbstnachmittag ... Durch das breite, große Fenster gegenüber dämmert es hinein über sturmgepeitschte Baumwipfel und regenglänzende Dächer. Das fahle Licht rieselt über den schmucklosen, langen Tisch unter dem Fenster, über die Alben und Einzelblätter, die Wasserfarbenkasten und Tuschtellerchen auf dem Tisch und über das Stehpult unweit dieses Tisches, mitten im Zimmer, an dem Menzel meistens zeichnet und aquarelliert und den ich noch nie ohne irgendein in Arbeit befindliches Blatt gesehen habe; und über die großen Mappen und die Staffeleien, über die Skizzen, Studien, Bilder an den rottapezierten Wänden huscht es hin, das graue Licht, und verliert sich im Staub und Dust der Ecken und Bücher und Mappenhaufen ...

Wie schmucklos, kahl, nüchtern ist dieses Atelier im Vergleich zu den prunkhaften, ebensosehr einem Museum wie einem Antiquariat oder kunstgewerblichen Laden gleichenden Arbeitsräumen so vieler anderer Künstler. Und trotz der Nüchternheit und Schmucklosigkeit und trotz allen Staubes – wie reich erscheint einem diese Schaffensstätte, reich und strotzend von immer regem Geist und schöpferischer Kraft, von Lebenserfahrungen und Lebensmut. Man fühlt es: hier haust nicht bloß, hier *lebt* jemand.

Und da steht er inmitten des großen Raumes, der hier lebt. Da steht Adolph Menzel, rosig, blühend fast, möchte man sagen, der bald Sechsundachtzigjährige, im hellen, weichen, warmen Hausröckchen, grau mit Sammetkragen und Ärmelaufschlägen; da steht der immer noch frische, rüstige, kleine, so große Künstler; schneeweiß das spärliche Haupthaar und der kurzgehaltene Schifferbart, der Mund und Kinn frei läßt, einen so trotzig festgefügten, so widerwillig sich öffnenden und doch so köstlich plaudernden Mund und ein so entschlossen und unbeugsam geformtes Kinn ... Scharfblickend, über die Brille hinweg, mustert der Künstler den Besucher; wie durchdringend dieser Blick aus den hellen Augen unter dem Granitblock von Stirn! ... Man möchte gar nicht „Exzellenz" zu diesem Manne sagen, der uns erst so mustert und dann so liebenswürdig willkommen heißt. Es kommt mir zu banal vor. Man möchte ihn nur schlechtweg „Herr" anreden, in dem Sinne, wie im „Lear" Edgar es vom greisen König meint ...

Jetzt sitzen wir nun feierlich auf den beiden Lehnstühlen, vor dem Sofa, gegenüber der Meister mit dem Rükken zum Licht, das nur über des glattpolierten Schädels linke Hälfte einen leuchtenden Streifen legt. Aber kann ich auch seine Züge nur undeutlich sehen – seine Hände begleiten ja seine Reden unaufhörlich; der Zeigefinger, bald der Rechten, bald der Linken, folgt so beredt seinen Worten, erläuternd, nachdrücklich unterstreichend, hier einen Lorbeerkranz in die Luft malend; bald erbarmungslos jemand einen Todesstreich versetzend, gradaus zustoße, wie ein Dolch, oder von oben niedersausend, wie ein Messerbeil; dann seltsame Pfade durch die Luft weisend und mystische Kreise und Schnörkel ziehend ...

Hellklingend fallen dazu die Worte, wie schön geprägte Goldmünzen, wohl abgewogen und klarblickend. Wenn der Wortkarge spricht, so sagt er auch immer was. In knappster, aber immer den Nagel auf den Kopf treffender Weise spricht er sich aus über heutige und frühere Kunstrichtungen und Kunstverhältnisse. Kräftig und plastisch und charaktervoll, wie seine Zeichnung und seine Farbentupfer, ist der Ausdruck seiner Rede. Jetzt wuchtig und markig, wie die Figuren in dem „Eisenwerk", jener großartigen Epopöe des Arbeiterlebens, dem Vorläufer Dutzender von Bildern der „Arbeitsmalerei", dann vornehm-distinguiert, wie die Gestalten auf seinen Bildern aus der friderizianischen Zeit und aus dem preußischen Hofleben unserer Tage, mitunter vollkommen im Geiste der Zeit des großen Friedrich, als

hätte er sie persönlich miterlebt, oder als wäre er eben aus dem Rahmen eines seiner Bilder herabgestiegen ... Wir sitzen uns also feierlich gegenüber.
„Nun also, Sie waren in Paris?“ knüpfte er an meine ersten Worte nach der Begrüßung an, „erzählen Sie!“
Ja, ich war doch nicht da, um zu erzählen! So erinnerte ich ihn denn gleich an einen Ausspruch von ihm, den ich auch einmal schon in der „Gegenwart“ zitiert habe, einen Ausspruch von der kulturhistorischen Rolle der französischen Kunst in Europa, und ich fügte hinzu, wie interessant es mir gewesen wäre, einmal die Richtigkeit dieser Anschauung so im Großen wieder feststellen zu können auf der „Jahrhundert-Ausstellung“ im Grand-Palais. Von Ary Scheffer und Ingres an bis auf Manet und die Impressionisten hinunter, waren alle diese Etappen der Kunstentwicklung Frankreichs immer auch der Anstoß zu gleicher Evolution im übrigen Europa.
„Natürlich, wir stoßen überall auf französische Vorbilder; der Einfluß ist maßgebend, aber“ (nach einer Pause) – „jetzt kommt auch viel Verworrenes herüber“ (krause Linien zog der Finger durch die Luft)!
Auch von der deutschen Abteilung der Internationalen Kunstausstellung war die Rede. Ich bemerkte, daß Böcklin und Thoma gefehlt hätten.
„So, so! Die fehlten also? Das wundert mich.“
Und ein merkwürdiges Lächeln zog über das Gesicht des alten Herren, der, nebenbei bemerkt, kein Freund dieser Maler und ihrer Nachbeter ist.
„Oh, der Böcklin, das ist ein kluger Mann, er weiß, was er tut, dieser Schweizer ... All das Mythologische, das er da zusammenmalt.“ ... (hier murmelte Exzellenz etwas Unverständliches und fuhr dann fort): „So ungleich ist er: einmal kann man ihm einen Lorbeerkranz reichen“ (die Linke tuts) „und dann wieder verdient er“ (die Rechte macht eine bezeichnende Bewegung). „Sublimes und wieder ganz Schlechtes. ‚Das Schweigen im Walde‘ ... das Einhorn, das bewundere ich, was steckt da nicht alles drin, etwas von der Ziege und vom Rinde und von der Antilope, das ist gut. Und dann setzt er so ein ganz gewöhnliches Menschenkind drauf!“ ...

Auch das ‚Spiel der Wellen' hat seinen Beifall und manches andere Wasser-Idyll ... Er sann einen Augenblick nach und begann dann wieder:
„Und der andere Schweizer, der Hodler! Die fünf alten Männer – die gehen noch, da ist Verdienstliches dabei; aber die ‚Nacht'. Nicht einmal dunkel ist's in seiner Nacht."
Ich nannte Marées.
„Hab ihn auf der Sezession nicht gesehen. Aber früher. Gefällt mir gar nicht."
Ich wußte von früher her, daß Menzel nicht viel übrig hat für all das Primitive und archaistisch Naive und die ganze „Ideenmalerei" einer gewissen Gruppe unserer deutschen Künstler. Ich brachte ihn daher auf seine eigenen Sachen in Paris jetzt.
„Daß ich da was hatte und was – das erfuhr ich eigentlich erst gleichzeitig mit der Auszeichnung, die sie mir in Paris gegeben haben. Bin schon lange nicht dagewesen, 1868 zum letztenmal, aber sie denken immer an einen. Ich bin immer gut mit ihnen ausgekommen."
Wir sprachen nun von den Bildern in Paris und von seinen Zeichnungen und von einigen älteren Arbeiten. So kamen wir auch wieder auf das „Flötenkonzert" in der Nationalgalerie. Aus dritter Hand ist es angekauft worden, für das Fünffache des Preises, den der Meister selbst in den fünfziger Jahren erhalten hatte. Der Potsdamer Zuckerkönig Jacobi war der erste Käufer, von ihm übernahm es Strousberg; als dieser zusammenbrach, kaufte Magnus das Bild, von dem es dann der Staat ankaufte ...
Wie es ihm in diesem Sommer in Kissingen ergangen sei? „Gut, sehr gut! Ich selbst brauchte keine Kur, begleitete nur meine Schwester ... aber im vorigen Jahre – da war es schlimm: der böse Fall und dann die giftige Mücke ... Kissingen ist ein Mückennest ...
Den rechten Arm in der Binde und in das linke Handgelenk gestochen. Mußte sogar eine seriöse Operation durchmachen. Und nun gerade die Linke!" (Die Rechte streichelt die Linke liebevoll, wie eine Mutter ihr Kind.) „Das ist meine Liebe. Mit der zeichne ich immer und

aquarelliere. Als ich noch als Kind in Breslau auf dem Boden herumkroch und mit Kreide Figuren auf ihm zeichnete, da war es mit dieser Hand. Als ich neunzehn Jahre alt war, fing ich doch erst an zu malen. Dann aber gleich mit der rechten Hand. Das erste Bild machte viel Mühe, sehr viel, das zweite wurde schon besser und dann ging's. Und so ist's auch noch heute: wenn ich in Öl male, immer mit der Rechten. Sehen Sie", (er erhob sich und ging in die Mitte des Saales) „darum stehen sie sich auch gegenüber: hier die Staffelei – ich male jetzt wieder was – und hier" (er kehrte sich um) „das Stehpult, an dem ich zeichne. So habe ich das Licht immer von der richtigen Seite ...!"

Auf der Staffelei war das Bild, das er malte, leider nicht zu sehen. Aber auf dem Stehpult lag ein Blatt.

Wir traten näher. „Etwas Neues?" fragte ich und warf einen neugierigen Blick auf das ca. 100 cm große Blatt.

Ein älterer Herr, die Brille auf der Nase, in einem braunen Überrock, sitzt in einem Sessel, mit dem Rücken zum offenen Fenster, hat ein Buch in der Hand und liest. [Gemeint ist das Bild „Harrender Besuch", das seinen Freund, den Schriftsteller Dr. Karl Eitner (1805–1884) zeigt (G. L.)]

„Ja, und – nein! Sehen Sie, das Blatt ist fünfzig Jahre alt. Es ist das Porträt eines Freundes von mir. Der ist schon lange tot. Neulich kommt es mir in die Hände – ist übrigens so, wie es war, schon im Menzelwerk reproduziert – und da kam mir eine Idee. Da ließe sich was machen." (Menzel steht über dem Stehpult tief gebückt, sein linker Zeigefinger fährt erläuternd auf dem Blatt hin und her). „Mir kam eine Idee. Der Mann saß früher im Stuhl, und der linke Ellenbogen lag auf dem Tische hier, rechts in der Ecke. Der ganze Hintergrund war weiß geblieben. Nun komponierte ich also ein Fenster hinein und sparte die Luft dahinter aus ... So ... Die Fensterflügel stehen offen, ragen ins Zimmer hinein; von dem einen fällt ein Lichtreflex auf die linke Hälfte des Gesichts, das ist farbig interessant; aber die häßliche Linie des Fensterflügels, die muß unterbrochen werden. Also malte ich auf die Klinke einen Damenhut, einen

Strohhut mit Schleier; es ist Sommer, das Fenster steht ja offen. Die Dame ist nicht zu sehen; sie ist hinausgegangen, um sich anzukleiden ... Der Herr ist ihr früherer Lehrer", (so sieht der Mann in der Tat aus!) „und er holt sie zu einem Vortrage ab; inzwischen liest er. Und was ist die Dame? Schriftstellerin; auf den langweiligen Tisch in der Ecke kommt eine Feder und ein Schreibzeug; es ist nur dort angedeutet – hier die ‚Notiz' dazu." (Der Zeigefinger weist auf ein kleines Stückchen Papier nebenan hin, wo in Blei mit jener treffsicheren Kühnheit des Striches eines Menzel, in entsprechender Verkürzung ein wundervolles Schreibzeug, Stil Rokoko, aufgezeichnet ist) ... „Schriftstellerinnen geht es nicht gut. Das sieht man auch hier: da ragen in der milchigen Luft hinter dem Fenster qualmende Essen auf – sie lebt also sehr hoch, in einem Arbeiterviertel."

Der alte Herr sagt das alles mehr zu sich selbst, als erfreute er sich aufs neue an der „Idee, die ihm kam".

Und ist er nicht entzückend, dieser Gedankenprozeß, diese lebendige, sprudelnde Vorstellungskraft des Sechsundachtzigjährigen? Und dann der Blick in diese seine geistige Werkstatt. Der ganze Menzel liegt in der Entstehung dieses neuen Bildes, das wir wohl nächstens einmal öffentlich zu sehen bekommen. Die ganze Art seines Arbeitens, das immer synthetisch war und das schließlich doch immer den Eindruck eines im Vorübergehen erhaschten Ausschnitts aus dem Wirklichkeitsleben macht. Was hat da der moderne Naturalist vor Menzel voraus? Was dieser aber vor jenem voraus hat – wir wissen es alle. Als auf der ersten Sezessions-Ausstellung im vorigen Jahre zwei Blätter aus der frühesten Jugendzeit Menzels zu sehen waren, da entdeckte man in ihm plötzlich mit großem Geschrei einen waschechten Impressionisten! Wozu immer die Schlagworte! Man muß nur was können. Der eine faßt es so, der andere so an. Menzels ganzes Werk ist von der Zeichnung ausgegangen. Sie ist ihm auch heute noch das A und O seiner Kunst, wie die Linie etwas Lebendiges. Was hat sich hier alles aus der Linie des Fensterrahmens entwickelt, weil sie ihm zu häßlich vorkam.

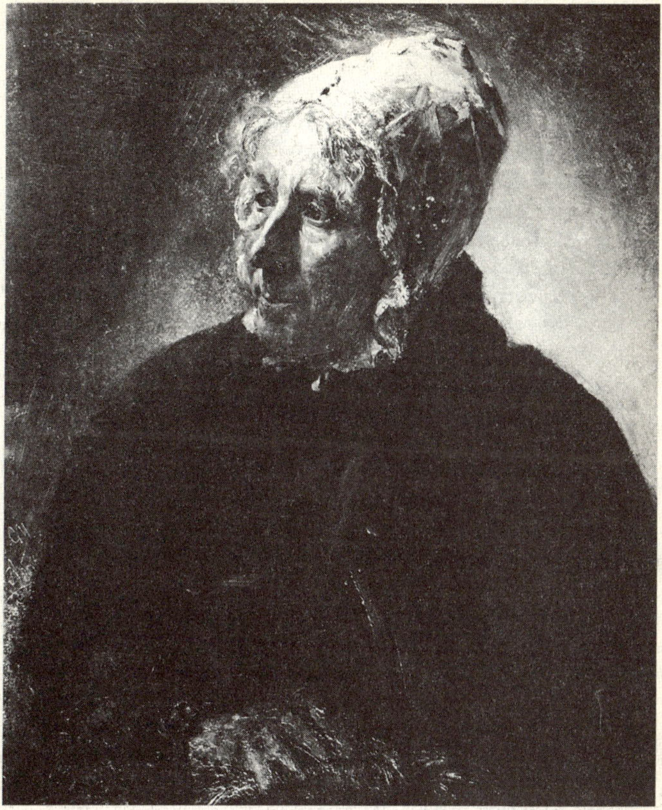

Adolph Menzel, Botenfrau, 1854

Darum ist's auch eine Lust, in seinen Alben zu blättern, in denen sich die kostbaren „Notizen" und „mnemotechnischen" Zeichen, die Studien, Entwürfe zu seinen Bildern vorfinden. Oft aufs Sorgfältigste ausgeführt, oft nur „impressionistisch" und doch so vielsagend hingeworfen. Mitunter vergißt er dabei wohl auch ganz des Bildes selbst: die Aufgabe, ein und dasselbe Profil in verschiedenster Haltung und wechselnder Beleuchtung vollkommen wahr zu geben, eine Hand, einen Arm, einen Helm, Hammer, ein Schreibzeug, oder was es sei, mit dem Blick des Anatomen, der bildenden Kraft des Plastikers zu studieren – das macht ihm an und für sich Freude. Und bei seinem phänomenalen Gedächtnis vergißt er auch das Geringste nicht, das er je gezeichnet, und holt es heraus, wenn er es brauchen kann ... Dieses Mal kam ich nicht dazu, in seinen Alben blättern zu können. Es war schon spät; rasch stieg die Dämmerung auf, und die Kaffeestunde des Meisters nahte. Auch hörte ich im Korridor verdächtige Schritte sich nähern: man kam ihn wohl rufen, und ich möchte glauben, daß es nicht so ganz zufällig erfolgt, dieses „Abrufen“ ...

Ich kam dem Fräulein zuvor und verabschiedete mich. Mein Blick fiel dabei auf die Wand, wo früher das unvollendete Bild „Bonsoir Messieurs!“ hing, das mittlerweile in die Hennebergsche Galerie in Zürich gewandert ist. Jetzt hängt dort Strucks schöne Radierung nach diesem Gemälde. Ich sprach zu Menzel meine Verwunderung aus, daß sie in Paris nur eine Bronzemedaille erhalten hat. Er wußte es noch nicht.

„So? Also eigentlich gar keine, denn die Bronzemedaille hat wohl jeder Aussteller erhalten?“ Ich äußerte, daß vielleicht die geniale Mischtechnik Strucks von den Franzosen nicht gewürdigt worden. „Nein, nein“, sagte er, „so sind sie nicht mehr; früher – ja, da war alles eingeschachtelt“ (die Hände bauten lauter Schreine in der Luft); „aber jetzt –.“ – „Jetzt gibt's auch dort Cliquen und Koterien“, warf ich dazwischen. „Wie bei uns!“ schloß er nachdenklich, und die Unterlippe schob sich weit vor.

„Nun, Exzellenz, und heute abend kommen Sie noch einmal herauf, und es geht wieder an die Arbeit?“ Mit einer unnachahmlichen Handbewegung, die gleichzeitig Ärger und Staunen und Stolz ausdrückte, sagte er:

„Ach, sie geben mir ja keine Ruhe! Ich bin von Bestellungen überhäuft. Und immer solche ‚Ehrensachen‘, Diplome und Adressen, aber auch, wenn ich überhaupt was mache ... sie vergessen, ganz jung bin ich ja schließlich doch nicht mehr“, fügte er lächelnd hinzu ...

Wir verließen das Atelier. Das Fräulein hatte inzwischen wirklich gemeldet: „Exzellenz, es ist angerichtet." Ich wollte ihn die dunkle Korridorstiege hinuntergeleiten. Hastig wehrte er ab: „Nein, nein – ich kenne sie besser als Sie."

Nun standen wir vor seiner Wohnungstür ... Noch ein Händedruck, und wieder einmal ging ich die vier Treppen hinunter, Kopf und Herz voll von den Eindrücken des Plauderstündchens mit der „kleinen Exzellenz" und dem großen Künstler, an dem die Zeit spurlos vorübergeht und der doch so mit ihr lebt und derselbe war heute wie vor fünfzig Jahren – eine festgefügte, willensstarke, zweckbewußte künstlerische Persönlichkeit, über Partei und Mode erhaben, den Blick stets auf das gerichtet, was ihm als Ganzes gilt ...

Und dabei immer diese rührende Bescheidenheit.

Albert Hertel

Gespräche mit Menzel

Ich hatte das Glück, im Winter 1904/05 öfters und anhaltender mit Menzel zusammen zu sein als seit Jahren. An einem dieser Abende kam das Gespräch auf eine befreundete Frau, die sich absichtlich mit Einsamkeit umgab, und sich dadurch, mehr wie recht, gegen alle Welt verbitterte. Ich sagte:

„Wie unrecht! Sie verdirbt sich in ihrem hohen Alter ihre letzten Lebensjahre völlig, und ist dabei nicht sicher, im Moment des Todes nicht Reue zu fühlen darüber, daß sie sich manche irdischen Freuden entgehen ließ, zumal keiner von uns der Freuden des Paradieses sicher ist. Wie leicht kann sie, wie viele andere auch, in die Hölle geraten und wird sich dann schmerzlich nach den mancherlei mutwillig verscherzten Freuden zurücksehnen."

Menzel: „Sie ist auch eine von der Art, die nicht ans Sterben denkt, bis der Tod vor der Tür steht und anklopft, da es dann freilich zu spät ist für alle derartigen Gedanken. Aber nehmen wir einmal an, sie käme in die Hölle, wer weiß denn, ob sie dort nicht viel amüsantere Gesellschaft findet als hier, ja vielleicht und wahrscheinlicherweise die amüsanteste Gesellschaft aus allen Nationen und allen Zeiten, und ich kann mir denken, daß es dort gar nicht so übel zugehen mag!"

Ich: „Das gebe ich schon zu, aber meinen Sie denn nicht, daß es im Himmel bedeutend schöner und angenehmer zugehen wird?"

Menzel: „In welchem Himmel oder Paradies, in dem protestantischen oder katholischen?"

Ich: „Nun, in diesem Falle, in dem protestantischen, wenn auch die vielen frommen Konsistorialräte keinen so freundlichen Anblick bieten mögen wie die rosenumkränzten katholischen Engel Fra Angelicos!"

Menzel: „Ja, von diesen Details ganz abgesehen, meine ich, daß die Gesellschaft und das Ensemble in der sogenannten Hölle bedeutend anziehender und amüsanter

sein muß und daß es dort gewiß ganz verteufelt geistreich zugehen wird."
Ich: „Mit dieser optimistischen Anschauung stellen Sie sich doch aber in Widerspruch mit all den mir bekannten Darstellungen aus der Hölle, wo es doch zum mindesten recht ungemütlich zugeht: Martern aller Arten, glühendes Blei wird eingeflößt, gesotten, gebraten, gerädert, gespießt und so weiter."
Menzel: „Ja sehen Sie, das, glaube ich, kommt auf das Konto der mittelalterlichen Maler-Phantasien, die ihren eigenen schlechten Instinkten die Zügel schießen ließen. Ich kann mir nicht denken, daß es in der Hölle jemals so zugegangen ist. Im Grunde genommen gehört die Hölle nicht auch dem lieben Gott? Glauben Sie denn, daß Gott, der doch die oberste Vernunft, Gerechtigkeit und Liebe in Person ist, jemals eine seines hohen Wesens so unwürdige brutale Einrichtung zulassen würde? O nein, ich halte das alles tief unter seiner Würde, und diese Art Bilder sind kindische Übertreibungen menschlichen Raffinements. Ich glaube sogar, daß in Ihrem protestantischen Himmel mit den vielen wohlbeleibten Konsistorialräten eine ziemliche Langeweile herrschen muß, die die Insassen von Zeit zu Zeit neugierig und lüstern nach der Hölle machen muß, so daß ich mir denken kann, daß, wie bei uns im Sommer Ausflüge, Sonderzüge, ja, wie soll ich sagen – Ferienkolonie-Reisen, sogenannte Extrafahrten vom Himmel nach der Hölle arrangiert werden, um aus der tugendhaften Langeweile herauszukommen und sich das Terrain dort unten mit den mancherlei interessanten Heiden und allerhand schlimmen Helden anzusehen, natürlich alles mit Retourbilletts! – Ich gehe sogar noch weiter. Ja, du mein Gott, ich kann mir sogar denken, daß der liebe Gott selber, der doch von Zeit zu Zeit nachsehen muß, sich selbst an einem solchen Ferienausflug beteiligt und die Gesellschaft in der Hölle selber inspiziert!"
Ich: „Die Kirche kommt dieser Ihrer Anschauung sogar entgegen mit dem Bericht von der Höllenfahrt Christi, der in der dreitägigen Zeit zwischen Tod und Auferstehung den Heiland die Seelen im Fegefeuer besuchen läßt."

Menzel: „Aha, wie stehe ich nun da? Nun müssen Sie selbst meine ahnungsvollen Mutmaßungen bestätigen!“

Danach kamen wir auf Rom und römische Künstler zu sprechen, und er fragte mich genau aus über den Eindruck, den ich von Overbecks Persönlichkeit gewonnen hätte. Als ich ihm mitteilte, daß Overbeck an den Besuchssonntagen mit seinem Sammetkäppchen, demütig bescheiden wie ein alter Küster, vor alt und jung, reich und arm die Erklärungen für seine Sakrament-Kartons in frömmster Weise Gott zu Ehren abgab, sagte Menzel:

„Wenn es ihm so ernst und aufrichtig mit seiner Frömmigkeit war, dann hatte er auch ein Recht zu zeichnen und zu malen, wie er gemalt hat; und dann soll er dafür bedankt sein!“

Auch über Böcklins Charakter und Wesen verlangte er eifrig Aufschlüsse, und er war erstaunt zu hören, daß Böcklin ein völlig schlichter, biederer, offner und gerader Mensch gewesen. Er fuhr fort:

„Er hat ein Bild gemalt, dafür ihm manches andere verziehen sein soll, das ist das ‚Schweigen im Walde‘. Wie hat er in dem kleinen Bilde und in dem knappen Raum das ganze Waldwesen geschildert, den köstlichen Durchblick durch die paar Stämme, das Eichhörnchen, den Waldboden und vor allem das köstliche Biest, dieses dumme Ungeheuer, so eine Art Wunderziege! Und wenn er nun nichts weiter erfunden hätte, wie dieses Biest, so würde er schon als großer Maler gelten müssen. Aber nun kommt das schlimme Ende! Wie konnte dieser Mann auf dieses Vieh und in dieses köstliche Bild hinein ein so vollkommen banales Frauenzimmer setzen, so ganz nichtssagend und konventionell!“

Von dem Werk eines neueren Malers, dessen nur oberflächlich andeutende Einzelstriche eines höchst prachtvollen Goldrahmens für würdig gehalten worden waren, die dem den Cicerone machenden Freunde das Zitat des latainischen Sprichwortes: „Cacatum non est pictum“ abnötigten, sagte Menzel, nachdem er erst, um sich zu vergewissern, eine äußerst drastische Übersetzung ins Deutsche damit vorgenommen:

„Nein, auch das nicht einmal! Gar nichts ist es!“

Sehr denkwürdig erscheint mir sein Schlußwort einer Unterredung mit Frau Duse, die er in unserem Hause hatte. Frau Duse, die rückhaltlose Menzel-Verehrerin war, hatte den Wunsch ausgesprochen, ihn persönlich kennenzulernen, und nach erlangter Einwilligung veranstalteten wir diese Entrevue bei uns, die aber, da Menzel weder Italienisch noch Französisch und Frau Duse nicht Deutsch konnte, sehr reichliche Ansprüche an das mir auferlegte Dolmetscheramt stellte. Am Schluß sagte Menzel zu mir:

„Sagen Sie der Frau, alles in allem hätte sie unklug gehandelt! Wenn auch einem ein paar Blümchen, die einem in den Weg kommen, gefallen, so soll man doch nicht das Mistbeet kennenlernen wollen, auf dem dieselben gewachsen!"

Er war ein leidenschaftlicher Verehrer Mozarts. Als ich ihm bei seinem letzten Besuch bei uns mitteilte, daß ich zwei vierhändig geschriebene Sonaten aus Mozarts letzter Zeit gefunden, die ihm für eine Spieldose bestellt waren, die ich aber in Größe und Stil weit über seine sonstigen Klaviersachen hinausgehend fände und meine Verwunderung darüber ausdrückte, daß dieses Genie für einen so geringen Zweck sein Allerbestes gegeben, erwiderte Menzel:

„Das ist eben das wahre Genie, das rückhaltlos zu jeder Zeit sein Bestes gibt. Es ist ein reichlich sprudelnder Quell, dem es ganz egal ist, ob Sie ihm ein Prachtgefäß oder einen Stalleimer unterhalten, es quillt eben fortwährend und läßt sein Element über hoch und niedrig, reich und arm gleich reichlich fließen – es kann eben nicht anders!"

Trotzdem ich sie nicht zur Hand habe, kann ich nicht umhin, aus dem Gedächtnis die Worte eines französischen Schriftstellers zu zitieren, die anläßlich einer Pariser Menzel-Ausstellung vor reichlich einem Jahrzehnt geschrieben wurden:

„Wenn einmal der Tag kommen wird, wo er nicht mehr unter uns weilt, werden wir einsehen, daß mit ihm nicht nur der größte Maler unseres Jahrhunderts dahingegangen, sondern eine der größten Intelligenzen aller Zeiten!"

Albert Hertel

Erinnerungen an Menzel

Menzel sprach zu mir anläßlich der ihm durch Seine Majestät im Neuen Palais widerfahrenen Ehrung über „Friedrich und die Seinen bei Hochkirch".

Menzel: „Ich hatte das Bild seinerzeit in der Ritterstraße unter mannigfachen Entbehrungen gemalt. Immer wieder kam meine Schwester ins Atelier und mahnte mich an den Broterwerb, da die Ersparnisse durch mein Illustrationswerk: Titel und Vignetten zu den Werken Friedrichs des Großen aufgebraucht waren. Begonnen habe ich das Werk genau am Jahrestage von Hochkirch (14. Oktober) mit einer Baumstudie auf dem Tempelhofer Felde, und dieser Baum mit den Flammen dahinter war auch das erste, was ich auf dem Bilde malte. Ich hatte sechs Jahre an den Illustrationen gearbeitet und begann Hochkirch bloß aus glühender Lust zur Malerei im großen – ohne jegliche Anregung, geschweige Bestellung, sondern sogar mit der fast sicheren Aussicht, dieses Riesenbild einer Niederlage, die damals durchaus nicht hoffähig war, niemals an den Mann zu bringen. – Ich habe dann später, durch Not gezwungen, doch viel antichambrieren müssen und das Bild für einen relativ geringen Preis an Friedrich Wilhelm IV. endlich verkauft und dann noch Gott von Herzen dafür gedankt. Dank muß ich aber auch Friedrich Wilhelm IV. wissen, denn seinem Auftrag der Illustrationen (als Illustrator ließen mich alle gelten) verdanke ich, daß mir die tragische Größe Friedrichs, die mich in diesem Gegenstande so reizte, aufgegangen ist.

Also zum Bilde selbst! Wie gesagt: es ist in der Ritterstraße entstanden. Für die große Akademische Ausstellung hatte ich es angemeldet und bis zum Eröffnungstage Aufschub dafür erlangt. Am Vorabend endlich mußte es hingeschafft werden, und da zeigte es sich, daß das Bild viel zu groß war, um über die Treppen hinunter- und hinauszukommen. Es wurde also – naß, wie es war – von den beiden Schmalseiten des Blendrahmens losgelöst und acht Menschen trugen es die Treppen hinunter. Unten aber war das Geländer derart, daß es auch so nicht zur Hoftür hinauskonnte. Da sprang endlich mein Hauswirt, der auch bei dem Transport war, herzu und sägte mit eigener Hand den unteren Treppenpfosten ab für freie Bahn. Und diese Tat soll dem braven Mann für ewig unvergessen sein und bleiben! Nun waren wir endlich auf der Straße, und es war inzwischen – gottlob – dunkel geworden. Es mußten Fackeln herbeigeschafft werden. Ich ging voran als Fackelträger, dann

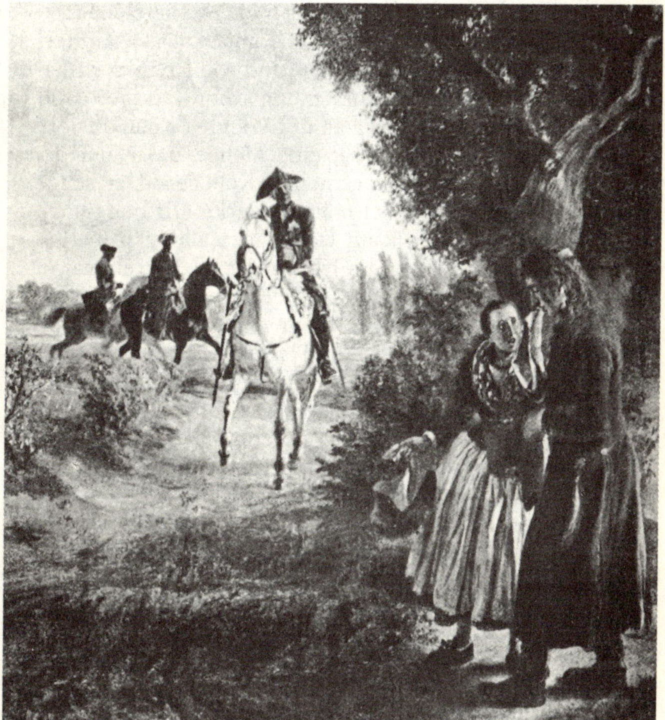

Adolph Menzel, Die Bittschrift, 1849

kamen die acht Träger, breitgehend, damit das naß herunterhängende Bild den Fußboden nicht berühre, dann der Wirt, wieder mit Fackel, als Nachtrab! Dieser quasi Leichenzug ging über den Dönhoffplatz nach der Alten Akademie Unter den Linden, die natürlich vollkommen geschlossen war – es mochte inzwischen ungefähr zehn Uhr abends geworden sein! Mit Mühe konnten wir den Kastellan heraustrommeln, der mürrisch öffnete und uns in den Uhrsaal hinauf ließ, wo der Rahmen bereits auf dem Fußboden vor der Uhr lag. Wir breiteten das auseinander genommene Bild auf dem Fußboden glatt aus und ich ging – relativ sehr mit mir zufrieden – langsam nach der Ritterstraße zurück, das Bild Gott befehlend!
Den anderen Morgen machte ich mich in aller Gottesfrühe auf, um danach zu sehen. Und wie ich in der Akademie ankam, war die Ausstellung schon eröffnet! Und mein Bild stand oder hing an der Wand vor der Uhr, fix und fertig im Goldrahmen, eine Menge Beschauer davor, darunter die meisten meiner Kollegen. Der selige Krüger war der erste, der mich entdeckte. Er holte mich heraus, und alle, ich kann wohl sagen alle, gratulierten mir zu meinem Werk, das ich nun erst selbst einmal in Ruhe zu sehen begehrte. Man ließ uns in einem weiten Kreise allein, nur Krüger (dem wohl das meiste Verdienst an der vorzüglichen Plazierung zuzuschreiben war) wich nicht von meiner Seite. Am Rande des Bildes waren vom Transport einige unwesentliche Stellen beschädigt worden, zu deren Reparierung Krüger seine eigene Palette aus der Behrenstraße hatte kommen lassen, die noch im Winkel des Saales rechts lag. Ich examinierte mein Bild genau und entdeckte eine Stelle, an der ich gern eine mir wichtige Änderung vorgenommen hätte, und wandte mich an Krüger:
‚Würden Sie mir wohl auf einen Augenblick Ihre Palette leihen? Ich möchte gern da und da noch eine kleine Verbesserung vornehmen.‘ Und langte nach der Palette. Aber da faßte mich Krüger mit eiserner Faust, hielt mich fest und sagte: ‚Nicht einen Schritt und nicht einen Strich!‘, drehte mich herum, und, da ich mich sträubte, warfen mich die guten Freunde eigentlich buchstäblich aus der

Ausstellung hinaus, mit der Erklärung, daß ich sonst wohl noch drei Wochen im Uhrsaal malen würde, womit sie schließlich nicht so ganz unrecht haben konnten.
So hat das Bild ohne diese Schlußnote seinen Platz behauptet und mir viel Ehre, aber auch manche Anfeindung eingebracht. Ich hatte eine förmliche Sehnsucht nach großer, malerischer Betätigung meiner Friedrich-Vorarbeiten; und die zahlreichen lebensgroßen Studien von unten aus beleuchteter Gliedmaßen und Gipsmasken – alle bei Lampenlicht! – die Sie noch heute an den Wänden meines Ateliers sehen können, verdanken ihren Ursprung den Bestrebungen: meine Hand und meinen großen, breiten Pinsel einzuexerzieren an großer pastoser Malerei und an die eigentümliche Beleuchtung von den Flammen ringsum.
Wie gesagt: der Eröffnungsmoment der Ausstellung war der Glanzpunkt meines Erfolges, aber das Antichambrieren und Petitionieren war das unliebsame und demütigende Nachspiel. Es wurde noch übertroffen durch den Platz, den die nichthoffähige Niederlage im blitzblauen Marinezimmer nach dem Hof hinaus erhielt, in dem bei Hofbällen die Lakaien die Teetassen wuschen und so gewissermaßen als Hohepriester der Kunst auf dem Teetisch-Altar vor meinem Schmerzensbild funktionierten!"

Es will einem fast bedünken, daß Menzel durch das eigentliche beispiellose Aufgehen in die Persönlichkeit des großen Königs etwas von der Art Friedrichs II., namentlich im Alter, angenommen habe. Streng, wie dieser Fürst, herbe, fast gefürchtet von ihm nahe tretenden Fremden, unerbittlich in seiner gänzlich freimütigen, meistenteils sarkastischen Kritik, war er dennoch innerlich zart, weich und voll Rücksichtnahme der besten Art, ein Kinderfreund und liebevoller Tierbeobachter. Als auffällig ist mir eine Äußerung aus seinem Alter im Gedächtnis geblieben anläßlich der Vignettierungen des Friedrich-Werkes: „Alles in allem bin ich doch froh, mit dem König nicht zusammen gelebt zu haben, denn es muß nicht gut Kirschen essen mit ihm gewesen sein!"

Nun, auch mit Menzel mußte man erst sehr lernen, Kirschen harmlos zu essen. Aus der durch „Hochkirch" für uns berühmt gewordenen Ritterstraße ist mir ein Geschichtchen in Erinnerung, das eine große Tierliebe dokumentiert. Eine Maus hatte die Nachtruhe der Familie wiederholt gestört, und im Familienrat wurde beschlossen, eine Falle aufzustellen, in der das Tier sich auch alsbald fing. Das Corpus delicti wurde auf den runden Tisch unter der Hängelampe gestellt, um den sich die ganze Familie versammelte, um sich das niedliche Tier anzusehen, das Menzel natürlich sofort zeichnete. Da erschien endlich Menzels Schwester, um der „sentimentalen" Sitzung ein Ende zu machen und den Störenfried in einem Eimer Wasser nach dem Jenseits zu befördern. Menzel aber und sein Schwager Krigar protestierten auf das heftigste und beantragten unbedingte Freilassung, wogegen wieder die Gegenpartei heftige Vorstellungen erhob. Da nahmen Menzel und Krigar einen Stock, den sie durch das Oberteil der Falle steckten, gingen nachts die öde Ritterstraße hinab, bis sie am Kottbuser Felde endigte, in welches sie noch bei finsterer Nacht ein Stück hinausgingen, wo sie dann die Maus in Freiheit setzten. Stolzerfüllt über ihr gutes Werk, kehrten sie sehr spät zurück und waren freilich nach Jahren sehr betrübt, zu erfahren, daß die Maus wahrscheinlich gleich verhungert wäre, da Feldmäuse und Hausmäuse ganz andere Nahrungsbedingungen haben.

Diese Liebhaberei, ja Liebe für selbst unscheinbare und unauffällige Tiere bewies auch der große Mann in dem berühmten „Kinderalbum", das, ursprünglich einzig und allein für seinen Neffen und Nichte bestimmt, in langen Zwischenräumen zwischen größeren Arbeiten, wohl auch abends gearbeitet wurde.

Allen Japanern weit voran, läßt er sein Verständnis für Kinder- und Tierpoesie, auch der unscheinbarsten Geschöpfe, Goldfischchen, Vögelchen, Bremsen, Fliegen, selbst Ratten, glanzvoll malerisch leuchten. Die Bestien des zoologischen Gartens sind die Heroen dieser Sammlung, Schweine, Kälber, Gänse, Hunde – die Mitteltruppen. Es scheint fast, als ob der Maler, der in seinen

Hauptarbeiten von tausend historischen Fachstudien umklammert war, sich hier einmal ganz Maler, aber auch ganz Poet zu sein erlaubte! Die Papageien, Fasanen, Bäche, der Sonnenschein, alle fürs Kindergemüt speziell erfunden und mit einem sittlichen Ernst, als ob es das Höchste gelte, durchgeführt, sind wahre Perlen schwelgerischer Farbengebung. – Rührend war auch seine Vorliebe für sein jeweiliges Heim. Er war durchaus häuslich. Einige Durchblicke aus seinen Fenstern auf Höfe, Hinterhäuser, unscheinbare Gärten, mit einem Sperling im Vordergrund – alle jetzt als „Perlen" geschätzt, legen Zeugnis davon ab.

Von seiner eigenen Jugend sprach er selten. Seine Briefe und einige Äußerungen zeugen allerdings von einigen, wenn auch fast immer flüchtig vorübergehenden Neigungen zu Repräsentantinnen jugendlicher Frauenwelt, die aber von ihm später ironisch abgetan wurden. Unauslöschlich wird mir der Eindruck sein, den ich in einer glanzvollen Gesellschaft bei Gustav Richter empfing, die sich durch einen seltenen Kranz erlesener jugendlicher Schönheiten ersten Ranges auszeichnete (Amerikanerinnen, Engländerinnen) und uns zu der Frage ermutigte, ob er nicht Vergnügen an diesen „junoischen" Erscheinungen empfände. Er sagte kühl: „O ja!" und ergriff eine zufällig vor ihm liegende Photographie des zweiten Richterschen Kindes – im Profil – behufs folgender Reduktion: „Ja, es ist merkwürdig, wie für den Maler die Schönheit des Menschen erst in einem gewissen Alter beginnt. Sehen Sie z. B. an diesem hübschen Kindergesicht den übergroßen Raum zwischen Nase und Ohr, eigentlich: eine wahre Einöde! Ja, im Alter, da passieren darin tausend interessante Dinge, die merkwürdigsten Kombinationen von Falten usw., wobei einem das Herz im Leibe lacht, z.B. bei der Mama X", und nun nannte er den Namen einer würdigen alten, uns allen wohlbekannten Frau, die aber von der Mehrzahl ihrer Nebenmenschen für das Gegenteil aller Schönheit gehalten wurde. Wie gering er sinnliche Untertänigkeit unter den Frauen schätzte, geht aus folgender Besprechung von Schillers „Wallenstein" hervor.

„Dieses Schillersche Werk ist wirklich famos, hätte aber noch viel bedeutender sein können, wenn nicht Schiller jedesmal in interessanter Entwicklungsphase seinen Liebling, den schönen Tenor Max mit seinen langweiligen Amouren dazwischenkommen und das Glück aufhalten ließe!“

Das hat ihn indessen nicht abgehalten, auch jugendlichen weiblichen Schönheiten, z. B. auf den Hoffesten, seine Aufmerksamkeit zuzuwenden, Arbeiten, die selbst der größte Frauenkenner unter den Berliner Malern, der sinnenfreudige Gustav Richter, für Meisterleistungen erklärte. Auffällig war auch, daß auch sein ganz spezieller Familiensinn ihn immer wieder in den Kreis seiner eigenen Familie zurückführte, den er eigentlich in allen Phasen und in allen Persönlichkeiten vollkommen ausgeschöpft hat.
Rührende Pietät, Liebe, Wärme des Herzens belebte dann seinen Stift, der dann sogar manchmal zu vollkommen idealisierenden Schöpfungen sich aufschwang. Das Herz war dann der Hauptfaktor, der seinem Malerauge zur Seite stand.
Im Alter isolierte er sich fast völlig auch davon und lebte ganz seiner eigenen allerernstesten Arbeit, pflichtgetreu, wie sein Vorbild, der große König, sein pünktliches Tagewerk, „Pensum“ mit „Exerzieren“ und „Studieren“, wie der Jüngsten einer zwischen den großen Arbeiten absolvierend und die Nächte der gewissenhaften, niemals banalen Erledigung seiner sehr ins Große angewachsenen Korrespondenz opfernd.

Seine Erholung war die bei zunehmendem Wohlstand jährlich ausgenutzte Reisezeit, die ihn fast ausschließlich nach Süddeutschland führte. Er hat es mir selber als seinen ersten köstlichen Genuß geschildert, im „Goldenen Kreuz“ in Regensburg zu wohnen und auf dem Markt davor angesichts des Domes unter freiem Himmel den ersten Rettich (Radi) von einer alten Marktfrau zu kaufen und zu verzehren.

München liebte er besonders seiner malerischen Kirchen wegen. Es war die einzige Zeit, die er im Jahr „bummelte". Aber dieses „Bummeln" dauerte nie lange. Gewöhnlich fing ihn sehr bald eine der ausgesucht malerischen (Rokoko-) Kirchen ein, mit deren Küstern er alsbald allenthalben Freundschaft geschlossen hatte, deren einer ihm zu seinem großen Entzücken als Aquarellnapf stets eine große Waschschüssel brachte. „Das ist erst die ‚wahre' Aquarellmalerei!"

Von diesen Kirchenmalereien ausgehend, sagte Exzellenz Menzel einst bei uns zu Exzellenz Dryander bei der gegenseitigen Vorstellung:

„Ja, ich bin auch ein fleißiger Kirchenbesucher, aber vielleicht nicht in dem von Ihnen gewünschten Sinne; ich stecke gewöhnlich im Hochsommer hinter den Altären, wenn kein offizieller Gottesdienst, mache mir da mit meiner Malerei zu schaffen und glaube auch damit Gott zu dienen!"

Ein einziges Mal hat Menzel das „gelobte" Land Italien betreten, allein, ohne Führer und Sprachkenntnisse. Veronas Marktplatz hielt ihn gleich fest und er bearbeitete denselben mit unzähligen Studien für sein reiches Bild „Piazza d'Erbe". Was für ein jugendlicher Reisender er aber trotz seines Alters war, erhellt aus dem Bekenntnis, daß er in Domagliare, dem Austritt der Veroneser Klause in die Ebene, neben dem Wärterhäuschen einen großen, alten Feigenbaum fand, der ihn zu einer ausführlich angelegten Zeichnung begeisterte.

„Am liebsten wäre ich überhaupt dageblieben." Aber die Schaffner zwangen den Widerstrebenden in den schon verspäteten Zug.

Nächst München zog es ihn aber mit fast jährlicher Regelmäßigkeit nach seinem vielgeliebten Salzburg, für welche Stadt er eine ungemeine Pietät hegte, die zum Teil vielleicht von seiner Herzensschwärmerei für den von ihm vergötterten Mozart herrührte.

Er wohnte in den letzten Jahren im „Goldenen Schiff" neben dem Dom, dessen Springbrunnen für eine seiner letzten Bleistiftbilder das Motiv gegeben, früher im kleinen „Hotel zur Krone", Mozarts Geburtshaus gegen-

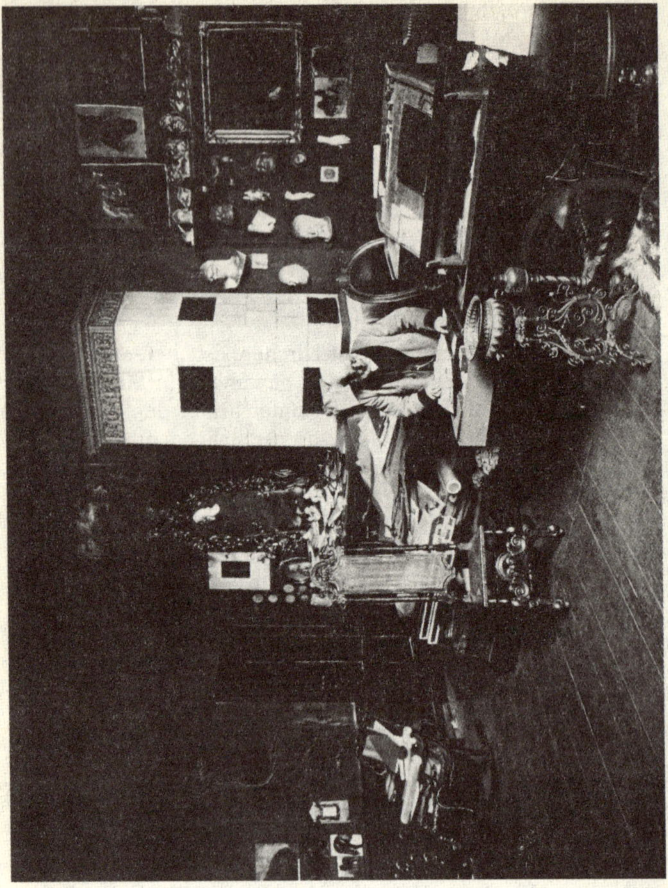

Adolph Menzel im Atelier in der Sigismundstraße 3

über. Die Spuren von Mozarts Kindheit und Jugend wurden von ihm mit emsigster, wahrhaft „Menzelscher“ Sorgfalt aufgesucht und malerisch ausgebeutet. Der Illustrator, der Musikenthusiast, der fröhliche Tourist gingen dabei Hand in Hand. Über Salzburg hinaus kam er dann einige Jahre zu meinem Schwiegervater Magnus

Herrmann nach Hofgastein. Auf einer Fahrt dorthin zeigte ich nach links, wo die Feste Hohensalzburg in fahlem Licht vor dem schwarzblauen Geisberg lag, und wagte hinzuzufügen: „Ist das nicht ein Poussinscher Effekt?" Da drehte mich Menzel heftig nach rechts, zeigte mir einen Misthaufen dicht am Wege und sagte: „Ach was, Poussin! hier das sehen Sie sich an."
Die malerischen Qualitäten Hofgasteins reizten ihn ungemein und begeisterten ihn zu seinem berühmten „Prozessionsbild".
Eine „reine" Landschaft ist der Blick vom Balkon meines Ateliers in der Villa Carolina, den er in einem Tage, allerdings von frühmorgens bis spätabends, gemalt hat. Die damals noch urwüchsige Tiroler Bevölkerung, der patriarchalische Komfort des Ortes, das Leben in den winkligen Gassen zogen ihn mehr an als die Größe der Berge, die er mehr platonisch bewunderte. Im letzten Jahre wohnte er sogar in unserer Villa und legte dabei eines Tages eine Probe von Zartgefühl ab, die mancher ihm ferner Stehende nie zugetraut haben würde.
Die Seinen und wir hatten eines Tages eine weitere Partie gemacht. Meine Frau war unseres kleinen Kindes wegen zu Hause geblieben, desgleichen Menzel, der die Strapazen vorschützte. Nach Tische kam ein Gewitter über die Berge und Menzel klopfte plötzlich am Kinderzimmer. Meiner Frau Gewitterangst war ihm bekannt, und er erklärte kategorisch: „Liebe Frau, es paßt mir gerade, nehmen Sie das Kind auf den Schoß, ich will es zeichnen." Und er begann eifrig, zerriß zweimal das Blatt und drehte meine Frau fern vom Fenster in den Schatten und zeichnete immer emsig weiter. Das Gewitter stand nun schon über Hofgastein, da ertönte plötzlich die Gartenglocke, und wir alle kehrten gewitterregendurchnäßt zurück. Sogleich schlug Menzel sein Skizzenbuch zu, erklärte die Zeichnung für verunglückt, aber – „nun waren ja alle da!" Die Zeichnung galt als vernichtet wie ihre beiden Vorläufer, hat sich aber im Nachlaß vorgefunden und durch die Güte der Erben den schönsten Platz unter den Augen meiner Frau gefunden, die ihre Rührung über diese Zartheit des so ern-

sten Arbeiters und Meisters niemals vergessen kann und wird.

In früherer Zeit machte er im Gasteiner Tal noch ziemlich anstrengende Bergpartien voll Freudigkeit, Humor und Lebenslust mit den jüngeren Mitgliedern unserer Familie, fast immer in Begleitung seines Schwagers Krigar, den er sehr schätzte und liebte. Er war ein guter Läufer, der einstmals in Babelsberg meine Frau, die damals sehr behende und leichtfüßig war, glänzend besiegte. Von einer Hofgasteiner Partie kehrten alle ohne Menzel zurück, der sich beim Abstieg „ausgeruht" hatte. Er zeichnete, in einem Graben sitzend, seine eigenen „Kraxelstiefel", und zwar recht con amore, und erschien unbemerkt und erstaunt über die „Spätigkeit" mitten in der Mahlzeit mit der sprichwörtlich gewordenen „Unpünktlichkeit". Der rastlose Arbeiter trat also auch hier in der Sommerfrische überall zutage bei ihm. Man war im Begriff abzureisen – der Wagen stand vollbesetzt und bepackt vor dem Hotel –, da erschien als letzter Menzel, entdeckte beim Trinkgeldgeben eine Syenitsäule aus dem 14. Jahrhundert, „die er bisher unerhörterweise übersehen", zog die Handschuhe aus und begann, zur Verzweiflung der Seinen, aber vollkommen ruhig, die Säule zu zeichnen, bis er zufrieden war.

Waren die früheren „Plaudereien" dem großen Maler, dem geistreichen Menschen gewidmet, so sollen diese „familiären" Bilder das zarte und intime Gemüt dieses nach außen hin oft so herrisch, ja tyrannisch dareinschauenden Mannes vor Augen führen allen denen, die ihn nicht bloß bewundern, sondern auch – und wäre es auch „post festum"! – von Herzen lieben lernen wollen.

Axel Delmar

Die kleine Exzellenz

Eine gute und erschöpfende Monographie des markantesten deutschen Meisters seiner Kunst und seiner Zeit zu schreiben, wird erst möglich sein, wenn Menzels Domizil vom Boden bis zum Keller erschlossen ist, die über ein halb Jahrhundert heroisch bewachten und verteidigten Mappenspinde ihre Schätze ans Licht der Welt lassen und den Briefkisten sorgsam verwahrte, pfundschwere Bündel vergilbter Korrespondenzen entnommen werden dürfen, Rechnungen mit Summen und Daten urväterischer Hauswirtschaft, Handschreiben von Königen, Bettelbriefe und zerfallende Journale, voll von Menzlichem, Allzumenzlichem! Eine stattliche Reihe von Taschenbüchern wird zu durchblättern sein, um die eigenhändigen Aufzeichnungen über Ereignisse und Personen aus dem Leben des Meisters samt erläuternden, charakteristischen Bleistiftskizzen, treffsicheren Karikaturen für eine Lebensbeschreibung dieses Methusalems unter den Malern so riesenhaft zu gestalten, wie er selbst allen, die ihm näher standen, im Gedächtnis verbleiben wird. Ein Riese war die kleine Exzellenz, dessen ungeheure Arbeit im Nachlaß von etwa 2000 Blatt Zeichnungen, Gouachen usw. zu bestaunen sein wird, während die bisher bekannte Lebensarbeit in mindestens 10000 Blättern seit siebzig Jahren über Europa zerstreut ist!
Es gab wohl nie einen Maler, die fleißigen Holbein, Chodowiecki, Hogarth und den berühmten Punch-Keene nicht ausgenommen, die so rastlos und freudig zu arbeiten verstanden, ihrem Körper so maschinelle Funktionen abforderten wie Adolph von Menzel! Bis in sein hohes Alter hinein gehorchten diese kleinen Greisenhände den alles sehenden, kunstformenden Augen auf eine tägliche Arbeitsschicht von vier bis sechs, manchmal sogar von acht Stunden! Mit dieser steten, das Genie kennzeichnenden Selbstverleugnung und Abtötung persönlicher Bedürfnisse wäre selbst ein minder Begabter an ein besonderes Ziel gelangt.

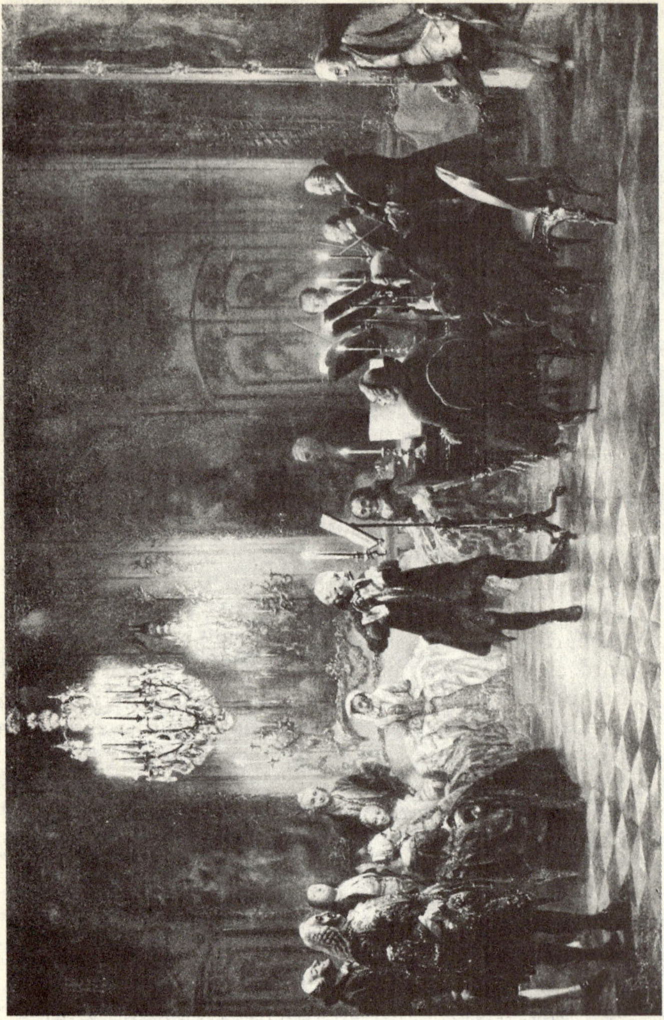

Adolph Menzel, Flötenkonzert Friedrichs des Großen in Sanssouci, 1850/1852

Menzel arbeitete aber nicht einem Ziel entgegen, dem fühlte er sich nie nahe – das Schaffen selbst, das ewig zehrende und gebende Schaffen hielt ihn aufrecht, und er fühlte sich eins damit! Aus dieser großen und dauernden Sieg verheißenden Anschauung läßt sich allein sein an Ehren neuzeitlich beispielloses Leben und seine Höhenstellung in deutscher Kunst folgern und würdigen, wenn man weiß, daß der „kleine Eisbär" sein Leben lang sich um hoch und niedrig gleich wenig kümmerte, außer wenn's „malenswert" war. Ihm fielen die höchsten preußischen Titel und Orden mitten auf die Palette, und er nahm sie ab, ohne seine Arbeit zu unterbrechen, möglich sogar mit heimlichem Groll über lästige Störungen und nachhinkende Scherereien. Laut wurde dieser ihm zur zweiten Natur gewordene Groll aber nur, wenn er über sich selbst herzog und mit einer an Fanatismus grenzenden Selbstvernichtungsfreude seine Arbeiten „vermöbelte" und, wo es noch anging, in die Arbeiten hineinkorrigierte, bis sie entweder seinen Beifall fanden oder einfach „geschwärzt" wurden.
Gleich in der ersten Zeit unserer Bekanntschaft lernte ich ihn von dieser mich damals noch verblüffenden Seite kennen. Bei einer Auswahl von Männerköpfen für die Menzel-Ausstellung, April bis Mai 1903 im Berliner Künstlerhaus, fiel mir ein schöner, bärtiger Kopf, im Jahr 1901 signiert, ganz besonders auf. Erfreut wollte ich ihn beiseite legen, doch der siebenundachtzigjährige Wunderling entnahm mir brüsk das Blatt und erklärte kategorisch: „Die Schatten sind viel zu wulstig. Das habe ich vor zwei Jahren gezeichnet und inzwischen eine ganze Menge zugelernt. Da gehe ich jetzt erst richtig ran!" Am andern Mittag fand ich ihn emsig bei der Arbeit, über seinen kleinen Petroleumofen gebeugt, auf dessen Platte eine starke Pappe lag, damit das Skizzenbuch sich von der Hitze nicht werfe. Mit Stolz führte er diese seine „Erfindung" vor, in dem stets kühlen, gewaltigen Atelier „warme Hände, Füße und Nase beim Arbeiten zu behalten". Daß die Lampe im Ofen zuweilen atembeklemmend blakte und rahmte, schien er nicht zu bemerken. Sogar ein Modell hatte er sich zu dieser Ver-

besserung geleistet und zwang den armen Kerl zu zweistündiger Erstarrung in der befohlenen Pose. Darin kannte er keine Rücksicht. Eine Pause gab es nicht. Wer ihm saß, hatte Order zu parieren und durfte nicht eher die versteiften Glieder recken, als bis er selbst „genug" hatte. Ein Modell lernte ich bei ihm kennen, das seit dreißig Jahren zu ihm „in die Ohnmacht" kam. Den alten Knaben nahm er immer an, ob er ihn gerade brauchen konnte oder nicht. Menzel placierte ihn möglichst bequem, rückte das Öfchen, wählte unter den Maurerstiften, putzte den Wischer und begann mit der Arbeit, einen Bleistift zwischen den schmalen Lippen, auf dem Kopf ein lichtes, weiches, graues Hütchen mit steifer, abstehender, seine Augen beschattender Krempe. Der Mann rührte und regte sich nicht zwei, drei Stunden lang. Zuweilen fielen ihm die Augen zu, und ein Zittern lief ihm durch die rheumasteifen Knochen. Dann räusperte sich der Alte höchst unwillig und knurrte höhnisch: „Etwa ohnmächtig, junger Mann, wie?!" Nach dieser niemals fruchtlosen Ermahnung an den Düppeler Veteranen gings weiter, bis Exzellenz mit drei großen kräftigen Schritten vom Ofen zurücktrat und den hart geprüften Krieger mit namhaftem Geschenk entließ. Sah ich mir dann an, was Adolph Menzel zu Papier gebracht hatte, so lachte mir ein Frauenkopf entgegen, ohne die geringste Spur von Ähnlichkeit im Gesicht oder Pose mit dem „alten Knaben". Menzel hat ihn nur „nicht vergeblich die vier Treppen steigen lassen wollen" und ihm das „bißchen Schlaf von Herzen gegönnt".

Mittags zwölf Uhr versammelten sich die Modelle, manche bestellt, andere auf gut Glück ihre Reize anbietend, vor der Tür seines Ateliers. Oft befanden sich schreckliche Bassermannsche Gestalten darunter, mit denen er, falls sie seinen Zwecken entsprachen, ohne Bedenken den Tag im Atelier verbrachte. Seine Verwandten, ich, ja selbst sein Diener Siebert warnten ihn oft, diese zerlumpten Gesellen weder einzeln, noch in Gruppen bei sich einzulassen. Er hatte darauf nur die eine Antwort: „Die tun mir nichts. Die Gauner sind ja viel zu eitel, von mir einen Dahler zu verdienen, als mir wegen hundert

Mark die Hosen auszuräumen." Einen dieser Herren, die „unschuldig saßen", bewillkommnete er nach genauer Prüfung des etwa auf fünfzig Jahre zu schätzenden Gesichts mit den Worten: „Sie haben mir noch zu viel Farbe und keine Linien. Wenn Sie zwanzig Jahre älter sind, kommen Sie mal wieder mit ran, aber fragen Sie lieber schriftlich vorher an." Und das konnte er mit einem so bitterbösen Ernst sagen, daß einem im Augenblick der weitblickende Humor des alten Herrn gar nicht zum Bewußtsein kam. Das abgewiesene Modell empfahl sich mit einem „Wird gemacht, Exzellenz" und fing erst zwei Etagen tiefer zu lachen an. Menzel schmunzelte zwar gleichfalls, doch war er selbst fest davon überzeugt, ein „Zentenarjüngling" zu werden. Sein Hausarzt, der bekannte Geheimrat Körte, hatte ihm ein Alter von hundert Jahren prophezeit, und „in die Worte dieses Hippokrates einen Zweifel zu setzen, wäre sträflich".

Sehr imponierte ihm das geistig frische Alter des verstorbenen Papstes Leo XIII. Wenn er las, daß Seine Heiligkeit ein lateinisches Gedicht verfaßt hatte, meinte er, „wenn's kein Jägerlatein ist, muß das doch ein gewaltiger Mensch sein! Aber so alt werden bloß bei Mehlsuppe und 'n Ei täglich, würde mir das ganze Dasein verekeln."

Zuweilen beschlich ihn trotz aller Abweisung „melancholischer Postilleneinfälle" doch eine leise Todesahnung, der er tagelang nicht so recht Herr werden konnte. Er liebte es dann, im Gespräch tröstliche Worte über sein Aussehen zu hören, wies auf Tizians Unsterblichkeit hin und lauschte mit einer unnachahmlichen Mischung von Wohlgefallen und Mißtrauen um den verkniffenen Mund auf scherzhafte Ablenkungen. Als er eines Tages sehr unter Schmerzen im Bein zu leiden hatte und keine rechte Stimmung aufkommen wollte, fing ich sehr ernsthaft an, den zu erwartenden Pomp bei seiner – Beisetzung zu schildern, und behauptete schließlich, daß die Mitglieder der Akademie für ihn einen besonderen Choral im Leibe haben würden. Die Sache fing an, ihn zu interessieren, er zählte verschiedene Leichenfeierlichkeiten auf, erinnerte sich plötzlich an eine Menge verstorbener alter Freunde und quittierte über meine jedesmalige Frage, wie alt denn der Verstorbene geworden wäre, mit einem leise triumphierenden: „Jünger, aber klappriger wie ich war er doch!" Auf diese freilich etwas sehr drastische Weise wurden die Todesahnungen vertrieben, und im gewohnten Gleichgewicht der Seele und der Kräfte verstieg er sich zu dem klassischen Schlußsatz: „Gleichviel – mit mir geht's einst sehr schnell. Wenn ich mal recht kräftig niese, höre ich mein Modell nicht mehr Prost sagen."

Daß ihm der Tod so den Griffel aus der Hand nehmen würde, mitten in der Arbeit und mit so brüderlicher Milde, erschien dem überaus fleißigen Meister als die schönste Apotheose seiner bedürfnislosen, ganz vom Geist der Arbeit erhaltenen Person! Arbeit, rastloses Arbeiten im Naturstudium ersetzte bei ihm bekanntlich den Zwang akademischer Ruten und gab ihm seine untrüglichen Augen!

Kein Kodak spiegelte schärfer als die wider! Als ich diese Sehschärfe ihm gegenüber einmal besonders erwähnen wollte und ihn scherzweise einen „Ophthalmographiker" nannte, meinte er: „Das ist der einzige mir noch fehlende, aber gebührende Titel." Man sehe sich seine Skizzen und Zeichnungen daraufhin an, nicht mit der Töf-Töfhast der meisten Ausstellungsbesucher, sondern mit Augen voller Wandermuße! Dann erst begreift man, daß Menzel ein Phänomen und daß der Bleistift agierender Sehnerv sein kann.

Zeitgenossen, allen voran Kaiser Wilhelm II., haben Menzel als den postumen Herold und Wiedererwecker des größten Preußenkönigs Friedrich II. gefeiert und in ihm nur den Historienmaler hohen Stils sehen wollen.

In der Tat hat „der Alte Fritz mit Menzeln Glück gehabt". Die gewaltigen Freiheitskämpfe der Deutschen gegen den kleinen Korporal machten die sieben Kriegsjahre Friedrichs verblassen, vor Blücher, Scharnhorst, York, Stein traten die Seydlitz, Schwerin, Zieten zurück, und die blutfrischen Trophäen der Schlachten bei Leipzig und Waterloo verdunkelten die theresianischen Feldzeichen. Noch so recht in den schönen, aber un-

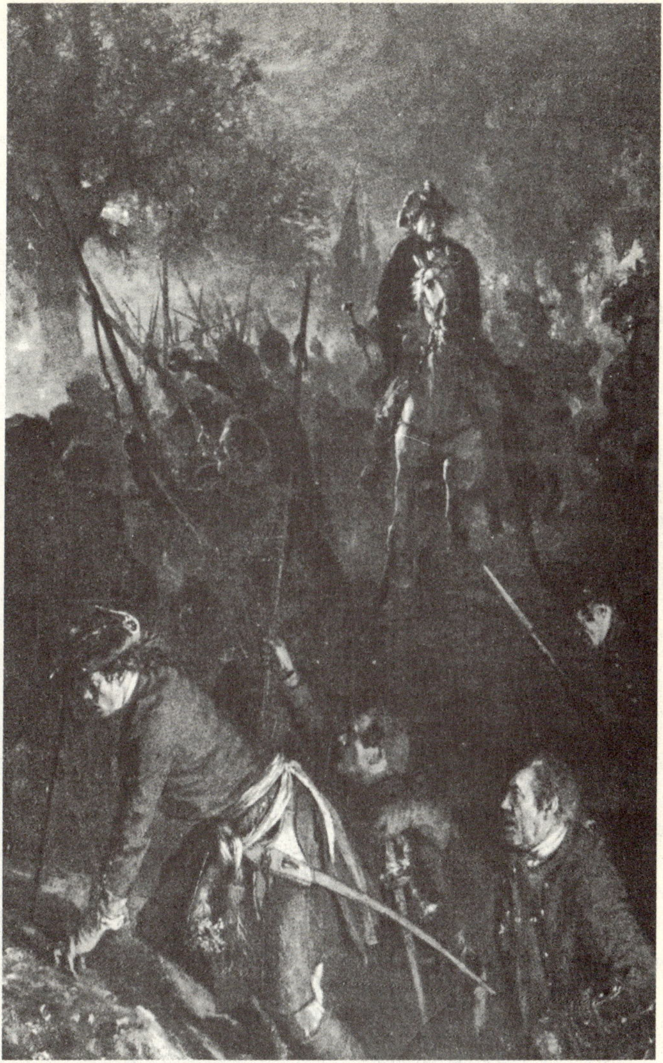

Adolph Menzel, Friedrich der Große und die Seinen bei Hochkirch, 1850–1856, Detail

gleich billigeren Siegesrausch der Freiheitler, der bis in die vierziger Jahre des vorigen Jahrhunderts währte, klangen die ersten Fanfarenstöße hinein, die den großen König in alter Herrlichkeit ankündigten. Erst erschienen seine Truppen, zähe, stahlsehnige Soldaten mit Zopf und Schwert, hie und da einige Generale, und endlich sah man den König mit seiner berühmten „Tafelrunde in Sanssouci", man bewunderte ihn im „Flötenkonzert" und schließlich mitten im Feuer „Bei Hochkirch". Er war wiedererweckt in seiner ganzen einsamen Größe von einem putzigen kleinen Historienmaler, der kümmerlich sein Brot verdienen mußte als Lithograph und Zeichner. Menzels Name war mit dem des Alten Fritz in aller Munde, und die Werke erzielten in Deutschland Preise, die man bis dahin nicht kannte und wurden frisch von der Staffelei in die Landesgalerien gebracht. Auf diese Popularität hinzielend, münzte Joseph Joachim das hübsche Wort: „Der alte Menzel, das ist ein Begriff für alle Künstler, wie für die Soldaten der Alte Fritz."
Ihm selbst hat diese glanzvolle Periode seines Schaffens nicht die rechte Befriedigung gewährt. Er sah sich nicht als Historienmaler, haßte sogar die ihm in dieser Hinsicht gestellten Aufträge und suchte sich zu spezifisch Volkstümlichem hinüberzuretten.
Am Abend seines Lebens, übersättigt von Ehren und ganz von den stillen Zaubern seiner beschaulichen Einsamkeit der lauten Welt zu seinen Füßen entrückt, hie und da in Versunkenheit vor sorgsam verwahrten, ganz intimen Schöpfungen seiner Kunst, lächelte er heimlich über die großen „Schinken", die er einst „zurechtgeschustert" hatte, und konnte mit einem heiligen Zorn auf der Stirn einem jungen Menschen offenbaren, was er nun über Bilder dachte, die ein Halbjahrhundert lang das Entzücken aller Beschauer bildeten, und die er „mit Bedauern schätzen mußte, weil sie dem Staat unter den Augen zerfallen". Mir läuft noch heute ein ehrfürchtiger Schauer über den Rücken, wenn ich der späten Nachmittagsstunde im April 1903 gedenke, wie die kleine Exzellenz zwei Reproduktionen seiner Werke aus dem Allerheiligsten hervorholte, mich an das große Atelierfenster

heranwinkte, um die „Mängel dieser Arbeiten" meiner Ungläubigkeit zu demonstrieren. Das eine Blatt war eine Photogravüre seines berühmtesten Holzschnittes „Friedrich der Große aus dem Jahr 1775".
„Sehen Sie", flüsterte er, und das Blatt zitterte in seinen nervös werdenden Händen, „sehen Sie, dieses schlaffe, feiste Gesicht und die erzwungen straffe Haltung zeigen den gealterten König. Damit bin ich zufrieden. Nur diese Augen kann ich nicht mehr billigen. So vermag kein alter Mann mehr zu gucken. Das ist gemacht und unwahres Zugeständnis an das steuerzahlende Publikum. Adlerblick!"
Erstaunt blickte ich ihn an. „Aber, Exzellenz", wagte ich zu entgegnen, „Sie haben doch den Helden und Sieger des Siebenjährigen Kriegs seinem Volk, nicht einem Publikum zeigen wollen! Wollen Sie solchem Mann erloschene Augen geben?!"
Menzel hob seinen ausdrucksvollen, wachsbleichen Kopf ein wenig zu mir empor. Seine Kinnlade bebte leise, und die Zunge stieß einigemal gegen die wenigen Zähne, als fiele ihr, das Folgende auszusprechen, besonders schwer: „Das eben habe ich nicht gekonnt, überhaupt nicht gekonnt – verstehen Sie!"
Erschüttert griff ich nach der Hand, die das Blatt gegen das matter werdende Licht hielt, und blickte ihn stumm an; was hätte ich auch gegen ein augenscheinlich lebenslang bewahrtes Schaffensgeheimnis vorbringen sollen? Ein Disput wäre angesichts dieser unerschütterlichen Selbstentwertung, dieser heiligen Überzeugung von der Unzulänglichkeit selbst einer großen Meisterschaft nutzloses Unterfangen gewesen!
Unbeirrt durch meinen stummen Versuch, seine unerhörte Mitteilsamkeit einzudämmen, hob er das zweite Blatt, eine Reproduktion des „Flötenkonzerts", zum Fenster empor. Sein Gesicht wurde noch ernster, und ich hatte Mühe, seine zu einem Murmeln herabsinkenden Worte zu verstehen: „Da betrachten Sie sich mal den König! Hm – es ist mir auch nicht so gelungen! Der König steht da wie ein Kommis, der sonntags Muttern was vorflötet! Da ist er doch noch jung und stolz! Der

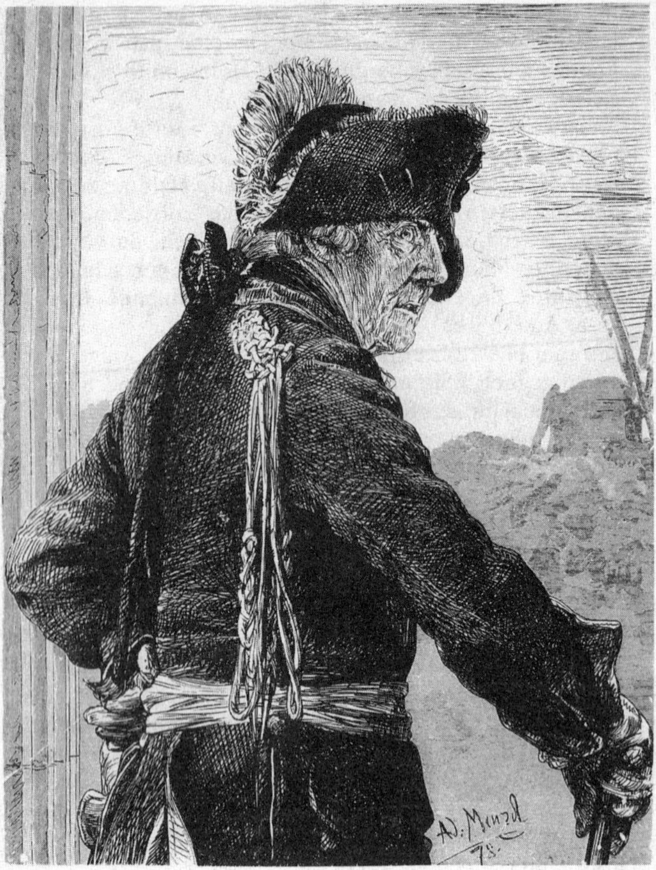

Adolph Menzel, Friedrich der Große, 1878

dicke Gotter gehört gar nicht ins Bild, und die übrigen sehen auch so hineingefabelt aus, um das große Zimmer zu füllen. Überhaupt habe ich's bloß gemalt des Kronleuchters wegen. In der ‚Tafelrunde' brennt er nicht – hier brennt er! – Manchmal reut's mich, daß ich's gemalt habe: enfin bestand die Hälfte meines Lebens aus Reue.

So oder so! Auch daß sich die Bilder nicht halten, ist meine Schuld. Man hat mir erzählt, daß der menschliche Atem ein Chemikal enthält, was den Firnis platzen macht. Unsinn! Auch die Luftheizung dörrt die Bilder aus, hat man mir erzählt. Mag sein! Ich weiß das besser. Ich habe gewissenlos gewissenhaft gearbeitet! Die Sachen sollten bald geliefert werden, teils hatte ich's versprochen, teils reizte mich meine eigene Kraft dazu; auch das Gelingen hing von der Schnelligkeit ab, mit der ich losasen konnte. Später, wie ich anfing zu schustern, klappte es lange nicht mehr so. Na, die Schnelligkeit bestimmte dann das Material. Mich freut's, nee, mich grimmt's, daß ich so'n Esel war und heiß pinselte und glühend trocknete. –"

„Was mir Exzellenz da erzählen, sind ganz ausspintisierte Stubenhockergrillen! Wie können Sie sich die Freude an Ihren beispiellosen Erfolgen so grausam abwürgen!? Jetzt, wo Ihr Ruhm Ihre Schlummerrolle sein müßte!?"

„Eben weil ich allein bin und Zeit darauf verwendet habe, bin ich auf die Wahrheit gekommen! Die lasse ich mir nicht mehr abstreiten, wenn sie schon laut wird. Gleichviel, das bleibt unter uns – das heißt, wenn Sie mal den Mund nicht halten wollen, ist das Ihre Sache. Ich werd's wohl dann nicht mehr verbieten können!"

„Wenn Sie wünschen, wird's mit Ihnen begraben, Exzellenz."

„A –" machte er mit einer geringschätzigen Geste, „Sie werden's schon mit'm Trauerflor spazierengehen lassen. Ist mir sogar lieb, daß ich's selbst gesagt habe. Von andern hätte es mich schwerer ägriert!"

Im Verfolg des Gesprächs gewann ich dem alten Herrn die Erlaubnis ab, alle Arbeiten aus jener Zeit, deren Verfall er befürchten mußte, Reproduktionsanstalten übergeben zu können. Er hat die ihm auf das schnellste zugänglich gemachten Probedrucke später mit großem Interesse besichtigt und seinem Gefallen daran durch Widmungsunterschriften Ausdruck gegeben.

In diese friderizianische Zeit des Meisters fallen auch drei Aquarelle von längst verstorbenen Freunden, so

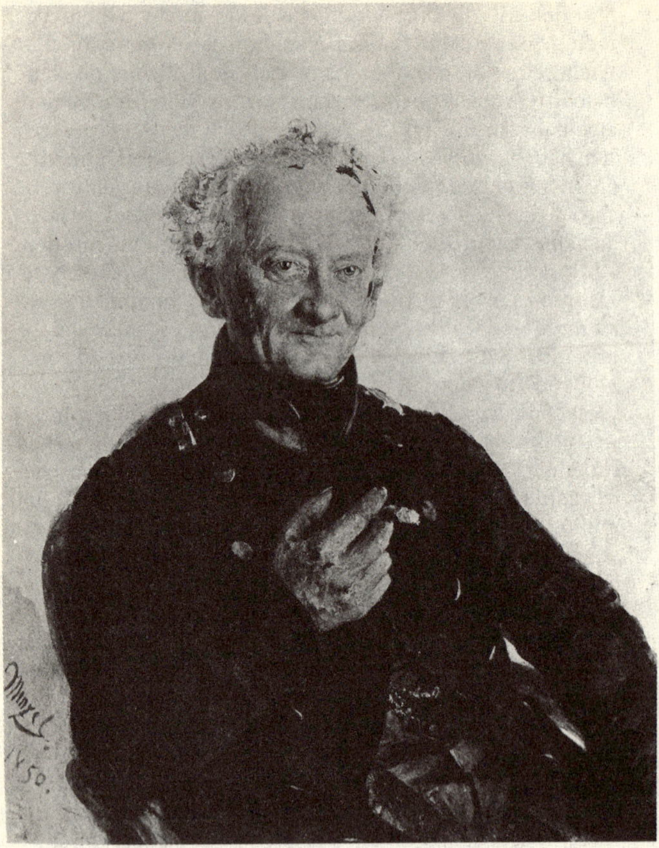

Adolph Menzel, Oberstabsarzt Dr. Wilhelm Puhlmann, 1850

wundervoll ausgeführt, daß die Kunsthändler viele Jahre mit dem alten Herrn um diese Blätter gefeilscht und gestritten haben, ohne Erfolg natürlich. Als ich mit der Wahrnehmung seiner Geschäfte betraut war, befanden sich noch zwei dieser Porträts, das des Stabsarztes Dr. Puhlmann und das des Majors Leuthold, in seinem Besitz. Beide stammen aus dem Jahr 1850 und waren ihm unendlich lieb und teuer. Dr. Puhlmann, ein Veteran der Freiheitskriege, war ihm besonders ans Herz gewachsen und hat manche Stunde unter den Augen des in Erinnerungen schwelgenden alten Freundes zubringen müssen. Als ich das Bildchen zur Reproduktion geben durfte, erhielt ich nach einigen Tagen einen Brief Menzels, worin er mich in rührenden Worten bat, ihm doch „den alten Kerl" sofort wieder zuzustellen. „Ich kann nicht schlafen, wenn ich ihn nicht im Haus weiß. Verkaufen Sie ihn nicht, um keinen Preis. Ich entschädige Sie. Warum haben Sie mir ihn nur weggenommen? Es ist eine Gemeinheit, wenn ich ihn fortlasse! Wo steckt er? Sofort Antwort! Menzel!"

Ich eilte zu ihm und korrigierte diese durch den Trennungsschmerz verursachte kleine Gedächtnisschwäche. Er strahlte, als Puhlmanns nur vorübergehende Abwesenheit festgestellt wurde, und mummelte und brummelte noch einmal so lebhaft wie sonst.

Endlich schlug nach fast vier Wochen oft betonter Sehnsucht die Stunde des Wiedersehens. Er selbst entknotete das Paket und entnahm ihm – zwei völlig gleich eingerahmte Puhlmann. Lange blickte er die beiden Bilder an, ohne den Faksimiledruck vom Original unterscheiden zu können, dann klopfte er hart auf das Glas des echten Puhlmann und stieß kurz hervor: „Das ist er, oder es gibt keine Stimme der Natur! Eine gefährliche Kunst, dieser Farbendruck! Da wird ja dem Betrug Tür und Fenster geöffnet!"

Nach einigen Tagen meldete ich ihm, daß ich Herrn v. Tschudi die beiden Blätter Puhlmann und Leuthold zum Ankauf für die Nationalgalerie angeboten hätte, und daß man sie dort gern haben wollte. Erst verneinte er, aber als ich ihm auseinandersetzte, daß die beiden Knaben doch wohl kaum ein schöneres Pantheon finden würden, fragte er, halb gewonnen, in naiver Hilflosigkeit: „Ja, was bleibt mir dann?" Da ich es über mich bringen konnte, ihm lächelnd zu erwidern: „Die Stimme der Natur, Exzellenz", ging er auf den Handel ein und begnügte sich mit dem „Betrugsstück".

In der Nationalgalerie befindet sich neben den friderizianischen Bildern, die ja leider einem unaufhaltsamen Verfall entgegengehen, das prachtvolle „König Wilhelm, zum Kriegsschauplatz fahrend“ – eins der wenigen Bilder, in denen Menzel vom siebziger Krieg Notiz nahm. Zu vornehm und zu gewissenhaft, diese glorreichen Schlachten der Deutschen und die nachfolgende geldstrotzende Gründerperiode durch spekulative Bilder auszunutzen, überließ der berühmte Historienmaler dieses gewaltige Feld schwarz-weiß-roter Farben jüngeren Kräften, die sich des „Mit-dabei-Gewesen“ rühmen konnten und in wenigen Wochen Schlachtenbilder zu komponieren verstanden, die mehr nach Pulver als nach Farbe rochen. Und doch vermochten diese neugebackenen Heldenmaler mit all ihrem zeitgenössischen Patriotismus und den geradezu sensationellen Schilderungen den kleinen Professor nicht um ein Haar aus der Gunst seines Kaisers oder seiner Berliner zu verdrängen. Er blieb der Mittelpunkt, der unverrückbare, in dieser ruhmberauschten, zwischen Standarten, Beutestücken und Kriegsmilliarden kreisenden Gesellschaft. Und während rings die großen Kampfszenen in schillernden Farben heraufbeschworen wurden, verbrachte er stille Stunden der Andacht vor dem – Feldstecher Moltkes und zeichnete und tuschte Glas und Futteral mit der ihm eigenen Akkuratesse. Ob er die kleine Ursache der großen Siege in diesem Augenschärfer des schweigsamen Strategen sah oder zeigen wollte?!

Fast bis zu seinem achtzigsten Geburtstag blieb er der Ölfarbe treu, nach dieser Zeit arbeitete er nur mit Aquarellfarben und dem Bleistift. 1897 vollendete er sein großes Aquarell „Die Marienburg am Sommerabend“, jene Partie wählend, wo das Madonnabild den Eingang zur Feste zu bewachen scheint und der gewaltige Rundturm mit dem Taubenboden aufragt. Dies Werk dürfte sein letztes größeres Aquarell geblieben sein, denn die Augen des alten Exzellenzherrn fingen sacht unter den Widersetzlichkeiten des Alters zu leiden an und sahen die Dinge, wie er selbst mit Leid bemerkte, schon ganz anders, wie sie waren. Das hatte ich ihm eines Tages zu bestätigen, schriftlich, auf seinen Wunsch! –

Verstaubt und fast ganz unkenntlich hing oben in seinem Atelier ein ungerahmtes Ölbild, von dem er sehr wegwerfend zu sprechen pflegte, das aber trotzdem „noch mal heruntergeholt und fertiggemalt werden sollte". „Es ist der Kreuzberg aus dem Jahr 1847", meinte er. Dafür würde sich zwar kein Mensch interessieren, aber aus Pietät wolle er es vollenden. „Dort habe ich manche schöne Stunde verbracht." Ich stellte mich sofort als einen Menschen vor, der sich sogar sehr für das Bild interessierte, und erbot mich, es von seinem hohen Hängepunkt herunterzubalancieren. Es sollte mit in die Ausstellung und würde, soweit es sich durch die „natürliche Verschleierung" erkennen lasse, hochsezessionistischen Erfolg erringen. Nach langem Hin und Her durfte ich hinaufklettern, mit Handfeger, dann mit Seife und Wasser an die Reinigung gehen und das Bild auch sofort entführen. Das sofortige Entführen war das Empfehlenswerteste, und er hatte es mir selbst des öfteren angeraten unter Hinweis auf seinen trefflichen Verleger, den verstorbenen, bekannten Pächter: „Wenn der mir mal glücklich ein Bild abgeluchst hatte, so ließ er sich kaum Zeit, es einzupacken. Gleich runter damit die vier Treppen und rein in die Droschke, eh's mich reute! So machen Sie's man auch, bloß die Droschke auf meine Kosten."
Da hatten wir denn einen wundervollen Menzel an der Wand, nur die Unterschrift fehlte und war von ihm nicht zu erlangen. Vergebens baten die Herren der Kommission und sein Neffe, auch das gewandte Fräulein Rabl vermochte ihn weder zur Unterschrift zu bewegen, noch wollte er es als Verkaufsbild bezeichnet wissen. Eine unfertige Sache sei weder zu unterzeichnen, noch dürfe sie verkauft werden. Vernunftsgründe, Lobeserhebungen über die ganz modern anmutende Malerei – nichts verfing. Aber als er in meiner Hand eine Wichsdose erblickte mit einem undefinierbaren Farbenkleckschen, aus Schuhlack und Mennige eiligst fabriziert, und mich den Pinsel an der schlohweißen Manschette probieren sah, konnte er einem Versuch mit diesem merkwürdigen Material nicht widerstehen und kleckste dann sein „Menzel 1847" hin, nicht ohne zu knurren: „Es ist ja

eine Wichse." Um dieses Bild Berlin und möglichst einer öffentlichen Galerie zu erhalten, beschloß ich, es, wenn irgend möglich, vorläufig selbst zu kaufen, und suchte den alten Herrn dafür zu erweichen. Das daraus sich entwickelnde Gespräch schrieb ich nicht nur seiner Denkwürdigkeit wegen sofort nieder, ich hatte es ihm zur Begutachtung vorzulegen als Ausweis, welche Gründe ihn zum Verkauf dieses Bildes bestimmt haben. –

Das Gespräch spiegelte so ganz den alten wunderlichen und doch so lauteren Menzel wider, ein document humain wie selten eins: „Also, Exzellenz, daß es nicht fertig ist, sehe ich und werde es als unfertig im Katalog bezeichnen lassen, auch den ev. Käufer darüber aufklären. Bis der kommt, bitte ich, das Bild selbst erwerben zu dürfen."

„Nein, hören Sie, lieber Herr, ich kann's nicht verkaufen! Es ist unfertig und bleibt so, wo's auch hinkommt. Es ist doch immer ein Stück von meinem Monument und kann mal die ganze Fassade stören. Außerdem werden die Leute, die ja um eine Legende zehn Wahrheiten malträtieren, nicht vorwandlos behaupten dürfen, daß es Menzeln in seinen alten Tagen nicht gut gegangen sein muß, weil er so 'ne unvollendete Dinger verkauft hat. Das darf ich gar nicht!"

„Exzellenz, bisher sprach aber niemand von einer Unfertigkeit, nur von der Originalität des Entwurfs, und außerdem haben wir in öffentlichen Galerien genug unvollendete Bilder zu hängen; ich erinnere nur an Pilotys ‚Tod Alexander des Großen'."

„Ach was, aus dessen gewaltigem Fragment sieht man's Bild, bei mir ist bloß die Kuriosität sichtbar. Ich will niemand anschmieren."

„Anders will ich's gar nicht, als wie's ist, Exzellenz! Nicht weil mich das Geschwätz der Leute dazu animiert, nur weil mir Ihre Kunst aus dem Jahr siebenundvierzig imponierend genug selbst in der Fassung erscheint!"

„Nee, so nicht, ich will's vollenden, dann sollen Sie's haben, wenn's Ihnen dann nicht zu teuer wird." –

„Exzellenz, ich betrachte mich im Augenblick als einen

sehr getreuen Eckehart, wenn ich Sie warne, dies Bild zu vollenden!"
„Nanu!?"
„Sie haben vor einigen Tagen selbst von der beginnenden Unzuverlässigkeit Ihrer Augen gesprochen."
„Heute sehe ich besser! Hier kommt noch ein Wagen herein, hier etwas Spreewälderisches nebst Babys – –"
„Alles sehr schön, bloß es geht nicht mehr! Physisch rein unmöglich, wie ich Ihnen beweisen kann!"
Er starrte mich sprachlos und feindselig an und kaute eine ganze Weile gewohnheitsmäßig an der Zunge, ehe er eine sichtbar aufsteigende Zorneswallung soweit überwunden hatte, um wieder in sein gleichmütiges Murmeln zurückzufallen.
„Schießen Sie los und ohne Schonung bitte! Klar, damit erweisen Sie mir einen Dienst!"
„Erstens haben Sie seit zwölf Jahren keinen Ölpinsel in Händen gehabt."
„Oh, ich öle, sobald ich will. Habe öfter solche Arbeiten gemacht. In Hamburg hängt solch Bild, zwischen dessen Anfang und Vollendung dreißig Jahre liegen!"
„Aber das ist auch schon wieder fünfzehn Jahre her! Ich will Sie nicht mit Gewalt zum Tatter machen, Exzellenz, sondern Sie nur von Ihrer eigenen, zu späten Kompagnieschaft zurückhalten. Es darf kein Zwilling von verschiedenen Geburtsdaten werden. Ihre Jugendart ist nicht mehr zu erreichen. Sie entwerten sie durch jede noch so feine nacherworbene Technik. Ihr Auge verbietet es noch mehr als ich! Solche Flächen vermag es wohl zu überschauen, aber es kann sie nicht mehr in perspektivische Maße teilen und diese Maße wieder harmonisieren! Wenn Sie jetzt noch Figuren hineinsetzen, so passen sie weder zu Ihrer damaligen Malweise, noch vermögen Sie diese dem ursprünglichen Größenverhältnis nachzuformen. Ihre Augen sind noch scharf und treffsicher, wenn es sich um Maße handelt, die sie unter einem Gesichtswinkel bis zu fünfzig Grad vor sich haben, darüber hinaus beherrschen Sie keine Fläche mehr! Versuchen es Exzellenz an einem gleich großen Karton – – gelingt's, so habe ich unrecht und verdiene

Ihren Zorn wegen eines Zweifels an der Ihnen auf natürlichstem Wege entschwindenden physischen Fähigkeit!“

Menzel hatte sehr aufmerksam zugehört, und keine Miene verriet, wie weh ich ihm eigentlich getan. Er nicht mehr imstande, ein Bild zu vollenden!? Er, der eben erst ein Blatt mit dem Datum 25. April 1903 an mich zur Ausstellung abgeliefert hatte?! Mit kaum vernehmlicher Stimme fragte er noch, warum ich das eigentlich nicht vorher gesagt, ehe er den „verflixten Kreuzberg“ hergegeben?!

„Exzellenz, das Bild soll so, wie es ist, in eine Galerie; Sie schulden sogar ein Jugendwerk, sei’s auch ein unvollendetes, der Öffentlichkeit!“

„Meinen Sie!? Nun, so schreiben Sie mir mal alles, was Sie da vorgebracht haben, auf. Am liebsten so, wie wir’s beide durchsiebten. Das soll man lesen! Das will ich! Gebe ich das Dings wirklich so her, wie’s ist, so soll man auch wissen, was mich dazu bestimmte, die Hände davon zu lassen!“

Drei Tage später konnte ich dem Altmeister mitteilen, daß die Stadt Berlin das Bild in seinem jetzigen Zustand zu erwerben wünsche. Nachdem er meine Aufzeichnungen über das Gespräch gebilligt hatte, gab er das Bild schweren Herzens an die Väter der Stadt, deren Ehrenbürger er war.

Ehe diese bereits mehrfach erwähnte Ausstellung im Künstlerhause zustande kam, hielt es der alte Herr für seine Pflicht, den Geschäftsnachfolgern seines ehemaligen Verlegers einen Besuch zu machen und von seiner Absicht, nach zwölf Jahren wieder „einmal eine Handvoll Papier zu verabreichen“, zu unterrichten. Auf dem Weg zur Köthener Straße erzählte er mir, wie zufrieden er mit dem verstorbenen Pächter gewesen wäre, und wie es ihn freue, daß die Witwe selber ihm einmal von den großartigen Geschäften gesprochen habe, die mit seinen Bildern gemacht wurden.

„An mir soll verdient werden“, sagte er. „Und jetzt mehr als früher! Meine Ehren und Titel hängen an jedem Blatt wie eine Plombe. Bescheiden kann ich nicht mehr sein,

Arroganz steht mir auch viel besser! Da hat mir ein Bekannter, ich glaube, Skarbina war's, mal erzählt, was meine Bilder bringen. Ein Herr in Bremen, ein Unsterblicher, denn er heißt Meier, hatte ein Ölbild von mir erworben, ‚Die Potsdamer Eisenbahn'. Das muß er sich übergesehen haben, weil er sich immer mehr für Kupferstiche engagiert hatte, und bot es Pächtern an.
Er nahm's gegen ein Menzelwerk und noch einen Tauschgegenstand, alles in allem dreitausend Mark an Wert, hörte ich. Na, nach 'n Jährchen hing's in der Nationalgalerie und soll 27 000 Mark gekostet haben! Der Pächter hat das immer fein verstanden. Mehr als ein Bild ließ er nie besehen. Das stand dann sehr feierlich auf einer Staffelei, und eine Menge Menschen rissen sich um den Happen. Was solch Ding dann gebracht hat, erfuhr ich nie. So habe ich auch nie mit unserer Nationalgalerie direkt verhandelt. Bin sehr begierig, wie solch direkter Kuhhandel sich abwickeln wird. Spaß machen mir diese Ausstellungen nicht! Zuwidre Gesichter! Aber es ist vielleicht das letzte Valeur, was ich mir selbst geben kann."
Einige Tage später frage ich, ob er beim Hängen zugegen sein wollte. „Gewiß", rief er und hieb mit dem historischen Zeigefinger in der Luft herum, „das ist eine ganz besondere Unliebenswürdigkeit von mir. Ich lasse mich nicht einpökeln. Bequem hängen, heißt bequem sehen zu können."
Seine Wünsche wurden von der Hängekommission so respektiert, daß der ewig Unzufriedene sich ordentlich „aufgekratzt" fühlte und den ganzen Tag in Stiefeln und unterwegs blieb. Um zwei Uhr kletterte er die drei Treppen zu mir empor, „um sich groß zu bedanken". Gegen drei brachte ich ihn zu Josty. Um sechs Uhr besuchte er noch Schulte, wo er bis sieben Uhr verweilte. Von dort ging's zu Frederich in seine vielgeliebte Stammkneipe zu einem ordentlichen Abendbrot, das sich bis gegen elf Uhr hinzog, und nach ein Uhr früh verließ er Josty, wo ihm zwei Tassen Kaffee und zwei Kognaks noch sehr gut gemundet hatten. Dann fuhr der alte Herr nach Hause, ließ sich vom Portier aufschließen, weil er die

Hausschlüssel vergessen hatte, und stapfte lautlos wie gewöhnlich die drei Treppen zu seiner Wohnung empor. Aber auch zu dieser Tür hatte er den Schlüssel vergessen und stand eine ganze Weile ratlos davor, bis er sich entschlossen hatte, seine alte Schwester lieber nicht im Schlaf zu stören und zurück zu Frederichs Hotel zu gehen, um dort in einem Hotelzimmer der Ruhe zu pflegen. –

Es soll bei Frederich vorgekommen sein, daß Menzel mitten im Essen innehielt, um die vor ihm stehende, schön arrangierte Schüssel oder die Schalen einer Portion soeben verzehrter Austern abzuzeichnen. Dort saß er meist allein an seinem Tisch und nahm von niemand Notiz. Erst in den letzten „mürberen Jahren" ließ er sich hin und wieder mit einem bekannteren Gast in ein Gespräch ein, zog es aber vor, nach jedem Gang ein Nickerchen zu machen. Müdigkeit überfiel ihn auch zuweilen bei offiziellen Festlichkeiten, was ihm natürlich niemand verübelte, zumal er mit offenen Ohren schlief. Er hörte, was um ihn gesprochen wurde und versuchte häufig den Munteren, ganz bei der Sache Befindlichen selbst in diesem Halbschlummer zu spielen. So sah ich ihn bei einem kleinen Familientreffen bei Frederich im gekommenen Moment einnicken. Als das Gespräch der Anwesenden darauf leiser wurde, griff plötzlich der alte Herr mit einer auffällig gemachten Grazie, aber ohne die fest geschlossenen Augen zu öffnen, nach einem imaginären Glas, führte die leere Hand in richtigem Abstand an die halbgeöffneten Lippen und schlürfte und schluckte und setzte das Glas wieder zurück! Mit solcher Energie wehrte sich der ungebrochene Geist des seltenen Mannes gegen den versagenden Körper und suchte unabweisliche Hinfälligkeit gefällig zu markieren. Auch seine Eitelkeit, ein, wie er sich ausdrückte, „aus dem Mistbeet menschlicher Schwäche emporgeschossener Bestandteil berühmter Kerle", litt unter hervortretenden Altersspuren. So bat er mich, als ich ihn einmal außergewöhnlich früh aufsuchen mußte, durch die geschlossene Schlafzimmertür, nicht einzutreten: „Ohne Hosen sehe ich doch schon sehr dürftig aus. Vor der Betrachtung drücke ich mich schon lange. Muß mich bald wieder wikkeln lassen." Einem geringeren Meister hätte man unnachsichtliche Strenge oder, sagen wir's ehrlicher, je nach Bedarf Härte oder Grobheit entweder als Pose oder Selbstüberhebung kaum verziehen. Da sie aber bei Menzel in Kunst und Verkehr seit Menschengedenken sich gleichgeblieben waren und sich vor hoch und niedrig „ungerahmt" gaben, fanden sich seine Intimsten damit ab und konnten weiter nichts tun, als Beiträge zu einer Menzel-Mythologie liefern. Von dieser Mythologie meine Aufzeichnungen zu sondern und den Lesern unsere kleine Exzellenz in nüchternsten Spiegelbildern zu zeigen, mußte meine Aufgabe um so mehr sein, als die charakteristische Ausdrucksweise des alten Herrn schönfärberische Schilderungen einfach verbietet. Nicht etwa gefilterte Niederschläge aus unsern fast täglichen und mehrstündigen Plaudereien stellen diese Zeilen dar: ich hatte auch reichlich Gelegenheit, manche seiner köstlichen Geschichten wie nach Diktat niederzuschreiben. Er sah es nicht ungern, wenn ich einen seiner ungefügen Polierbleistifte zum Aufnotieren besonders markanter Einfälle benutzte und ihn bat, die Pointe noch einmal zu wiederholen. Folgendes Geschichtchen, eine schöne Erhärtung des oft breitgetretenen und mißbrauchten Satzes vom Männerstolz vor Fürstenthronen, entstammt solch einem Diktat, ungenau nur in der Betitelung des darin erwähnten Bildes. Die kleine Exzellenz erzählte: „Der alte Kaiser bestellte mal bei mir ein Ölbild ‚Parade im Lustgarten', so 'ne verdeubelte Frontenmalerei. Viel Profil, lauter Nasen oder Köpfe. Ich ging sehr langsam an die Arbeit, denn ich hatte mich von dem Krönungsbild noch gar nicht recht erholt. Das Königsberger, wissen Sie! Wer so was malt, hat wie der heilige Laurentius gelitten. So nach 'm Vierteljahr ließ Majestät anfragen, was denn die Geschichte kosten könnte. Er war immer sparsam … Na, den Boten sah ich niemals wieder. Das Bild hängt noch da oben, lauter keusche Leinwand." [Gemeint ist die Parade vom 24. September 1873 vor Viktor Emanuel am Stadtschloß zu Potsdam (G. L.).]

Eine ganze Atelierwand nimmt das legendäre Bild

„Friedrich der Große vor der Schlacht bei Leuthen" ein. Menzel wählte den Moment der Ansprache Friedrichs an die Generale. Mit Ausnahme weniger Köpfe und der im Mittelgrund gedachten, nur umrissenen Figur des Königs (auch etwas Hintergrund fehlt noch) ist das Bild vollendet und hat in früheren Jahren manchen Beschauer entzückt. Der quatschnasse, durch Kanonen zerfahrene, von wenigen weißen Schneeflächen bestandene Acker ist noch heute von prächtiger Wirkung, nur die Gesichter der Feldherren sind abgekratzt, trotzdem muten sie nicht eindruckslos an. Menzel hat sie im Lauf der Jahre einen nach dem andern „wieder heruntergeholt, und wo ich nicht heranreichte, habe ich ein Modell raufgeschickt! Ich konnte sie nicht mehr sehen, die gleichgültigen Fratzen. Keiner wußte, ob er die nächste Nacht noch schnarchen würde, und jeder sieht aus, als ginge es um ein Pfund Wurst und nicht um die bataille aux ruines!"
Auf meinen Einwurf, daß Momente von solcher Entscheidung tapfere Männer meist ohne Pathos lassen, und daß gerade die Ansprache des Königs zunächst eine ausgleichende Ruhe in die Gemüter zaubern müßte – – also ein echt „Menzeliger Vorwurf", erwiderte er, mit einem Ausdruck tiefsten Bedauerns: „Ja, hätte ich's so ansehen können! Ich war zu sehr bei der Sache. – Die Schlacht ist mir immer in der Seele gewesen. Das konnte ich durch die Ansprache nicht überwinden. Übrigens haben schon so viele Menschen mich darüber befragt und mir zur Vollendung Appetit machen wollen, daß ich's satt bekam. Früher wollte ich nicht mehr ran, und jetzt wird mir schwindlig, wenn ich bloß an die Leitern denke. Der König lebt jetzt ohne mich besser."
Seine Zeichnungen pflegte er mit verdünnter Milch zu fixieren, ein langweiliges, umständliches Verfahren, von dem er aber nicht abwich, da ihm kein anderes bekannt war. Um ihn mit dem neuerdings überall gebrauchten Fixativ vertraut zu machen, brachte ich ihm ein dazu notwendiges Gebläse mit. Sein Neffe glaubte in seinem Namen gegen diese Neuerung protestieren zu müssen, erhielt aber den brummigen Verweis: „Wenn die Sache

gut ist, kann ich nur bedauern, mich jahrelang mit dem andern Zeug abgequält zu haben." Auf solche Weise modernisierte sich der unzugängliche und als Menschenfeind verschriene alte Menzel oft ganz von selbst. Er nahm regsten Anteil an Vorgängen der ihm keineswegs fremd, nur zuwider gewordenen Welt unserer Tage, wenngleich sein Gedächtnis in letzter Zeit nichts mehr davon recht fassen mochte und lieber mit staunenswerter Untrüglichkeit „in seine Zeit" zurückschweifte, um dort Feststellungen zu machen, die bis auf die Stunde stimmten! Eine Eigentümlichkeit, die man bei den alten Leuten von Bedeutung vielfach beobachten kann, ähnlich wie eine mit dem hohen Alter fortschreitende Ökonomie. Ich entsinne mich nicht, wer vom alten Menzel mal behauptete, er wäre besser wie Knaus, denn er sei ein „Knauser". Was seine eigenen Bedürfnisse betrifft, können meine Erfahrungen das nur bestätigen, aber seiner persönlichen Genügsamkeit nur das schönste, zarteste Wohltun für andere entgegensetzen. Da zeichnete ihn eine seltene Generosität aus, die um so rührender ist, als sie – heimlich geübt, niemals erwähnt wurde und noch weniger sich von Dank verfolgt sehen wollte. Zwar behauptete er: „Seit ich Ritter vom Schwarzen Adler bin, kommen selbst Offiziere höherer Grade mich anpumpen, immer unter der Wendung, daß wir ja eigentlich Ordensbrüder sind. – – Na, als schwarz Beadleter bin ich zugehörig zum Königlichen Hof und ‚rangiere' als General der Infanterie, deshalb fällt mir dann das ‚Nein' sagen gar nicht so schwer."

Diese Unerbittlichkeit war Maske, wie so vieles bei dem Wunderling. Ich selbst war Zeuge, wie er zu geben pflegte und habe oft meine Rührung über die Art und Weise des Gebens niederkämpfen müssen, weil ihn Worte der Anerkennung in solchen Fällen ehrlich genieren. Einmal traf ich ihn auf dem Wege zur Post. Eilfertig und ohne mich zu kennen, tappelte Exzellenz an mir vorüber die Stufen hinauf, und ich, neugierig, was ihn so in Anspruch nehmen könnte, hinterher. Er gab acht eingeschriebene Briefe auf und drei Geldanweisungen, die geringste über fünfzig Mark. Wir sprachen dann miteinander, und er entschuldigte sich bei mir, als hätte er Unterlassungssünden an all den Bittstellern mit diesem Geständnis abbüßen wollen: „Ich trag all die Wische leider nur immer einmal in der Woche zur Post. Man verlangt zu viel Schreiberei von mir altem Mann. Postanweisungen genieren die Leute und mich auch. Das protzt so. Andere schicken möchte ich nicht, dann verdickt sich der Schwanz, der mir nachwedelt, noch mehr und ich muß jedem weniger geben. Weil ich lieber Gold wie Silber führe, machen die Leute recht falsche Schlüsse auf meine Vermögenslage und empfehlen mich zu warm weiter. Das Abweisen muß dann heftig sein. Gleichviel, Sie müssen nicht denken, daß ich en gros verschleudere – zu viel Elend auf der Welt – muß manchmal ganz versagen!" An diesem Tag hatte die kleine Exzellenz, wie ich vorsichtig eruierte, über fünfhundert Mark an Leute verschickt, die er kaum kannte, über deren mißliche Lage er aber eine ganze Woche nachgedacht hatte. Ein anderer, in diese Denkweise passender Zug offenbart den „Knauser" noch schöner. Er hatte einer Freundin seiner Schwester ein kleines Aquarell verehrt, ohne sich um dessen Wert viel zu kümmern. Als ich ihm meldete, daß die alte Dame das postkartongroße Blatt für zehn Mille veräußert hätte, erfolgte ein weises und begreifendes Lächeln, das jede weitere Äußerung verstummen machte, und vergnügt brummelte er: „So hätte ich ihr gar nicht helfen können."

Vielfach ist der Versuch gemacht worden, Menzels Wesen aus dem Standpunkt eines Weiberfeindes heraus zu erklären und ihm jede zartere Regung für das weibliche Geschlecht überhaupt abzusprechen. Er hatte eisernes Schweigen schon in jungen Jahren über ihn unangenehm berührende Fragen geübt, und es ist wohl niemand recht gelungen, Licht in das siebzig Jahre alte, geheimnisvolle Dunkel zu bringen.

Menzel schätzte seine treffliche Frau Schwester sehr und sprach in Ausdrücken größter Hochachtung von der alten Dame, was freilich ein gelegentliches, recht heftiges Aufbrausen als Ausdruck brüderlicher Machtvollkommenheit nicht ausschloß. Auch konnte ich beobach-

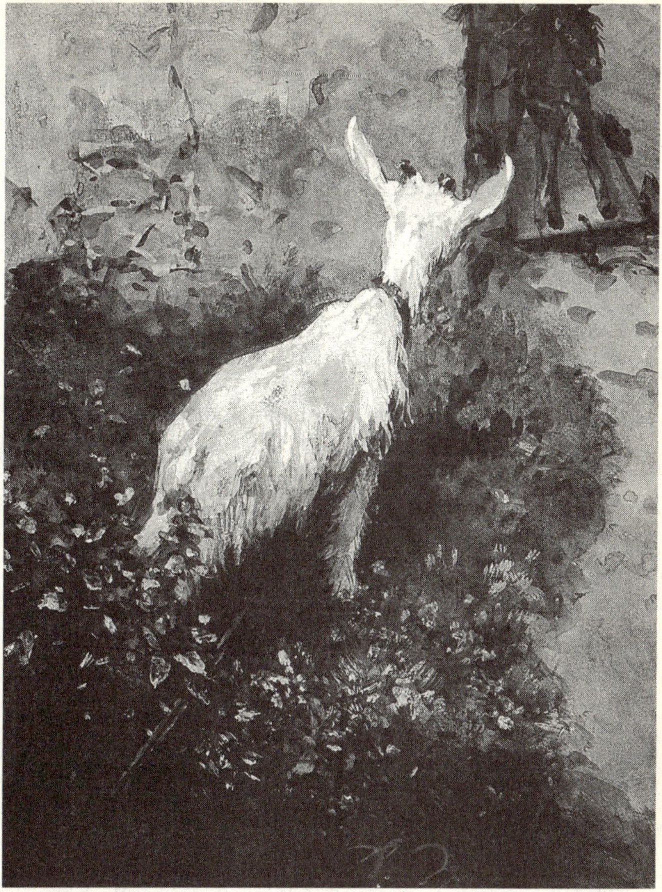

Adolph Menzel, Ziege und Holzpferdchen, aus dem „Kinderalbum“, 1863–1883

ten, daß er seine weiblichen Modelle noch weniger berücksichtigte als die männlichen – mit einer Ausnahme! Vielleicht ist damit die sensationelle Eröffnung gegeben, daß die kleine Exzellenz doch einmal eine

Neigung verspürte und nur schwer ihrer Herr werden konnte.
Bei aller Einfachheit hielt er etwas auf „Stand" und mochte der Welt nie gern Stoff zu Gerede oder gar zu Nachsicht geben. Möglich, daß er diese Rücksicht walten ließ und sich damit begnügte, an die vierzig Jahre ein weibliches Modell zu empfangen, das er mir einmal als „einzige Liebe" bezeichnete. Es war eine saubere, einfache Frau mit noch schwarzem, glattgescheiteltem Haar, auf dem ein dürftiges Häubchen saß. Um die runden Schultern schlang sich ein türkischer Schal, und kleine, altmodische Granatsterne waren als Schmuck sichtbar. Sie mochte gut zwei Köpfe höher gewesen sein als die kleine Exzellenz. Auf meine Neckerei, in ihr die Venus seiner jungen Jahre kennengelernt zu haben, ging er fröhlich ein und meinte sarkastisch: „Auf der einen Seite war ich zu groß, auf der anderen sie. Es gab kein Ranreichen! Die Venusse überhaupt! Die von Cranach war nach der Beschreibung seiner Frau entstanden, natürlich hat sie ihn damit angelogen."
Mit diesen Scherzen entschlüpfte er vorausgewitterten weiteren Fragen, und wenn's seine Tagebücher nicht anders verraten, so werden wir ihn im wahrsten Sinn eines Wortes zu schätzen haben, das er selbst, vermutlich im vollsten Ernst, prägte, trotz der angenommenen, diabolischen Schalkmaske: „Ich bin schlimmer wie'n Junggeselle, ich bin alte Jungfer."
Pünktlichkeit war seine schwächste Seite. Zu keiner Eröffnungsfeier wurde er mit seiner einfachen Toilette fertig, immer wieder sah er sich den oder den Gegenstand noch einmal an oder kehrte ins Atelier zurück, um noch schnell einen vergessenen Strich anzubringen. Bei einer um zwölf Uhr angesetzten Eröffnungsfeier der Landesausstellung erschien er pünktlich um halb drei Uhr, gerade als im Bankettsaal die Suppe aufgetragen wurde, und behauptete kaustisch: „Na, die hätte ich auch noch versäumen können!" Selbst zum hohen Fest vom Schwarzen Adlerorden kam er meist eine gute Viertelstunde zu spät und wurde deshalb neuerdings auf ausdrücklichen Befehl des Kaisers rechtzeitig von einem

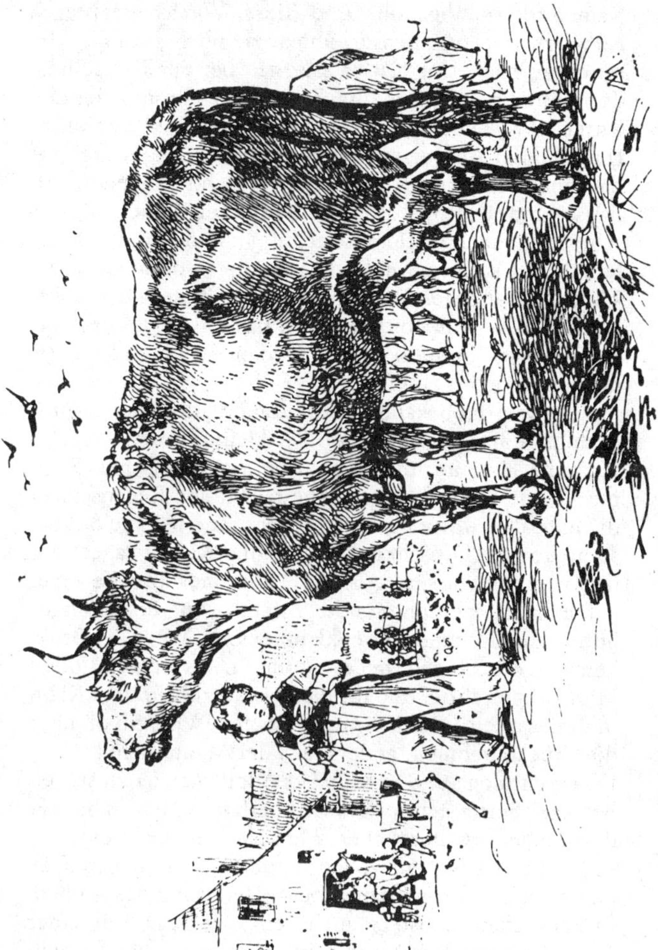

Adolph Menzel, Kind und Kuh, 1836

Kammerherrn abgeholt. Ehe diese Vorsichtsmaßregel getroffen war, erschien er einmal ziemlich zwanzig Minuten zu spät. Der Kaiser saß, wie bei der Begrüßung der eintretenden Gäste üblich, auf dem Thron, jeder der Ritter wurde mit einem schmetternden Tusch empfangen, und der Aufzug war bereits beendet, als Menzel immer noch nicht zu sehen war. Es entstand eine peinliche Pause und Unruhe. Endlich wurde er gemeldet und schritt nun auch in ziemlicher Eile in den Saal. Die Fanfarenbläser setzten ein, und Menzel – – drehte sich erstaunt und angenehm berührt um, den Bläsern in den historischen Kostümen den ersten Blick zuzuwerfen, und dann erst trat er huldigend vor seinen Herrn und Kaiser, der ihn lächelnd empfing.

Menzel war die bekannteste Berliner Stadtfigur seit mindestens fünfzig Jahren! Kam der kleine, kaum 1,40 Meter hohe Herr im unvermeidlichen, altmodischen Sommer- oder Winterflaus, den sperrsüchtigen Regenschirm dicht an den Körper gedrückt, über eine belebte Straße, so hielten die Droschkenkutscher und Kinderwagen, um ihn vorüberzulassen. Als die Potsdamer Brücke noch aufgezogen werden mußte, wenn ein hochbödiger Spreekahn durchpassierte, klappte eines Tages der Brükkenwart die Flügel wieder herunter, als er den „ollen Menzel" gewahrte, der auf die Brücke zukam. Der Kahn mußte warten, Menzel mußte seinen Weg zuvor über die Brücke nehmen, anders tat's der Mann nicht.

Den Nekrolog auf den Künstler Adolf Menzel zu schreiben, sei berufeneren Federn überlassen. Ich habe nur dem lieben, wunderlichen Menschen einige Rosen an das Bahrtuch heften wollen, damit im feierlichen Lorbeer- und Palmengepränge beim Heimgang des großen, unsterblichen Meisters auch sein sterblich Teil einer Verewigung in der Liebe seiner Berliner vollauf gewiß sei, einer wehmütig lächelnden Verewigung der „kleinen Exzellenz".

Carl Johann Arnold

Erinnerungen aus meinem Zusammenleben mit Adolph Menzel

Es kann und soll nicht dem Nachfolgenden die Absicht zugrunde liegen, eine Biographie von A. Menzel zu bringen, deren manche bereits mit so großer Genauigkeit entstanden sind und noch vielfach erscheinen werden.
Ich habe mich veranlaßt gefühlt, Nachstehendes niederzuschreiben, um der Nachwelt manche interessante Episode aus seiner Anfangszeit zu überliefern, die für Charakterisierung seiner Eigenart beitragen soll, da gerade aus jener Zeit noch so wenig über ihn bekannt ist, und ebenso manch Übertriebenes und Unwahres regeln wird.
Was ich hier schreibe, soll vor allem durchaus wahr, unausgeschmückt und ohne eigene Zusätze gegeben werden, nur dadurch können meine Mitteilungen vielleicht von besonderem Interesse sein.
Im Winter 1833/34 traf mein Vater bei einem Abendzeichnen nach der Natur, welches mehrere Künstler in Berlin unternommen hatten, mit A. Menzel zum erstenmal zusammen. Er erkannte ihn bald als einen sehr begabten und höchst genialen jungen Mann, der sein ganzes Interesse gewann. Nachdem er sich über Menzels Verhältnisse erkundigt, erfuhr er, daß dieselben bescheidenster Natur waren. Da vor kurzem sein Vater gestorben war, ohne Vermögen zu hinterlassen, so trat an den achtzehnjährigen Sohn die schwere Pflicht heran, für die Mutter und beiden jüngeren Geschwister fortan sorgen zu müssen, und selbstverständlich wurde es ihm äußerst schwer, das Nötigste zu beschaffen.
Mein Vater forderte Menzel nun auf, ihn zu besuchen, um ihm mit Rat und Tat zur Seite zu stehen und ihn auch mit einflußreichen Leuten bekannt zu machen, die ihm von Nutzen sein könnten. Wir wohnten damals am Monbijouplatz 10.I., wo Vater eine große Papiertapetenfabrik besaß. Es war bei uns ein recht reger und geselli-

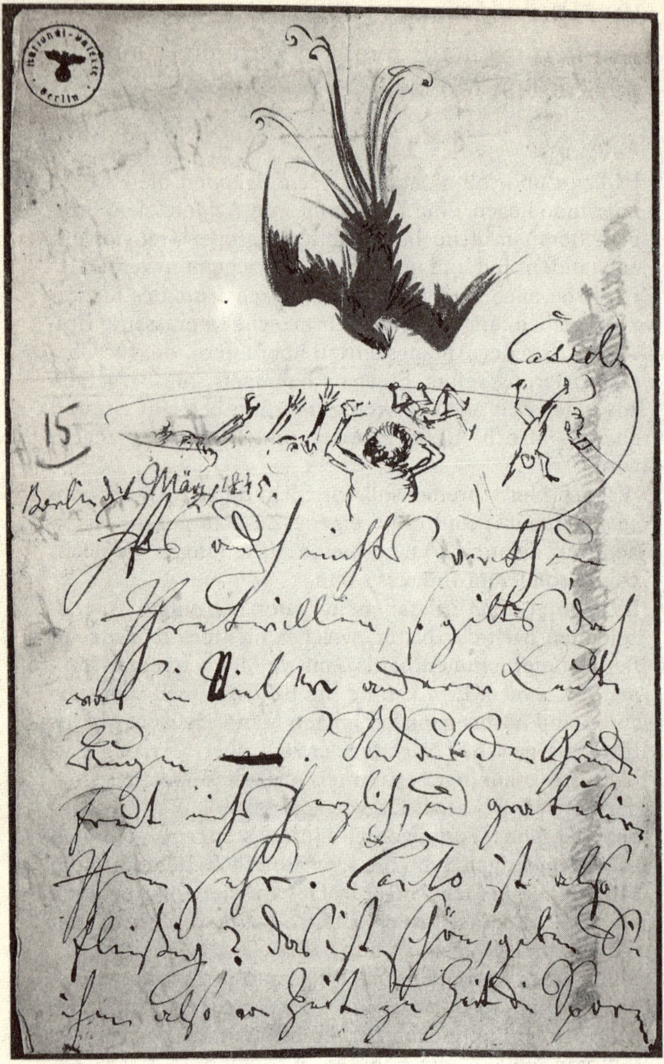

Adolph Menzel, Brief an Carl Heinrich Arnold, 1. März 1845

ger Verkehr, wodurch Menzel, glaube ich, sich recht angezogen fühlte und dadurch bei uns ein sehr häufiger und gern gesehener Gast wurde.
Besonders sonntags, wo abends viele der damals ersten Künstler und andere bedeutende Persönlichkeiten wie Eduard Magnus, Schinkel, Rauch, Bildhauer Drake, Eduard Meyerheim, Prof. Hotho, General v. Radowitz u. a. mehr sich einfanden, wo denn viel musiziert wurde und es heiter und harmlos herging. In diesem Kreis wurde Menzel nun eingeführt und konnte hierdurch neue Beziehungen und Bekanntschaften anknüpfen. Auch hatte mein Vater eine reichhaltige Sammlung von Handzeichnungen, Kupferstichen und Radierungen, unter andern Zeichnungen vom russischen Maler von Reutern, die Menzel nun studieren konnte – und sich auch manches davon kopierte. –
In dieser Zeit entstanden viele Fest- und Tischkarten zu Privatfestlichkeiten, die dann in späteren Jahren auch dem größeren Publikum bekannt wurden. Auch ein sehr reizendes Kinder-Bilderbuch stammt aus jener Zeit mit Versen von Fräulein E. Feige, worin wir drei Kinder oft die Modelle abgaben, und wovon ich ein Exemplar später zu meinem siebenten Geburtstag von ihm erhielt. Nun veranlaßte mein Vater Menzel, der bis dahin nur gezeichnet hatte, sich mit der Ölmalerei zu befassen und lehrte ihn die erste Handhabung der Technik, da mein Vater seinerzeit zwei Jahre in Paris von David Schüler gewesen und selbst recht talentvoll war. Menzel kopierte nun zu Anfang das Selbstporträt von Frans Hals, ein breitgemaltes, hierzu sich vortrefflich eignendes Bild, womit Menzel sich sehr herumquälte und es ihm förmlich schwer wurde, dabei auszuhalten. Er malte in einem Hinterzimmer unserer Wohnung, welches ihm zum Malen eingerichtet worden war, aber wenn irgend möglich, unterhielt er sich lieber mit meiner Mutter oder mit den Schwestern im Ringspiel. Eines Morgens hatte Menzel das Mißgeschick, daß ihm beim Aufsetzen der Farben auf die Palette die Farbenblase mit Preußisch-Blau platzte und ihm von der unvertilgbaren Farbe in seinen Bart spritzte, aus dem sie trotz allem Waschens und Rei-

nigens nicht herauszubringen war. Er sah sich schließlich genötigt, sich den Bart abrasieren zu lassen und ließ sich darum vierzehn Tage nicht blicken. Die Ölmalerei war nun dadurch einige Zeit liegengeblieben, der Eifer dafür auch etwas erloschen, besonders da die Notwendigkeit eintrat, für sich und die Seinen sorgen zu müssen. Inzwischen hatte er Aufträge von lithographischen Anstalten und Kunsthändlern erhalten, besonders von L. Sachse, Jägerstraße, die ihn lange beschäftigten. Es entstanden Künstlers Erdenwallen, die Maurer- und Zimmermannsbriefe, die fünf Sinne, Blätter voll reichster Phantasie, die damals schon berechtigtes Aufsehen erregten.

Wenn wohl im Laufe von drei Jahren sich Menzels Verhältnisse schon gebessert hatten, so hatte er doch noch sehr zu sorgen, um sich durchzukämpfen und saß oft bis zum Morgen an seiner Arbeit. Nun kam die plötzliche Wendung, daß mein Vater nach Kassel übersiedelte zur Übernahme der Tapetenfabrik meines Großvaters, eine Wendung, die Menzel sehr bedauerte, wie seine Briefe lebhaft aussprechen. Er widmete uns eine reizende, tiefempfundene Federzeichnung auf unsern Abschied von Berlin sich beziehend. Die trauernde Berolina darstellend, auf einer Lotosblume sitzend, umgeben von einem Kreis singender Kinder und einem Musikchor, während Engel aus den Wolken Regengüsse herniedersenden.

Menzel hatte sich in der Zeit ein Reißbrett geliehen, Vater erinnerte ihn gelegentlich um Rückgabe desselben, und als er es brachte, hatte er (in chinesischer Tusche) einen lachenden Faunkopf auf Papier daraufgemalt, diesen aber fest aufgeklebt. – Er wurde aber dennoch abgelöst. – Im Jahre 1870, als ich Menzel von diesem Witz erzählte, bat er mich um Rückgabe jenes Faunkopfs für eine andere Zeichnung, worauf ich einging. –

Dieser wird wohl noch vorhanden sein.

Nun entsteht für meine Erinnerungen eine längere Pause. Ich erfuhr wohl, daß Menzel mit meinem Vater im Briefwechsel stand, doch als Knabe von sieben Jahren fehlte mir noch ein Interesse dafür. Aus dieser Zeit stammt auch ein origineller Brief mit satirischen Witzeleien und Illustrationen versehen, in dem er meinem Vater zu einer Dekoration (roter Adlerorden), den er bei Gelegenheit einer großen Industrie-Ausstellung in Berlin erhielt, gratulierte. Wie ganz anders dachte Menzel über derlei Dinge in späteren Jahren. Ich erinnere mich, daß eine besonders große Freude bei uns entstand, als zwei Porträts aus Berlin eintrafen, und zwar Adolph Menzel, von Magnus gemalt, und Magnus, von Menzel gezeichnet, beides Bilder in ganzer Figur in kleinem Format.

Als freudige Überraschung kam Menzel im Jahre 1841 zu uns nach Kassel, das er bis dahin noch nicht kannte. Da ich nun ein Knabe von zwölf Jahren war, so konnte ich ihm die Umgebung und alle Sehenswürdigkeiten der Stadt zeigen. Das schöne Wilhelmshöh mit dem Habichtswald, wo wir abends das Wild beobachteten, dann machten wir Partien nach Wilhelmsthal, einem noch vortrefflich erhaltenen Schlößchen aus der Rokokozeit, das ihn überaus fesselte. Die größte Anziehungskraft auf ihn übte selbstverständlich die Kassler Bildergalerie aus.

In dieser Zeit entstanden dann noch einige Porträtzeichnungen in Bleistift. Leider konnte er seinen Aufenthalt bei uns nicht über einige Wochen ausdehnen, da in Berlin neue Aufträge und Unternehmungen für ihn vorlagen, in erster Reihe das bekannte Werk Friedrich II., Text von Franz Kugler. Zu gleicher Zeit begann Menzel auch das große Armeewerk aus der Zeit Friedrichs II., eine Arbeit, die ihn mehrere Jahre in Anspruch nahm.

Im Jahre 1843 besuchte meine Schwester die Familie Menzel, bei welcher Gelegenheit denn das ausgezeichnete Porträt, lebensgroßes Kniestück, von ihr entstanden ist. Da ich nun anfing, mich auch mit Malerei zu beschäftigen, so lag es nahe, daß Menzel mir und meinen Fortschritten auch mehr Aufmerksamkeit schenkte.

Es mußten ihm oft Studien und Arbeiten von mir zugeschickt werden, bis er dann im Jahre 1846 dem Vater vorschlug, mich zu ihm nach Berlin zu schicken, wo ich dann drei Monate bei ihm wohnte und fleißig arbeiten mußte. Er lobte höchst selten und war in seinem Tadel sehr scharf. Wir arbeiteten bis spätabends, so daß sich oft heftiger Hunger einstellte und ich mit Sehnsucht an das Abendbrot dachte. Doch stand seine Schwester, wenn sie uns zu wiederholten Malen zu Tisch aufforderte, zuletzt in einer interessanten Beleuchtung, so wurde erst nach ihr noch eine Studie gemacht, was wieder lange Zeit dauerte. Diese rege Arbeitszeit wurde nun jäh unterbrochen durch die Erkrankung von Menzels Mutter, die ihr dann auch nach kurzer Zeit den Tod

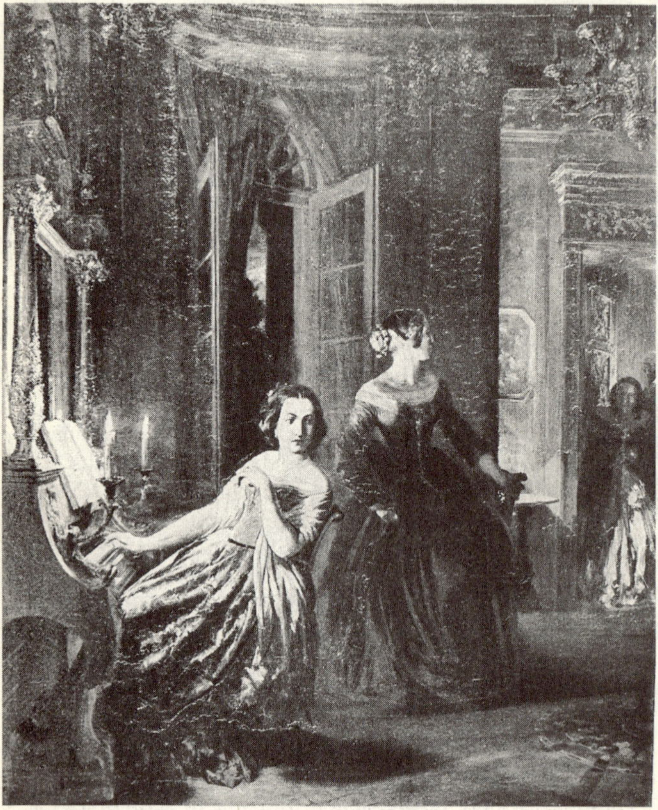

Adolph Menzel, Die Störung, 1843–1846

brachte. Menzel hing mit größter Liebe und Verehrung an seiner Mutter und wurde durch diesen herben Verlust aufs schwerste getroffen.
In diesen traurigen Tagen konnte ich natürlich nicht bei Menzels bleiben und wurde von Prof. Fritz Drake aufs freundlichste aufgenommen. Um sie aber von diesen traurigen Stimmungen etwas abzulenken, wurde ich nach acht Tagen wieder zu Menzels zurückquartiert, wo dann auch nach und nach eine ruhigere und einigermaßen heitere Stimmung sich einstellte. In dieser Zeit meines Aufenthalts bei ihm arbeitete Menzel ununterbrochen an den beiden Werken Friedrich II. und dem Armeewerk. Trotz angestrengten Arbeitens am Tage, machte es ihm gar nichts aus, noch die halbe Nacht zu lesen.
So fand er, als er eines Abends spät nach Hause kam, noch ein lang erwartetes Buch über Friedrich den Großen, worin er sich so vertiefte, daß er bis zum hellen Morgen las, ohne nur Hut und Paletot abzulegen. Ich erwachte, als er morgens ins Schlafzimmer kam. Weihnachten kehrte ich dann nach Hause zurück.
Das Ölbild „Störung" hatte Menzel zum erstenmal ausgestellt (Akademie). Um die Kerzenbeleuchtung genau zu studieren, hatte er sich eine kleine Stube konstruiert mit kleinem Klavier, darauf zwei Lichtchen, auch eine kleine Puppe hergestellt. Das Bild hatte er schon 1843 angefangen, auf der ersten Skizze geht eine junge Dame im Zimmer auf und nieder, nachher änderte er die Idee, für einen unverhofften Besuch im Hintergrund. – Die erste Skizze, die Menzel mir geschenkt hatte, besitzt jetzt ein Freund, Herr Baumeister Weithbart, Dresden. –
Im nächsten Jahre 1847 war es meinem Vater als Vorsitzenden des Hessischen Kunstvereins möglich, Menzel einen größeren Auftrag erwirken zu können. Man hatte in Aussicht genommen, ein größeres Ölbild zur Ausführung bringen zu lassen, wozu Menzel in einem kleineren Bilde als Skizze „Die Begegnung Gustav Adolfs mit seiner Frau" wählte. Da für ein großes Ölbild die disponiblen Gelder aber nicht ausreichten, und man andererseits auch lieber aus der hessischen Geschichte einen

Hergang wünschte, so einigte man sich schließlich dahin, daß Menzel einen Karton mit lebensgroßen Figuren, den Einzug der Sophie von Brabant mit ihrem Söhnchen in Marburg darstellend, in Auftrag bekam. Nebenbei bemerkt, kaufte Menzel in späteren Jahren diesen Karton vom Kunstverein zurück. Der Preis des Bildes war auf 800 Taler festgesetzt. Menzel ging darauf ein und traf dann im August mit Vorstudien und dergleichen ausgerüstet bei uns in Kassel ein. Vorher hatte mein Vater bereits Vorkehrungen für diese Arbeit getroffen, einen großen Raum in unserm Hause, Wilhelmshöher Platz 4, herrichten und auf der einen Längswand die Leinwand aufspannen lassen.
Vor Beginn der Arbeit sollten in Marburg selbst aber noch Terrainstudien und solche nach den charakteristischen Schwälmer Bauerntypen gemacht werden. Zu meiner großen Freude nahm mich Menzel nach dorthin mit, wo ich fleißig mitstudieren mußte. Vor allem fesselte ihn der Prachtbau der Elisabethkirche, nach der er bei größter Hitze eine Zeichnung machte. Dann kam das Innere derselben an die Reihe, die vielen prächtigen Holzschnitzereien, Grabdenkmäler, Steinbildhauereien, zuletzt ging es in das Archiv, kurz, die paar Tage, die für diesen Aufenthalt bestimmt waren, gingen schnell vorüber, und es mußte an die Rückreise gedacht werden, so ungern es geschah. Nach Kassel zurückgekehrt, schritt Menzel nun sofort an die Ausführung der Arbeit. Es wurden alle nötigen Kostüme beschafft und Modelle herangeholt, als welche auch wir drei Geschwister sehr häufig mitwirken mußten. Um sich mit dem großen Bild nicht zu sehr zu ermüden, nahm er zwischendurch auch anderes vor und malte verschiedene Porträts in Ölfarben und Pastell. So entstanden meines Vaters Porträt (Brustbild) bei Lampenbeleuchtung in Ölfarben, dann das meine und meiner beiden Schwestern in Pastell sowie das Porträt des französischen Legationsrats v. Rothan. Da ich gerade in jener Zeit Reitunterricht hatte, mußte ich ihm zu den Reitern im Bilde in der Reitschule die nötigen Stellungen mit dem Pferde machen. Abends wurde oft ins Theater oder in Konzerte gegangen.

Auch bei uns in der Familie wurde sehr viel musiziert, wo Menzel dann den berühmten Komponisten Louis Spohr kennenlernte, der ihn durch sein geniales Geigenspiel höchst entzückte. Durch diese musikalischen Abende wurde er veranlaßt, verschiedene Tuschzeichnungen zu machen. Durch alle diese Zwischenarbeiten

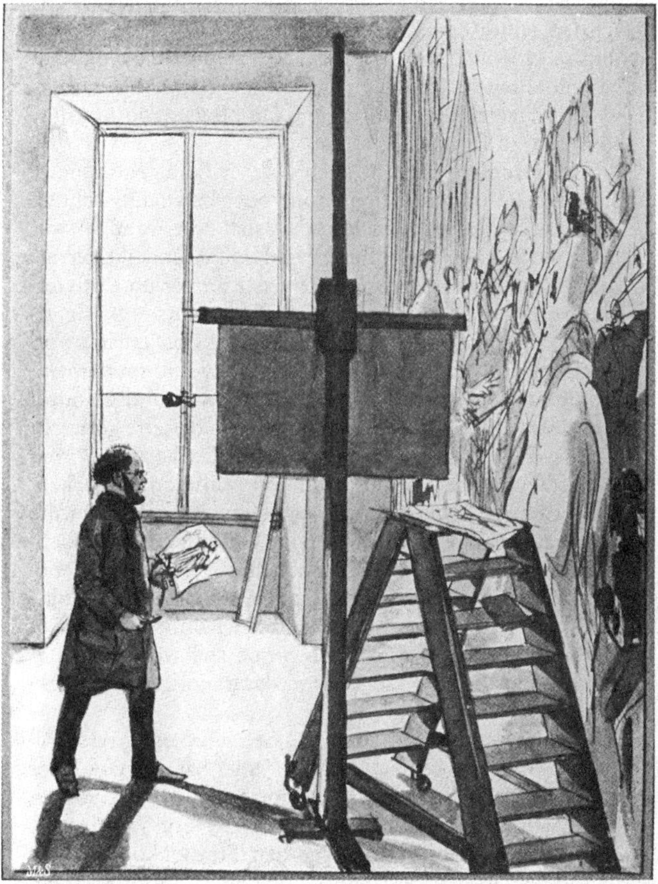

Carl Arnold(?), Menzel in seinem Atelier in Kassel, 1848

und vielerlei Geselligkeiten wurde die Vollendung des Kartons stark beeinträchtigt, es wurden daher aus den in Aussicht genommenen acht Wochen ebenso viele Monate daraus, so daß Menzel seinen Aufenthalt bei uns von Anfang August 1847 bis Ende März 1848 ausdehnen mußte, ehe das Bild vollendet war. Aus diesem Grunde schrieb er auch unter eine Federzeichnung, die er Weihnachten meiner Schwester ins Album stiftete, als Unterschrift „von Menzel, der immer noch da ist“. Da ich mit ihm in einem Zimmer schlief, kam es auch vor, daß ich bei plötzlichem Erwachen Menzel vor mir sah, wie er nach mir zeichnete und sagte: „Du bist gerade um fünf Minuten zu früh aufgewacht.“

Oft beobachtete ich ihn auch, wie er beim Auskleiden sich eine besondere Beleuchtung oder Bewegung schnell notierte, wenn es auch noch so spät war. Menzel war überaus ängstlich mit Feuer und Licht und ging stets noch einmal im Dunkeln durch das Zimmer und Atelier, ebenso untersuchte er vorm Schlafengehen sorgfältig ersteres, ob sich unter dem Bett nicht etwa jemand versteckt habe, und dies war ihm schließlich so zur Gewohnheit geworden, daß er sogar Kleider und Handtücher in die Höhe hob. Solche Kontrolle dauerte geraume Zeit, wobei er wohl an ganz andere Dinge dachte, ich konnte ein lautes Lachen kaum mit Mühe unterdrücken, was er übrigens auch sehr übelgenommen haben würde. Andrerseits ging er auch gern auf Scherze ein, so zeichnete er sich in mein Skizzenbuch, Gesichter ziehend. Als Beweis seiner großen Sicherheit im Zeichnen mag erwähnt sein, daß er lebensgroße Köpfe aus Papier schnitt, ohne auch nur einen Strich sich vorgezeichnet zu haben, die als Lichtbilder dann vortrefflich wirkten.

Ein Maler, Professor Grimm, Kassel, hatte ein großes Ölbild „Mohrentaufe“ – vollendet und bat Menzel über sein Urteil. – Er nahm mich dorthin mit, wir standen lange vor dem Bild, ohne daß Menzel ein Wort sagte, dann fragte er plötzlich, wer den Studienkopf an der Wand gemalt habe, Grimm sagte, daß er ihn in Rom gemacht habe, – darauf sagte Menzel: „Hören Sie, das

Ding ist vortrefflich!" – und – empfahl sich, ohne ein Wort über das Bild zu äußern.
Der Karton war nun endlich vollendet und fand den vollsten Beifall des Kunstvereins, aber der angesetzte Preis stand freilich nicht im Einklang mit der umfangreichen Arbeit, so daß er um einen Zuschuß beim Vorstand einkam. Mein Vater konnte es auch zu seiner großen Freude durchsetzen, daß ihm noch weitere 400 Taler bewilligt wurden. Hiermit fand denn dieser Auftrag allerseits einen befriedigenden Abschluß. Menzel kehrte jetzt Ende März nach Berlin zurück, wo er gerade in den letzten Revolutionstagen eintraf, die er meinem Vater dann in einem acht Seiten langen Brief aufs genaueste schilderte. Er mußte sogar über Barrikaden klettern, um in seine Wohnung Ritterstraße 43 zu gelangen, sah dann auf dem Gendarmenmarkt die aufgestellten Särge der Opfer der Revolution, wonach er dann sofort das bekannte Bild malte. –
Er schreibt auch in obigem Brief, daß er zum erstenmal bedauert habe, nicht ein großer starker Mann geworden zu sein. (Sein Körper maß damals 1 Meter und 40 cm).
Nach dieser stürmischen, bewegten Zeit fand Menzel auch wieder endlich Ruhe, um an die Ausführung größerer Ölbilder aus dem Leben Friedrichs II. denken zu können.
Nachdem ich zwei Jahre in Antwerpen studiert hatte, kam ich auf Menzels Rat und Wunsch Anfang 1853 zu ihm nach Berlin, wo ich bei ihm wohnte und arbeitete. Ich fand ihn beschäftigt an dem großen Bild „Die Schlacht bei Hochkirch", zugleich führte er einen Auftrag für Ravené aus, wo Friedrich II. einen Neubau besichtigt und von einer Familie empfangen wird, ein bekanntes Bild. Die Arbeiten zogen sich meistens sehr in die Länge durch seine Eigenart zu arbeiten. Fand er morgens früh die Modelle, die er zu seinem Bild bestellt hatte, in interessanten Stellungen oder Beleuchtungen, so machte er schnell erst danach Ölstudien oder Notizen. Daß er die Modelle überaus anstrengte, oft bis zur Ermattung, ist richtig, doch war er hierfür auch sehr erkenntlich. So hatte er einmal einen Soldaten auf einem

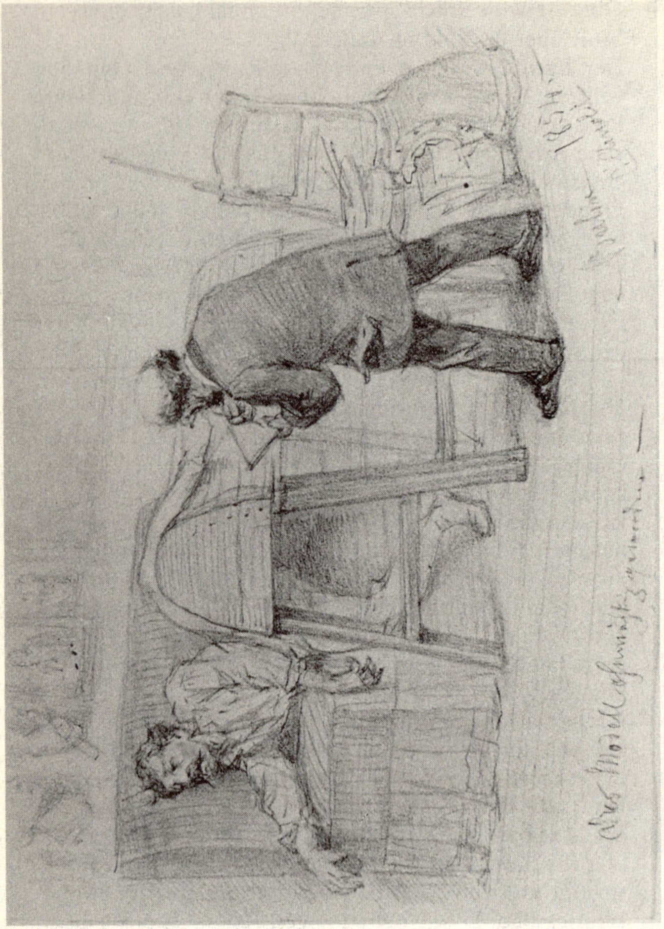

Carl Johann Arnold, Menzel mit Modell im Atelier, 1854

hölzernen Pferdemodell sitzen, plötzlich wurde der Mann ohnmächtig und sank vom Pferd herunter, aber ehe er noch nach einem Glas Wasser lief, machte er schnell noch einige Striche von der Stellung des Soldaten. Solche und ähnliche Vorgänge sind dann wohl die Veranlassung zu allerlei übertriebenen Historien geworden. Weil Menzel nie eine Gelegenheit vorbeigehen ließ, um interessante Studien und Eindrücke zu sammeln, so kam es einmal vor, daß er, als er ein Fußbad nehmen wollte, eine lebensgroße Studie nach seinem Fuß malte und darüber den eigentlichen Zweck ganz vergaß. Auch ließ er sich vom Pferdeschlächter Pferdeköpfe kommen, wonach er lebensgroße Studien malte.
Menzel wurde in seinen jüngeren Jahren von krampfartigen Ohnmachten heimgesucht, wovon er auch in einem Brief an den Vater aus dem Jahre 1836 erwähnt. Auch später, wie ich selbst erlebte, traten solche Anfälle öfters ein, besonders nach Diätfehlern. Wenn möglich, verheimlichte er es, um seine Geschwister nicht zu beunruhigen. Einmal mußte er aber doch von der Straße, Ecke der Jerusalemer Kirche, nach Hause gebracht werden, zum größten Schrecken seiner Angehörigen. In späteren Jahren, wo er bei vorkommenden Anlässen sehr tapfer mitgezecht hatte, blieb er zum Glück von solchen Erscheinungen unbehelligt.
Als dann das Hochkirchbild vollendet war, gab der Verein Berliner Künstler hierfür eine solenne Feier, wozu ich, da ich auch dazugehörte, eine Tischkarte zeichnete, wie Menzel an einer großen Festtafel von Friedrich II. mit dem Glas in der Hand, umgeben von seinen Generälen, empfangen wird. Das Fest verlief sehr heiter und währte bis zum Morgen.
Das Hochkirchbild wurde dann von König Wilhelm IV. erworben und fand seine Aufstellung in der Bildergalerie des Schlosses zu Berlin.
Menzels Geburtstage wurden zu jener Zeit meist im engeren Familienkreise gefeiert, wozu nur noch einige der intimsten Freunde sich einfanden, u. a. der alte Stabsarzt Puhlmann aus Potsdam, der ihm meistens eine Sonderheit aus der Zeit Friedrichs des Großen mitbrachte, wo-

durch mit der Zeit eine vollständige Sammlung solcher Dinge zusammenkam. Darunter waren auch Tabaksdosen, auf denen in weißer Emaille die Schlachten unter Friedrich II. verzeichnet waren. Scherzweise examinierte ich Menzel darüber, er bestand dieses Examen tadellos. Sein Gedächtnis war ganz vortrefflich, er konnte aus der Erinnerung nicht nur einzelne Figuren, sondern ganze Szenen wiedergeben.

Schon in jener Zeit hatte Menzel das Glück, sich viele einflußreiche und vermögende Gönner zu erwerben, seine oft sehr schroffe Art war ihm hierbei kein Hindernis.

Einen sehr treuen Verehrer und Freund besaß er in dem damaligen Direktor des Kupferstichkabinetts, Herrn v. Schorn, der es ermöglichte, daß das Kupferstichkabinett Menzels Handzeichnungen für eine hohe Summe erwarb, so daß er finanziell wohl schon recht gut gestellt war. Zu dieser Zeit hatte sich in Berlin eine literarische Gesellschaft gegründet, die sich „Tunnel über der Spree" nannte. Die Mitglieder bestanden aus Schriftstellern, Malern, Lehrern und auch Offizieren. Monatlich fanden die regelmäßigen Zusammenkünfte statt, wo dann Neugeschaffenes vorgetragen und streng kritisiert wurde. So fanden auch Konkurrenzen in Novellen und Gedichten statt. Menzel steuerte seinerseits eine Anzahl geistreicher Festkarten und Zeichnungen aller Art bei. Aus dieser Vereinigung ging dann das Prachtwerk „Die Argo" hervor, im Verlag von E. Trewendt, Breslau, in acht Bänden erschienen, von Dr. Fr. Eggers redigiert. Als Künstler waren darin vertreten: Menzel, Meyerheim, Riefstahl, Hosemann, Amberg, Hoguet, Weber, ich und noch andere.

Menzel war ein großer Musikfreund, und wenn es irgend anging, versäumte er nie die Symphoniekonzerte der Singakademie. Bei ihm im Hause wurde denn auch viel Musik getrieben, seine Schwester Emilie und sein Bruder Richard spielten häufig vierhändig, besonders nach Werken von Beethoven, Mozart, Haydn, kurz – klassische Musik, die er am meisten liebte. Er saß dann während dieser Zeit arbeitend im Nebenzimmer, wo er

immer noch mit dem Armeewerk Friedrichs des Zweiten zu tun hatte, außerdem mit den großen Holzschnitten der Generäle Friedrichs II. Ebenso datiert aus dieser Zeit der schöne Holzschnitt „Shakespeare“ mit verschränkten Armen dastehend, von welchem leider beim Drucken die Holzplatte zersprang. Noch zu erwähnen sind zwei Holzschnitte „Besuch Friedrich Wilhelms I. in einer Schulstube“, ferner Friedrich II. besichtigt eine Seidenspinnerei und eine Kohlezeichnung, ein Zusammentreffen Goethes und Herders bei Wieland. Alles Blätter, die wohl hinlänglich bekannt sind. In dem Berliner Unterstützungs-Verein für Künstler und deren Hinterbliebene, zu dem Menzel und auch ich gehörten, wurden schon seit einer Reihe von Jahren um die Weihnachtszeit große Transparente gemalt von 9 zu 12 Fuß, die dann mit Gesangbegleitung des Königlichen Domchors in den Abendstunden gezeigt wurden.
Diese Technik fesselte Menzel überaus, wie aus verschiedenen Briefen an meinen Vater ersichtlich ist. Statt die Themen nach alten Bildern zu wählen, fanden endlich eigne Kompositionen Platz, wodurch das Publikum bedeutend mehr herangezogen wurde. Es war freilich eine sehr anstrengende Arbeit, da nur bei Lampenbeleuchtung gemalt werden konnte. Auch ich fand nun Gelegenheit, mich hierbei mehrfach zu beteiligen. Von Menzel entstanden bei dieser Gelegenheit folgende Transparente: „Christus als Knabe im Tempel zwischen Pharisäern und Schriftgelehrten“, dieses Bild erschien, von Menzel selbst auf Stein gezeichnet, in der Technik „Pinsel und Schabeisen“, im Kunsthandel. Dann „Adam und Eva mit ihren Kindern“. Bei dem dritten Bild, wo Menzel tagsüber anstrengend zu arbeiten hatte, fragte er mich zu meinem Erstaunen, ob ich dieses Transparent immer anfangen wollte. Ich war sehr stolz über dies Vertrauen und ging sofort ans Werk. Er kam dann nach einigen Tagen, um sich von den Fortschritten zu überzeugen und um nun endlich selbst das Bild zu vollenden. Die zwei letzten Nächte malten wir bis morgens früh. Obiges Bild stellte Christus dar, wie er Wucherer und Zöllner aus dem Tempel weist. Von letzteren beiden

Transparenten ist, soviel ich weiß, keine Vervielfältigung erschienen. In der oben erwähnten Technik mit Pinsel und Schabeisen erschien das ausgezeichnet schöne Heft von sechs Blättern, was wohl auch bekannt ist.

Nach zwei Jahren Zusammenlebens mit Menzel bezog ich nun mein eignes Atelier und Wohnung. Soviel es irgend tunlich, verkehrte ich wie bisher bei Menzels. Abends und bei besonderen Gelegenheiten, wo es meistens sehr lustig und gemütlich einherging und er sehr gern an Scherzen und Unterhaltungen teilnahm. Öfters wurden auch weitere Ausflüge verabredet, z. B. nach Potsdam, wo dann Wasserpartien, verbunden mit Feuerwerk, veranstaltet wurden, und für das er eine besondere Vorliebe hegte. Als ich eines Abends wieder zu ihm kam, um seinen Rat über meine Arbeiten zu hören, brachte ich ihm eine neue Arbeit mit, und zwar ein Spiel Karten, wo ich aus jeder Karte ein Bild komponiert hatte. Er legte sie vor sich hin, schwieg eine Weile und sagte dann: „Da hast du etwas Vortreffliches gemacht." Und später, beim Abendessen, stieß er auf du und du mit mir an. Das Kartenspiel kam in den Besitz der Kaiserin Friedrich.

Inzwischen verheiratete sich Menzels Schwester mit dem Musiker Krigar, von dem einige hübsche Liederkompositionen existieren und der später den Titel eines Musikdirektors erhielt. Auch sein Bruder Richard verheiratete sich bald darauf und übernahm dann das photographische Geschäft von Gustav Schauer. Um nun aus seinen täglichen Gewohnheiten und seiner künstlerischen Tätigkeit nicht herausgerissen zu werden, blieb Menzel bis an sein Lebensende, trotz der Verheiratung seiner Schwester mit ihr zusammen und bildete so mit ihr eine Häuslichkeit. Daß Menzel ein sogenannter Weiberfeind gewesen sein sollte, ist, wie ich aus Erfahrungen sagen kann, keineswegs der Fall gewesen. Er unterhielt sich sehr gern, oft Abende lang, mit Damen, die ihn in liebenswürdiger Unterhaltung auch geistig fesseln konnten. So interessierte er sich sehr lebhaft für eine Dame, die bei ihnen im Hause, Ritterstraße 43, wohnte,

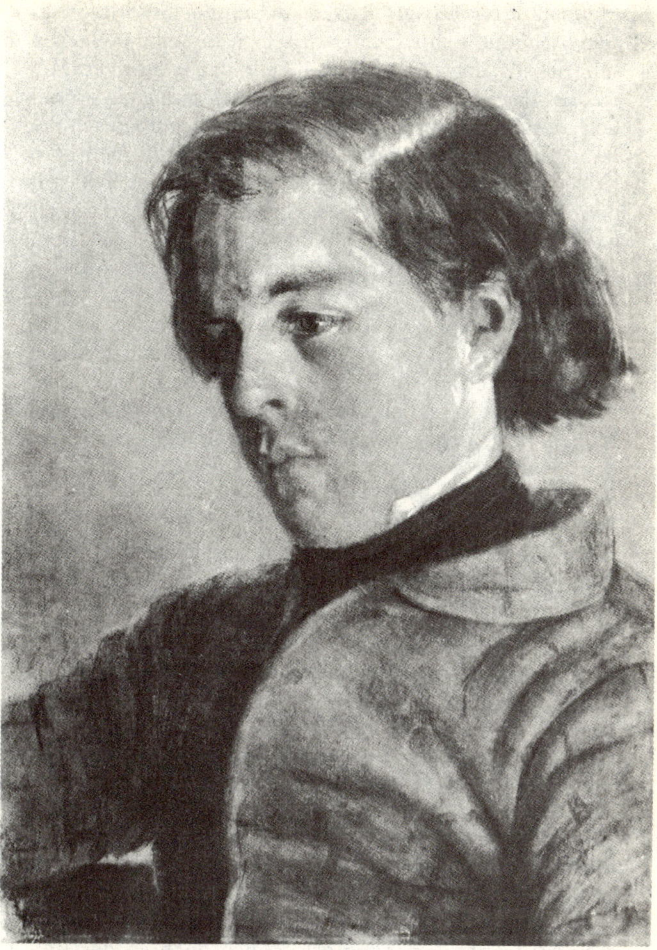

Adolph Menzel, Carl Johann Arnold, 1847

Tochter des Geheimrats Schaumann, und täglich bei Menzels verkehrte.
Noch nachträglich will ich eine Sache erwähnen, die

Menzels große Gründlichkeit in seinem Schaffen und seine Energie kennzeichnet. Es kam in seinen Werken sehr oft vor, daß er Reiterei und alle dazugehörigen Momente genau darstellen mußte. Um sich nun ganz gründlich hierüber zu informieren, kam er zu dem Entschluß, selbst reiten lernen zu wollen. Da ich nun mit mehreren Kollegen, Bennewitz v. Löfen, Spangenberg, P. Meyerheim, Feckert u. a. bereits einen Reitkursus arrangiert hatte, wollte sich Menzel hieran beteiligen. Wir ritten nun wöchentlich mehrere Abende (auch bei Musik), und spaßig war es nun, daß der kleine Herr sich stets, anstatt ein kleines Pferd, ein großes aussuchte, so daß seine Beine nicht über den Sattelrand hinausreichten. Die Sache verlief soweit ganz gut, bis auf einen Zwischenfall, wo plötzlich „Halt“ kommandiert wurde und Menzel über den Hals des Pferdes schoß, sich aber an dem Schwanz des Vorderpferdes festhalten konnte und so wieder in den Sattel kam.
Zur praktischen Verwendung obiger Reitstudien auf nachfolgende Schöpfungen kam er allerdings nicht mehr, denn nun trafen Aufträge andrer Art ein.
In erster Reihe beschäftigte ihn nun jahrelang der bedeutende Auftrag König Wilhelms I. – die Krönung zu Königsberg als großes, monumentales Bild zu schaffen, soviel ich weiß durch die Vermittelung des damaligen Kronprinzen Friedrich. Als Atelier wurde ihm der Garde-du-Corps-Saal im Königlichen Schloß eingeräumt, damit die hohen Herrschaften einen leichten Zugang für eventuelle Sitzungen hatten.
Hierzu waren nun sehr zahlreiche Porträtstudien nötig, die er alle in Aquarell ausführte und die später in den Besitz der Königlichen Nationalgalerie gelangten.
Wenn er es auch nicht gern sah, bei seiner Arbeit gestört zu werden, so konnte ich mich doch an der Entstehung und dem Fortgang des großartigen Werkes erbauen.
Von dieser Zeit an fehlte er wohl auf keiner Hoffestlichkeit, wo ich selbst ihn öfters in einer Fensternische oder hinter einer Portiere stehen sah, wie er sich nach Persönlichkeiten Notizen machte und mir sagte, daß seine

Hauptarbeit erst beginne, wenn er nach Hause käme und alle andern sich längst der Ruhe pflegten.
Er malte dann noch verschiedene Hoffestlichkeiten, deren ich wohl weiter nicht zu erwähnen brauche, da sie allgemein bekannt sind.
Von dieser Zeit datieren sich seine vielen Auszeichnungen an Orden und Ordenssternen, die sich dann in den darauffolgenden Jahren noch so überaus vermehrten. Die letzte große Feier, die ich mit Menzel verlebte, war diejenige, die ihm der Verein Berliner Künstler zu Ehren seines siebzigjährigen Geburtstags veranstaltete. Auf sein Erscheinen mußten wir wohl zwei Stunden über die festgesetzte Zeit warten, da er, wie bekannt, stets sehr unpünktlich im Erscheinen war. Die Tafel war überaus festlich hergerichtet; als Erinnerungsblatt hatte der Kupferstecher Mannfeld Menzel aus dem Jahre 1837, gemalt von Magnus, was zu jener Zeit meinem Vater zum Geschenk gemacht worden war, in Kupfer radiert. Die Festrede hielt der damalige Direktor der Museen, Geheimrat Jordan. Er schilderte Menzels Werdegang vom Anfang bis zur Jetztzeit, und als er der Zeit gedachte, wo Menzel in bescheidner Mansardenwohnung in der Zimmerstraße lebte, liefen Menzel die Tränen über die Wangen, was mich sehr frappierte, da ich ihn selten so gerührt gesehen habe. Toast folgte auf Toast, und Menzel ließ sich die Gelegenheit nicht vorübergehen, um kräftig mit jedem anzustoßen. So verlief das Fest in heiterster Stimmung und währte bis zum hellen Morgen.
Bald hierauf nötigte mich mein Gesundheitszustand, Berlin zu verlassen, und ich siedelte nach Weimar über.
Meine jetzt noch folgenden Beziehungen mit Menzel bestanden nur noch aus öfteren Besuchen meinerseits in Berlin und brieflichem Verkehr bis in die letzten Jahre.
Eine große Freude war es für mich, daß mein Herbert, der als Maler in Berlin lebt, auch bei ihnen herzlichste Aufnahme fand und noch auf Menzels leider letztem Geburtstag mit ihm auf dessen Wohl anstoßen konnte.

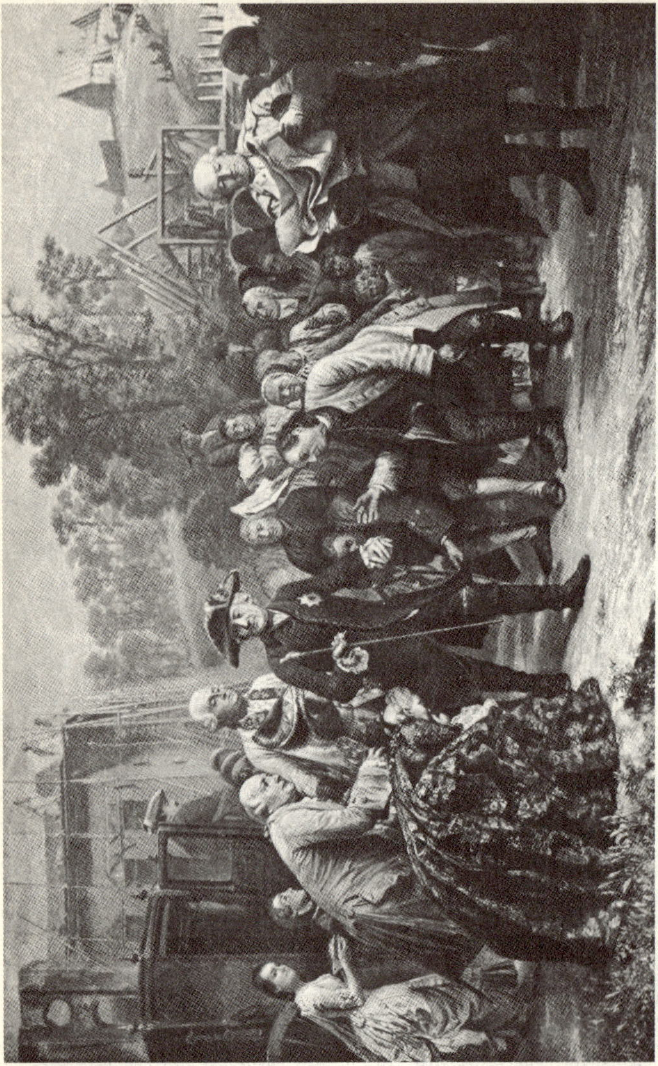

Adolph Menzel, Friedrich der Große auf Reisen, 1853/54

Eine eigene Fügung war es, daß es meinem Sohn beschieden war, Menzel noch auf dem Totenbett malen zu können.
Und somit schließe ich mit den Aufzeichnungen meiner Erinnerungen an unsern unvergeßlichen großen Meister und alten Freund unserer Familie.

Weimar, im Juni 1905

Paul Heyse

Jugenderinnerungen und Bekenntnisse

So kehrte ich denn erleichterten Herzens nach Berlin zurück, wo am 15. Mai die Hochzeit stattfand. Ein lustiger Polterabend im Kuglerschen Hause ging vorher, an dem allerlei sinnige und unsinnige Scherze getrieben wurden. Nach verschiedenen Einzelanreden an das Brautpaar teilte sich vor einer der Mansardennischen ein Vorhang, und ein würdiges Ehepaar erschien, Fritz Eggers als Gatte und eine Tante der Braut (Lorchen Ritschl) als seine Frau. Sie führten einen kleinen, trockenen Dialog über die Unsicherheit, die in der Stadt herrsche. Unter anderem sei ein Preis auf die Ergreifung eines berüchtigten Räubers, Borscht, gesetzt worden. Alsbald wurde die Frau unruhig. Es sei ihr, als habe sie im Zimmer ein verdächtiges Geräusch gehört. Der Mann war der Meinung, dasselbe rühre von ihrem Söhnchen her – keinem Geringeren als Adolph Menzel, der in einem Kinderkleidchen am Boden kauerte und sehr ernsthaft mit einem hölzernen Pferde spielte. Doch gleich darauf kam unter dem Sofa ein haarbuschiger Gesell hervorgekrochen, Wilhelm Lübke in einer schäbigen Räubertracht, der sich als der steckbrieflich Gesuchte zu erkennen gab und das erschrockene Ehepaar auf den Knien anflehte, ihn laufenzulassen. Dies geschah denn auch mit einigen großmütigen Worten, und der erste Ulk war kurz und gut zu Ende.

Ich hatte dem Spiel in höchster Verwunderung zugeschaut und mir den Kopf zerbrochen, aus welchem Grunde diese kindische, völlig witzlose Komödie in unsern Polterabend hineingeschneit sei. Die übrigen Zuschauer schienen sich desto köstlicher zu amüsieren, nicht zum wenigsten über unsere verdutzten Mienen, so daß ich endlich mit verlegenem Lachen in den Applaus mit einstimmte. Gleich aber ging es an den zweiten und letzten Ulk, der im Manuskript nicht über zwei Seiten füllen konnte. Das nämliche Ehepaar mit seinem schon damals kahlköpfigen Söhnchen erschien auf einer Reise,

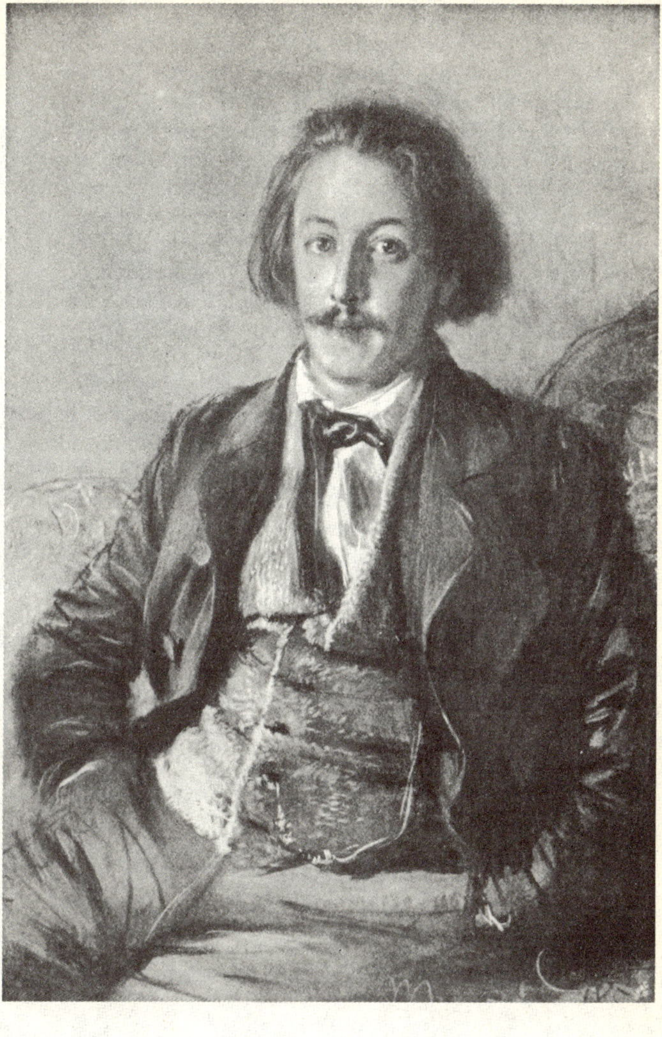

Adolph Menzel, Bildnis des Dichters Paul Heyse, 1853

in einem Walde, wo ihre unsichtbare Kutsche sich verirrt hatte. Sie waren wieder vor Räubern in Furcht, und wirklich erschienen auch einige verdächtige Kerle mit geschwärzten Gesichtern, die sie aufforderten, ihre Barschaft herzugeben. Sie flehen auf den Knien um Gnade – vergebens. Da, wie der Mann schon seine Börse herauszieht, erscheint aus dem Dickicht, einem mit einer Decke verhängten Kleiderschrank, der vorhin begnadigte Räuber Wilhelm Lübke, schreckt das Gesindel, dessen Anführer er ist, mit einem wütenden Blick zurück und ruft feierlich, indem er die Knienden aufhebt: Beruhigen Sie sich: ich bin Borscht! Vorhang fällt.

Schon bei Beginn des zweiten Akts waren mir die Schuppen von den Augen gefallen: das Stück, das den Titel „Der dankbare Räuber" führte, war mein eigenes dramatisches „Erstlingswerk", in meinem zwölften Jahre in ein kleines Oktavschulheft geschrieben, in welchem es ganze fünf oder sechs Seiten füllte. Meine gute Mutter hatte es aufbewahrt und der mutwilligen Bande zur Aufführung ausgeliefert.

Ein unstillbarer Lachkrampf schüttelte mich, als mir die Sache klar wurde, und die Vorstellung endete unter so stürmischem Beifall, wie ihn keines meiner späteren, ein wenig reiferen Bühnenwerke davongetragen hat.

HELGE EVERS-MILNER

Ein Besuch bei Adolph Menzel

Ich war wohl noch ein recht kleines Kind, als ich zum erstenmal Adolph Menzels Atelier betrat. Meine Mutter hatte mich mitgenommen. Der kleine Herr mit der großen Brille, der sonst nicht viel sprach, sprach viel mit meiner Mutter. Und ich stand in dem mir unfreundlich erscheinenden Raum zwischen den vielen Bildern und dachte:

„Wären wir doch erst wieder zu Hause."

Menzel hatte keine besondere Vorliebe für Kinder. Als meine Mutter mein unglückliches Gesicht sah, wandte sie sich mir zu: „Sieh nur, diese vielen schönen Bilder hat der Onkel gemalt."

Ich schüttelte energisch den Kopf.

„Glaubst du es nicht?" fragte mich der kleine Mann und sah mich durch die Brillengläser an.

„Ja!", sagte ich, „aber sie sind nicht schön."

„Sag das noch einmal", sagte Adolph Menzel, und seine Stimme klang sehr freundlich.

Ich sah ihn etwas zweifelnd an.

„Nicht schön", wiederholte er, und dann zu meiner Mutter: „Sie ist offen wie du."

Er hob mich auf eine Fußbank, da war ich so groß wie er, und küßte mich auf den Mund. Das Prickeln seines gräßlichen, stachligen Bartes fand ich abscheulich. Es war wohl einer der wenigen Küsse, die Menzel in seinem Leben verteilt hat.

„Schönheit" – er sprach es breit und langsam – „Schönheit – sie ist da, wo Wahrheit ist. Wahrheit ist alles. Wenn du so alt bist wie deine Mutter, wirst du sagen: ‚Onkel Menzel hat wahrhaftige und schöne Bilder gemalt!'" – – „Paß einmal auf", sagte Menzel dann und führte mich in eine Ecke und wies auf eine Porträtzeichnung.

„Wer ist das?"

„Hans Joachim", sagte ich. „Sieht er so aus?" – „Ja", sagte ich, und es war eine frohe Überzeugung davon in mir.

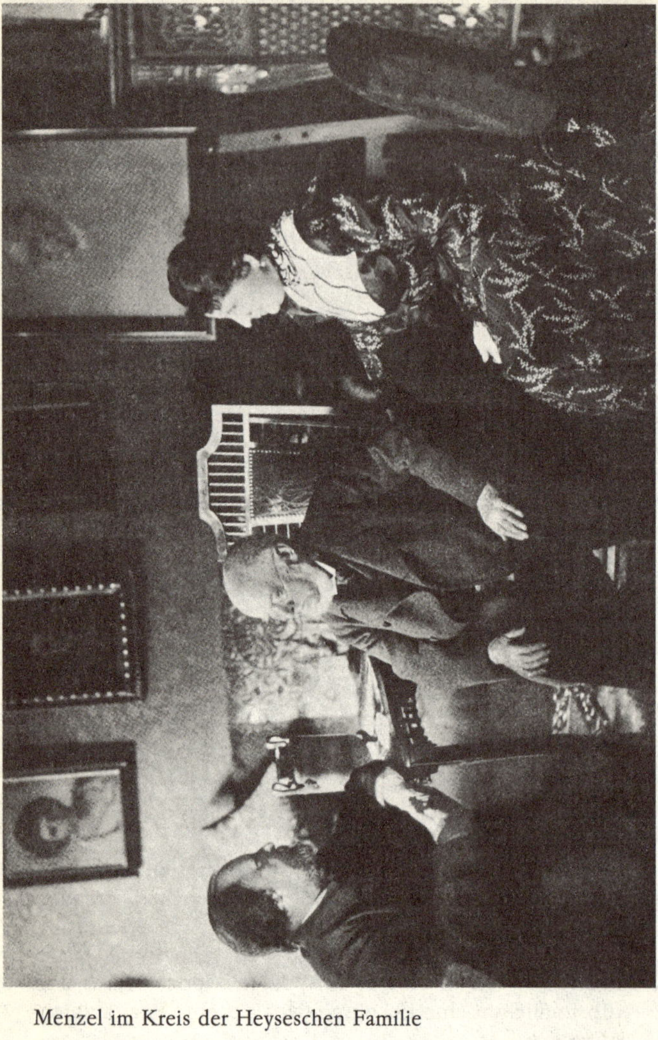

Menzel im Kreis der Heyseschen Familie

„Sonst stände er auch nicht da", sagte Menzel und wandte sich wieder meiner Mutter zu.
So kam es, daß ich Vertrauen zu ihm fassen mußte.

Helge Evers-Milner

Adolph Menzel und die Mamsell

Adolph Menzel war wieder einmal auf der königlichen Domäne Friedrichsaue als Gast. Noch war er der Unbekannte, aber hier schon sehr geschätzt seiner Kunst wegen. Als Mensch hatte er nur immer einige auserwählte Freunde. Es waren allerlei Künstler und, wie immer, noch viele andere Gäste zum Besuch in Friedrichsaue. Sie bewegten sich alle zwanglos, ein jeder nach Wunsch und Begehren. Die beiden Maler, Menzel und Bleibtreu, sah man häufig in den Ställen oder zwischen den Tagelöhnern, immer zeichnend, malend und nach Motiven suchend.
Es war ein schöner blauer Sommertag, an dem Marie Ulbrich, die Mamsell, in ihrer ganzen Behäbigkeit ihren Küchenregionen entstieg und in die helle Sonne auf den Hof trat. Sie trug eine Schüssel mit gelber Erbsensuppe vorsichtig in ihren breiten roten Pranken und balancierte damit zum Gärtnerhaus hinüber. Als Adolph Menzel die prächtige Mamsell erblickte, bat er sie, genau da stehenzubleiben, wo sie jetzt stand, und zwar mit der Erbsensuppe, denn er wollte ein Bild von ihr machen.
Die Ulbrichen schrie auf vor Entsetzen. Erstens müsse sie die Suppe warm abliefern, zweitens müsse sie sich erst ihr Sonntagskleid anziehen.
Aber Menzel war gnadenlos. Gerade so gefiele sie ihm. Und er dachte im stillen: Schade, daß ich keine Farben habe: Wie schön gelb sind die Erbsen und wie blau die Schürze. Daß sie ihm so gefiel, wie sie war, das gefiel nun wieder der Ulbrichen. Sie fühlte sich geschmeichelt. Sie wollte also stehenbleiben. „Aber ein bißchen fix, Herr Maler, ein bißchen fix, ich muß heut noch fünfzehn Tauben rupfen."
Also Menzel machte ein bißchen fix. Aber es dauerte der Mamsell doch zu lange. Endlich legte er das Blatt befriedigt auf den Sockel. „So, nun kann Sie gehen."
Aber Marie Ulbrich ging nicht. Auf alle Fälle wollte sie ihr Bildnis erst betrachten. Sie beugte sich über den Sockel und kreischte auf vor Entsetzen. Diese dicke Wat-

schelente mit dem Pfannkuchengesicht solle sie sein? Sie sei zwar nicht mehr jung, aber sie hätte doch einen Spiegel. Das sei eine Unverschämtheit. Da würden ja die Kälber vor ihr ausrücken. Und wütend knallte sie die Erbsensuppe über Menzels Zeichnerei.

Der Maler stand sprachlos. Er rückte wie immer, wenn er erregt war, die Brille auf die Stirn. Seine Hand zuckte, sein Mund zuckte – aber er sagte nichts. Er drehte sich um und schwor in seinem Herzen Rache.

In den nächsten Tagen konnte man ihn, wenn man ihn beobachtet hätte, häufig das Gesindehaus umkreisen sehen. Aber man beobachtete sich wenig untereinander in Friedrichsaue. Alles war so weitläufig, und jeder ging unbehindert seiner Wege. Endlich fand Adolph den Platz, den er suchte. Er hockte sich auf einen bemoosten Stein hinter einer mit Efeu bewachsenen Mauer, durch deren Lichtung er den kleinen Küchenvorhof überblikken konnte. Wenn Marie Ulbrich mit ihrer Mittagsarbeit fertig war, begab sie sich auf diesen Hof, um in einem großen Trog, der unter einem Brunnen stand, ihre im Kücheneifer verunsäuberte Persönlichkeit zu reinigen. Dies wußte der Maler. Nun kam sein Racheakt.

Er brauchte nicht lange zu warten. Die Tür tat sich auf, und Marie begann ihr Reinigungswerk. Sie glaubte sich unbeobachtet. So zog sie die Bluse aus und hing sie über den Pumpenschwengel. Dann beugte sie sich über den Trog, und es wurde bei ihr eine einer Venus nicht unbedingt verwandte Blöße sichtbar. Ihr Haar hing in nassen Strähnen über das etwas rote Gesicht. Der Maler hinter der Mauer schmunzelte. Und ebenso emsig und rasch, wie vor einigen Tagen am Gartenhaus, fuhr sein Griffel über das Papier.

Als sich das Personal der königlichen Domäne Friedrichsaue zur abendlichen Atzung in der Gesindespeisestube versammelte, war das Bildnis der Marie Ulbrich – Überschrift „Reinigung am Brunnen“ – über der Türe fest angenagelt.

Die Folge davon war ein vergnügtes Quietschen und Gelächter. Die Knechte schlugen sich auf die Schenkel und wieherten vor Freude. Die Mägde kicherten und

lärmten. Dieser Lärm drang bis an die Ohren der Gutsherrin, die herbeieilte. Als sie die heulende Marie Ulbrich in einer Ecke sitzen sah, befahl sie, das herrliche Gemälde sofort zu entfernen. Sie verbiß tapfer das Lachen und sah sehr vergnügt aus.
Ein Gärtnerbursche kletterte auf einen Stuhl, riß die herrliche Skizze an sich, stürmte damit ins Freie und lief zum Glück gerade der Gutstochter Elisabeth (meiner Mutter) in die Arme, die nun ihrerseits – anscheinend unterrichtet über den Fall – das drastische Gemälde sicherte. Sie zeigte es später, als sie schon die Schwägerin Adolph Menzels war, noch oft mit größtem Vergnügen. Da sich Ludwig Pietsch besonders dafür begeisterte, hat sie es ihm später geschenkt.
Menzel sagte von meiner Mutter, die damals noch ein wildes junges Mädchen war: „Sie hat mich oft genug vom Rücken eines ungesattelten Pferdes kritisiert", und

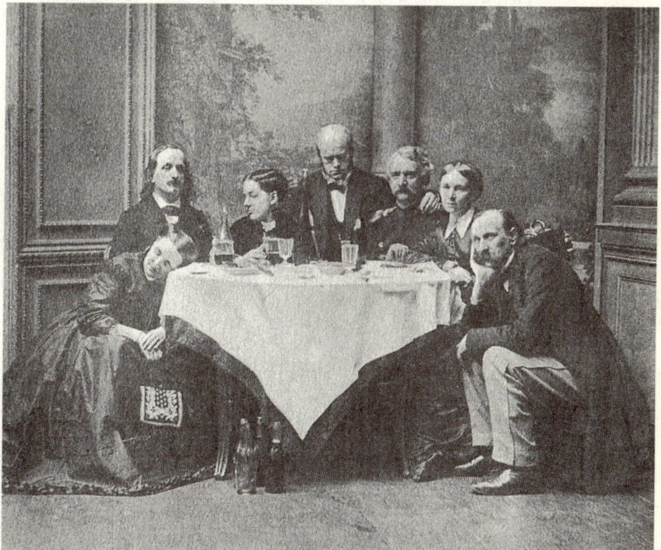

Menzel im Freundeskreis, um 1865

meine Mutter sagte: „Adolph saß dabei meistens auf einem Heuhaufen und fluchte." Mein Großvater schätzte die Künstler, die er Vagabunden nannte, weniger. Die Offiziere waren ihm lieber, die pünktlich bei Tisch erschienen und nicht, wie die Künstler, die strenge Hausordnung durch Zuspätkommen und Bummelei störten. Bei der genauen Zeiteinteilung des Haushaltes erschien es unerhört, daß Adolph Menzel eines Tages, ohne sich zu entschuldigen, beim Mittagessen fehlte. Da er auch zum Abendessen nicht erschien, wurde man etwas besorgt, und die fröhliche Jugend in Schloß und Hof beschloß, Jagd auf ihn zu machen. Jagdwagen wurden angespannt, Pferde wurden gesattelt. Man schweifte durch den Park und die Felder, um den kleinen Mann zu suchen. Ein Wagen verlor sich in der Richtung nach Küstrin, und man sah, an einem Bahnwärterhäuschen angelangt, ein seltsames Schauspiel. Die Nacht war dunkel; aber von dem Bahnwärterhaus fiel ein helles Licht auf die Eisenbahnschienen. Ein festgefahrener Güterzug stand in der Nähe. Die Lokomotive warf flimmernde Helligkeit auf den Schienenweg. Vor diesen beiden Lichtbahnen aber saß Adolph Menzel auf einem Stein vor seiner Staffelei und malte. Die Bahnwärterfrau stand hinter ihm und hielt eine Öllampe über sein Bild.
Vom Jagdwagen ertönte lautes Gelächter. Man versuchte, den Maler einzufangen. Aber er wandte nicht einmal den Kopf, knurrte etwas von „Inruhelassen" und von den Lichtnuancen auf den Schienen und den feuchten Steinen, und daß man dies festhalten müsse. Er käme bald nach Hause ...
Der Gutsherr verbot schließlich, daß nachserviert würde. Aus Rache dafür zeichnete Menzel meiner Großmutter einen fünfteiligen Lampenschirm. Auf dem ersten Teil stand mein Großvater, zornig mit dem Stock drohend; der zweite Teil zeigte meine Mutter mit offenen Zöpfen auf ungesatteltem Pferde; der dritte Teil gesättigte, etwas karikierte Offiziere; der vierte die hungernden Vagabunden; der fünfte Menzels Selbstporträt auf einem Heuschober.
Leider ging dieses wertvolle Andenken später verloren.

Paul Meyerheim

Adolph von Menzel. Erinnerungen

I.

Ich habe es immer als ein großes Glück betrachtet, mit unserm Altmeister Menzel eine gute Spanne Zeit zusammen verlebt und ihn in seinen Schöpfungen bewundern und verstehen gelernt zu haben. Wer auf der Reise im Gebirge imstande ist, eine, wenn auch nur mäßige Höhe zu ersteigen, bekommt dort erst, und wenn er höher steigt noch viel mehr, einen Begriff davon, wie hoch die Bergriesen in den Himmel ragen. Der Reisende, der nur im Tale sich an dem Anblick der berühmten Gipfel erfreut und sich über deren Höhe einen Begriff aus den im „Reisehandbuch" in Metern angegebenen Zahlen macht, kann doch die Freude nicht ermessen, die der Bergsteiger empfindet, wenn trotz seines Steigens die Riesen um ihn immer noch höher und größer wachsen. Es gewährt eine eigene Freude, auch andern die Schönheiten der Natur und der Kunst klarmachen zu können, und eine hohe Genugtuung, wenn man empfindet, daß diese Bemühungen auf fruchtbaren Boden fallen. Bei großen Kunstwerken ist nicht der erste Eindruck der maßgebende. Es bedarf bekanntlich oft sehr langer Zeit, Jahre und Jahrhunderte, bis das Empfinden für wahrhaft große Schöpfungen heranreift. Es soll hier nicht meine Aufgabe sein, als Apostel des Werkes von Adolph v. Menzel aufzutreten; ich habe nur zu Papier gebracht, was mir im Laufe der Jahre mein Freund an künstlerischen Ratschlägen, an technischen Erfahrungen mitzuteilen beliebte. Alten und neueren Kunstschriftstellern kann der Künstler und die Welt für das, was sie uns überlieferten, zwar sehr dankbar sein, doch vermissen wir Künstler immer gewisse technische Mitteilungen, die uns genaue Aufschlüsse über die Prozedur des Malens und das Entstehen der alten Meisterwerke geben könnten. Nur von Rubens sind aus seinen eigenen Briefen Mitteilungen über seine Farben und Öle auf uns

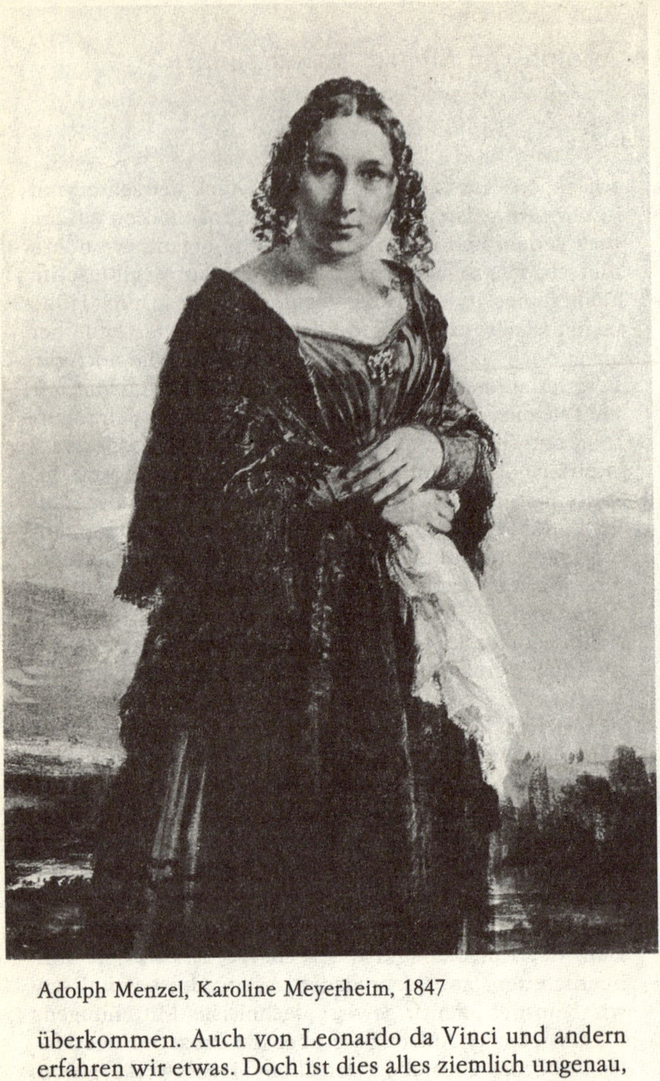

Adolph Menzel, Karoline Meyerheim, 1847

überkommen. Auch von Leonardo da Vinci und andern erfahren wir etwas. Doch ist dies alles ziemlich ungenau, und es wäre ein Verdienst der Kunstschreiber, sich persönlich mit den zeitgenössischen Künstlern bekannt zu

machen, um ihr technisches Malverfahren kennenzulernen und darüber so zu berichten, daß die kommenden Generationen davon profitieren können.
Gegen die Technik als solche ist zwar unter den Neuesten eine ziemliche Gleichgültigkeit eingerissen. Allenfalls werden noch die merkwürdigen chemischen Mitteilungen von Arnold Böcklin, die uns Ateliergenossen des Meisters überliefert haben, flüchtig studiert; aber es fällt doch keinem jüngeren Künstler ein, so zum Alchimisten zu werden, wie Böcklin es war, der selbst seine hohe Phantasie fast weniger schätzte als die Prinzipien seiner Farbenfabrikation und deren Anwendung. Menzel hat sich nie sonderlich mit technischen Finessen abgegeben. Von seinen ersten Bildern sagte er selbst, sie seien mehr geknetet als gemalt. Die Ölmalerei war ihm nicht ganz leicht geworden, und er sagte des öfteren zu meinem Vater, als wir beide, mein Bruder Franz und ich, uns in jüngerem Alter mit der Ölmalerei befaßten: „Laß deine Jungens nur schon immer tüchtig malen, damit es ihnen nicht so geht wie mir, der ich durch ewiges Zeichnen und Illustrieren in der Jugend um die Gewohnheit des Ölmalens gekommen bin.“ Dieses Urteil über seine Öltechnik ist immer ein sehr bescheidenes geblieben, und doch hat er Tausenden erst die Augen geöffnet über seine und intime Farbengebung.
Wenn man die Torheit begeht, Menzel und Böcklin als Koloristen nebeneinanderzustellen, so erscheint das Kolorit des letzteren wie das der exotischen Tagschmetterlinge, während Menzel mehr das feine, distinguierte, oft scheinbar farblose Kolorit der europäischen Nachtschmetterlinge repräsentiert. Kolorit ist ja sehr Geschmacksache. Ein paar Jahre ist Braun und Bunt Mode, dann wieder große Helligkeit in Weiß, Rosa, Hellblau, Blaßgrün usw. Dann wieder kommt die Mode der einförmigen braunschwarzen Dunkelheit, dann die der Verschleierung usw. Zur Zeit der vielleicht größten französischen Kunstblüte bis zur Zeit der Schule von Fontainebleau war es gar nicht anders denkbar, als daß ein Bild mit Asphalt (bitume) angefangen wurde. Jedes Bild wurde aus diesem saftigen Braun heraus entwickelt,

und das größte Atelier in Paris, von Couture, verbreitete dieses Evangelium der braunen Sauce über ganz Europa; denn aus allen Ländern strömten die Künstler zu Couture, um dort eine Manier zu lernen, die sie nur sehr schwer wieder vergessen konnten. Heute, zu Anfang des neuen Jahrhunderts, ist Asphalt eine gänzlich vergessene und verpönte Farbe, die nicht einmal mehr bei der Studie eines Misthaufens angewendet wird, wo sie doch ganz am Platze wäre. Der Haß und die Verachtung gegen den alten Galerieton ist so groß, daß der moderne Kunsthistoriker voller Abscheu sich windet, wenn ihm ein neues Bild in diesem Ton begegnet. Bei der Betrachtung von Rembrandtschen Werken ist es dann freilich etwas anderes. Da muß man „die Trauer auf kurze Zeit ablegen" und wohl oder übel den schönen, tiefen, braunen, warmen, goldigen Ton bewundern.
Gerade in der Zeit, wo alle Welt aus dem Braunen heraus malte, war es Menzels Eigenart, jeden Ton richtig gemischt recht pastos auf die richtige Stelle zu setzen. Das heute so verachtete Lasieren hat er fast niemals ausgeübt. Er hat stets anders gemalt als seine Zeitgenossen, und daher wollte sich die Welt nur schwer an seine Technik gewöhnen. Er verglich das Lasieren oder ähnliches Überleiten mit durchsichtiger Farbe mit dem Pedal am Klavier und meinte, ein guter Klavierspieler könne alles so gut spielen, als hätte er das Pedal angewendet, aber es müsse eben doch wirklich alles gespielt werden, ohne daß die Töne sich verwischen.
War es früher die scheinbare Abneigung gegen die Ölmalerei oder war es die starke Empfindung für absolute Richtigkeit der Wiedergabe der Natur, daß Menzel darauf verfiel, die meisten seiner Arbeiten in Gouachefarbe herzustellen? Ihm erschien es nicht richtig, daß man einen trockenen Stein, einen sandigen Weg, ein wolliges Schaf so darstellte, als wenn diese Gegenstände alle in Öl und Firnis getränkt seien, und das so viel bewunderte sogenannte Email der Bilder aus der Schule von Fontainebleau hat er nie erstrebt. So hat er seine größten Wahrheiten in Pastell, Aquarell und Gouachefarbe ausgesprochen. In frühester Zeit machte Menzel seine mei-

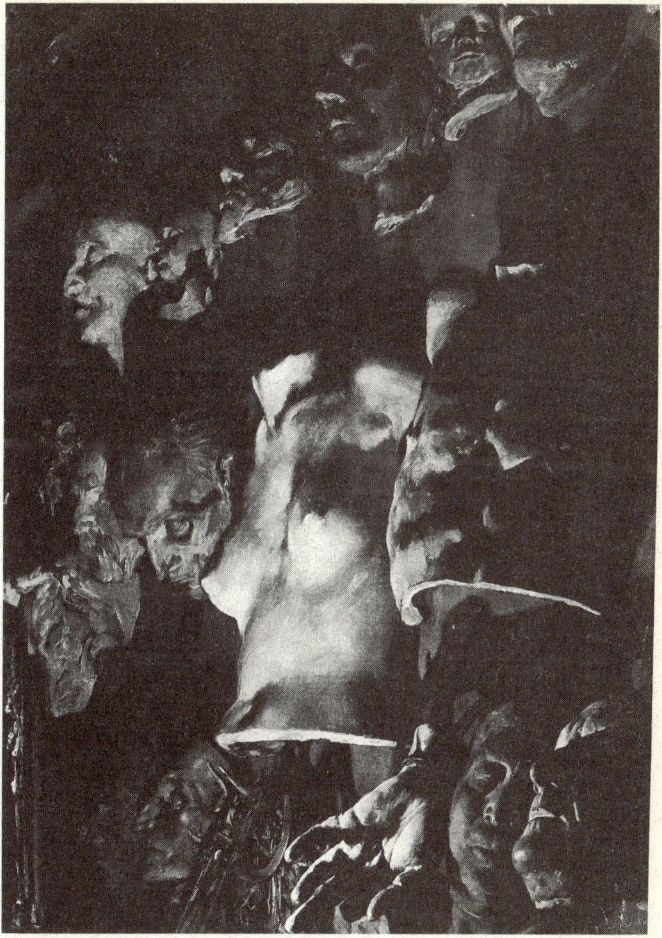

Adolph Menzel, Atelierwand, 1872

sten Studien zu den großen Bildern in Pastellfarben. Doch kam er später wieder davon ab, weil keine genügenden Mittel entdeckt wurden und leider bis heute nicht entdeckt worden sind, um dies ausgezeichnete Material gut zu fixieren. Erst im Jahre 1901 griff er merkwürdigerweise wieder zum Pastell, um ein wunderbares Blatt zu vollenden, eine alte Bauersfrau, die, vom Markt gekommen, schnell einen Rosenkranz abbetet. Neben ihr auf der Kirchbank liegen ihre Einkäufe; in mysteriöser Ferne sieht man einige andre Gläubige. Dieses Blatt hat in der feinen Mäßigung der Farbe, in Strenge der Zeichnung der alten Frau etwas von Mantegna.

Zur Zeit, als Menzel seine weltberühmten Bilder aus der friderizianischen Zeit schuf, waren die Künstler dem Malmaterial gegenüber leider sehr leichtgläubig, leichtsinnig und gleichgültig. Man kaufte eben, was einem der Fabrikant in die Hand steckte, und jetzt, nach einem halben Jahrhundert, merkt man erst, mit welch unhaltbaren und zersetzenden Giften die Künstler gemalt haben, die leider nicht wie die Kollegen früherer Jahrhunderte sich ihre Farben täglich frisch reiben ließen und hauptsächlich dadurch für die Erhaltung ihrer Bilder sorgten. Nur wenige gestatten sich heute diesen Sport, den wohl am energischsten Arnold Böcklin in umfangreichem Maße betrieb. Schon früh hatte dieser Meister eingesehen, daß seine Ölbilder ebenso wie die seiner Zeitgenossen bald ein gelbliches und ranziges Aussehen bekamen, und schon früh bestrebte er sich, Mittel und Wege zu finden, um dies zu vermeiden, und man kann wohl sagen: er hat es erreicht. Denn keines aller im Laufe des Jahrhunderts gemalten Ölbilder nimmt es an Kraft und Frische mit einem Böcklinschen Gemälde auf. Diesen Farbenzauber hat Menzel nie erstrebt, und er ist auch nie ein Bewunderer Böcklins gewesen. Sein scharfes Auge, das überall Rechenschaft verlangte, und seine beispiellose Kenntnis von allen organischen Wesen, die da leben, fleuchen und kreuchen, sahen in Böcklinschen Bildern zuerst nur alle Verzeichnungen und Unzulänglichkeiten, die ja natürlich entstehen mußten, da Böcklin alles aus dem Kopfe malte. Menzel sagte mir einmal: „Was ich am meisten an ihm bewundere, ist, daß ein so großer Künstler so viel schlechtes Zeugs hat machen können, und daß er das auch überall noch sehen läßt und das Ausstellen nicht verbietet."

Da Menzel leider schon zeitig die traurige Entdeckung nicht erspart blieb, daß auch seine herrlichen Werke frühe in Verfall gerieten, so dachte er über die Ursache nach und erzählte mir öfter, daß alles Unheil von dem sogenannten Palettenstecher herkäme, weil die dort hineingegossenen Öle und Sikkative nicht genügend mit Ölfarbe vermengt würden. Leider hat er, wie manche seiner berühmten Zeitgenossen, die wahre Ursache des Schadens nicht richtig erkannt, der dadurch entstand, daß die Farbenhändler den Künstlern stets Leinwand verkauften, die mit heller und sogar weißer Ölfarbe grundiert war. Dieser steinharte Grund verhinderte alle Verbindung der aufgetragenen Ölfarbe und hatte ein stetes Reißen zur Folge. Während Menzel früher, auf die Haltbarkeit der Ölfarbe vertrauend, auf seinen Bildern ziemlich wild und rücksichtslos mit derselben verfuhr, und den überaus schädlichen französischen Firnis zum Auffrischen reichlich verwendete, der wie eine Glasschicht die Verbindung von Untermalung und Übermalung unmöglich macht, legte er sich später eine ungeheure Enthaltsamkeit bei Entstehung seiner Werke auf. Er vermied es, die reine Leinwand zuerst mit einer flüchtigen Untermalung zu bedecken, und verfuhr bei der Entstehung des Bildes derart, daß er mal hier, mal dort mosaikartig ein Stück mit reiner Farbe ohne Malmittel und Öle vollständig vollendete, während alles übrige reine Leinwand blieb. Kurz vor der Vollendung waren noch Stellen reiner Leinwand bemerkbar. Das erste Bild, das ihn veranlaßte, so zu verfahren, war, auch wohl, weil seine Größe und sein Gegenstand eine flüchtige Untermalung nicht zuließen, die „Krönung Wilhelms I. in Königsberg“. Dieses Bild malte Menzel, weil sein Atelier in der Ritterstraße mit schönem Südlicht viel zu klein war, in einem Raum des königlichen Schlosses, der eine Art Rüstkammer beherbergte. Hier hatte er seine Leinwand aufgestellt und das ganze Bild mit schwarzer Farbe so sorgfältig aufgezeichnet, daß es wie ein riesig vergrößerter Holzschnitt aussah. Nachdem diese Aufzeichnung fertig, begann er, die einzelnen Figuren nach den herrlichen Skizzen in Aquarell, die vierzehn dicke Mappen im Handzeichnungskabinett der Nationalgalerie füllen, eine nach der andern auszuführen. Dabei schlug er einen sonderbaren Weg ein. Er bestrich die ganze Figur, die er zu vollenden gedachte, mit Robertlack Nr. 7. Es ist dies eine äußerst unsolide, vergängliche, schwer trocknende Farbe, die wie rote Mahagonibeize aussieht. Da aber dem Künstler daran lag, das zu vollendende Stück möglichst lange naß zu erhalten, weil er zu der richtigen Überzeugung gekommen war, daß jede Malerei immer am schönsten aussieht, wenn sie naß in Naß vollendet ist, so liebte er diese schwer trocknende Grundfarbe, die er übrigens bei späteren Werken nie wieder angewendet hat. Bei der Vollendung dieses Krönungsbildes ging er in bezug auf die Wahl der Personen, die er zuerst auf das Bild bringen wollte, sehr vorsichtig zu Werke. Er sah voraus, daß dies figurenreiche Bild einige Jahre seines Lebens beanspruchen würde, und hatte Angst, daß eines oder das andre seiner ältesten Modelle vorzeitig diese Welt verlassen könnte. Er malte deshalb zuerst den alten Feldmarschall Wrangel auf das Bild, wobei sich einige unliebsame Erörterungen zwischen dem Modell und dem Künstler ergeben haben sollen, die Stoff zu einigen Anekdoten gaben, deren Wahrheit ich nicht verbürge. Wrangel soll zu Menzel in jovialer Weise geäußert haben, als er des langen Sitzens überdrüssig wurde: „Na, kleiner Mann, sind Sie nu bald fertig?“ – worauf Menzel, der in bezug auf seine Körpergröße niemals einen Spaß verstand, erwiderte: „Exzellenz sind wohl gewohnt, die Menschen nur nach der Elle zu messen?“ – Wrangel ergriff, die Sitzung aufhebend, die Ausgangstür und soll dem Meister die Worte zugerufen haben: „Sie sind eine giftige, kleine Kröte!“, worauf er aber schnell verschwand.

Menzel war ein Feind der Ölskizzen für Bilder; er meinte, im Gegensatz zu denen, die behaupten, daß der erste Vorwurf immer der beste, man sei zu Anfang meist der größte Esel. Auch verdürbe man sich mit einer Ölskizze den Appetit; es sei gerade so, als wenn man vor dem Diner ein Butterbrot äße. Jedoch hatte er zu seinen friderizianischen Bildern in früherer Zeit und später

zum Krönungsbild ausführliche Ölskizzen gemalt, bei welchen letzteren die damalige Kronprinzessin Viktoria durch einen guten Rat, den Menzel befolgte, mitgearbeitet hat. Es ist dies der große, helle Sonnenfleck auf dem roten Fußteppich dicht hinter der Gruppe der Ritter vom Schwarzen Adlerorden. Dieser Lichtfleck, der in Verbindung steht mit dem Kirchenfenster links oben, aber vom Throne verdeckt, bildet eine wundervolle Trennung zwischen der ganzen linken Hauptgruppe des Bildes in lauter glühenden, warmen, roten und goldstrotzenden Tönen, und der andern Hälfte des Bildes, auf der die Damen in kühlen, weißlichen, lichten Farbenharmonien und die zahllose Menge der übrigen Zuschauer angebracht sind. Menzel hat an diesem Bilde gute vier Jahre rastlos gearbeitet. Wenn er sich einmal etwas erholen wollte von der gemalten Hofluft, so delektierte er sich an den schönen Ritterrüstungen, die in seinem Schloßatelier beiseite geschoben waren, um die Aufstellung seiner Leinwand zu ermöglichen. Hier entstand eine ganze Mappe der herrlichsten Aquarelle von Rüstungen und Waffen. Ja, er hat eine solche Anzahl von Schwertern und Schwertgriffen gezeichnet, daß man glauben könnte, er hätte die Absicht gehabt, ein größeres Werk über Rüstungen und Schwerter herauszugeben.
Er hat zu den vielen Porträts niemals Photographien verwendet, wie er überhaupt in seinem langen Leben dieses schöne Hilfsmaterial niemals benutzt hat.
Als ihm zu seinem achtzigsten Geburtstage bei der Feier im Uhrsaal der Akademie unter vielen Adressen auch eine vom Vorsitzenden der Berliner Photographischen Vereinigung überreicht wurde, und der Sprecher, Herr Professor Vogel, mit beredten Worten schilderte, wie Photographie und Malerei jetzt vereint gingen, und daß die Photographie eine außerordentliche Stütze und Hilfe für die schönen Künste sei, verwahrte sich der Jubilar in seiner Gegenrede sehr energisch dagegen und machte den armen Professor ganz kleinlaut, indem er explizierte, daß zu viele Künstler heute sich dieser Eselsbrücke bedienten und darüber das Studium des selbständigen Zeichnens vernachlässigten. Er erzählte dann, daß

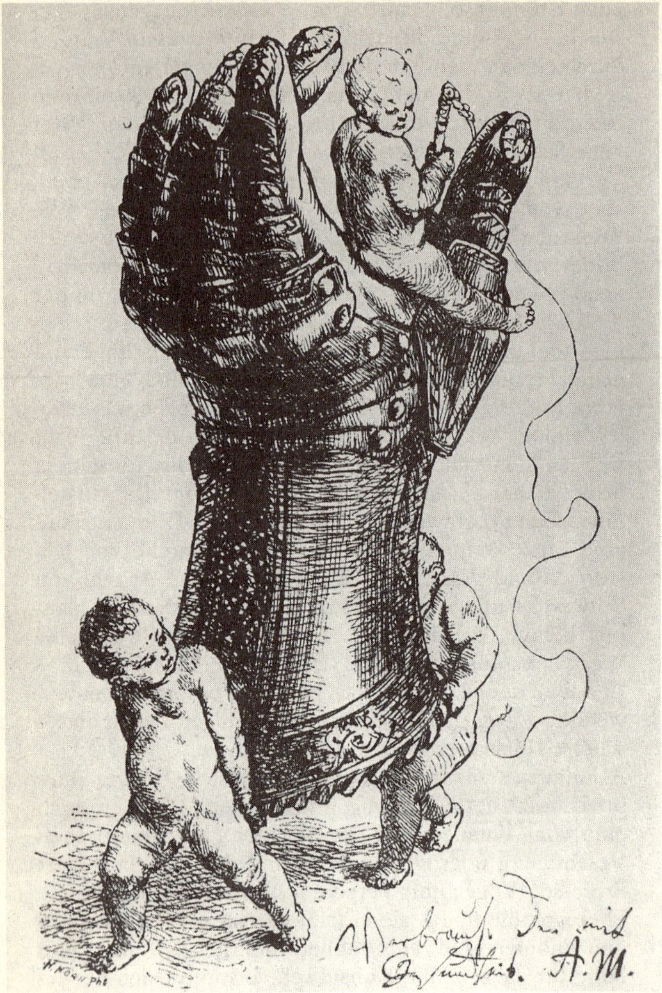

Adolph Menzel, Ein eiserner Handschuh mit drei Putten, 1885

er nur einmal in seinem Leben sich der Photographie bedient hätte, weil er zwei der Herren, die im Hintergrunde der Kirche auf dem Krönungsbilde zu porträtieren waren, nicht nach dem Leben habe zeichnen können. Der eine von ihnen sei später gestorben und habe sich seiner Kontrolle über die Ähnlichkeit entzogen. Den andern aber habe er nach Vollendung des Bildes persönlich angetroffen und sei ganz schamrot geworden über sein Machwerk. Nachträglich habe er noch eine Sitzung erlangt und den Kopf auf dem längst vollendeten Bilde nochmals übermalt.

Als die zur Feier seines achtzigsten Geburtstages veranstaltete Ausstellung geschlossen war, ging ich noch viele Stunden voller Erbauung in den Räumen umher, um jene Bilder besser genießen zu können, die aus Mangel an Raum leider zu hoch plaziert waren. Auch Meister Menzel, der eine große Liebe zu seinen Kindern während der Arbeit und nach der Vollendung besaß, kam spätnachmittags in die Räume, um alles noch einmal zu kontrollieren. So fand ich den Greis in der Dämmerstunde hoch oben auf einer großen Stehleiter thronend. Das Krönungsbild war aus dem Rahmen genommen, und ein paar Arbeiter mußten es leise und behutsam, ganz langsam an Menzel vorbeirutschen lassen, der sein Kind mit den Händen sorgfältig prüfend betastete, ob irgend etwas gerissen sei. So ging er von Stufe zu Stufe herunter, während das Bild immer hin- und hergeschoben wurde. Als er endlich von der Leiter heruntergeklettert war, wischte er sich die Hände ab und sagte zu mir: „Ich bin erstaunt, wie sich das alles gehalten hat; an keiner Stelle habe ich den geringsten Schaden bemerkt." Er wies dann noch auf einige andre Bilder und zeigte mit besonderer Befriedigung auf sehr dick gemalte Stellen, deren Unveränderlichkeit ihn hoch beglückte, und meinte: „Alles, was ich ganz dick und prima gemalt habe, hat sich gut gehalten." Ich kenne aber Sachen von ihm, die ganz dünn und gleichfalls prima gemalt und doch vortrefflich erhalten sind. Verdorben sind nur die Bilder, die auf schlechtem Malgrund mit viel Öl und Sikkativ in öfterer Übermalung lange gequält sind.

II.

Meine frühsten Erinnerungen an Menzel reichen etwa bis in das Jahr 1850 zurück. Ich entsinne mich noch eines Spazierganges nach dem Kreuzberg, den mein Vater mit mir unternahm. Wir gingen die jetzige Möckernstraße entlang, die damals Militärstraße hieß und mit einer Doppelreihe prächtiger, großer Silberpappeln bestanden war. Rechts und links waren Gemüsefelder bis zum Kreuzberg, der sich wie ein wirklicher Berg über seine Umgebung erhob. Am Wege waren sehr viele morsche, alte Zäune, aus deren Ritzen ich später manchen schönen Schmetterling hervorholte. Der Kreuzberg selbst war mit seinen Abhängen und Klüften an der Stelle, wo heute der Viktoriapark idyllisch und gesittet grünt und blüht, eine wunderbar malerische Wüstenei, die nur von Kindern belebt war, die sich vom Denkmal oben bis in die Tiefe auf dem reinen Sande hinabrutschen ließen. Als ich mit meinem Vater an einem feuchtnebligen Nachmittag mich diesen wilden Schönheiten näherte, stand er plötzlich verwundert still und zeigte mir in der Ferne einen wunderlich gekleideten Soldaten, der sich bemühte, einen steilen Sandabhang hinaufzuklimmen, wobei er immer und immer wieder zurückrutschte und sich von unten bis oben fürchterlich beschmutzt hatte. Während mein Vater sagte: „Warum geht denn der verrückte Kerl nicht da linksherum, dann ist er ja gleich oben", waren wir dem Gewohnheitsabstürzer näher gekommen und bemerkten nun erst hinter einem kleinen Sandhaufen Menzel mit seinem großen Skizzenbuch, in dem er schon eine ganze Anzahl Studien nach dem merkwürdigen Modell in Kreide gezeichnet hatte. Es waren dies Studien zu dem berühmten Bilde „Der Überfall bei Hochkirch". Im Vordergrunde sieht man die von Feuer beleuchteten lebensgroßen Soldaten den Abhang hinaufklimmen, im Mittelgrunde sind die Silhouetten der schießenden Truppen, welche sich auf Pulverdampf abheben; in der Ferne lodern einige Gebäude in hellen Flammen, rechts in all dem Getümmel im Mittelgrunde, gleichfalls von der Feuersbrunst

erleuchtet, reitet Friedrich der Große gerade auf uns zu. Um die Schönheiten einer Feuersbrunst zu studieren, hatte Menzel mit dem Nachtwächter seines Reviers ein Abkommen getroffen, daß dieser ihn wecken solle, sobald in der Stadt gegen Morgen ein großes Feuer stattfände. Der Wächter sollte dann auch eine gute Belohnung erhalten. Ich will annehmen, daß der Künstler den Nachtwächter nicht zum Brandstifter gemacht hat; denn der Zweck wurde nach kurzer Zeit erreicht. – Auch zu den Pferden machte Menzel sehr gründliche Studien, und sein Atelier war eine ganze Woche lang wahrhaft verpestet, weil er sich ein paar Pferdeköpfe vom Schinder verschafft hatte, nach denen er wunderbar durchgeführte lebensgroße Ölstudien malte. Ich bin immer der Meinung gewesen, daß Schlachtenbilder, und namentlich, wenn sie in militärischem Auftrag gemalt sind, eigentlich wenig mit der Kunst zu tun haben, und wenn ich schnell die ganze Kunstgeschichte zurückdenke, so macht mein Gedächtnis eigentlich nur drei Haltestellen: die erste bei dem Mosaikfußboden in Neapel, auf dem die Alexanderschlacht in einer Weise dargestellt ist, als ob der Künstler schon die Augenblicksphotographie gekannt hätte. Den zweiten Halt mache ich bei der Übergabe von Breda von Velazquez in Madrid. Dieses Bild hat mit dem vorgenannten eine gewisse Ähnlichkeit. Auf beiden bildet ein großes Pferd von hinten die Pièce de résistance, auf beiden ist der Wald von Lanzen gleich künstlerisch empfunden; doch ist das letztere nicht eigentlich ein Schlachtenbild zu nennen.
Nun durchfährt mein Gedächtnis Paris und Versailles mit seinen Schlachtenbildern. Aber ich steige doch erst bei Hochkirch aus und mache Front vor diesem Meisterwerk, welches, wie es immer sein müßte, zuerst Kunstwerk und dann Schlachtenbild ist. Es wird stets ein Wunder bleiben, daß dieser Künstler, der nie Soldat gewesen und nie eine Schlacht mitgemacht hat, selbst in den kleinsten Holzschnittillustrationen in Kuglers „Friedrich der Große" der größte Schlachtenmaler geblieben ist.
Mit meinen Eltern war ich oft im Menzelschen Hause.

Er gab sehr viel auf das Urteil meines Vaters, dessen richtige, einfache und offenherzige Kritik von allen Künstlern seiner Zeit hochgeschätzt wurde. Es bleibt merkwürdig, daß doch nur immer die Kritik des Künstlers dem Werke des andern Künstlers förderlich sein kann, obgleich viele Kritiker offen aussprechen, daß wir Leute vom Fach eigentlich nichts von der Kunst verstehen und nur gelegentlich aus Dummheit oder Zufall, ohne die Kunst studiert zu haben, etwas Gutes machen. Mit meiner Mutter war Menzel ganz besonders gut befreundet, und er malte im Jahre 1847 ein wunderschönes Aquarellbild von ihr, das stets mein liebster und wertvollster Besitz geblieben ist. In dieser Zeit malte Menzel aus Freundschaft noch ein paar andre Aquarellporträts, ganz ohne Hintergrund und ganz ohne Deckfarbe, deren er sich später ausschließlich bediente. Er meinte, daß der Reiz der Aquarellmalerei erst mit der Deckfarbe beginne und konnte es dem sonst von ihm so hochgeehrten Ludwig Passini gar nicht verzeihen, daß dieser ohne Deckfarbe arbeitete. Er hatte bis zu seinem Ende in seinem ganz altmodischen Tuschkasten einige Honigfarben und viereckige Stücke Deckfarben, deren sich kein erwachsener Mensch mehr bedient. Als Weiß benutzte er das sogenannte Scherbenweiß (Fleur de neige), das er in einem uralten, viereckigen Näpfchen, in dem einmal Zahnpasta gewesen war, mit Regenwasser anrieb. Dieses Näpfchen, von seiner rechten Hand gehalten, hat er mit der linken in Lebensgröße aquarelliert. Unter den Pinseln bevorzugte er ganz abgearbeitete Borstpinsel und sehr dicke schwarzfarbige Aquarellpinsel, die durch jahrelangen Gebrauch sehr gelitten hatten. Aber gerade dadurch, daß er sich bemühte, mit diesen breiten Pinseln die feinsten Lichter in seinen Blättern anzubringen, behält seine Technik stets eine malerische Breite und hat trotz der fast übergroßen Anhäufung von reichen Details nie etwas Spitzes und Getüfteltes. Er behandelte die Aquarellfarbe gerade so wie ein andrer die Ölfarbe. Während seine Ölbilder mosaikartig auf der reinen Leinwand entstanden, entwickelten sich seine Aquarelle oft aus dem Stück Velinpapier, das er bei der Arbeit zum

Abstreichen der Pinsel verwendete. Auf diesem Chaos von Pinselstrichen wischte er etwas herum, dann entstand, nachdem er dies glatte Papier, das kein Mensch zum Malen gebraucht hätte, sauber auf ein Stückchen Karton geklebt hatte, der Anfang der Aquarelle. Dieser Karton wurde dann auf einem Reißbrettchen befestigt, das wiederum beweglich in einem flachen Holzkasten ruhte, auf dessen Kante verstellbar eine schmale Holzplatte zum Auflegen der Hand angebracht war. Alles ruhte auf einem kleinen Tisch, denn der Meister arbeitete nur im Stehen.

Zur Zeit, als Menzel die erwähnten Porträts malte, arbeitete er an dem Zyklus einer Festlichkeit, der roten und weißen Rose, ein Album, das seinerzeit dem Kaiser von Rußland geschenkt wurde. Menzel hat aus diesen Festspielen zu Fuß und zu Pferde in mangelhaften Theaterkostümen das Unglaublichste gemacht. Die reizenden überfüllten Blättchen sind alle aufs geistreichste eingerahmt, durch musizierende Kinder, durch imitierte mittelalterliche Elfenbeinschnitzereien usw.

Ich entsinne mich einer Szene aus jener Zeit, als wir Menzels eines Abends spät verließen und schon zum Abschiede nachts an der Haustüre waren. Eine Droschke stand bereit, uns heimzufahren. Da umarmte meine Mutter die Schwester des Künstlers zum Abschiede besonders herzlich auf der Straße, und im selben Momente gebot der Bruder peremptorisch: „Stillgestanden!“ Das Skizzenbuch flog aus der Tasche, und die Zeichnerei ging los – unter der Laterne auf offener Straße –, viel zu lange für meine Mutter, die sich nach Hause sehnte, zu kurz für den Droschkenkutscher, der für das Warten bezahlt werden mußte. Aus dieser Skizze entstand ein schönes Blatt „Abschied nach der Gesellschaft“, auf dem ganz besonders reizvoll eine Straßenlaterne aus dem Laub einer Linde hervorleuchtet, unter der ein paar Kutschpferde stehen, die ungeduldig im Gebiß kauen und mit den Köpfen schlenkern.

Ein andres Mal vermißte meine Mutter einen Handschuh beim Fortgehen. Nach langem Suchen ergab sich, daß Menzels Wachtelhund, mit Namen Selurri, den

Handschuh arg mißhandelt hatte. Meine Mutter schimpfte den Hund und seinen Herrn in schelmischer Weise aus und verlangte Schadenersatz. Am nächsten Tage kam eine reizende Federzeichnung, beinahe ein Albrecht Dürer: drei Putten (wir waren drei Brüder), die einen großen Ritterhandschuh tragen, und am Rande steht: „Verbrauche den mit Gesundheit."

III.

Menzel hat mit den Seinigen in sehr verschiedenen Quartieren gewohnt, ehe er nach der Sigismundstraße 3 zog, wo er über fünfundzwanzig Jahre bis zu seinem Lebensende blieb. Vorher wohnte er in der Zimmerstraße, Anhaltstraße, Schöneberger Straße, Ritterstraße, Marienstraße, Luisen- und Potsdamer Straße. Von dem Aussehen der Hinterhöfe usw. geben viele Studien genaue Kunde. An das alte Haus der Marienstraße stieß ein Gärtchen, und auf die blaugrau getünchten Mauern desselben hatte er zur Freude der Kinder seiner Schwester, neben einer Gartenlaube in Lebensgröße, in Öl einige Papageiständer gemalt, auf denen verschiedene Aras und Kakadus in schreienden Farben kreischten. Das Innere der Laube war mit einer Schweizerlandschaft dekoriert. Eines Morgens besuchte ich den Freund und fand ihn vor dieser Gletscherlandschaft sitzend, um sich, bereits schon eingeseift, rasieren zu lassen. Diese ganze Szenerie machte mir einen unvergeßlichen Eindruck. Alljährlich zog die ganze Familie in den sechziger Jahren nach Albrechtshof in die Sommerwohnung, wo sich auch andre Künstler einquartiert hatten. Der Albrechtshof beherrschte das ganze Gebiet der heutigen Rauchstraße bis zum Kanal und zur Stülerstraße. Dort war ein wirklich ländliches Idyll. Kornfelder wogten unter Alleen von Kirschbäumen. In dem vordern Gartenteil waren bunte Beete mit altem hohen Buchsbaum und vielen Obstbäumen. Um in dies Paradies zu kommen, mußte man eine längst verschwundene Holzbrücke passieren und las dann folgende Warnungstafel:

Der Mensch, der diesen Garten besucht,
Reiße nichts ab, weder Blume noch Frucht.
Bedenk, daß Adam einen Apfel nur genommen,
Und deshalb aus dem Paradies ist gekommen.

Noch heute sehe ich in der Erinnerung den liebevollen Onkel auf den Gartenwegen einen Kinderwagen herumziehen, in dem die Kleinen seiner Schwester saßen. Hier entstand nach und nach das unvergleichliche, sogenannte Kinderalbum. Denn der Wirt dieses Eldorados, zu dem man pilgerte, um dicke Milch zu essen, hielt natürlich auch allerlei Getier, und da der zoologische Garten dicht dabei war, so schuf der Meister jene Sammlung von Blättern zahmer und wilder Tiere, Blumen und Insekten, die die Freude aller Besucher der Nationalgalerie bildet. Menzels Atelier in der Sigismundstraße 3, vier Treppen, in dem er über ein Vierteljahrhundert gearbeitet, hatte nichts von dem, was man von der Werkstatt eines großen Künstlers erwartet. Keine Gobelins, keine alten Waffen und Antiquitäten, oder sonstige reizvolle und malerische Scharteken. Es war ein rot gestrichener, nüchterner, großer Arbeitsraum, in dem die reinigende und ordnende Hand einer guten Hausfrau durchaus fehlte. Menzel selbst war mit seiner Kunst und seiner Toilette penibel ordentlich, aber er konnte nichts wegwerfen, und so häuften sich in seinem Atelier die unglaublichsten Dinge an. Als Ehrenbürger von Berlin und seiner Vaterstadt Breslau wurden ihm ganze Ladungen von Schriftstücken und Drucksachen zugesandt, die, zu Säulen aufgetürmt, eine Bronzebüste unsres Kaisers umstauten. Die eine Querwand nahm das unvollendete Bild ein, das Friedrich den Großen vor der Schlacht bei Leuthen darstellt. Auf diesem modernsten Meisterstück fehlte bis vor wenigen Jahren nur die Figur des alten Fritz. Leider aber hatte der Meister an einigen bereits vollendeten andern Figuren in den letzten Jahren ein solches Mißfallen gefunden, daß er sie von einem großen Modellkerl, der mit einem Messer leider hoch genug reichen konnte, hat wegkratzen lassen, und diese böse Anwandlung ist tief zu beklagen.

Die andern Wände boten nur Haken- und Nagellöcher, an denen Arbeiten gehangen hatten, die ihm von Kunsthändlern entrissen worden.
Als einmal ein Photograph kam, um eine Aufnahme des Ateliers zu fertigen, sagte er diesem: „Was wollen Sie denn hier photographieren? Es sieht doch so aus, als wenn der Exekutor alles weggenommen hätte." Als nun der Photograph auf eine interessante und malerisch unordentliche andre Ecke des Ateliers hinwies, sagte der Meister: „Nein, diese lasse ich nicht photographieren, denn ich habe noch ein Blatt vor: der Tod, der mein Atelier ausfegt, und wenn ich alles dies da photographiert sehe, ist mir die Lust zu meiner Arbeit vergangen."
Die Schattenwand war dicht mit einer Fülle von Gipsabgüssen behangen: Totenmasken, Arme, Beine und Torso, Tierschädel und anatomische Körperteile. Nach diesen Gegenständen hat er eine große Studie bei Lampenlicht gemalt, die er für seine beste Arbeit hielt. Diese Tafel, Eigentum der Pinakothek, malte er zu dem Zwecke des Exerzitiums der Technik zur Zeit, als er sein Eisenwalzwerk schuf. Er wollte, um die beleuchteten Arbeiter gut herauszukriegen, an dieser Studie lernen, welche Art von Pinselstrichen für die Beleuchtung nötig sei. An dieser Studie hat er sehr viele Nächte gearbeitet. Während seines langen Lebens hat der Künstler überhaupt viel bei Nacht gearbeitet, immer bei der Öllampe, für deren Sauberkeit er persönlich sorgte. Er meinte, so ungestört könne man am Tage nicht arbeiten, und wenn er nicht die Nächte zu Hilfe genommen hätte, würde er nicht so viel haben schaffen können. Vor drei Uhr nachts ging er selten zu Bett.
Der Arbeitstisch, auf dem die Aquarelle entstanden, stand links vom Fenster. Der Künstler arbeitete ganz gleichmäßig mit beiden Händen. Er hatte sich die Tätigkeit mit der linken Hand in früher Jugend angeeignet, weil er auf Lithopraphiesteinen außer den Zeichnungen auch Schrift anwenden mußte. Diese verkehrte Schrift schrieb er ganz mühelos. Mit der rechten Hand aber schuf er seine Ölbilder, und die Staffelei mit der Arbeit stand auf der rechten Seite des Fensters. Der Meister

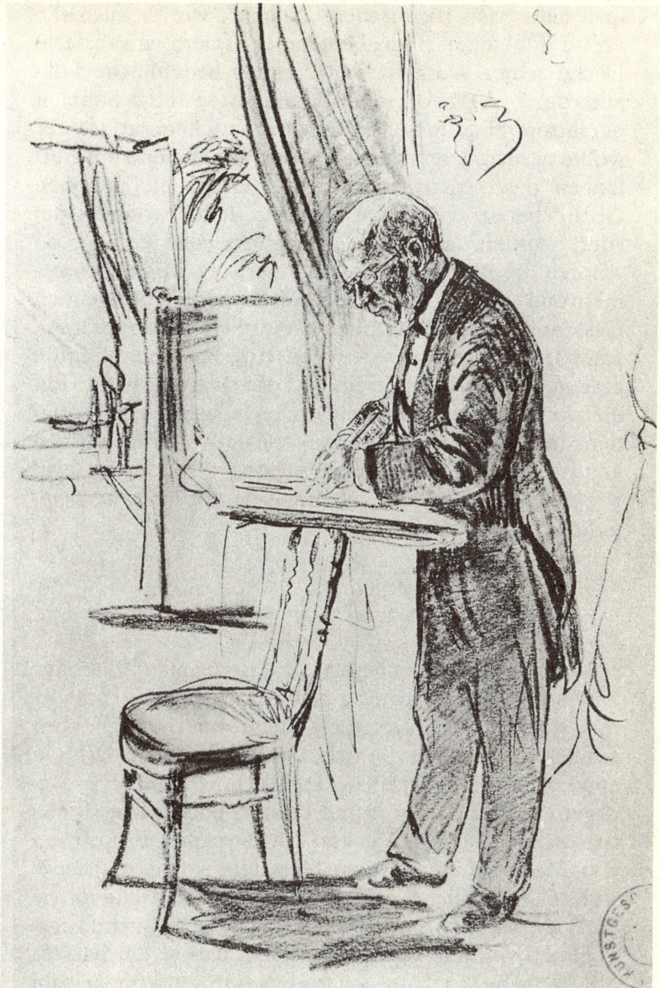

Paul Meyerheim, Menzel bei der Arbeit

maß alles nach rheinischem Zollmaß, wie er auch die Preise für seine Bilder immer in Talern angab. Die Decke seiner Werkstatt hatte einige bedenkliche Lükken, durch die bei starken Regengüssen feine Strahlen herabtropften. Einen Schmutz verursachenden Maurer wollte er nicht kommen lassen, und so standen zum Auffangen des Regenwassers immer einige merkwürdige Geräte bereit, welche an die betreffenden Stellen postiert wurden. Wenn er Pakete im Atelier öffnete, so wurden die Bindfaden und Schnüre sorgfältig abgenommen und über einen aus der Wand hervorspringenden Gasarm gehängt. Ein großer eiserner Ofen durchwärmte wohl frühmorgens das Atelier, seine Bedienung wurde aber gewöhnlich vergessen, und es war daher beim Hereinbrechen der Dunkelheit oft recht bitter kalt. Trotzdem arbeitete er, bis er nicht die Hand vor Augen sehen konnte. Aber er verschmähte jeden dienenden Geist, wie alles, was ihm den Aufenthalt im Atelier hätte angenehm machen können.

IV.

Menzels Werkstatt zu besichtigen, ist zu allen Zeiten für Neugierige sehr schwierig gewesen, und diese Schwierigkeit hatte sich in letzter Zeit bis zur Unmöglichkeit gesteigert. Mancher Besucher wurde mit den Worten empfangen: „Hier ist nichts zu sehen; ich bin keine Menagerie." Auch Minister und Prinzen und Prinzessinnen fanden keine Gnade. So traf ich einst den Erbprinzen von Meiningen und seine Gemahlin vor dem Hause, welche mir lachend erzählten, sie wären, nachdem sie die vier Treppen erklommen, von Menzel nicht angenommen worden, mit der Ausrede, daß er ein nacktes Modell habe. Er hätte zwar gemeint, der Prinzgemahl könnte ja hereinkommen; habe sich aber nicht geäußert, ob das Modell ein männliches oder weibliches gewesen sei.

Das Betreten seines Ateliers war ziemlich umständlich. Hatte man frühmorgens die vier Treppen des Hinterhau-

ses erstiegen, so glaubte man zunächst, bei einem Asyl für Obdachlose angekommen zu sein; denn auf den oberen Treppenstufen lagerten immer einige jammervolle Gestalten, welche warteten, bis Menzel kam, um unter diesen Modellen eins auszuwählen. Und er wählte auch nur eins, um erst mal, ebenso wie ein andrer Mensch seine Morgenzigarre raucht, eine schöne Zeichnung zu machen. Dann erst begann er seine Tagesarbeit. Die Namen und Adressen von den Modellen schrieb er sich niemals auf; er meinte, wenn man sie danach fragte, begännen sie mit der Erzählung ihrer Lebens- und Leidensgeschichten, und das liefe immer auf eine kleine Stiftung hinaus. Jüngere und verwöhnte weibliche Modelle verschmähten es, wenn es ihnen nicht ganz miserabel ging, sich dem Meister vorzustellen, und so kam es, daß die guten und schöneren Modelle nie zu ihm kamen, auch schon deshalb nicht, weil er sie höchstens zwei Stunden ohne Ruhepause brauchte, und sie nur korrekt richtig bezahlte.
Wenn man sehr oft und anhaltend geklingelt hatte, öffnete er endlich selbst. Er hatte von seinem Arbeitstisch bis zu dieser Tür einen langen Gang mit einer kleinen Treppe zu passieren, und bat dann, näher zu treten. Niemals hätte er, auch den besten Freund nicht, gefragt: „Was macht deine Frau oder [was machen] deine sonstigen Angehörigen?“ Selbst wenn man ein großes Glück oder Unglück erlebt, hätte er niemals das Gespräch darauf gebracht. Niemals bot er einen Stuhl an, was auch schon deshalb unmöglich war, weil die wenigen vorhandenen mit Stößen von Drucksachen belegt waren und er für sich keinen brauchte.
Einmal überraschte mich bei meinem Besuche der Anblick eines wundervollen Blumenstraußes. Auf meine Frage, ob irgendein Festtag sei, erzählte er mir folgendes: „Denke dir, da kommen vorhin zwei sehr fein angezogene Modelle und fragen, ob ich sie brauchen könne. Da sie mir etwas merkwürdig vorkamen, setzte ich ihnen auseinander, was es heiße, Modell zu sitzen. Sie versprachen, still zu halten, und da ich gerade hier auf dem Aquarell des Kissinger Kaffeegartens ein paar Damen

brauchte, stellte ich sie mir zurecht, zeichnete eine Stunde an ihnen, gab ihnen zwei Mark und schickte sie fort. Und nun kommt eben ein Dienstmann mit diesem Bukett und dieser Karte." Er und ich lasen: „An Se. Exzellenz Professor A. v. Menzel, mit dem herzlichsten Dank für den gehabten Genuß und für das einzige Geld, was wir in unserm Leben verdient haben."
Das Abenteuer der Damen, die auf diese listige Weise den Eintritt in sein Atelier erzwungen hatten, hatte den alten Herrn sehr ergötzt.
Als 1871 der Jubel Berlin durchtoste, saßen die Künstler mit ihren Familien in den Fenstern der alten ehrwürdigen Akademie. Einige dieser Fenster beleuchteten die Antikenklasse, die Menzel, um das Warten angenehm zu verkürzen, natürlich sogleich benutzte. Die Schüler hatten in dieser Klasse eine niedliche, kleine Maus durch Leckereien sehr zutraulich gemacht. Das Mäuschen hielt den zeichnenden Mann wohl für einen Schüler und näherte sich ihm. Menzel ließ nun von der Antike ab, studierte und zeichnete sofort das reizende Modell und belohnte es durch Stückchen von seinem Frühstück. Darüber hätte er beinahe das um den Kaiser jubelnde Deutschland versäumt. Erst im allerletzten Augenblick trennte er sich von der Maus, die, vom Hurraschreien erschreckt, sich zurückgezogen.
Die Hoffestlichkeiten waren sein besonderes Jagdrevier. Da wurden oft die Rückseiten des Programms oder die Menüs mit unzähligen gezeichneten Notizen bedeckt. Als er sein berühmtes Ballsouper malte, war ich mit ihm in das Palais Wilhelms des Ersten geladen. Sobald die Schlacht um das Büfett begann, war ihm klar, daß seine natürliche Größe nicht genügte, um den Studienplatz zu überblicken. Er bat mich, als deckende Kulisse zu dienen, und stieg auf einen Stuhl neben einem Pfeilerspiegel. Schließlich stieg er auch, unbekümmert um die etwas staunende Hofgesellschaft, auf den Marmortisch vor dem Spiegel, um das Ganze einen Augenblick noch besser überschauen zu können. Der König hatte ihn stilllächelnd wohl bemerkt und ließ ihn ruhig gewähren.
Bei all diesen Gesellschaftsbildern hat er es stets ver-

schmäht, Porträts aus den Hofkreisen anzubringen, und als er einmal darauf aufmerksam gemacht wurde, daß es doch interessant sein müßte, berühmte Schönheiten und bedeutende Leute auf seinen Hofbildern wiederzuerkennen, meinte er, daß er dies deshalb nicht tue, weil das Publikum die Bilder dann immer mit andern Interessen ansehen würde als mit rein malerischen.

Zu allen Zeiten war der Ehrfurcht gebietende Künstler ein gern gesehener Gast bei seinen Königen und Kaisern, die in ihm immer den großen, lieben und rechtschaffenen Mann, auch den Geschichtsschreiber verehrten, welcher Deutschlands Großtaten mit seinem Pinsel und Stift für alle Zeiten festgehalten hat. Unser Kaiser Wilhelm II. war, wie wir alle wissen, unermüdlich, dem verehrten Meister Beweise seiner Verehrung darzubieten. Noch in jüngster Zeit erzählte Menzel, daß es ihm bei der Entstehung des Flötenkonzertes leider nicht möglich gewesen war, die Erlaubnis zu erhalten, das Zimmer, in dem die Szene spielt, bei Abend mit brennendem Kronleuchter zu studieren, um dessentwillen er das Bild eigentlich gemalt hat, wie er behauptete. Der junge Kaiser nahm Notiz davon und lud den Künstler eines Abends nach Potsdam ein. Als er am Schloß abstieg und die Treppe hinaufgehen wollte, empfing ihn ein Offizier aus der friderizianischen Zeit. Menzel, der geistesgegenwärtig genug war, um zu sehen, daß dies der Kaiser selbst war, bemerkte, auf die Uniform deutend: „Ich habe doch wohl die Ehre mit dem Hauptmann R. R. aus dem und dem Regiment." Der Kaiser führte den Gast in den Musiksaal auf einen für ihn bestimmten Platz, und nun sah er mit staunenden Augen sein Flötenkonzert leibhaftig mit Beleuchtung in die Erscheinung treten. Meister Joachim saß am Violinpult und die Kaiserin im Zopfkostüm unter den Zuschauern.

Seine Uniformkenntnis von den Soldaten des Großen Friedrich war ganz unglaublich. Eines Abends wurden im Beisein des Kaisers die Särge in der Gruft der Garnisonskirche geöffnet, und wenn an denselben keine Namen befestigt waren, so ahnten die anwesenden Historiker und Gelehrten und Militärs nicht, welche sterblichen

Reste sie vor sich hatten. Nur Menzel allein rekognoszierte jeden Prinzen und Heerführer mit größter Sicherheit nach den vorhandenen Uniformstücken, und nur wenn die Toten mit einem einfachen Sterbehemde angetan waren, versagte seine Wissenschaft. Selbstverständlich machte er gleich einige Zeichnungen und kam von dieser Schau noch in später Nacht zu mir in Gesellschaft, um viel Interessantes zu erzählen, nachdem er sich vorher die Hände gewaschen hatte. Man kann sagen, daß noch nie ein großer Künstler von seinem Landesherrn derartig geehrt wurde wie unser Menzel. Wohl jeder war bei seinem Tode, bei der Veranstaltung des großartigen Leichenbegängnisses davon tief ergriffen, daß der hohe Herr dem Sarge seines großen, verehrten und geliebten Freundes in eigener Person zu Fuße folgte. Mancher mag beim Anblick der ergreifenden, prachtvollen und malerischen Feier gedacht haben: Wie schade, daß der Verewigte das nicht gesehen, er hätte es sicher in einem schönen Bilde verherrlicht.
Kein Gegenstand war ihm je zu gering, und er zeichnete, wo er ging und stand, mit geradezu krankhaftem Eifer. Ich stand neben ihm in feierlicher Stimmung beim Begräbnis eines guten Bekannten. Die Rede des Geistlichen sagte ihm nicht viel, wohl aber die über dem Frackschoß gekreuzten Hände eines Herrn, der im Gedränge vor uns stand. Menzel griff in die Tasche, und flugs wurden diese Hände in das kleine Buch notiert. Ein andermal war ich mit ihm auf einem Herrendiner, zu dem er ungewöhnlich früh, schon beim Braten, erschienen war. Als man aufgestanden und beim Kaffee angelangt war, lehnte sich im Nebenzimmer ein alter Herr mit seinem Arm auf eine Bücheretagere. Menzel bemerkte diese Hand, sagte zu dem würdigen Tischgast, den er gar nicht kannte: „Bitte, lieber Herr, halten Sie mal einen Augenblick still", dann ergoß er sich zu mir in wahrhaft überschwenglicher Weise über die Schönheit der Hand in dieser Stellung und dieser Beleuchtung. Buch und Stift flogen aus der Tasche. Für den Herrn, der sich gern mit einer Zigarre niedergelassen hätte, gab es keine Gnade; er mußte sehr lange stehen bleiben, bis das kleine Mei-

sterwerk vollendet war. Ein andermal saßen bei einer Soirée mehrere hübsche Frauen in lebhafter Unterhaltung auf einem runden Sofa beieinander. Menzel stellte sich auf den Anstand und fixierte, das Buch schon in der Hand, besonders die eine. Diese, eine bekannte Berliner Schönheit, tat, als bemerkte sie ihn nicht, und unterhielt sich scheinbar unbefangen ruhig weiter, ohne sich zu rühren, in der Hoffnung, ein schönes Konterfei aus des Meisters Hand zu erhalten. Nach längerer Zeit klappte er sein Buch zu, steckte es in die Tasche und wollte verschwinden. Er wurde aber von den liebenswürdigen Frauen und dem Modell gestellt und aufs eindringlichste gebeten, die Zeichnung zu zeigen. Er blieb aber ganz unerbittlich und wurde sehr unliebenswürdig befunden. Meiner Bitte, mir doch die Zeichnung zu zeigen, schenkte er in einem leeren Nebenzimmer nach einigem Zögern Gehör. Er hatte von der schönen, etwas rundlichen Frau, die mit übergeschlagenen Beinen dagesessen hatte, nur einen Oberschenkel und den interessant und prall darübergezogenen Faltenwurf bis zur natürlichen Tournüre gezeichnet.

Solange über Menzelsche Kunstwerke schon gesprochen worden ist, ebenso lange währen die schmerzlichen Ausrufe darüber, daß er keinen Sinn für Schönheit gehabt habe, worunter der gewöhnliche Erdenmensch natürlich immer nur Frauenschönheit meint. Über diese dachte der Meister allerdings ziemlich eigentümlich, obgleich er durchaus nicht blind dafür war. Als er einmal auf einen besonders schönen Kopf eines jungen Mädchens aufmerksam gemacht wurde, verhielt er sich in seinem Urteil etwas ablehnend und meinte, sie habe doch vom Nasenflügel bis zum Ohr eine entsetzliche Einöde, in der auch gar nichts passiere. Als ich ein andres Mal mit ihm von schönen Frauen redete, meinte er, er habe wohl deshalb niemals Porträts von schönen Frauen gemacht, weil dieselben, wenn sie das Atelier beträten, immer beanspruchten, vom Künstler wie Wesen aus einer andern Welt mit ganz andern Augen angesehen zu werden.

Er schloß die Unterhaltung, um zu zeigen, wie objektiv der Maler sehen müsse, mit der Frage: «Na, siehst du dir denn ein weibliches Krokodil mit andern Augen an als ein männliches?" Zu dieser Meinung ist er wohl dadurch gekommen, daß, als er sein großes Krönungsbild malte, die sämtlichen porträtierten Prinzessinnen, Hof- und andre Damen alle miteinander sich durchaus nicht geschmeichelt fühlten.

V.

Menzel hat in seinem Leben niemals geraucht und nie Karten gespielt. Intime Freunde behaupten, daß er sich für eine schöne junge Dame, deren reizendes Bild in der Nationalgalerie hängt, etwas mehr interessiert hätte. Doch ist er sicher Junggeselle in des Wortes verwegenster Bedeutung geblieben. Anfang der Sechziger ist er auf der Sommerfrische im ehemaligen Albrechtshof zum Kegelspiel verführt worden, war aber dabei viel zu umständlich, um eine Meisterschaft zu erlangen. Auch das Roß hat er, um sich Kenntnis in der Reiterei zu verschaffen, bestiegen, und ich habe mit ihm, Karl Becker und den Brüdern Spangenberg ein paar Reitpartien von der Fürstenbergschen Reitschule am Leipziger Platz bis zum Grunewald ohne Schaden unternommen. Abends elf Uhr besuchte er gewöhnlich seine alte Stammkneipe, die Weinhandlung von Frederich, Potsdamer Straße. Er war dort seit Jahrzehnten bekannt, und da er es nie liebte, daß von ihm Notiz genommen werde, so hatten die Kellner und Bediensteten die Order, den Meister durch keinerlei Begrüßung und Redensart zu inkommodieren. Er nahm an einem Tische in einer Ecke Platz und kippte die übrigen leeren Stühle um. Als ich ihn einmal fragte, ob er als alter Don Juan hier heute noch Besuch erwarte, erwiderte er sarkastisch: „O nein, aber wenn ich hier endlich in Ruhe mein Mittagbrot essen will, wobei mir das Kauen schon schwerfällt, dann kommt irgendein mir unbekannter Freund und will sich mit mir über meinen längst verstorbenen Schwager oder dergleichen unterhalten. Und das stört mich. Deshalb drehe ich die Stühle um und sage dem Betreffenden, daß ich noch Besuch er-

warte." Ich verstand den Alten und setzte mich mit meiner Frau an einen andern Tisch, zu dem er später, als er aufgegessen hatte, kam, um bis gegen zwei oder drei zu plaudern.
Er war bei Festlichkeiten und in der Kneipe immer der allerletzte, wies es aber mit äußerster Schroffheit ab, wenn ein Freund ihn zu Fuß oder per Droschke nach Hause geleiten wollte. Beim Heimgang spürte er dann, wenn in den Straßen nachts gegraben und gearbeitet wurde, immer neue Lust, Studien zu machen. In der Potsdamer Straße war er mit einer solchen nächtlicherweile beschäftigt, als ein anwohnender Herr den großen Künstler stehend zeichnen sah. Der Herr holte einen Stuhl herbei und bat Seine Exzellenz höflichst, es sich bequem zu machen, wurde aber von Menzel, der diese Freundlichkeit nur als eine Störung betrachtete, sehr unfreundlich mit seinem Stuhle heimgeschickt.
Eines Abends hatte er sein Diner bestellt, und er nahm immer ein sehr reichliches ein, da es die einzige Mahlzeit war, die er am Tage außer einer Tasse Kaffee mit einer Semmel des Morgens genoß. Manchmal speiste er ein kleines Frühstück im Kreise der Seinen. Wenn ihm aber ein solches zum Atelier hinaufgeschickt wurde, so vergaß er meistens über der Arbeit, es zu sich zu nehmen. Sein Prinzip war, man müsse den Magen dressieren und dürfe nicht von ihm abhängig sein. An jenem Abend hatte er also sein Diner bereits vertilgt. Beim Schluß desselben, etwa halb zwölf Uhr, war er sanft eingeschlafen. Vom Nachbartische aus beobachteten Freunde, daß er nach einem halben Stündchen wieder erwachte und dem Kellner zurief: „Bringen Sie mir noch einen Eierkuchen." Dieser erschien, und der Meister hieb tapfer darauf ein. Mitten in dieser Arbeit kam aber wieder der Sandmann und ließ die Exzellenz von neuem ein halbes Stündchen entschlummern. Bei erneutem Erwachen wollte Menzel nun den Rest des Eierkuchens verzehren. Er bemerkte aber, daß dieser kalt und ungenießbar geworden, legte Gabel und Löffel darauf, schob ihn etwas von sich und holte sein Skizzenbuch aus der Tasche, um dieses merkwürdige Stilleben genau abzuzeichnen. –

Bei Frederich nun hatte er auch ein Zimmerchen gemietet, in dem er schlief, wenn er auf das Nachhausegehen verzichtete. Auch bezog er dieses Gemach regelmäßig ein oder zwei Tage vor seiner Abreise mit seinem Gepäck, um in seiner Häuslichkeit der geruchvollen Einmottung zu entgehen.

Unter seinen Reiseeffekten befand sich ein starker Haken mit einer Schraube. Der Portier des „Hotels Leinfelder" in München, wo Menzel regelmäßig abstieg, erzählte mir, daß Exzellenz zum Wirte gesagt habe: „Mein Herr, ich gehöre zwar nicht zu den allerkleinsten, aber ich bin doch nicht groß genug, um meine Kleider abends hoch oben an Ihren Haken zu hängen, und da gestatten Sie wohl, daß ich diesen Haken hier in meiner Höhe befestige."

In einem Sommer war Menzel der Gast eines intimen Freundes, der in Hofgastein eine Villa besaß. Der Meister machte täglich Ausflüge, von denen er natürlich mit reicher Beute heimkehrte. Eines Tages zur Speisestunde ließ der Gast ungewöhnlich lange auf sich warten. Die ganze Familie schaute mit Ferngläsern aus allen Fenstern nach ihm aus, und allen knurrte der Magen. Da endlich erspähte man ihn auf der Landstraße. „Schnell die Suppe auftragen", hieß es, „er kommt." Diese stand schon einige Zeit auf dem Tische, aber wer nicht erschien, war Menzel. Als man nochmals lange gewartet, wurde die Familie besorgt und fürchtete, daß ihm ein Unglück zugestoßen. Man eilte auf die Landstraße und fand ihn wohlbehalten an einem Chausseegraben sitzend, damit beschäftigt, seinen verstaubten Stiefel mit der umgekrempelten Hose zu zeichnen.

Seit vielen Jahren ging der Meister regelmäßig im Sommer nach Kissingen. Nicht die besondere Schönheit der Gegend, noch die Heilkraft seiner Quellen reizten ihn dazu. Er begleitete zuerst ganz einfach seine leidende Schwester mit den Kindern als guter Bruder und Onkel in diesen Badeort, und später ist ihm dieser Sommeraufenthalt eine liebe Gewohnheit geworden. Er ist so oft dorthin gegangen, daß ihm eines Tages die Badedirektion eine Art Jubiläumsfeier veranstaltete, wobei vom

Festredner hervorgehoben wurde, die Heilkraft des Wassers trage dazu bei, daß der greise Stammgast stets so frisch und munter sei, worauf er zum allgemeinen Erstaunen erwiderte: „O bitte, ich habe niemals ein Glas getrunken, und ein Bad habe ich nur einmal der Kuriosität halber genommen." Der Meister war aber mit allen Badegästen früh auf der Brunnenpromenade und machte seine Beobachtungen, die in mehreren Aquarellen in die Erscheinung traten. Gruppen von Kurgästen, die sich wie üblich über die Wirkung unterhalten, eine Gesellschaft in einem Kaffeegarten mit einem Radler und seinem Rade in der Mitte, dessen Konstruktion er in einigen Bleistiftstudien so genau gezeichnet hat, als wenn er in einer Fahrräderfabrik angestellt wäre. Ein drittes Blatt stellt junge Touristen dar, die in einer Ruine herumklettern, und ein sehr figurenreiches verherrlicht den Einkauf des Frühstückgebäckes morgens an der Promenade, die wichtigste und größte Tätigkeit eines jeden Kurgastes. Wenn die Badekapelle irgend etwas Klassisches spielte, so verweilte Menzel stets andächtig zuhörend in der Nähe der Musik. Beim Frühstück im Freien beobachtete und zeichnete er die Spatzen und Finken, die Gartenbeete, Sträucher und Palmenbäumchen, und wenn sich gar nichts andres bot, die an die Tische gelehnten Stühle. An einem schönen Morgen schlug ich ihm vor, selbander nach dem benachbarten Dorf Aura zu gehen, wo ich sehr malerische Winkel entdeckt hatte. Er sah gleich nach der Uhr und sagte: „Wann wollen wir denn losziehen? Aber wir wollen uns einen Wagen nehmen, damit wir uns nicht müde laufen." Obgleich wir beide ein sehr ungleiches Gespann sind, so mußte ich bekennen, daß er mir an Schnelligkeit und Ausdauer im Gehen weit über war. Menzel stand fast den ganzen Tag und saß nur zu den Mahlzeiten. Wir fuhren etwa um elf Uhr ab; ich kaufte etwas Proviant, da das Dorfwirtshaus von Aura nicht gerade einladend aussah. Er freute sich, um die Table d'hote herumgekommen zu sein, auf die er stets einen besonderen Haß hatte, weil sie so viel Zeit vom Tage und von der Arbeit wegnahm. Wir hatten verabredet, daß unsre Damen uns mit einem Wagen am

Abend aus dem Dorfe wieder abholen sollten, und erreichten mit unserm Einspänner an dem sehr heißen Tage den Studienplatz in bester Laune. Nach kurzer Umschau hatte jeder sein Motiv gefunden: während ich in freier Luft auf dem Hofe eines Bauerngehöftes zeichnete, hatte sich Menzel eine Stelle im Innern eines halbeingefallenen Häuschens ausgesucht.
Eine durch ein paar Wandlöcher und eine schmale Tür spärlich beleuchtete, sehr defekte, alte steinerne Wendeltreppe reizten ihn zu einer Aquarellstudie. Er ließ sich durch hilfsbereite, schmutzige Bauernjungen einen wackligen Tisch in das Verließ bringen, das ganz und gar nicht von den Wohlgerüchen Indiens durchzogen war. Die Bauernkinder blieben, stundenlang auf den Fensterbrettern hockend, eifrige Zuschauer. Nachdem wir ein paar Stunden gearbeitet hatten, versuchte ich ab und zu, meinen Freund zu einer Eßpause zu veranlassen; als aber meine immer dringlicher werdenden Bitten gänzlich unberücksichtigt blieben, sagte er: „Fange du nur immer an, ich komme gleich." Ich traf meine Vorbereitungen und wartete – wartete in stiller Ehrfurcht; aber da der Meister ohne Mahnen nicht kam, verzehrte ich, schon halb ohnmächtig, das frugale Mahl. Als ich lange fertig, kam er endlich an, war aber durchaus nicht zu bewegen, von den mitgenommenen Eßwaren etwas anzurühren. Er bestellte vielmehr bei der dicken Wirtin eine Suppe, obgleich ich ihn dringend davor gewarnt hatte, verschlang diese und eine gräßliche Wurst, ein Produkt Auras, und alle Vorstellungen scheiterten gänzlich. Durch diese Gespräche wurde ein kleiner ruppiger Hund und ein kleiner Junge, mit einem Stock in der einen Hand, die andre zum großen Teil in der Nase und im Munde, auf die möglicherweise für sie abfallenden Reste aufmerksam und beobachteten sehnsuchtsvoll das Ende unsres Diners. Der Knabe fuchtelte aus Langerweile hinter sich mit dem Stock herum und traf dabei das Hündchen, das diese Berührung mißverstand, übelnahm und davonlief. Menzel aber herrschte nun den Knaben ganz zornig an: „Was haust du denn den Hund, er hat dir ja nichts getan; das ist ja ganz albern und unge-

zogen von dir.“ Der Junge aber verstand den Zorn des Meisters nicht und schlich davon. Noch kauend, ging Menzel wieder in sein Burgverließ, und ich zeichnete auf dem Hofe weiter. – Mittlerweile sank die Sonne und vergoldete wahrhaft prachtvoll den alten hölzernen Stallgiebel, den ich abzeichnete. Er hatte kein einziges gerades, wohlerhaltenes Brett mehr, und sie alle waren mit ihren tausend Löchern von Natur schon mit einer goldgelben Flechte überzogen, auf die die Abendsonne so kräftig leuchtete, daß man von der Pracht ganz geblendet ward; die Hausrotschwänzchen mit ihren Jungen, die in dem Giebel nisteten, zogen sich in ihr Quartier zurück, die Stare hielten auf der riesigen Pappel des Gehöftes ihre große Abendversammlung ab, zu der alle Genossen aus der Umgebung herzugeflogen waren, und unter Pfeifen und Quinkelieren mögen sie sich wohl mitgeteilt haben, daß heute sehr sonderbare Gäste zum Besuch auf dem Bauernhof verweilten. Nun kam auch ein mageres Kuhgespann mit dem Kleewagen nach Hause, die Hühner gingen über Menzels Arbeitsstätte schlafen, und ein paar Gänse standen stutzig an der Tür bei dem Meister, dessen Maltisch sie passieren mußten, um unter Dach und Fach zu kommen. Das aber sollte ihnen angestrichen werden, denn sie fielen sofort dem Pinsel des Künstlers zum Opfer, der die schnatternden, sich langsam einschleichenden Gänschen als entzückende Staffage in das geheimnisvolle Interieur malte. Ich hatte meine Arbeit längst beendet und wartete auf die Damen, die uns holen wollten. Es war allmählich recht finster geworden, die Fledermäuse entflogen dem alten Giebel, die Mistkäfer und Nashornkäfer krabbelten aus ihrem duftigen Bette, dem Misthaufen, und schwirrten mit tiefem Gebrumm um mich her. Der Meister aber pinselte noch immer. Endlich kam der Wagen mit den Damen, die uns schon längst bereit zur Abfahrt glaubten.

Mit vereinter Kraft gelang es uns nur mühsam, den heftig opponierenden Freund aus seinem Verließ herauszuziehen. Ich sagte, als er noch Miene machte, die Wirtin aufzusuchen, daß ich längst alles bezahlt habe. Er ging

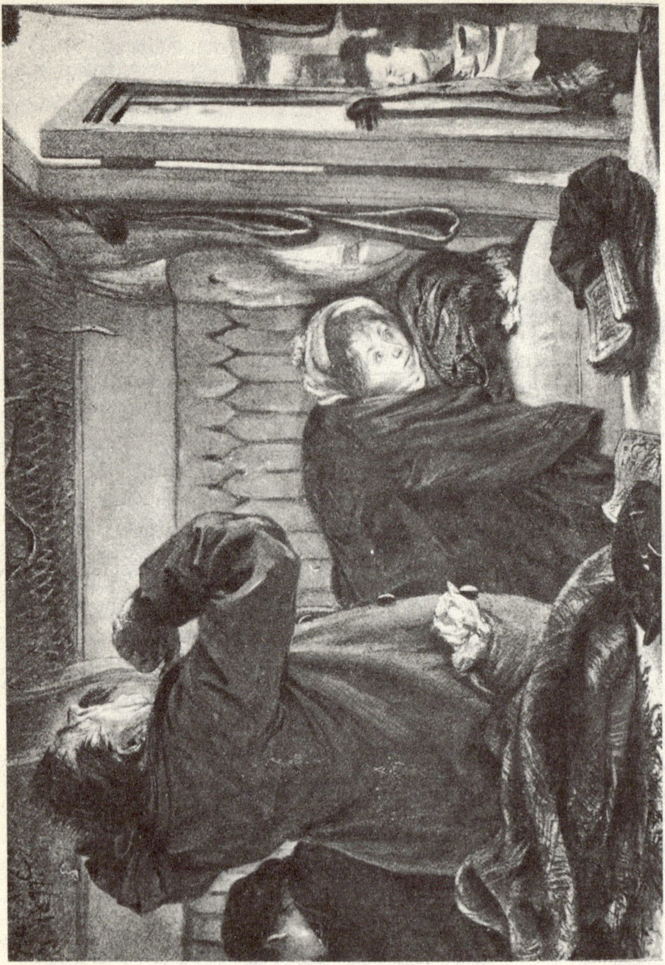

Adolph Menzel, Frühmorgens im Nachtschnellzug, 1877

aber doch noch auf diese Dame zu und sagte ihr: „Liebe Frau, sagen Sie doch dem Knaben, daß er nicht mehr unnütz den Hund haut, er hat ihm ja gar nichts getan, und das ist ganz albern von dem Jungen." Nun endlich stieg auch er zu uns hinein, und wir fuhren durch die kühle Nachtluft nach Kissingen zurück; während der Heimfahrt konnte er die Bemerkung nicht unterdrücken, daß man so viel Zeit mit dem Essen vertrödele, die der Malerei noch hätte zugute kommen sollen.

An einem andern Morgen teilte ich dem lieben Freunde mit, daß ich nicht weit ein sehr originelles Taubenhaus entdeckt hätte, das ich nachmittags abzeichnen wollte. Wir verabredeten, uns um vier Uhr in dem Kaffeegarten, in dem dies künstlerische Objekt stand, zu treffen. Dieser Verabredung wohnten der berühmte Sänger Albert Riemann und Paul Lindau mit seinem Söhnchen bei; und da der erstere und der letztere auch die bildende Kunst liebten, baten sie, sich beteiligen zu dürfen. Zur bestimmten Stunde hatten wir uns in dem Garten eingestellt und waren eben mit unserm Kaffee fertig, als der Meister eintraf. Um keinen Preis war er zu bewegen, die bereits eingeschenkte Tasse auszutrinken, sondern stürzte gleich auf den malerischen Hof, wo wir vier Zeichner verschiedener Gestalt uns zum Staunen der Wirtsfamilie plazierten. Das alte, morsche Taubenhäuschen hielt aber wacker unsern Blicken stand, und wir arbeiteten, durch Menzels Fleiß angespornt, sehr lange an diesem Vorwurf. Der kleine Lindau schrieb abends an seine Mutter: „Heute haben wir, Menzel, Riemann, Meyerheim und ich, ein Taubenhaus gemalt, ich war aber zuerst fertig."

An der Kurpromenade sah ich bei einem Kunsthändler eine flüchtige Kreidezeichnung Menzels auf einer Staffelei vor dem Laden ausgestellt. Ich teilte ihm dies mit, und er ging sofort mit mir zu seinem Werke, das eine Szene in einem Eisenbahncoupé darstellte. Eine müde, reizlose Frau ist in früher Morgenstunde durch das Aufreißen der Coupétür und das Kaffeegeschirr des Kellners aus ihrer Lage aufgeschreckt und blickt verstört nach dem Labetrunk. In dieser Situation ist es auch für das schönste Weib schwierig, schön und lieblich auszusehen. Der ebenfalls erwachte Gatte, nur von hinten gesehen, reckt gähnend und verschlafen die Glieder. Menzel hat unzählige Studien in Eisenbahncoupés gemacht, und kein Reisegenosse war vor seinem Stift sicher. Er hatte seine Zeichnung eine Weile betrachtet und sprach für sich: „Das ist ja schmachvoll." Dann betraten wir beide den Laden, und Menzel sagte dem Inhaber etwa folgendes: „Lieber Herr, Sie haben da von mir eine alte Sünde ausgestellt, ganz schamrot bin ich geworden; das Ding kann aber gar nicht so bleiben. Ich bitte Sie, es mir ins Hotel zu schicken, ich werde noch etwas daran arbeiten." Der Händler erwiderte, daß er dies wohl gern tun würde, daß ihm selbst das Bild aber nicht gehöre, und er den in Kissingen anwesenden Besitzer erst befragen wolle. Der Meister hätte am liebsten das Blatt gleich mitgenommen, um es so schnell wie möglich allen Blicken zu entziehen. Nach einer Stunde, kurz vor der Table d'hote, war das Bild im Hotel, und als diese kaum beendet, sah ich meinen Freund sich erheben und verschwinden, sowohl den einen Tag als auch viele folgende. Er schloß sich sogleich nach Tisch in sein Zimmer ein und arbeitete an der Kreidezeichnung, bis diese sich in ein ganz wundervolles vollendetes Gouachebild verwandelt hatte. Er stellte dies Meisterstück dem um so mehr erfreuten Kunsthändler wieder zu, als er nichts für seine Mühe beanspruchte.

Ein andermal machte ich ihm den Vorschlag, einen Ausflug nach dem benachbarten Neustadt zu unternehmen. Wir fuhren gegen Mittag mit meinem Schwager Professor Lehfeldt dorthin und kamen gerade an, als die Suppenteller in dem bescheidenen Hotel klapperten. Wir, mein Schwager und ich, meinten, es würde am besten sein, gleich rasch mitzuspeisen und dann die Stadt und ihre Sehenswürdigkeiten zu besichtigen. Da kamen wir aber schön an. Mit Entrüstung und Abscheu verdammte Menzel die Erfindung der Table d'hote, und weniger wohl als übel durchzogen wir bei brennender Glut die einsame Stadt, holten die Mittag haltenden Kirchendiener von ihrer beneidenswerten Beschäftigung und besahen ein paar uninteressante Kirchen. Auf unsre Vorstellungen machte Menzel dann die Konzession, wenigstens das Rathaus nach Tische zu besichtigen, und wir eilten zur Wirtschaft. Da aber entdeckte er plötzlich an einem Hause noch ein altes Steinrelief, das Porträt einer Frau in ganzer Figur, welches sehr einem Pfefferkuchen glich, oder dem plattgedrückten Max und Moritz von Busch. Während er sagte: „Geht ihr nur immer voran", hatte er auch schon sein Blockbuch herausgezogen und zeichnete drauflos. Die steinerne Kostümstudie bearbeitete er so schmeichelhaft, als wenn das Original mindestens von Peter Vischer gewesen wäre. Wie gewöhnlich erschien er dann, als wir unsre Mahlzeit längst beendet hatten, und kaum, daß er sich notdürftig gesättigt, ging es, trotz der Hitze, sofort ins Rathaus. Man zeigte uns alte, schöne Gold- und Silbergefäße, die mein Freund merkwürdigerweise nicht abzeichnete. Dagegen reizte ihn eine große Vorhalle mit interessantem Holzgebälk, und da ich nichts Besseres zu tun hatte, zeichnete ich an seiner Seite denselben Gegenstand, der erst durch Menzels Behandlung interessant wurde. Die Stunden enteilten; es gab nur einen Zug, der uns nach Kissingen zurückbringen konnte. Meine Malsachen hatte ich zusammengepackt und machte Menzel darauf aufmerksam, daß auch er schließen möge. Ich predigte tauben Ohren! Zum Fenster hinaussehend bemerkte ich in der Ferne den alten Hotelomnibus vorfahren und sah ein paar verdrießliche Herren und den Wirt heftig gestikulieren; ich eilte über den Marktplatz, besänftigte die Ungeduldigen und bat, daß der Kutscher den kleinen Umweg beim Rathaus vorbei machen möge, da mein alter Freund nicht gelenkig genug sei, hier herüberzueilen. Diese Lüge half. Ich stürmte die Rathausstiege hinauf, sagte Menzel kurz, wir müßten fort, da wir keine Zahnbürsten und Nachthemden bei uns hätten, und seiner knurrigen Weigerungen nicht achtend, packten mein Schwager und ich seine Sachen zusammen, nahmen seinen Mantel und schoben ihn in den Omnibus, dessen Insassen uns schon mit netten Grobheiten empfingen. Der Klapperkasten raste zur Station, die Pferde waren verwundert, daß sie

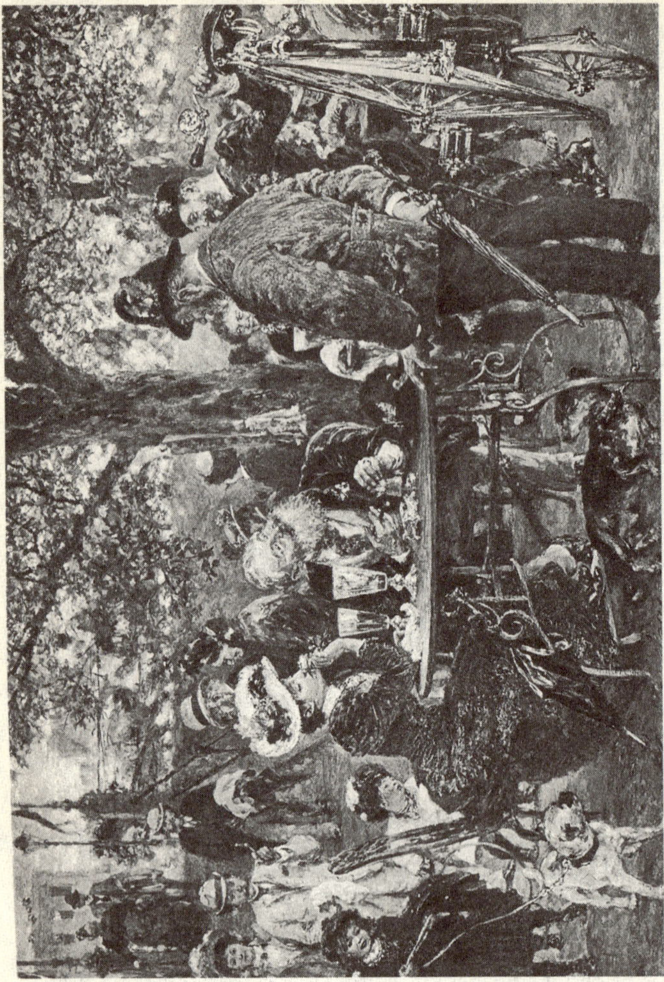

Adolph Menzel, Biergarten in Kissingen, 1891

so ungewöhnlich viel Hiebe kriegten, und wir wären auch nicht mehr zurechtgekommen, wenn der Zug nicht eine kleine Verspätung gehabt hätte. Endlich saßen wir: Gott sei Dank! Menzel hatte seinen Zorn etwas vergessen, da er draußen auf dem Bahnsteig eine Bäuerin entdeckte, die einige blecherne Milchkannen trug. Sie mit der Lorgnette betrachten und loszeichnen war eins. Der Zug setzte sich in Bewegung, aber solange es irgend möglich war, steckte Menzel den Kopf noch zum Fenster hinaus, um die flüchtige Zeichnung zu vervollständigen. Als er sich endlich zur Ruhe gesetzt und seinem Unmut noch einmal Ausdruck gegeben hatte, schlief er sanft ein. Er meinte später, daß der Sandmann ihn häufig in der Eisenbahn überfalle; schon oft sei er, wenn er allein reise, an seinem Bestimmungsort vorbeigefahren.

Wie verschieden große Künstler doch arbeiten können! In einem andern Jahre war auch der liebenswürdige Oswald Achenbach in Kissingen. Wir machten viele Spaziergänge miteinander, und mit seinem lebhaften Geiste entdeckte er viele schöne Landschaftsmotive, deren Reize er mit Entzücken und Begeisterung erklärte; aber er, einer der größten deutschen Landschafter, machte keinen Gebrauch davon, sondern überließ es neidlos mir, alle diese Herrlichkeiten zu zeichnen. Hingegen arbeitete auch er sehr fleißig alle Tage, während seine Frau die Kur gebrauchte. Im Hotel hatte er in einer hellblauen Stube mit Sonnenschein sein Atelier aufgeschlagen und malte an einigen kleineren Bildern, alle vom gleichen Format, die Umgebung Neapels darstellend. Es war eine wahre Freude, ihm bei der Arbeit zuzusehen. Die Studien zu diesen Bildern waren mit Bleistift in ganz kleine Skizzenbücher gezeichnet oder mehr notiert und geschrieben, und aus diesen flüchtigen Aufzeichnungen, die nicht aussahen, als wenn sie ein Künstler gemacht hätte, entstanden, wie durch Zauberei, herrliche Werke. Das Gedächtnis von Achenbach war unglaublich stark; es schien, als wenn er einen photographischen Apparat im Kopfe hätte; nur indem er die merkwürdigsten Details auf die Leinewand zauberte, begeisterte er sich immer mehr und mehr für seine Arbeit und erklärte dabei die Gesetze der Kunst und der Natur. Mag er mitunter auf seinen Bildern aus seiner blühenden Phantasie und seinem gesammelten Reichtum von Beobachtungen auch zu viel des Guten getan haben, echte und wundervolle, bleibende Kunstwerke hat er doch der Welt geschenkt; sein Italien steht mir unbedingt höher als viele Erzeugnisse der Neuzeit, die sich durch Nichtigkeit und Langeweile auszeichnen, vor der heute wenige Künstler zurückschrecken. Die Stunden, die ich Achenbach zusehen durfte, gehören zu meinen schönsten Erinnerungen. Es war, als wenn ein großer Virtuose einem ein herrliches Stück vorspielt; – und wie viele Jahre schon hat sich dieser einzige Mann an der Spitze der deutschen Landschaftsmalerei gehalten. Mögen heute manche über ihn die Nase rümpfen, er hat schließlich doch mehr geleistet als all die Größen, die mit ihren ein oder zwei Tönen auf der Palette eine kurze Zeit blühten. Zuletzt besuchte ich den kränklichen und doch so frischen Greis im Spätherbst 1903. Lustig spottete er mit mir darüber, daß uns von den Modernen in Bremen unsre Bilder refusiert worden seien, und als ich ihn fragte, ob er nun noch immer weiter male, erwiderte er: „Ich habe ja nichts andres gelernt!"

VI.

Im Jahre 1862, als sich in Berlin in der Charlottenstraße am Schauspielhaus in der Kneipe von Schubert die ersten Größen der Kunst und Literatur allabendlich zu überaus lustiger und interessanter Unterhaltung vereinigten, erschien eines Abends der berühmte Meissonier, von Gustav Richter, dem unverwüstlich Frischen und Liebenswürdigen, eingeführt. Im Laufe der witzigen Unterhaltung, deren Feuer durch Eduard Hildebrandts Kalauer, durch die Gelehrten des „Kladderadatsch", Dohm, Scholz und Rudolf Löwenstein, immer wieder angefacht wurden, erzählte uns Meissonier Mitte Oktober, daß er ein größeres Bild vorhabe, zu dem er in Berlin alte Uni-

formen kaufen wolle, und daß er am 18. Oktober in Leipzig sein müsse, um dort die Stimmung auf dem Schlachtfelde zu studieren, denn er beabsichtige, die „Bataille de Leipsic" zu malen. Wahrhaft verblüfft und erstarrt war der große, naive Künstler, als er hier bei Schubert erfuhr, daß die Franzosen die Schlacht bei Leipzig so recht eigentlich nicht gewonnen hätten.
Für diese Niederlage wurde er aber durch die Entdekkung Menzels reich entschädigt, dem er gelegentlich mitteilte, daß er, wenn er nicht Meissonier wäre, gerne Menzel sein würde. Von diesen beiden Koryphäen sprach keiner die Sprache des andern; die Unterhaltung bestand, wenn gerade niemand zum Dolmetschen bereit war, gewöhnlich darin, daß einer dem andern auf den Rücken klopfte. Zu jener Zeit hatte Menzel in seinem damaligen Atelier in der Marienstraße ein großes Werk in Arbeit, das leider niemals fertig geworden ist: Friedrich der Große mit seinen Generalen vor der Schlacht bei Leuthen; auf der zerstampften und zerfahrenen Schneedecke sieht man in der Ferne fast nur als Silhouette gegen den grauen Himmel die Armee vorüberziehen. Vorn stehen, in dicke Mäntel eingehüllt, mit verfrorenen Gesichtern, zwischen Birkenstämmen, einige Generale am Feuer, nur eine Stelle im Bilde war leer geblieben; hier sollte der große König hingemalt werden, und dann wäre das wundervolle Werk vollendet gewesen. Meissoniers Begeisterung für dieses Bild fand keine Worte, eine derartige Anschauung von Richtigkeit der Farbe, Stimmung und Technik war damals in Paris noch gänzlich unbekannt. Als er nach Paris zurückkehrte, begann er sofort, seinen Rückzug Napoleons aus Rußland zu malen: ebenfalls verfrorene Generale, eine Armeesilhouette auf grauem Himmel und denselben verschneiten, zerfahrenen Boden, wie auf Menzels Bilde. Man hat sich viel den Kopf darüber zerbrochen, weshalb Menzel sein „Leuthen" nicht vollendete, obgleich Kaiser Wilhelm und Kaiser Friedrich ihn dringend darum baten. Wohl ist er in späteren Jahren noch einmal an diese Leinewand gegangen, aber nicht mit Pinsel und Palette, sondern mit dem Kratzmesser, um einige Figuren, die

ihm nicht zusagten, spurlos zu entfernen; und auch in diesem Zustande wird das Gemälde eine der größten Schöpfungen der Historienmalerei bleiben. Der wahre Grund aber, weshalb es nicht vollendet wurde, ist wohl der, daß vorzeitig Meissonier alle Pointen dieses Bildes „nachempfunden" hatte, um sein allerdings schönstes Bild zu malen. Erst im Jahre 1865 setzte ich in Paris die Bekanntschaft mit Meissonier fort. Ich hatte ihm von dem Soldatenwerk Menzels gesprochen und mußte ihm dasselbe aus Berlin kommen lassen; es war in meiner Wohnung angelangt, und ich teilte dies Meissonier, den ich abends auf dem Boulevard traf, sofort mit; er war hocherfreut und fragte mich, den damals noch sehr jungen Kollegen: „Dites moi, est-ce plus fort que moi?" –
Im Jahre 1867 kam Menzel zur Weltausstellung nach Paris. Ich hatte ihn wie einige andre Berliner Freunde in einem sehr bescheidenen Hotel einlogiert, das meiner Wohnung in der Rue de la Rochefoucauld gegenüberlag, und machte mir ein Vergnügen daraus, ihn in Paris herumzuführen.
Als wir eines Morgens der Ausstellung zupilgerten, sah ich nach der Uhr und fand, daß es für die große Ausstellung noch zu früh war. Ich schlug dem Freunde vor, die Zeit zu benützen und die Exposition Courbets zu besichtigen. Der große Realist hatte gemeint, daß man ihn nach zwei Bildern – mehr wurden von einem Künstler nicht zugelassen –, nicht genügend beurteilen könne, hatte deshalb auf seine Kosten an der Seine, in der Nähe der Ausstellung, für sich und seine Werke einen einzigen großen Ausstellungsraum erbaut und ein Atelier daneben, von dem aus er das Publikum beobachten konnte. Wir standen an der Eingangstür, die offen war und einen Einblick gestattete. Die Kasse aber war noch nicht geöffnet und das Tourniquet unbeweglich. In der äußersten Ecke des Saales sah ich einen stattlichen Mann in Hemdsärmeln, der dort mit einem Besen herumhantierte: ein wahrer Kraftmensch mit Vollbart und einer Pfeife im Munde. Ich erkannte, daß dies der große Courbet war und rüttelte an der Eisenbarriere, worauf er näher kam und ich aus meiner Tasche ein Passepartout

für diese Ausstellung zog, das mir der Künstler liebenswürdigerweise zugesandt, weil ich auf dem Salon eine goldene Medaille erhalten hatte. Während ich ihm die Karte hinzeigte, stellte ich den großen deutschen Meister vor, von dessen Existenz Courbet keine Ahnung hatte. Menzel hatte inzwischen sein Portemonnaie herausgeholt und suchte nach einem Frank. Ich murmelte ihm zu, daß er dies unterlassen möchte. Da aber Courbet sich in Schweigen hüllte, so legte Menzel sein Frankstück vor das Gitterchen der noch geschlossenen Kasse, Courbet nahm es und steckte es in seine Westentasche, worauf er uns einließ und wieder in die entfernte Saalecke ging, um seinen Saal weiter auszufegen. Wir gingen nun von Bild zu Bild, und Menzel mit seiner unübertroffenen Gründlichkeit im Bilderbesehen ließ nichts unbeachtet. Von einigen Waldinterieurs mit großen, moosigen Steinen war er besonders begeistert. Diese Bilder waren ganz und gar mit dem Spachtel gemalt, und Menzel meinte im Verlaufe des Umganges: dem Courbet sollte man alle Pinsel wegnehmen, denn solange er mit dem Palettenmesser male, sei er ausgezeichnet. Wenn er aber den Pinsel nehme, werde die Arbeit minderwertig.

Courbet war einer der vielseitigsten französischen Künstler. Mit Ausnahme von Historien, Heiligenbildern und Soldaten hat er wohl alles gemalt, was da kreucht und fleucht. Menzel meinte, daß auf jedem Bilde sich ein Stück finde, das ganz neu in der Anschauung und unübertrefflich gemacht sei. Daneben aber seien große Stellen von fürchterlicher Roheit und Gemeinheit. Inzwischen hatte Courbet bemerkt, daß wir zwei würdige Besucher seiner Ausstellung seien. Er näherte sich uns und knüpfte ein Gespräch an, aus dem hervorging, daß er als blagueur ebenso groß war, denn als Maler. Er begann nun selbst seine Werke anzupreisen. Er erzählte, daß er drei bis vier Marinebilder an einem Tage gemalt habe. Er mische einen großen Haufen Luftton, streiche denselben mit dem Palettenmesser quer über das Bild, dann ebenso den Wasserton und, wenn nötig, vorn den Sand. Die Bewegung des Hinstreichens machte er uns,

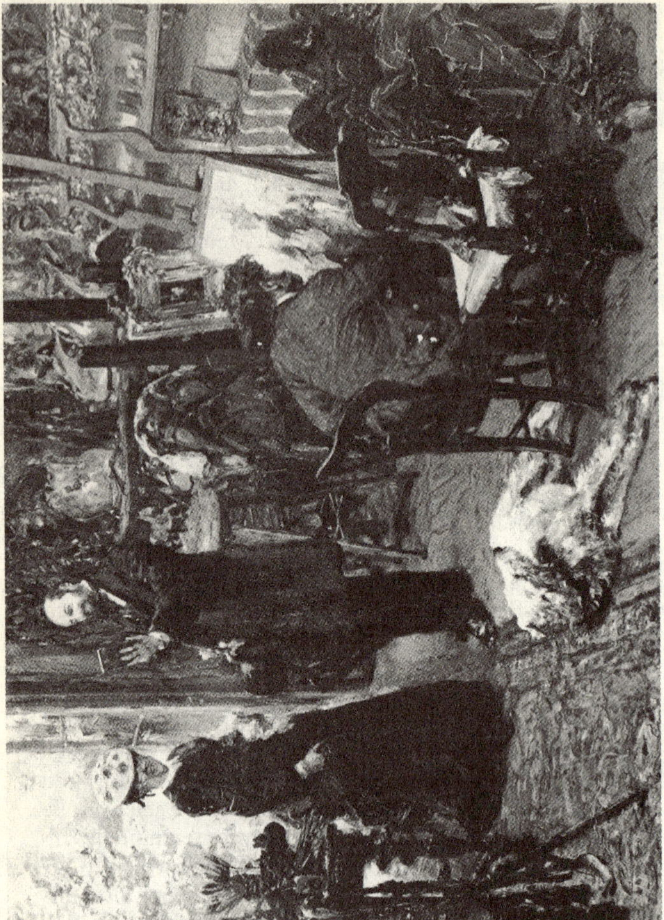

Adolph Menzel, Meissonier in seinem Atelier in Poissy, 1869

mit dem Daumen in der Luft gestikulierend, drastisch vor. Die Segel, die Möwen, die Wellenkanten, Schiffe usw. setzte er dann mit dem Pinsel hinein. Die Wahrheit der Töne in diesen Marinebildern hatte allerdings etwas

Frappierendes und Frisches. In der Mitte des Saales stand eine Skulptur, ein ganz vortrefflicher nackter, angelnder Knabe. Als Menzel sich anschickte, auch dies Werk zu bewundern, sagte Courbet, daß er an diesem Werke nur drei Tage gearbeitet habe. Das sei keine Kunst. „Cela m'a dégoûté la sculpture."
Nur mit Mühe unterdrückte ich die Frage, ob er nicht durch die Schnelligkeit, mit der er Marinen mache, von der Marinemalerei degoutiert sei. Courbet hat für einige seiner Bilder, z. B. für die beiden berühmten Steinklopfer, auf allen Ausstellungen die höchsten Auszeichnungen bekommen. (Dieses Bild ist im Jahre 1904 von der Dresdener Galerie für 45 000 Mark angekauft worden.) Aber nur selten hatte jemand die Courage, eines der Bilder zu erwerben, so daß der Künstler trotz seines enormen Rufes in ganz dürftigen Verhältnissen lebte. Man erzählte in Paris damals folgende Geschichte. In dem Salon waren zwei Bilder des Meisters ausgestellt: ein prachtvoller Studienkopf eines italienischen Bauern und ein sehr großes Bild, eine Kneipe darstellend, in der Nähe eines Kirchhofes. Einige Geistliche, von einem Begräbnis kommend, hatten sich etwas zu sehr gestärkt. Einer saß mit seinem Fläschchen auf dem Esel und trug eine heitere Geschichte vor. Das ganze riesengroße Gemälde hatte bei aller Roheit viel von der Schönheit eines Velazquez. Der Staat fühlte nun die Verpflichtung, auch einmal ein Bild dieses Künstlers für das Luxembourg-Museum anzukaufen. Man fragte bei Courbet an, wieviel der italienische Studienkopf koste, worauf er erwiderte, dieser koste 25 000 Franken, sei aber nicht allein zu haben, der Staat müsse das große Bild mit dazu nehmen. Die Verhandlung führte zu keinem Ziele, und erst sehr viel später ist eine andre herrliche Kirchhofszene des Meisters angekauft worden, die voller Würde und Schönheit ist und heute eine Zierde des Louvre bildet.
Zu einem andern berühmten Künstler, der damals in Blüte und Mode war, ging ich eines Tages mit Menzel ins Atelier, das sich in der Avenue Frochot befand, wo viele bedeutende Maler beisammen wohnten. Ricard war

der bewundertste und gesuchteste Porträtmaler. Ein Epigone, ein Alchimist, ein Pröbler. Er hatte, wie unser Lenbach, alle alten Meister gut studiert und deren Bestes für sich verwendet. Er steckte so voller Prinzipien, daß er keinen gesunden, frischen Pinselstrich malen konnte. Aber er war einer der liebenswürdigsten Menschen, ein Virtuose der Causerie. Sein Atelier war höchst eigentümlich eingerichtet. In der Gegend, wo der zu Porträtierende saß, war zwischen diesem und dem Atelierfenster eine große, von der Decke herunterhängende schwarze Scheidewand. In diese war etwas über Kopfeshöhe ein rundes Loch von einem Meter Durchschnitt eingeschnitten, und dieses Loch war wieder mit einem durchsichtigen Stoff von stark goldgelber Farbe zugeklebt. Dieselbe Verkehrung befand sich noch einmal zwischen dem Fenster und der Staffelei, auf der das Porträt stand. Nur war hier das Loch mit einem noch viel gelberen Stoff ausgefüllt. Wenn sich nun der zu Porträtierende an seinen Platz auf den Modelltritt begab, so sah er schon täuschend aus, wie ein ganz altes, unrestauriertes Bild von Tizian. Damit nun das Porträt nicht gar zu goldig wurde, hatte der Künstler den Stoff neben seinem Bilde eben noch gelber gefärbt; entfernte man diesen kuriosen Vorhang, so war das Porträt in einem reizenden Silberton gehalten. Auf einem Tisch unter dem Fenster lagen nur fünf Farben, und es war Ricards Prinzip, ausschließlich mit diesen fünf zu malen. Ich besah mir dieselben, meist Ockerfarben, und fragte ihn, wie er es mache, wenn er einmal einen Kanarienvogel zu malen habe. Die Antwort war nur ein Lächeln, und dazu sprach er: „Cher jeune homme, vous-a vez beaucoup de talent, mais il vous manque le sérieux."

Menzel konnte alle diese Faxen gar nicht begreifen, am wenigsten zwei kleine Bilder, die der Künstler sehr selten nur ganz Auserwählten zeigte und umständlich und unverständlich erklärte. Das eine Wunderwerk stellte eine schmutzige Terpentinflasche, eine ausgedrückte Farbenblase und einen Borstenpinsel dar. Aus dem Schmutz der Terpentinflasche sollte man die Peterskuppel und Gott weiß was alles heraussehen. Dann, wenn man dieses Bild genügend bewundert hatte, holte er das andre aus dem Versteck, stellte es auf eine Staffelei, wies mit der Hand und wichtiger Miene darauf hin und sagte: „Le casserol!" Weiter war auf dem Bilde in der Tat nichts zu sehen. Von dem Bildchen, das auf Holz gemalt war, war eine Ecke schräg abgesägt und durch ein andres Brettstückchen ersetzt; unten fehlte im Rahmen gleichfalls ein Zentimeter, der durch ein rohes Stück Holz ergänzt war; dies alles war äußerst raffinierte Berechnung und zur zauberhaften Wirkung des Bildes unbedingt nötig. Ricard hätte diese beiden Meisterwerke für alle Schätze Indiens nicht hergegeben.

Meine erste Bekanntschaft mit dem schönen, stattlichen Mann, der einen großen schwarzen Vollbart trug, machte ich im Louvre, als ich dort kopierte. Jedem Besucher, der die Salle carrée passierte, fiel eine blitzblaue Kopie auf, die neben der Antiope von Correggio stand. Der Kopist, den ich dort kennenlernte, war der berühmte Ricard, der mir in langer Auseinandersetzung klarmachen wollte, daß Correggio alle seine Bilder so angefangen hätte und alle warmen Töne über dies Blau lasiert habe. Die Kopie wurde trotz dieser Prozedur schließlich wunderschön, fast schöner als das Original. Für seine weisen Lehren fehlte mir schon damals das „sérieux". Da ich von Paris plötzlich abreiste, überließ ich Menzel dem Goldton, sein Porträt, das Ricard von ihm begonnen hatte, dem Silberton und hörte lange nicht, was aus der Arbeit geworden war. Nach Jahren ersuchte ich meinen alten Freund, mir doch dies Porträt zu zeigen; er behauptete, daß er augenblicklich nicht dazu könne, weil es in der Stube seiner Schwester stünde. Von Zeit zu Zeit wiederholte ich diese Anfrage und bekam immer die merkwürdigsten, ausweichenden Antworten. Endlich, als ich eines Tages sehr eindringlich wurde, sagte mir Menzel: „Weißt du, das war damals gar keine eigentliche Malerei, wir haben, als du weg warst, immer zusammen gekohlt und haben uns nie verstanden, und der Ricard ist ein so liebenswürdiger, charmanter Mensch, daß ich ihm das nicht antun kann; das Porträt wird niemals gezeigt!" Und in der Tat habe ich es

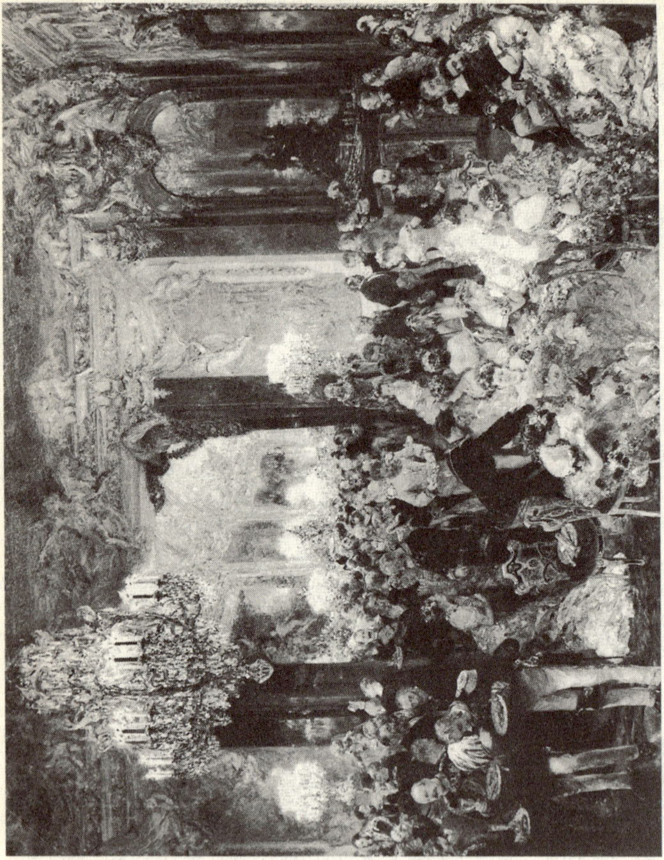

Adolph Menzel, Das Ballsouper, 1878

bis heute nicht zu sehen bekommen. Menzel aber hat ihm für diese Arbeit einen außerordentlich schönen „Schlosser bei der Arbeit", ein wundervolles Ölbild gestiftet.

Die große Weltausstellung 1867 haben wir bis zur äußersten Erschlaffung oft durchstreift; ich hatte dabei viel Mühe, meinen teuren Freund nicht zu verlieren, denn er schlug oft ganz unplanmäßig mit schnellem Schritt und großer Energie irgendeine beliebige Richtung ein, von der er nur schwer abzubringen war, und wenn ich ihn mühsam dazu brachte, endlich in einem Restaurant Platz zu nehmen, tat er dies höchst unwillig und holte, sowie wir saßen, sofort sein Skizzenbuch heraus, um die Leute der Nachbartische, besonders die Mohrenkellner des amerikanischen Restaurants, zu zeichnen. Das Menschengewimmel dieses Restaurants hat er in einem kaum handgroßen Bildchen später wunderbar wiedergegeben und mir dies kleine Meisterwerk, das mir täglich von neuem große Freude bereitet, zur Hochzeit geschenkt.

An einem der heißesten Sommertage erhielten wir die kaiserliche Einladung, der großen Prämierungsfeier beizuwohnen; wir fuhren in höchster Gala zum alten, jetzt verschwundenen Palais de l'industrie, dessen innere, mit Glas überdeckte enorme Halle ein unvergleichliches Schauspiel bot. Man hatte ringsum amphitheatralisch viele Sitzreihen erbaut und die große Mittelarena frei gelassen. Der ganze Raum war vom Zentrum aus in einzelne Abschnitte eingeteilt, und in jedem Abschnitt waren immer die Geladenen von je einer Völkerschaft; am schönsten sahen natürlich die Siamesen, Chinesen und Orientalen aus.

Als die unendliche Menschenmenge versammelt war, erschien auf einem geschmückten Platz in der Mitte der Langseite Louis Napoleon mit der Kaiserin und dem ganzen Gefolge. Um die Festlichkeit nicht endlos auszudehnen, sollten heute nur die Orden und die großen Medaillen an die Glücklichen verteilt werden, die sich alle stehend in der Arena befanden und von den Hofmarschällen zu dem großen Aufzuge arrangiert wurden. Die Sache nahm ihren glänzenden Verlauf. Der Kaiser schüttelte unzählige Male die Hände und mußte ganze Kahnladungen von Bücklingen entgegennehmen. Als endlich alles fertig war und sich die Dekorierten kräftig umarmten und beglückwünschten, verließen wir unsre Plätze und begaben uns in die neubesternte Menge. Es dauerte nicht lange, so brach sich Meissonier Bahn, stürzte auf Menzel zu und, ihn heftig umarmend und die Ohrläppchen küssend, gratulierte er ihm zu dem neuen großen Orden. Menzel aber wußte von gar nichts, wehrte alles ab und versicherte, daß er bei der lauten Verlesung aller Namen den seinigen nicht gehört habe. „Hast du denn etwas gehört?“ fragte er mich, aber auch meinem Ohr war der Name entgangen. Meissonier war darüber untröstlich, daß Menzel in dem feierlichen Zuge nicht paradiert hatte, traute schließlich seinen eigenen Ohren nicht und schloß damit, daß er sich noch einmal beim Minister erkundigen wolle und Menzel am nächsten Morgen den Bescheid ins Hotel bringen werde; auch müßten wir beide am folgenden Tag bei ihm in Poissy dinieren.

Allmählich leerte sich der Raum, und als auch ich an den Rückzug dachte, bemerkte ich, daß mein Freund keinen Hut mit sich führte. Als ich ihn darauf aufmerksam machte, meinte er, der Chapeau-claque läge wohl noch oben auf der Tribüne. Ich stürzte hinauf und suche und suche, kein Hut war zu finden; nun gehe ich wieder zu dem Barhäuptigen in des Wortes verwegenster Bedeutung und teile ihm die Ergebnislosigkeit meines Suchens mit; er aber war durchaus nicht beunruhigt und sagte: „Laß es nur gut sein, es ist ja hier noch so sehr interessant! Sieh doch nur dort die Siamesen an der Palmengruppe“, ... und er holte auch schon ein Skizzenbuch unter den Sternen seines Frackes hervor. Ich aber konnte mich nicht beruhigen, sagte dem immer noch Zweifelnden, daß der Hut absolut weg sei, daß ich ihm einen andern verschaffen würde und daß er mich an der Palmengruppe erwarten möge, wenn es auch noch so lange dauere. Er murmelte noch etwas davon, daß er ja draußen eine Droschke nehmen könne, um ins Hotel zu fahren, ich schilderte ihm die Unmöglichkeit, zwischen den außen zur Festlichkeit aufgestellten Truppen eine Droschke zu bekommen, und verließ ihn. Wie nun aber schnell einen Hut finden? Vermöge meiner Körperlänge überschaute ich die hinausströmende Menge und entdeckte den berühmten Augenarzt Professor Liebreich. Wie der Blitz kam mir der Gedanke, der muß helfen.

Schnell teilte ich ihm die Verlegenheit mit, er wohnte ganz nahe, seine Equipage stand leicht findbar; er gab mir in seiner Wohnung einen möglichst kleinen Zylinder, und ich sauste also, mit zwei Zylinderhüten bewaffnet, in der glühenden Sonne zurück. Man wollte mich nicht mehr einlassen, und erst als ich dem Hüter des Palastes die grauliche Situation geschildert, durfte ich die Arena betreten. Sie war ganz leer ... kein Menzel war zu sehen ... Vielleicht zeichnet er irgend etwas, dachte ich, da ihm ja auch glatte Kienbänke möglicherweise malenswert erscheinen. Alles vergebens. Ich schritt also mit meinen zwei Zylindern draußen die Front der Kürassiere ab, gab Liebreich seinen Hut zurück und fand meinen Freund erst nachts in einer Künstlerkneipe in der Rue Lamartine wieder. Er sagte mir, daß man ihn hinauskomplimentiert habe; er hätte gesagt, warum er bleiben müsse, aber man habe ihn nicht verstanden, draußen wäre es ihm allerdings peinlich gewesen, mit bloßem Kopf und allen Orden herumzulaufen, und es hätte lange gedauert, bis er einen Wagen gefunden. Am nächsten Morgen, nicht allzu frühe, wollte ich ihn wieder abholen und fand ihn in noch höchst unvollständiger Toilette; er hatte kaum mehr als Hemd und Stiefel an. Beim bedächtigen weiteren Anziehen erzählte er mir, was ihm eben passiert; „denke dir", sagte er, „ich bin noch im tiefen Schlaf, da klopft es heftig an meine Tür; ich wache auf, besinne mich, daß ich in Paris bin, nehme mein ganzes Französisch zusammen und frage: qui est là? Da antwortet es draußen: ‚Monsieur Meissonier', und ich, im Halbschlaf, erwidere, ‚ce n'est pas ici'. Als mir die Sache klar wurde, stand wirklich Meissonier vor mir, um mir mitzuteilen, daß alles richtig sei, daß er beim Minister gewesen, daß ich wirklich den großen Orden erhalten und daß wir abends bei ihm essen sollten." Menzel war von der Aufmerksamkeit seines großen Kollegen ganz gerührt, und nur sehr langsam gedieh die Vollendung seiner Toilette. Ich meinte, daß er sich zu dem bevorstehenden Diner notwendigerweise das betreffende Ordensbändchen kaufen müsse, doch dagegen sträubte er sich lebhaft und erwiderte: „Das kann man doch nicht

so ohne weiteres kaufen, dazu muß man doch erst das Diplom haben." Vor der Abfahrt am Nachmittag machte ich dem noch immer sich Sträubenden die Notwendigkeit der Ordensrosette klar; wir gingen zu einem Ordensposamentier und kauften die Dekoration, die Menzel aber in die Westentasche versenkte und erst herausholte, nachdem wir nach einstündiger Eisenbahnfahrt am Gartentor von Meissoniers Besitzung läuteten.
Ein Diener führte uns zu dem körperlich ebenfalls kleinen Meister, der im Garten stand und nur mit einem Oberhemd, weißer Hose und großem Strohhut bekleidet war; er malte in der Sonne gerade einen arabischen Schimmel, legte aber, als er uns kommen sah, seine Palette weg, umarmte und küßte meinen Freund aufs neue und tippte sofort, nochmals gratulierend, auf den neuen Ordensknopf Menzels. Er selbst trug seine hohe Auszeichnung schon als obersten Hemdenknopf. Ich entging der Zärtlichkeit des großen Franzosen wohl nur deshalb, weil meine körperliche Höhe die Vertraulichkeit entfernte. Nun mußten wir die Schönheit des Schimmels in allen Einzelheiten bewundern, und dann ging es, bevor wir das Atelier betraten, erst in den Pferdestall, in dem acht Rosse standen, die Meissonier angeblich alle als Modelle brauchte, weil er ein großes Bild, eine Revue mit vielen Pferden, male. Dann ging es in die Sattelkammer, wo viel historisches und altertümliches Sattelzeug aufgereiht stand, und dann in die Kostümkammer, ein wahres Museum von Kleidungsstükken, meist aus dem Dreißigjährigen Krieg, in treuester Nachbildung nach alten Bildern und ausschließlich männliche Trachten; denn darin war Meissonier seinem Kollegen noch über, daß er nichts Weibliches malte, ausgenommen vielleicht ein einziges, ganz winziges Bildchen, ferner ein Porträt seiner Frau und das Porträt einer Amerikanerin, das hauptsächlich durch den horrenden Preis berühmt wurde, und das der Milliardär nur infolge eines Prozesses annahm. Endlich betraten wir das eine der Ateliers, ein langes schmales Gartenhaus, nur mit Oberlicht in seiner ganzen Länge, die Wände mit rot- und weißgestreifter Tapete bekleidet. Die Prinzipien,

nach denen große Künstler ihre Ateliers einrichten, sind ja höchst verschieden. Böcklin hatte das seinige ganz schwarz angestrichen, jede Wand mit einer breiten, grünen Borte. Alma Tademas Atelier ist schneeweiß mit zinnoberroter Decke und einer versilberten Nische, dem Fenster gegenüber, für das Modell. Lenbach arrangierte es mit vielen schönen Erzeugnissen der italienischen Renaissance und stimmte es in einen tiefen Dämmerton. Die Pracht des Makartschen Ateliers war lange Zeit eine der größten Sehenswürdigkeiten Wiens und ein Wahrzeichen der Stadt. Der große deutsche Landschaftskolorist Eduard Hildebrandt und mein Vater Eduard Meyerheim hatten gar keine Ateliers und malten nur in einfachen Stuben, die nicht einmal richtiges Nordlicht hatten. Max Liebermanns Atelier ist ganz weiß getüncht und bietet dem Beschauer außer den Bildern des Künstlers nichts Reizvolles; aber das reizloseste, geschmackloseste Atelier, das ich je gesehen, war das von Meissonier. Unser Menzel hatte dafür gar keine Empfindung, er ging spornstreichs zur Sache und betrachtete mit der Lorgnette vor der Brille das noch unvollendete Gemälde. Mit der ihm üblichen Gründlichkeit besah er es, ohne ein Wort zu reden, aber doch voller Bewunderung, Zoll für Zoll. Ich hatte für ihn gar nichts zu verdolmetschen, das Lob fiel immer nur höchst selten von des Meisters Lippen. Meissonier dauerte aber Menzels Schweigen viel zu lange. Er fing nun selbst an, die Vorzüge des Bildes zu explizieren und jede Einzelheit zu loben. Dies rührte Menzel nicht, und nur ab und zu murmelte er zustimmend: „Freilich, freilich."

Dann zeigte er plötzlich auf den vollendeten Napoleon I., der im Mittelgrunde des Bildes zu Pferde die Vorüberreitenden salutiert. Er wies auf den Arm mit dem Hute hin und sagte: „Das bleibt wohl noch nicht so?"

„Qu'est-ce qu'il a dit?" raunte mir Meissonier zu; ich versuchte, die Worte in milder Form zu übersetzen. Das Ende der schwierigen Unterhaltung war, daß Menzel auf einem Blättchen Papier hinzeichnete, wie der Arm mit dem Hut sein müsse, und auch noch mit ein paar Strichen den Kaiser hinzufügte. Von dieser Zeichnung war Meissonier ganz begeistert. Er zeigte uns dann unzählige seiner Studien, die alle auf winzige, ungrundierte Holzbrettchen gemalt und ungemein interessant waren. Um eine Studie zu malen nach Reitern und Pferden, die nicht ganz stillhalten, befestigte der Künstler auf der Palette rechts unten neben dem Loch ein solches Brettchen und malte nun stehend nach den Pferden, immer rechts und links gehend, je nachdem das Tier sich bewegte. Zu jedem der winzigen Pferdchen seiner berühmten Schlacht bei Solferino hat er Studien gemacht, die dreimal so groß sind als die Pferde auf dem Bilde. Viele glauben, daß Meissonier vielfach nach Photographien gearbeitet hätte; wer aber das Glück hatte, diese Studien bewundern zu können, wird jeden Glauben an Photographien verlieren.

Wir gingen nun ins Haus, wo uns die Meissonière und der Sohn, gleichfalls Maler, begrüßten, und betraten endlich das andre Atelier, in dem der Künstler seine kleinen Interieurbilder malte.

Menzel hatte an einem Bilde, das auf der Staffelei stand, eine kleine Veränderung vorgeschlagen, die Meissonier auch, obgleich die Tischglocke schon geläutet hatte, sofort in Angriff nahm. Während er an der Staffelei saß, wurde er aber meuchlings von hinten durch Menzel überfallen, der sofort eine Zeichnung des arbeitenden Kollegen entwarf. Nun kam die Meissonière mit Ricard, um uns zu holen, aber auch sie wurden schnell noch mit dem Bleistift niedergemetzelt. – Der weitere Verlauf des Tages war weniger amüsant. Viele gute Haare wurden an den berühmten Zeitgenossen nicht gelassen. Nach einigen Jahren malte Menzel in Berlin von der eben geschilderten Atelierszene ein Ölbild, rechts sitzt Meissonier an der Staffelei, auf der Erde schläft ein großer, weißer, schottischer Windhund, links steht Ricard, ein winziges Bildchen in der Hand haltend und bewundernd und mit Madame Meissonier sprechend. Das Bild ist von bezaubernder Koloristik und einem fast Rembrandtschen Ton. In Berlin war es nie ausgestellt und war lange Jahre verschwunden. Da entdeckte es der Berliner Kunsthändler Pächter, erwarb es und ging eines Abends im Jahre 1901 in die stets von Menzel besuchte Weinhandlung von Frederich. Menzel war hochbeglückt von der Nachricht, daß dies Bild wiedergefunden sei, und sagte: „Lieber Herr Pächter, da machen Sie mir wirklich eine große Freude. Sie müssen mit mir eine Flasche sehr guten Rotwein darauf trinken." Der Kellner war zur Stelle, und nach langem Suchen in der Weinkarte kam die Order: „Bringen Sie mir eine Flasche Margaux zu – zwei Mark!" –

In jener Zeit, 1867, blühte die Schule von Fontainebleau, die bis heute den künstlerischen Ruf der französischen Malerei hochhält und deren Bilder von Kunstsammlern aller Länder gesucht werden. Menzel zollte nicht allen die gleiche Bewunderung; er erkannte immer nur genauestes Studium, mühevolle Arbeit und volle Wahrheit an. Millet, für den man gerade anfing, in die Ruhmesposaune zu stoßen, konnte ihn wenig reizen. Er sah an seinen Werken nur, wie schlecht und ungeschickt alle Körperteile und bäuerlichen Kleidungsstücke gemacht sind. Viel höher schätzte er Jules Breton, der ohne Millet wohl kaum entstanden wäre; mit fast derselben feinen Naturbeobachtung malt dieser Künstler alles, was jener faul und unbeholfen hinmalt, mit genauem Studium und vollendeter Technik. Freilich sehen seine Bäuerinnen öfter aus, als wenn sie Romane gelesen hätten, und man merkt ihnen an, daß sie dem Künstler zuliebe stillehalten. Von den Landschaftern entzückte Menzel wahrhaft in erster Linie Daubigny, mit Begeisterung sagte er von dessen Bildern, wie ausgezeichnet dieser und jener Ton getroffen sei. Nächst diesem großen Landschafter hatte Menzel viel für Theodor Rousseau übrig, weniger für Corot und Dupre.

Ich war später noch einmal mit vielen großen Künstlern zu Meissonier eingeladen. Es wurde bei Tische viel über Menzel disputiert; man war einig, daß seine Handzeichnungen über alles Lob erhaben seien, ebenso seine Aquarelle und Gouachebilder. Aber mit seiner Ölmalerei konnten sich die Kollegen durchaus nicht befreunden. Manche fanden sie sogar ganz abscheulich. Da er-

griff Meissonier das Wort und sagte: „Meine Herren, warten Sie es nur ruhig ab; ich glaube, von uns allen hier wird Menzel einmal der einzige sein, der mit seiner abscheulichen Ölmalerei recht behält." –
Zum Schluß dieser Pariser Reminiszenzen sei ein Brief Menzels aus dem Kriegsjahre mitgeteilt. Ich hatte ihn veranlassen wollen, mit mir nach dem Görlitzer Bahnhof zu fahren, wo Lina Morgenstern mit ihren Damen die Verpflegung der gefangenen Franzosen übernommen hatte. Darauf schrieb er:

25. Juni 1871

Lieber Paul!
Anbei der Nachrichtenbrief mit bestem Dank zurück. Sollte diesmal nicht sein. Zweimal fuhr ich hin. Das erste Mal gegen sieben hieß es, die Franzosen kommen um zehn. Abends um zehn brachte einer der Offiziere aus dem Telegraphenbüro den Bescheid: sie kommen um zwei Uhr! Da sprach ich mich von jeder weiteren Pflicht des Ausharrens los, wünschte den anwesenden Damen – die beiläufig das alles soundsovielte Nacht trieben – soviel Angenehmes, als Zeit und Ort zu bieten vermögen, und hüllte meine Person in eine Nachtdroschke. Wie gesagt – sei schön bedankt für Deine Bemühungen um die Einlaßkarte. (Ist aber nicht nötig, da ich doppelten Passepartout von Wurmb und von Stuckrath habe.) Wenn ich nur davon erfahre, hinein komme ich schon.
Herzlich grüßt

Dein Menzel

VII.

Mit großen Kunstfragen hat er sich nicht beschäftigt und sich nie in die Kämpfe der verschiedenen Parteien gemischt. Er kannte eben nur gute und schlechte Bilder und behauptete, daß auf Ausstellungen die guten nicht so gut und die schlechten nicht so schlecht aussähen, wie sie es verdienten. Ein von ihm an mich gerichteter Brief spricht sich hierüber deutlicher aus:

4. Mai 1897

Ich kann mich den Teufel drum kümmern, was hier Sezession ist und was nicht! Auf eine Anfrage von irgendwoher (ich hatte nichts und wollte auch nichts geben) antwortete ich: „Wenn Besitzer etwas hergeben wollten, hätte ich nichts dagegen. Ich weiß nun nichts von alledem. Die kleinen Zeichnungen bitte ich mir augenblicklich zurückzuschicken. Es soll nichts von mir dort im Wege stehen. Jedoch zu den Illustratoren sollen sie auch nicht. Da könnten sie nur mich auch unter einen falschen Sehwinkel stellen, als wollte ich noch ... mit dem „Zerbrochenen Krug“ vor jetzt 20 Jahren habe ich definitiv abgeschlossen. Wer in der Illustrierliteratur ca. bis ins 8. Hundert hineingeraten ist, hat's gründlich satt. Wollet nun freundlich vorlieb nehmen mit den drei Bissen.

Vielmals bestens grüßend Menzel

Der Passus mit den kleinen Zeichnungen bezieht sich auf die Anfrage, ob er dieselben auf Staffeleien im ersten Saale, wo sie allerdings im Gedränge etwas gestoßen würden, oder ob er sie lieber beim Illustratorenverband ausgestellt haben möchte. Als ich ihm später mein Erstaunen darüber ausdrückte, daß er in der Sezession ausgestellt habe, antwortete er umgehend:

Im Mai 99.

Zu meinem Befremden ist mir bekannt geworden, daß Arbeiten von meiner Hand bestimmt seien, zur diesjährigen Ausstellung in den Räumen der Sezession zur Erscheinung gebracht zu werden. Nachrichten gegenüber, wie sie in mehreren hiesigen Blättern bereits enthalten sein sollen, erkläre ich hiermit, daß aus meinem Besitz nichts dergleichen nach dort hingelangt ist. Was sich etwa doch s. Zt. von meiner Hand in gedachter Sezessionsausstellung vorfinden sollte, könnte nur ohne mein Wissen aus Privatbesitz erlangt sein.

Adolph von Menzel

Er hätte gewiß in manchen Kunstfragen kritisch einschneidend und bessernd wirken können, wenn er mit seiner Meinung nicht so zurückhaltend gewesen wäre. In den Sitzungen der Akademie und des Senats äußerte er selten eine Meinung, und wenn es ihm doch gar zu langweilig wurde, so pflegte er die Wahlurne oder andres abzuzeichnen. Als er die Genossenschaft verließ und als Senator abdankte, wurde er zum Ehrensenator erwählt und ihm dabei der Dank für seine jahrelange Unterstützung in herzlichsten Worten ausgesprochen. Er aber erwiderte bescheiden, er habe immer das Gefühl gehabt, daß er nie etwas genutzt und in den seltensten Fällen der Verhandlungen habe folgen können. Auf eine solche Akademiesitzung bezieht sich nachstehendes Schreiben:

26. November 1875.

Lieber Paul!
Als mich neulich Deine liebe Frau zu heute einlud, dachte ich leichtsinnig genug über meine Pflicht als ord. Mitgl. der Akademie, daß ich zusagte. Nun erschüttert aber das noch gestern abend angelangte Sitzungsprogramm für heute mein Gewissen dergestalt, daß ich Dich hiermit frage, kostet es Dich Tränen, wenn ich nicht komme?
Herzlich grüßend Dein Menzel.

Menzel besuchte nicht oft, aber sehr gern das Theater. Natürlich kam er immer zu spät und hat den Komtur in „Don Juan“ nie lebend kennengelernt. Jedoch blieb er der modernen Theaterliteratur gegenüber fremd und ging nur in klassische Stücke, welche ihm schon bekannt waren. Wenn ich versuchte, ihn zu einem neuen Stück, etwa von Gerhart Hauptmann, zu überreden, so meinte er: „Ich kann der Sache gar nicht folgen, ich beobachte immer, was die Leute anhaben, wie sie beleuchtet sind und was für Gruppen sich bilden, und darüber geht mir das Stück verloren.“

Als ich ihn einmal aufforderte, mit mir in den „Biberpelz“ zu gehen, schrieb er folgendes (auf einer abgerissenen Traueranzeige):

30. Oktober 1901

Lieber!
Ich fand zu Hause eine Briefschreiberei aufgehalst, die ich morgen abend erledigen muß. Außerdem ... überhaupt ... zum Theater genießen tauge ich nicht mehr. In Lachstücken lache ich nicht, in Rührstücken weine ich nicht.
Besten Gruß Menzel.

Liebesgeschichten interessierten ihn gar nicht; als ich mit ihm einmal über „Hermann und Dorothea“ sprechen wollte, gestand er ehrlich, daß er es nie habe sehen können. Er las ungemein langsam und gründlich. Bei neuen Opern, die er gelegentlich, wohl meist als geladener Galaoperngast, besuchte, behielt er seine Meinung durchaus für sich, und in der Zeit, als bei Eröffnung der Bayreuther Festspiele durch die ganze Welt die Meinungen hin und her wogten und aufeinanderprallten, blieb Menzel schweigsam. Er hat bei der ersten Aufführung der Nibelungen mit seiner Familie längere Zeit in Bayreuth gelebt. Hatte er doch für das Zustandekommen der Festspiele die schöne große Zeichnung gestiftet, die eine Soirée bei Frau von Schleinitz im Hausministerium darstellt. Aber er sprach nie über Wagner und seine Schöpfung und meinte höchstens: „Mein Schwager Krigar sagt mir, daß das alles sehr schön sein soll, aber die Musik ist sicher ebenso schwer wie die Malerei, und wer so etwas nicht gründlich versteht, soll den Schnabel halten.“
Menzel selbst hat nie Musik ausgeübt. Er wußte aber Quartette, Trios und Symphonien der Klassiker ganz genau nach den Tonarten zu benennen. Haydn, Mozart, Beethoven und auch noch Schubert entzückten ihn, aber schon Schumann war nicht mehr nach seinem Geschmack.
Obgleich Menzel sich über die Musik von Brahms nicht

geäußert hat, so empfand er doch eine tiefe Verehrung für den großen Zeitgenossen und hatte in Wien die Absicht, den Meister zu besuchen. Er hatte mir öfter bei Besichtigungen von interessanten und historischen Bauwerken, auch wenn dieselben nicht schön und malerisch waren, gesagt, man müsse sie wenigstens in der Zeichnung erhalten; denn über kurz oder lang würde dergleichen alles abgerissen, und dann wüßte man nichts mehr davon. So hat er mit stiller Andacht das Haus, in dem Beethoven gewohnt, gezeichnet, die Haustür, den Treppenaufgang, die Eingangstür und das Sterbezimmer. Dies alles ist durchaus nicht malerisch, aber er hielt es für seine Pflicht, eine Abbildung davon zu notieren. Als er Brahms besuchen wollte, war dieser nicht zu Hause, und auf Menzels Bitten, das Zimmer zu besehen, in dem der Künstler arbeitete, wollte die alte Wirtschafterin zuerst nicht eingehen. Als sie aber dann doch erkannte, daß sie es mit einem rechtschaffenen Mann zu tun hatte, gewährte sie ihm einen Einblick in das Arbeitszimmer. Er schaute sich lange um und schrieb auf ein Stück Papier: „Ich wollte nur einmal in Ihrem Dunstkreis geatmet haben. Menzel."
An die Richtigkeit der Kostüme im Theater machte er natürlich große Ansprüche, und in der Zeit, als er den „Zerbrochenen Krug" illustrierte und deshalb Vorstellungen der Dichtung im Schauspielhaus mit Döring ansah, sprach er über die Aufführung sehr abfällig. Ich lasse ein paar kleine Geschichten folgen, die Menzels Beziehung zu den Brettern und den Künstlern illustrieren.
Als ich im Begriff war, zu Menzel zu gehen, um dem Meister zu seinem Geburtstag zu gratulieren, besuchte mich die unvergeßliche Sängerin Hermine Spies. Ich versicherte ihr, daß der musikliebende Meister sich freuen würde, wenn sie mich begleite, und das fröhliche Mädchen kam gern mit. Ich stellte sie dem Jubilar als gottbegnadete Künstlerin vor, und er sagte ihr, daß er schon viel Rühmens von ihr durch seinen Neffen und durch mich gehört hätte. Fräulein Spies erwiderte: „Ich würde mich aber freuen, wenn ich Ihnen selbst auch ein-

mal etwas vorsingen dürfte; denn wenn Sie zu Meyerheims in Gesellschaft kommen, habe ich immer schon abgesungen. Aber ich gebe übermorgen einen Liederabend und erlaube mir, Sie und die Ihrigen zu demselben einzuladen."

Der Liederabend war bis auf den letzten Platz gefüllt; die Familie des Meisters lauschte wie alle hoch entzückt, aber dieser selbst war nicht erschienen. Als ich ihn am nächsten Tage fragte, warum er sich diesen unvergleichlichen Genuß nicht gegönnt habe, meinte er: „Ach, weißt du, so ein Liederabend ist nichts für mich. Ich gehe gern und regelmäßig in Orchesterkonzerte und Quartette, aber in all den Liedern ist immer nur von Amouren die Rede, und davon verstehe ich nun schon gar nichts."

Als Eleonore Duse in Berlin war, hatte sie viel von dem großen Meister gehört, und die temperamentvolle Frau wollte durchaus seine Bekanntschaft machen, obgleich er, der nie die Zeitungen las, wohl kaum etwas von ihr wußte. Ein liebenswürdiger Kollege vermittelte das Rendezvous und erstieg zur verabredeten Stunde mit der Künstlerin die vier Treppen zum Atelier. Der Neffe des Meisters, Professor Otto Krigar-Menzel, hatte sich im Atelier zu schaffen gemacht, um die berühmte Dame in der Nähe zu sehen. Diese kam, der Freund verdolmetschte die Unterhaltung, Exzellenz holte unzählige Mappen hervor, und die Duse schwelgte in Begeisterung – – so sehr, daß sie beim Abschied die Hand des Meisters dankbar gerührt ergriff und küßte. Nachdem sie hinaus war und der Neffe beim Ordnen der Mappen half, sagte der Onkel nach einigem Bedenken: „Du, Otto, ich glaube, eigentlich hätte wohl ich der Dame die Hand küssen müssen." – Im Berliner Theater, unter der Direktion Ludwig Barnays, wurden die „Piccolomini" gegeben. Barnay liebte es, stets bedeutende Leute in die Logen seines Theaters einzuladen, und so saß auch unser Menzel öfter in einer der seitlichen Parkettlogen, obgleich er diese nicht liebte, weil ihm der volle Blick durch Nebenmenschen und Damenhüte gestört wurde. Ich saß hinter ihm, und die Vorstellung nahm einen etwas lahmen Verlauf. Da drehte er sich in einer Pause zu mir um und sagte: „Wenn dieses Stück seinem Ende zustrebt und alles Unglück auf den Wallenstein hereinbricht, dann kommt immer dieser Max mit seinen albernen Privatangelegenheiten und Amouren und hält das Stück unnütz um eine Stunde auf." – „Übrigens" – sprach er weiter – „der Herr Barnay schickt mir und den Meinigen immer so oft Freibilletts zu seinen Vorstellungen. Wie verhältst du dich dazu, um dich dafür zu revanchieren?" – „Oh", sagte ich, „das ist sehr einfach. Barnay ist ein Bilderfreund und feiert nächstens hier ein großes Jubiläum. Wenn du ihm ein paar Striche zeichnen willst, so wirst du ihm eine Freude bereiten." – „Ach so", meinte er bedeutungsvoll, mit dem Zeigefinger auf die Parkettreihen deutend, „dann sind dies wohl alles Bausteine zu seinem Jubiläum?" Menzel aber machte Barnay wirklich eine reizende Zeichnung: Vier Menschen von hinten gesehen, in einer Parkettloge sitzend, der erste sieht ruhig rechts zur Bühne, der zweite beugt sich etwas vor, der dritte lehnt weit mit dem Oberkörper zur Loge hinaus und der vierte hat die Quälerei aufgegeben und lehnt ohne Neugierde in seinem Sessel.

Eines schönen Nachmittags trafen in meinem Garten Menzel und der Hofschauspieler Kahle zusammen. Kahle klagte ersterem, daß er jetzt so dick würde und keine Bösewichterollen mehr geben könnte. Menzel aber bedeutete ihm, daß seine Ansicht eine ganz irrige sei. Als dickleibiger Bösewicht könne er etwas ganz Neues, nie Dagewesenes schaffen. Warum sollen denn Missetäter immer mager und knochig aussehen? Sie können ja auch bei ihren Schandtaten fett geworden sein. Man brauche nicht gleich auf der Bühne je nach der Körperbeschaffenheit auf den Charakter zu urteilen. Kahle möge nur getrost dicke gemütliche Schufte darstellen.

Marcella Sembrich wünschte, wie viele, ein Autograph des berühmten Künstlers zu bekommen. Dieser aber ist damit außerordentlich zurückhaltend und vorsichtig gewesen. Die Diva bat mich um meine Vermittlung, aber ich sagte ihr gleich, daß dies außerordentlich schwer sei, riet ihr jedoch, etwa folgendes Briefchen zu schreiben:

Ew. Exzellenz, unser gemeinschaftlicher Freund P. M. sagt mir, es sei dringend nötig, daß Sie die Vorstellung von Don Pasquale besuchen, da es das Schönste, was die Opernsaison zu bieten habe. Ich erlaube mir, Sie zu dieser Vorstellung einzuladen, sende anbei einige gute Plätze und würde mich außerordentlich freuen, Ew. Exzellenz unter den Zuhörern zu bemerken ... usw. „Sicher", meinte ich, „wird auf dieses Briefchen irgend etwas Schriftliches erfolgen, und dann haben Sie das Gewünschte." Als der Abend der Vorstellung herannahte, bekam ich etwa um vier Uhr per Boten ein Briefchen im Lapidarstil meines Freundes, das er im Atelier geschrieben hatte, und da er dort keine Kuverts hatte, war das Schriftstück in ein Stückchen Packpapier geknifft und mit einem Bindfaden kreuzweis zugebunden: „Wo wohnt ein Fräulein Sembrich. Dieselbe hat mir Bil-

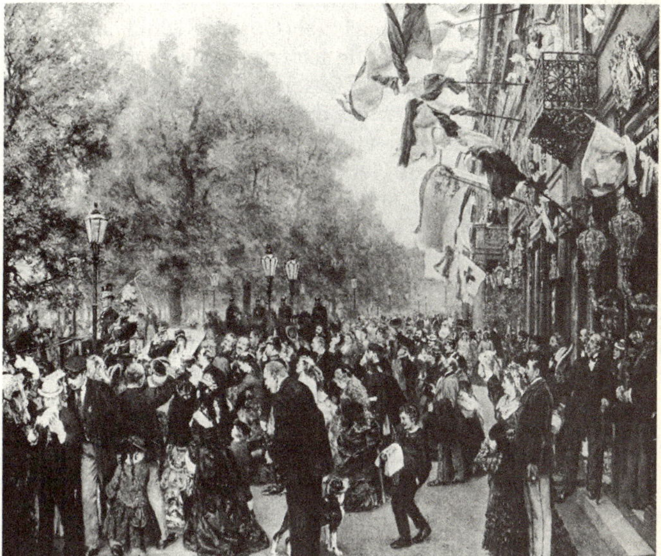

Adolph Menzel, Abreise König Wilhelms I. zur Armee 1870, 1871

letts zu Don Pasquale geschickt. Ich habe mir aber bereits ein Billett zur Emilia Galotti im Kgl. Schauspielhaus gekauft." Obgleich ich ihm nun riet, dieses schießenzulassen und zu Kroll zu gehen, hatte er doch schon sein Briefchen an Marcella Sembrich geschrieben mit der Überschrift: „Wertes Fräulein! Ich danke Ihnen usw." Frau Marcella aber hatte ihren Autographen.

Sosehr der Meister aber mit der Hergabe von Autographen kargte und Stöße derartiger Bittschriften unbeachtet ließ, so freigebig war er mit kleinen Blättchen und gemalten Aufmerksamkeiten für die Familien und Freunde, mit denen er intim verkehrte. Die größte Sammlung hatte er in früherer Zeit seinem Freunde Puhlmann in Potsdam gestiftet. Diese Kollektion mit dem Porträt es alten Herrn bildet eine Zierde der Nationalgalerie. Seinem Freunde Ludwig Pietsch schenkte er alljährlich zu seinem Geburtstage eine reizende Zeichnung.

Dem von ihm hochgeschätzten Gustav Richter und seiner liebenswürdigen Gattin hat er sehr viele, oft winzige Aquarelle auf der Rückseite seiner Visitenkarte gemalt, von so feiner Ausführung, daß sie auch in starker Vergrößerung wundervoll wirken würden. Auch die Familie des Bankiers Magnus Herrmann, in dessen Villa in Hofgastein er oft ein lieber Sommergast war, und der Schwiegersohn des Genannten, Professor Hertel, bewahren Beweise seiner Freundschaft in vielen Blättchen, die zu allen möglichen häuslichen Festen gezeichnet wurden. Er ließ sich nicht leicht eine Aufmerksamkeit erweisen, da er stets durch das Gefühl beängstigt wurde, daß er mit einer künstlerischen Gegenleistung sich bedanken müsse.

Über Menzel als Illustrator, Lithograph, Radierer usw. lassen sich allein dicke Bücher schreiben, da die Zahl von Arbeiten, die er für Vervielfältigung hergestellt hat, weit über zweitausend beträgt. Er hat sich eben in allen Sätteln der Technik bewegt. In der Lithographierkunst hat er eine ganz neue, vor ihm noch nicht behandelte Technik erfunden, die er in einem herrlichen Heft als „Versuche mit Pinsel und Schabeisen" bezeichnet. Bei diesen Arbeiten hat er den Lithographierstein mit lithographischer Tusche bestrichen und alle Lichter und Halbtöne herausgeschabt. In derselben Weise ist auch sein jugendlicher Christus, im Tempel lehrend, hergestellt. Diese Komposition führte er zuerst als Transparent aus. In den fünfziger Jahren wurden die Berliner zur Weihnachtszeit durch eine poetisch-künstlerische Darstellung erfreut. In dem langen Saale der alten, ehrwürdigen Akademie wurden mit Begleitung des Domchores zweimal an jedem Abend große Transparentbilder gezeigt, die die Künstler für ihre Unterstützungskasse gemalt hatten. Fast jeder bedeutende Maler brachte abwechselnd alljährlich dieses Opfer. Und so hat auch Menzel drei Transparentbilder gestiftet, die er, nur bei Nacht arbeitend, ohne jegliche Hilfe mit eigener Hand fertigte, während sich die übrigen Künstler je zwei oder drei zu einem Bilde vereinigten. Ich selbst war oft ausersehen, die Tiere auf diesen heiligen Bildern zu malen. Die erste derartige Ausführung bestand in einer Krippe mit lebensgroßen Figuren, die von den besten Bildhauern der Zeit modelliert und von den Malern angestrichen und mit Hintergrund versehen wurden. Diese ganzen Darbietungen, an welche die alten Berliner noch eine schöne Erinnerung bewahren werden, sind leider aus Mangel an Zuspruch in den siebziger Jahren eingeschlafen. (Der Unterstützungsverein Berliner Künstler hat diese schöne Sitte jetzt eben wieder aufleben lassen in einer Reihe von Weihnachtsbildern, die mit Gesangbegleitung in dem großen Festsaale des Landesausstellungsparks vorgeführt worden sind.) Menzel malte außer dem oben erwähnten Bilde noch einen Christus, die Händler aus dem Tempel vertreibend, und Adam und Eva mit den Kindern. Die alten Juden- und Priestermodelle hatte er sich aus dem Mühlendamm geholt, und aus dieser Zeit stammen die vielen israelitischen Studienköpfe. Die Transparente wurden alle sechs in einem Saale gemalt, in dessen Mitte ein großer Haufen von Brettern und Rüstzeug lag. Einmal nun ging Menzel, um sein Bild zu überblicken, schnell zurück und stürzte dabei, die Palette in der Hand, über den erwähnten Bret-

terhaufen. Wir alle waren erschreckt und wollten zu Hilfe eilen. Er aber stand ganz schnell auf und schimpfte nur: „Das muß hier weggenommen werden." Und im nächsten Moment war er mit dem Pinsel auch schon wieder an dem Transparent.
Wenn das Bild aufgezogen wurde, machte sich unter den andächtigen Zuschauern oft eine verhaltene Heiterkeit bemerkbar. Ebenso bei der Paradiesszene, in der Adam, von der Jagd kommend, auf der er seine untere Hälfte durch dunkle Sümpfe sehr beschmutzt hatte, seiner unter einer Palme ruhenden Eva einige selten große Früchte heimbringt. Die andre Jagdbeute, ein großes schwarzes Tier, liegt im Vordergrunde, und mit diesem macht sich der kleine Kain zu schaffen, der, seine Rückseite dem Publikum zeigend, auf das Tier heraufkriecht. Leider war es nicht möglich, diese schönen Arbeiten zu erhalten. Sie sind zerbröckelt und verlorengegangen.

VIII.

Die Berliner Akademie der Künste hatte Menzel nicht lange besucht. Der Direktor Gottfried Schadow besaß kein rechtes Verständnis für das Eigenartige, Neue, Große und Bahnbrechende in Menzels Kunst, und so haben sich die beiden nicht gut verstanden und fühlten sich nicht zueinander hingezogen, obgleich Menzel ein großer Bewunderer der Schadowschen Bildwerke war. Die Klasse der Perspektive längere Zeit zu besuchen, war ihm zu langweilig, weil doch die Zeit mit zu viel unwichtigen Sachen verlorenging. Er bat einfach seinen Freund Strack, ihm die Gesetze der Perspektive auseinanderzusetzen, und er hat sich in wenigen Tagen diese Wissenschaft so gründlich angeeignet, daß es ihm eine Freude bereitete, auf seinen Bildern möglichst große perspektivische Hindernisse sich aufzuerlegen. Er hatte bei manchen Bildern, wie beim Walzwerk, wochenlang Konstruktionszeichnungen auf die Leinewand gebracht, die für jeden andern gänzlich unverständlich waren, bis er mit dem Malen begann. Ferner wußte er ganz genau,

wie groß jeder Gegenstand, Kopf oder Mensch an jeder Stelle sein müsse im Bild, und malte diese mit erstaunlicher Sicherheit für die Tonpartie im richtigen Lichte oder Helldunkel oder Schatten vollendet hin.
Menzel hat sich bei seinem Gouache nur sehr weniger Farben bedient. Als ich ihm erzählte, daß ich vorgeschlagen habe, bei den Preisverteilungen in der königlichen Hochschule den meist sehr bedürftigen Schülern statt der Medaillen usw. als Prämien Mal- und Tuschkästen zu schenken, nickte er bestimmend und sagte, das wäre sehr verdienstlich. „Denn als ich anfing, hier in der Klosterkirche, meine ersten Aquarelle zu malen, kostete ein Tuschkasten einen Taler, den ich nicht hatte. Da machte ich mir aus dem steifen Deckel eines Diariums eine Palette, brachte unten ein Gummiband so an, daß ich den Daumen durchstecken konnte, kaufte mir fünf runde Honigfarben, die ich nebeneinander auf den Deckel klebte, und mit diesem Apparat habe ich noch sehr lange gearbeitet."
Wennschon es immer wieder Leute und auch Künstler gibt, die an Menzels Öltechnik und koloristischer Begabung Zweifel hegen, so gibt es doch kaum einen, der die hohe Vollendung seiner Bleistifttechnik angezweifelt hätte. Menzels erste Arbeiten waren sauber ausgeführte Federzeichnungen, die täuschend wie Kupferstiche in Linienmanier aussehen. In seiner Heimat hatte er in seiner Kindheit keine Bilder gesehen, und da er Kupferstiche für die schönsten und größten Kunstwerke hielt, so bemühte er sich, sie zu imitieren. So hat er mit dreizehn Jahren eigene Kompositionen aus dem klassischen Altertum gezeichnet, die wie Kupferstiche aussehen und deren Unterschriften in schönster Kalligraphie gleichfalls die Abdrücke nachahmen. Seine frühesten Bleistiftzeichnungen sind, da er sich zunächst der Illustration zuwandte, mit ganz spitzem Bleistift in peinlicher, photographischer Genauigkeit ausgeführt. Das um die Jahrhundertwende von einem berühmten Berliner Kollegen ausgesprochene und von der Jugend als Evangelium aufgefangene Bonmot „Zeichnen ist Weglassen" gab es damals noch nicht, und Menzel hat es auch nie kennen-

gelernt. Er äußerte sich, als ein Frageboden über die Notwendigkeit oder Schädlichkeit des Gipszeichnens bei allen Künstlern herumging, mit den Worten: „Alles Zeichnen ist gut, alles zeichnen noch besser.“ Böcklin beantwortete dieselbe Frage: „Einem Esel kann auch das Gipszeichnen schädlich sein.“ Ich wage kühn zu behaupten, daß, solange die Welt steht, niemals jemand so virtuos mit dem Bleistift umgegangen ist wie Menzel.

Bis zu seinem Ende hatte er unermüdlichen Tatendurst, und es schien, als ob er die Absicht habe, ein paar Jahrhunderte alt zu werden. Denn er sagte mir oft, wenn wir eine seiner Skizzen betrachteten: „Oh, davon habe ich mir noch vorgenommen, es einmal auf die Gabel zu nehmen, da will ich noch dieses und jenes draus machen.“

Noch in letzter Zeit, als sich gar keine Ölfarben mehr im Atelier befanden (er hatte alles, wie er mir sagte, einem armen, jungen Künstler geschenkt), äußerte er zu dem Direktor der Dresdener Galerie, der gern ein Bild von größerer Bedeutung von Menzel erwerben wollte, daß er zwar nichts mehr habe, daß er aber gern noch ein Bild für dies schöne Museum malen wolle.

Zur Zeit der drohenden lex Heinze, als der Goethebund eine Versammlung der Notabeln in die Räume des Presseklubs berief, befanden sich unter den Kämpfern gegen das Gesetz auch Menzel und Mommsen. Menzel, der den Fahrstuhl zu dem vier Treppen hoch gelegenen Klub nicht benutzt hatte, setzte sich neben seinen Freund, den großen Historiker, und sagte: „Wissen Sie, ich habe zu meinem Atelier doch gewiß ein gehöriges Ende, aber so 'ne Kletterei ist mir noch nicht vorgekommen.“

„Ach was“, meinte Mommsen mit entsprechender Handbewegung, „haben Sie sich nicht so, wir beide werden bald noch viel höher steigen müssen.“

„Wissen Sie, lieber Mommsen“, entgegnete schlagfertig Menzel, „da lasse ich Ihnen den Vortritt!“

Und Menzel hat Wort gehalten.

Die anfangs etwas spitze Manier hat Menzel bald verlassen, um sein Heil in einer breiten, farbigen Technik zu finden. Er bediente sich ausschließlich des ganz gewöhnlichen Zimmermannsbleistiftes, den er stets bei sich führte. Die Gewalt über diesen war so groß, daß er das Stoffliche des Originals auf das wunderbarste wiederzugeben wußte. Man kann aus jeder Zeichnung ersehen, ob das Vorbild von Marmor, von Bronze, von Holz oder von Stein war. In seinem Paletot hatte er acht Taschen, die teilweise mit Skizzenblockbüchern gefüllt waren, und er konnte es nicht begreifen, daß es Künstler gebe, die den kleinsten Ausgang machen, ohne ein Zeichenbuch in der Tasche zu haben. In seinen Röcken war auf der linken Seite unten eine besonders große Tasche angebracht, in der ein Lederetui gerade Platz hatte, das ein Blockbuch, ein paar Estampen und Radiergummi barg. Mit dem Papier ging er äußerst sparsam um; jedes Eckchen wurde ausgenützt. Es gibt Blätter, auf denen ein großes Gesicht gezeichnet, dessen leere Backe mit einem andern Kopf gefüllt ist, und wenn ein Gesichtsteil wegen des kleinen Formats ihm nicht recht gelungen schien, so zeichnete er denselben noch ein paarmal größer auf die freien Stellen desselben Blattes. Er nannte das einen Gegenstand „durchräsonieren“. Wenn er beabsichtigte, eine Stelle mit dem Gummi fortzureiben, so bediente er sich eines kleinen Stückchens harten Papiers, in dessen Mitte ein rundes Loch geschnitten war. Dieses Loch legte er auf die verfehlte Stelle, die nun allein mit dem Radiergummi entfernt wurde, ohne daß die angrenzenden Partien darunter litten. Niemals hat er auf seinen Werken irgendeinen Gegenstand direkt nach der Natur auf das Bild gebracht. Selbst wenn er eine Eierschale oder ein Briefkuvert anzubringen hatte, so wurden diese erst gezeichnet und nach der Studie auf das Werk übertragen. Sein Wahlspruch war: „Nulla dies sine linea“, und er hat bis zu seinem Ende mit eiserner Konsequenz ihn befolgt.

Wenn schon man über Menzel als Illustrator ganze Bücher schreiben könnte, so möchte ich nur kurz erwähnen, daß er durch seine zahllosen Illustrationen die Holzschneidekunst zu einer Höhe gebracht hat, wie sie in keinem Lande und zu keiner Zeit gewesen ist. Die Xylographen mußten sich mit der allerpeinlichsten Sorg-

falt nach jedem seiner kleinsten, scharfen Striche richten und wurden von ihm nicht übel geplagt. Heute, nachdem man phototypisch stark vergrößerte Ausgaben seiner unübertrefflichen Illustrationen zu den Schriften Friedrichs des Großen herausgegeben hat, sieht man erst recht deutlich, welchen Schatz die deutsche Nation in diesem Werk besitzt. Darum ist es nicht zu verwundern, wenn Menzel ingrimmig wurde bei der Betrachtung der Holzschnitte der Moderneren, die diese Kunst wieder auf den allerniedrigsten Standpunkt der Zeit der ersten Erfindung des Holzschnittes herabgedrückt haben. Sehen doch die Holzschnitte, die als Zierleisten und Textbilder die modernen Werke der Literatur schmücken sollen (sogenannter „Buchschmuck"), so aus, als wenn Kinder Schwefelhölzchen in Tinte tauchen und damit versuchen, Landschaften zu zeichnen.
Viele haben oft den Kopf geschüttelt über das, was der Meister an andern Werken lobte und tadelte. Seine Kritik blieb vielen unverständlich. Wohl niemand hat sich je künstlerische Arbeiten aller Zeiten so genau angesehen wie er. In Ausstellungen, Sammlungen und Kirchen verweilte er so lange, bis er vom Aufseher hinausgedrängt wurde; in letztern ist er sogar ein paarmal übersehen und eingeschlossen worden. Menzel ist wenig im Ausland gewesen, kannte aber alle Kunstwerke von den ältesten ägyptischen Tempeln an bis auf die Neuzeit, da er jede Reproduktion ebenso gründlich betrachtete, wie das Original. Er pflegte zu sagen: „Ich bin mit Deutschland noch nicht fertig!" Mit seinem Urteil war er, wie bereits bemerkt, sehr zurückhaltend, weil er fürchtete, daß seine Aussprüche kolportiert werden könnten, und er war auch in diesem Punkt ein äußerst vornehmer Charakter. Wenn er z. B. mir meine eigenen Bilder derartig zerzauste, daß ich sie am liebsten in den Ofen gesteckt hätte, so würde er niemals einem andern etwas von dieser Kritik mitgeteilt haben. Vor allen schätzte er die Künstler, die ihm bewiesen, daß sie an ihren Werken mit höchstem Fleiß und mit Hingabe ihres Herzblutes geschaffen. So sprach er im Gegensatz zu allen modernen Kunstschriftstellern mit der allergrößten Hochach-

tung und Bewunderung von den Historienbildern A. v. Werners. Von dem einen, „Kaiser Wilhelm gratuliert Moltke zu seinem 80. Geburtstage", meinte er, auf dem Bilde sei alles gut von unten bis oben; das würde er gern selbst gemalt haben. Als ich ihm bemerkte, daß es leider guter Ton sei, von diesen Werken gering zu sprechen, ergriff er ein Lineal, fuchtelte damit wütend in der Luft herum und erging sich in sehr unliebsamen Ausdrücken über Kritiker. Einmal fragte ich ihn diskret, wie ihm Liebermanns „Simson und Delila" gefiele; er wollte nichts Positives von sich geben und bemerkte: „Weißt du, bei solchen Liebesaffären und Amouren hat der dritte, der Zuschauer, gar kein Urteil. Das ist Geschmacksache der Betreffenden." Entzückt war Menzel, als ich ihn einmal zu einem Bilde von Pradilla führte, der ihm noch unbekannt war. Er saß vor der kleinen Tafel lange ganz sprachlos vor Bewunderung. Dann fragte er mich leise: „Was sagt denn der Meissonier nun zu so etwas?" Ich erwiderte: „Der ist ja schon lange tot." Er lachte über seine Gedächtnisschwäche und sagte langsam: „Der Pradilla muß ja Augen gehabt haben wie –, wie – – ich!"

Sein ständiges Hauptvergnügen waren die illustrierten Journale, die er allabendlich bei Josty studierte. Von den Bildern im „Punch" meinte er: „Wenn von der ganzen englischen Kunst nichts übrigbleibt als die Punchillustrationen, so ist das schon genug." Fast ebenso schätzte er die Zeichnungen der „Fliegenden Blätter" und konnte nicht begreifen, daß die Münchener hier so vortreffliche Meisterzeichnungen leisteten und nebenbei so liederliche Bilder malten. Er konnte es nicht leiden, daß diese Zeichnungen, die er künstlerisch so ernst nahm, regelmäßig von einem Witz begleitet wurden. Namentlich dem Zeichner Thöny zollte er eine hohe Anerkennung.

Sehr oft war er bei Ausstellungen als Juror zur Verteilung von Medaillen tätig. Aber es war schwer, ihm eine fach- und sachgemäße Behandlung der vorliegenden Fragen beizubringen. In seiner peniblen Gründlichkeit besuchte er vor der Juryversammlung einige Tage lang unermüdlich die Ausstellung, machte sich in seinem Katalog zahllose Notizen, auch bei Bildern, deren Autoren längst die Medaille hatten, und wenn die Herren sich zur Sitzung versammelten, kam er einige Stunden zu spät und hatte seinen kostbaren Katalog vergessen. Sobald die Herren zu den Bildern gingen, auf die es ankam, schlug er stets Nebenwege ein, blieb bei einer beliebigen Arbeit stehen und erklärte irgendeinem Besucher, der sich das Werk auch gerade ansah, die Vortrefflichkeit einer Stelle. Etwas sarkastisch bemerkte er, daß seine Vorschläge ja doch niemals gehört würden. Einmal hatte die Jury ein gutes Porträt zu einer Medaille vorgeschlagen. Als Menzel hinzukam, meinte er, er sei für die Stiftung einer Strafmedaille, und als man, um ihn günstig zu stimmen, ihm ein andres Porträt desselben Künstlers zeigte, sagte er: „Nun, damit zeigt er doch, daß er niemals eine Medaille haben will." Auf einer internationalen Ausstellung wollte sich die Jury in den holländischen Saal begeben. Ich hatte als eine Art Schäferhund immer die Aufgabe, den abirrenden Meister zur Stelle zu schaffen, holte ihn auch aus dem schwedischen Saal herbei und zeigte ihm die drei Holländer, um die es sich handelte; doch nahm er davon gar keine Notiz und lorgnettierte ein größeres Bild von Israels. Auch meine Mitteilung, daß Israels längst die große Medaille habe, brachte ihn nicht von dem Bilde weg. Nun sah ich den ebenfalls kleinen, greisen holländischen Meister herannahen. Böses ahnend, flüsterte ich Menzel zu: „Du, da kommt Israels!" Dieser, erfreut darüber, daß der Meister die „Fischer" so gründlich betrachtete, fragte freundlich: „Nun Exzellenz, wie gefällt Ihnen denn meine Schilderij?" Menzel, der meine Bemerkung überhört hatte, sagte, ohne von Israels Notiz zu nehmen: „Oh, es ist in der Totalität und im Aufbau vortrefflich, aber, aber", und dabei tippte er mit der Lorgnette auf viele Stellen, „es ist alles so faul gemacht, faul – faul – faul." – Tableau!

Für die Sezession oder Neoimpressionisten hatte er durchaus keine vorgefaßte Meinung. Ich verweise auf den Anfang des weiter oben mitgeteilten Briefes an mich: „Ich weiß den Teufel, was Sezession ist", und als ich ihn einmal zu den Neoimpressionisten bei Keller und Reiner brachte, war er von einigen Sachen, namentlich von einer Gruppe badender Männer, voller Anerkennung und konnte gar nicht begreifen, warum diese Leute sich durch eine so alberne Darstellungsweise das Leben schwermachen. Für Klinger war Menzel nur mäßig begeistert. Er erkannte seine Radierungen zum größern Teil an, bewunderte an seinen Skulpturen hier eine Schulter, dort ein Knie aufrichtig, meinte aber von dem Beethoven, daß dies mehr ein Kunststück als ein Kunstwerk sei. In seiner Kritik interessierten ihn zunächst alle Details, und erst später ging er auf die Totalwirkung über. Menzel sagte mir einmal, er hätte drei Prinzipien: er würde niemals auf Goldgrund malen, er würde niemals um einen Auftrag konkurrieren, und er würde auch für goldne Berge niemals einen Fries malen, da er Friese für eine abgeschmackte Erfindung der Architekten halte. Kein Mensch hätte die Ausdauer, einen langen Fries genügend zu betrachten. Der Hauptreiz eines Kunstwerkes bestände im Gegenteil gerade darin, daß der Künstler ein Stück aus der Natur möglichst knapp herausschnitte. Landschaften und Architektursachen fing er gewöhnlich mit dem Wischer an und zeichnete dann mit beispielloser Sicherheit der Hand die Details hinein.

Auch wenn er auf meinen Bildern eine Stelle bemerkte, die ich, um dem Auge einen Ruhepunkt zu gönnen, nur mit einem großen, breiten Ton behandelt hatte, sagte er, so etwas sei für Leute, für „Kerle", die nichts könnten und sich die Sache leicht machten; „du aber kannst doch noch etwas Interessantes anbringen". Er belehrte mich oft, daß es unstatthaft sei, auf einem Bilde in seiner ganzen Länge und Höhe am Rahmen mit einem gleichmäßigen Ton abzuschließen. Überall müßte abwechselnd Hell und Dunkel vom Rahmen überschnitten werden, und immer müßten die Töne am Goldrahmen heller oder dunkler als das Gold sein. Er selbst mokierte sich einmal über die Überfüllung seiner eigenen Bilder, als er mit lebhaftem Lachen eine Parodie bewunderte, die Oberländer in seinem berühmten Zyklus „Der Kuß" auf

Menzel gemacht hatte. Er fand nur eines falsch darin, die große Namensunterschrift, und sagte: „Ich habe gewöhnlich keinen Platz, um meinen Namen auf das fertige Bild zu schreiben."
Wenn es in der Malerei eine Lehre vom Generalbaß und Kontrapunkt gibt, so ist diese bis heute leider noch nicht in so festen Grundsätzen aufzustellen, wie in der Musik; aber sie ist darum doch vorhanden, und diejenigen Kunstwerke, die aus diesen Lehren entstanden sind, ziehen das Auge des Beschauers doch mächtiger an als alle jene, die mit oder ohne Absicht gegen die Kunstprinzipien verstoßen. Menzel war ein großer Kontrapunktist in der Malerei, und wenn er mir ein Bild korrigierte, so war es nicht leicht, seinen Aussprüchen zu folgen. So z. B. bat er mich, als er ein großes Bild lange kritisch betrachtet hatte, ob ich ihm nicht ein Stück schwarzes Papier geben könnte. Ich tat es, und nun schnitt und riß er ein merkwürdig geformtes Stück heraus, und dieses klebte er mit etwas Wachs auf eine Ecke des Bildes, wobei er meinte: „Hier brauchst du eine Dunkelheit von dieser Gestalt", doch wollte er sich nicht darüber aussprechen, was ich nun eigentlich dorthin malen sollte, und sagte nur kurz: „Das ist deine Sache, dir darüber den Kopf zu zerbrechen."
Bei meinen Bildern war er mir stets ein treuer Berater. Leider kam er nur höchst selten und immer erst bei einbrechender Nacht in mein Atelier. Als ich für das Danziger Museum das Porträt von Daniel Chodowiecki malte, dessen Bestellung mir durch Menzels Fürsprache zuteil wurde, wollte er, nachdem er an einer größeren Gesellschaft bei mir teilgenommen, ganz spät nach Mitternacht, als die Gäste fort waren, noch meinen Chodowiecki sehen. Wir stiegen in das ungeheizte Atelier, und bei mäßiger Beleuchtung begann er seine Kritik und tadelte heftig die Hände, die die Kupferplatte und Radiernadel halten. Er meinte, daß ich diese gar nicht nach einem gewöhnlichen Modell malen könnte; dazu brauchte ich jemanden, der mit solchen Instrumenten umzugehen wisse. Er ergriff nun Kupferplatte und Nadel, setzte sich in richtiger Beleuchtung an einen Tisch und

befahl mir, eine ordentliche Studie nach seinen Händen zu machen. Trotz der niedrigen Temperatur arbeiteten wir beide im Frack so lange, bis diese Studie fertig war, wobei der große Künstler öfter einnickte und dann erwachend immer fragte: „Sitze ich denn noch richtig?"

Für zwei Gattungen von Bildern hatte er wenig übrig, für Stimmungsbilder und für Bilder mit sogenanntem deutschem Gemüt. Eine solche Sünde hatte auch ich begangen und dies Opus vor seinem Auge versteckt, um mir eine Schamröte zu ersparen. Er drehte aber doch die Staffelei herum und betrachtete schweigend das junge, sehnsuchtsvolle Mädchen, das bei aufgehendem Mond unter einem Jasminstrauch einem Zuge Vögel nachschaut. Er besah es nicht liebevoll, tippte mit den Fingern auf den blaßrosa aufgehenden Mond und sagte: „In den Fürst Pückler hättest du auch noch einen Eislöffel hineinstecken können."

Große, leere Stellen auf Bildern konnte er nicht ausstehen, und wenn wir zusammen eine Ausstellung durchwanderten, stand er bei solchen Werken nur still, um zu bemerken: „Was hätte man da noch alles hinmalen können", oder auch, wenn die Bilder ein zu ödes Landschaftsmotiv darstellten: „Die Natur hat wohl oft so schwache Momente, aber man malt sie doch nicht gerade."

Das Große an Menzel war, daß er weder nach rechts noch nach links gesehen hat, noch nach dem, was andre tun und lassen und reden. Er hatte auch nicht den geringsten Autoritätsglauben und genierte sich nicht, die berühmtesten Meisterwerke alter Galerien, und wenn sie von Rembrandt selbst wären, mit sehr zersetzender Kritik zu beurteilen. So z. B. das berühmte Bild in Dresden, „Rembrandt mit seiner Frau auf dem Schoß", dem er keinen Geschmack abgewann. Angesichts der Laokoongruppe sagte er einmal zu mir, nachdem er in stiller Bewunderung eine Weile mit der Lorgnette auf den Laokoon gewiesen hatte und dann auf die später gefundenen Jünglinge zeigte: „Was würde das für ein Schmerz gewesen sein, wenn man diese beiden nicht gefunden hätte. Na, und nun – nun hat man sie!"

Auch der Kopf der vielgerühmten Klythia, von dem Reinhold Begas mit ihm im Gespräch sagte: „Man kann ihn hinstellen, wohin man will, er sieht doch immer schön und apart aus", hatte nicht seinen besonderen Beifall.
Einmal hielt Menzel eine kleine Skizze einer nackten Nymphe, die Begas Gustav Richter geschenkt hatte, in den Händen, bewunderte sie außerordentlich und sagte dabei zu Richter: „Sagen Sie doch dem Reinhold, wenn Sie ihn sehen, ob er nicht imstande wäre, sich einmal etwas platonisch zu verlieben, damit er den Gesichtsteilen auch einige Aufmerksamkeit schenken möchte."

IX.

Zu allen Hofgesellschaften wurde Menzel eingeladen, und er ward nicht müde, die Gäste sowohl wie die herrliche Architektur des Schlosses zu bewundern, zu studieren.
Wenn Seine Majestät ihn zur Tafel geladen hatte, schickte er ihm in den letzten Jahren einen seiner Geheimen Räte mit einem Wagen, der den Meister zur rechten Zeit abholte. Der Herr Geheime Rat trieb einmal den berühmten Gast zu großer Eile, brachte ihn glücklich in den Wagen und bemerkte unterwegs, daß Menzel den Schwarzen Adlerorden nicht angelegt hatte.
Der Geheime Rat war sehr erschrocken. Umkehren war unmöglich, und Menzel tröstete ihn mit den Worten: „Es schadet nichts; ich bekleckere mir das Band doch immer beim Essen."
Ein andermal, beim Hofball, sah ich ihn in seiner Hoftracht herumspazieren ohne den roten Senatorenmantel. Als ich ihn fragte, warum er denselben nicht angelegt, meinte er: „Ich habe ihn zu Hause gelassen, weil er beim Gedränge am Büfett immer so begossen wird."
Als Menzel den hohen Orden vom Schwarzen Adler erhalten, mußte der neue Ritter natürlich im vollen Ornat photographiert werden. Auf dem Bilde stand Seine Ex-

zellenz neben einem großen Stuhl, und auf diesem sein Zylinderhut. Als er gefragt wurde, warum gerade dieser Hut dort stünde, ob er ihn mit besonderer Absicht aufgestellt habe, sagte Menzel sehr ernst: „Gewiß habe ich dies absichtlich angeordnet, denn den hohen Orden bekommen nur gekrönte Häupter, Fürsten oder hohe Militärs. Mit dem schwarzen Zylinderhut wollte ich andeuten, daß ich ein einfacher Bürger bin.“ An den vielen Orden, die ihm zuteil wurden, hatte er doch eine stille Freude und putzte sich gern damit. Besonders stolz darauf war er, daß er einen höheren französischen Orden besaß als Meissonier.

Als Helmholtz Vizekanzler des Pour le mérite geworden war, begab er sich zu Menzel, dem Kanzler dieses hohen Ordens, und fragte ihn, welche Obliegenheiten ihm in dieser Stellung zukämen. Menzel antwortete kurz: „Sie haben nur zu warten, bis ich tot bin, und dann sind Sie Kanzler.“

In früheren Jahren fanden in der Häuslichkeit Menzels und seines Schwagers Krigar sehr anregende und gemütliche Gesellschaften statt. Künstler, Schriftsteller und Musiker versammelten sich in den Räumen, und dem Wirte bereitete es ein wahrhaftes Vergnügen, wenn seine Musik ausübenden Kollegen in seinem Atelier ihm Quartette vorspielten. Sehr oft habe ich mit meinem Vater, Karl Becker, den Brüdern Begas und andern dort gespielt. Der Gesang ertönte seltener in diesen Räumen. Mancher Gast wurde damit beglückt, daß er in einem stillen Winkel sich eine Mappe mit Skizzen besehen durfte. Dort blieb er nie lange allein. Nach dem reichlichen Mahle ergriff dann der Wirt sein Glas, und man vermutete, daß er seine Gäste mit einem Toast erfreuen würde. In brüderlicher Liebe aber hielt er gewöhnlich eine Dankrede an seine Schwester, die alles so herrlich bereitet. Hier ein Briefchen aus jener Zeit:

3. Oktober 1879

Lieber Paul!

Mit Bedauern hier die Nachricht, daß unser morgiger Abend untunlich geworden ist. Meine arme Schwester befindet sich in Katarrh-Situation extremster Art, so daß sie gegründete Bedenken trägt, die Wirtin zu machen mit der bei dergleichen sicheren Aussicht, den Gästen in der Atmosphäre der Wohnung den Keim zu demselben Leiden mitzuteilen.

Schönstens grüßend Menzel.

Bei größeren Festen, die ihm zu Ehren veranstaltet wurden, hielt er gern eine Rede, deren Vortrefflichkeit und Geist aber nur die würdigen konnten, die unmittelbar neben dem Redner standen. Denn er sprach gerade vor sich hin in seinen Teller hinein und nicht mit lauter Stimme. – Den schlesischen Akzent hatte er nie ganz abgelegt. – Jeder Festteilnehmer aber wollte etwas von den goldenen Worten hören, und so bildete sich im Nu ein dichter Schwarm von Gästen, die mit der Hand am Ohr in allen möglichen gebückten Stellungen in einem festen Knäuel sich um den verehrten Redner drängten.

Eine hinreißend warmherzige Rede auf meinen Vater hielt er, als ich ihn zum letzten Male bei mir sah. Zu meinem sechzigsten Geburtstage hatten sich sehr viele Freunde und namentlich lustige Jugend in meinem Hause versammelt, um diesen Tag mir zu verschönen. Ein großer Teil erschien als Figuren aus meinen Bildern, und so wimmelte es von Zirkuskünstlern jeden Geschlechts, von Zigeunern, Menagerieleuten und ländlichen Gestalten. Da es im Sommer war und mein Atelier zur Bewirtung aller Gäste nicht ausreichte, so hatte ich den anstoßenden Wäscheboden phantastisch dekoriert und erleuchtet, und die darin munter tobenden, speisenden, kostümierten jungen Leute gewährten einen reizenden, malerischen Anblick. Mein greiser Freund umschlich beobachtend die bunten Gruppen und setzte sich bald in diese, bald in jene Bodenecke, um etwas auf dem Anstand zu treffen, und dann, als schon manche herzliche und lustige Rede gehalten, begann auch er an sein Glas zu klopfen und sprach so rührende und tiefempfundene Worte, daß alle Gäste wahrhaft ergriffen

waren, als er ein stilles Glas auf den verstorbenen Freund Eduard Meyerheim trank. Dieser Eindruck ist allen Anwesenden unvergeßlich geblieben.
Für sein warmes Herz und seine oft fürstliche Wohltätigkeit gibt es zahllose Beweise. Wenn für eine gute Sache ein reicher Mann eine große Summe zeichnet, wird davon viel Aufsehens gemacht. Menzel „zeichnete“ mit eigner Hand meist viel größre Summen. Er hat, wenn es sich um Unterstützung von hilfsbedürftigen Künstlern oder zu wohltätigem Zweck veranstalteten Bazaren und Lotterien handelte, immer kostbare Blätter gespendet, mit deren Wert kein Beitrag der andern Wohltäter konkurrieren konnte. Bei Geldsendungen war er sein eigner Bote, damit niemand etwas davon erführe.
Als Menzel seine Augen für immer geschlossen hatte, hat es mich und seine Freunde sehr verdrossen, daß alle Journale eine Fülle von Anekdoten brachten, die den großen Mann ausnahmslos nur als einen schroffen, groben und sehr unliebenswürdigen Menschen darstellten. Und viele mögen auch wohl Grund gehabt haben, ihn so zu nennen; denn er mußte oft zu starken Mitteln greifen, denen gegenüber, die ihn mit irgendeiner Bagatelle belästigen und bei der Arbeit stören wollten. Ganze Stöße von Briefen voll Zumutungen sollte er, der Überfleißige, beantworten: Bitten um Autographen, Urteile über Kindertalente, Zusendungen von Freibilletts, Ersuchen um schriftliches Gutachten über Bleistifte, neue Malmittel, Malgründe und Pinsel usw. usw., und wenn gar viele Leute mit ihrem Ansuchen ihn persönlich beglücken wollten, konnte er sich ihrer nur durch Schroffheit erwehren. Er war kein Mann von gleichgültigen Redensarten, fragte nie nach Familienangelegenheiten, nach künftigen oder nach erledigten Sommerplänen oder nach dem Neuesten vom Tage. Wer aber, und wenn er ihm gänzlich unbekannt war, ganz dreist ein Gespräch anfing, der durfte sich sicher über Grobheit nicht beklagen. Und wenn sich alle Freunde regelmäßig an seinem Geburtstag bei ihm einfanden, so hatte er für jeden ein warmes, gemütvolles Wort, und alle, die am gastlichen Frühstückstisch bei dem Meister saßen, konn-

ten seine unglaubliche Frische und Herzlichkeit bewundern. Bei diesen intimen Festen, die mit einer Gratulation und einer Gabe von Seiner Majestät eröffnet wurden, hatte das Geburtstagskind sein Glas mit gutem Stoff in der Hand und war unermüdlich, jedem zuzutrinken und zum Trinken anzuspornen.

Die Räume, in denen sich die Gratulanten versammelten, waren einfach und ohne Luxus im Geschmack der frühern Zeit eingerichtet. Aber wo Menzelsche Werke die Wände schmücken, ist Luxus genug. Über einem Sofa hing eine große Photographie von Raffaels Madonna della Sedia. Einige Rokokoschränke, Händels Büste von Houdon, manches Ehrengeschenk der königlichen Familie in drei Generationen und verschiedene Arbeiten von Kollegen, die nur mit ängstlichem Gemüt wagten, dem hochverehrten, von allen anerkannten Meister etwas darzubringen – das war alles.

Gegen das Ende seines Schaffens hin liebte es Menzel, ältere Arbeiten noch einmal vorzunehmen. Er holte manche Studie oder Zeichnung aus frühern Mappen und überarbeitete sie gänzlich. Es entwickelte sich bei ihm die Vorliebe, solche Arbeiten mit überreichem novellistischen Inhalt auszustatten, und er erzählte oft ganz lange Geschichten von dem, was er sich erdacht und in das Werk geheimnisvoll hineingelegt hatte. Schon frühe hatte er etwa acht Blatt Aquarelle kleinsten Formats geschaffen, die eine zusammenhängende Handlung darstellen, und es wurde lange, aber immer vergeblich nach einem Dichter gesucht, der zu diesen Blättern eine Geschichte schreiben sollte.

Das letzte Bild in Gouachefarben hatte folgende Geschichte. Ich fragte ihn ein Jahr früher, was er vorhabe. Er zeigte mir das Aquarellporträt eines feinen Aristokraten und sagte: „Das ist der Biron von Curland. Den will ich jetzt fertigmachen." Als ich verwundert meinte, daß dieser Herr doch schon ein paar Dezennien tot sei, sagte er: „Gewiß, aber ich habe das Porträt beim Kramen in einer Mappe gefunden. Es war eine Studie zum Krönungsbild, und die Familie, der es gut gefallen, bestellte mir, daß ich das Porträt fertigmachen sollte. Nachher haben sie wohl Reue bekommen des Preises wegen und haben es wieder abbestellt. Nun will ich aus dem Ding etwas machen, und zwar einen Agrarier, der sich eine Zigarre angesteckt hat und einen Pack Zeitungen mit der rechten Hand unwillig beiseite schiebt." Zu dieser Arbeit hat er für die erwähnte Hand fünfunddreißig Zeichnungen gemacht und für die mit der Zigarre noch fünf. Dreiviertel Jahr hat er über diesem Blatt zugebracht, und als ich ihn eines Tages fragte: „Was ist denn aus deinem Agrarier geworden?" erwiderte er kurz: „Ich habe doch nicht ausdrücken können, was ich gewollt, und habe ihn schließlich beiseite gelegt."

Natürlich gehen die Meinungen über das Schaffen eines jeden großen Künstlers immer auseinander, und die wahre Schätzung bleibt erst feststehend, wenn sie die kritischen Siebe von Jahrhunderten passiert hat. Und so hat Menzel schon zu seinen Lebzeiten allerlei hinunterschlucken müssen, was ihn aber – Gott sei Dank – nicht beirrt hat. „Allen gefallen ist schlimm, mach es wenigen recht." Und wieviel Unsinniges ist da nicht alles gesagt und geschrieben worden! Der eine nennt ihn nur einen Gelehrten, ein andrer meint, daß seine Kunst die eines Chinesen oder Japaners sei; ja man sprach ihm sogar die Kunst des Zeichnens und gänzlich den Sinn für Kolorit ab. Den einen Kunstschreiber geniert die überreiche Fülle des Gebotenen auf jedem Bilde, er nennt ihn einen Kunstregistrator; der andre sieht nur Kleckse in schlechter Technik, und sogar der Geist wird für etwas der Kunst Schädliches erklärt. Da ich selbst mit den Werken des unvergeßlichen Freundes groß geworden und erzogen worden bin, so habe ich natürlich nur reine Freude und Bewunderung, und, ehrlich gestanden, mit dem Beurteilungsmaßstab, den ich mir durch Menzels Werke gebildet, will mir nur wenig andres gefallen. Denen aber, die diesen Riesen aus mangelnder Kenntnis perspektivischer Lehrsätze unverständig beurteilen, möchte ich zurufen: „Mancher kommt uns nur klein vor, weil er so sehr weit über uns steht!"

Georg Friedlaender

Menzel-Erinnerungen

Am Freitagabend erzählte die „Vossische Zeitung“ (No. 70) sehr ergötzlich, wie Adolph v. Menzel böse ward, als man ihn bei Festfeier seines siebzigsten Geburtstages unaufhörlich einen „Altmeister“ geheißen, daß ihm dieser Titel verhaßt gewesen sei und er endlich gegen diese fortgesetzte Altmeisterei Protest erhoben und einen Festredner durch Drohung mit dem Finger jedesmal zum hörbaren Verschlucken dieses ominösen Wortes gebracht habe, wenn es ihm auf die Zunge kam. Offenbar bedeutet diese Verstimmung über das ewige „Altmeistern“, daß Menzel trotz seiner siebzig Jahre sich noch so lebenskräftig und schaffensfreudig fühlte, wie er es dann noch zwanzig Jahre bewiesen hat, und daß ihm der Gedanke an den Tod gar sehr abhold war und fern lag. Er litt eben auch an der menschlichen Schwäche, nicht gern an sein Alter erinnert zu werden. Und das beweist folgender Vorgang recht schlagend. Ich erzähle ihn ausführlich, weil er noch unbekannt und für die handelnden Personen: Menzel, den Maler, und Fontane, den Dichter Friedrichs des Großen, auch charakteristisch ist.

Zehn Jahre, bevor Julius Wolff zum achtzigsten Geburtstag Menzels Friedrich den Großen auf der Krollschen Bühne erscheinen und „ce monsieur Menzel“ preisen ließ, nämlich schon zu Menzels siebzigstem Geburtstag, hat Theodor Fontanes Dichterauge den großen König „Auf der Treppe von Sanssouci“ erschaut und sich selbst und Menzel dem König gegenüber gesehen. Das Gedicht, das diese phantastische Vorstellung verkörpert, ist allbekannt und besonders den Lesern der „Vossischen Zeitung“, wo es zuerst abgedruckt war, vertraut, und darum sollen nur wenige Zeilen, an die meine Erinnerung anknüpft, zitiert sein, die Friedrich dem Großen in den Mund gelegten Worte:

„– – – – Eines sagt ihm:
Ich lüd' ihn ein (er mag die Zeit bestimmen,
Ein Jahrer zehne will ich gern noch warten)
Ich lüd' ihn ein nach Sanssouci; sie nennen's
Elysium droben, doch es ist dasselbe."

Das Gedicht, eines der schönsten Fontanes, das dem allzu bescheidenen Dichter selbst sehr wohl gefiel, fand allenthalben begeisterte Zustimmung. Nur einer blieb stumm: der gefeierte Menzel! Und warum? Fontane selbst konnte sich's zunächst auch nicht erklären. Als der Schreiber dieser Zeilen ihm auch seine Freude an dem Gedicht ausgesprochen hatte, erhielt er nämlich folgende Antwort: „Sie schreiben mir so Freundliches über das Menzel-Gedicht, und ich stecke es diesmal ohne Verlegenheit ein, weil es, glaub' ich, apart gelungen ist. Übrigens müßt' es auch mit dem Deubel zugehen, denn ich habe runde drei Wochen dran gearbeitet. Der Erfolg war glänzend; am entzückendsten der Kronprinz, der bei Menzel jedem, der es hören wollte, erzählte, daß er es seiner Frau zweimal beim Frühstück vorgelesen und es dann (ganz charakteristisch) ‚ausgeschnitten' habe. Derlei Freundliches drang von allen Seiten her an mich heran, und doch bin ich, beinah vierzehn Tage lang, aus dem Ärger oder richtiger aus einem sehr schmerzlichen Gefühl nicht herausgekommen." (Nun folgt eine Erklärung für diese Verstimmung, welche so ausklingt:) „Menzel war am 8. Dezember das große Tagesereignis, und wer das Glück hat, für ein Tagesereignis das ausschlaggebende Wort zu finden, der muß ... gefeiert werden. Aber Kuchen!" Eine weitere Veranlassung zum innerlichen Grollen nahm Fontane aber aus Menzels Schweigen: „Menzel selbst gab kein Lebenszeichen und kam erst am zehnten oder elften Tage, um sich zu bedanken. Es kann Zufall gewesen sein, will sagen unbeabsichtigt, aber selbst dann ist es starker Tabak. Wenn man jemanden so feiert, so muß der Gefeierte auf der Stelle Zeit zu einem Telegramm oder einer Rohrpostkarte finden und nicht zehn Tage vergehen lassen. Es wird aber wohl anders liegen und der Grund seiner Säumnis in einem gewissen Mißfallen zu suchen sein. Irgendein Wort hat ihm nicht zugesagt oder ihn geradezu verdrossen, und er hat Zeit gebraucht, sich zu rekolligieren. Auch das läßt sich verzeihen, aber sehr angenehm ist es nicht für den, der auf seinen ehrlich verdienten Dank wartet. Die Welt ist wunderbar. Im übrigen, wie sie auch sei ... Ihr Th. Fontane." – – Was aber war des Pudels Kern? Der Dichter hat's mir späterhin mündlich erzählt: Die oben durch den Druck hervorgehobene Stelle:

Ein Jahrer zehne will ich gern noch warten!

Es verdroß den Meister, daß er so alt war, um Friedrich den Großen nur höchstens noch zehn Jahre auf seine Gesellschaft im Elysium droben warten lassen zu sollen.

Und so hat „Friedrichs Tafelrunde zu Sanssouci" denn auch wirklich noch beinahe zwanzig Jahre warten müssen, bis die kleine Exzellenz den vom rappligen Voltaire Anno 70 geräumten Platz einnahm!

Nach dieser Erinnerung möchte ich nun noch eines eigenen Menzel-Erlebnisses gedenken: „Menzel und Mohamed-ben-Abdallah." Im Kriege 1870, anfangs immobil, hatte ich Dienst bei den ersten Kriegsgefangenen in Spandau; – und zwar von ihrem erstaunlichen Eintreffen an. Natürlich übten diese Erstlinge eine große Anziehungskraft aus, und nicht nur für Spandau, sondern auch für Berlin. Namentlich lockten die bunten Zuaven und Turkos in ihren fremdländischen Trachten und Gewohnheiten viele Besucher heran, deren geräuschvolle Teilnahme dann auch bald den Dienstbetrieb erschwerte und eine größere Kontrolle und Absperrung hervorrief.

Da saß ich eines Morgens in der Zitadelle dem liebenswürdigen Festungskommandanten, General v. Streit, gegenüber und las in der Kommandantur die ein- und abgehenden Briefe von Kriegsgefangenen, als es klopfte und ein auffallend kleiner Herr eintrat, mit der schwarzsilbernen Rosette des Pour le mérite im Knopfloch. Es war Adolph Menzel. Die Erlaubnis zum Besuch der

Burgwall- und Vorderschanze wurde erteilt und mir die willkommene Gelegenheit, den großen Künstler in die auch ihm so neue Welt höchst merkwürdiger und malerischer Erscheinungen einzuführen. Es fesselte den Maler zumeist die sogenannte Vorderschanze, wo die Turkos und Zuaven sich auf dem sonnigen Rasen und unter dem blauen Himmel wie in ihrer Heimat bewegten. Sie wuschen und trockneten die langen, weißen Gürtelbinden ihrer Uniform sowie die Leinwand-Gamaschen –, sie rasierten einander das Haupthaar, so daß ein Geräusch entstand, als ob sie mit schartigen und stumpfen Messern die Kopfhaut schabten –, sie seiften sich den Oberkörper ein, wuschen die roten oder blauen Pluderhosen und breiteten die bunten Sachen auf dem Rasenwall zur Naturbleiche aus –, sie lutschten mit Vorliebe Zucker, für welchen sie ihr Geld noch lieber ausgaben als für türkischen Tabak: kurz, sie boten Bilder, die nicht nur für ein Menzel-Auge bedeutend, neu, schön und anziehend waren. Und inmitten dieser farbenfrohen, bewegten, ewig wechselnden Welt all' der tirailleurs algériens, chasseurs d'Afrique und Zuaven nun Adolph Menzel!

Wie spähten seine Augen umher –, wie sprühten sie von Feuer, sogen förmlich die Bilder ein, während die Hände mit wenigen Strichen das Neue und Besondere festzuhalten suchten. Kaum daß der Blick den Händen folgte! Und Eile tat not. Nicht nur wegen der Überfülle des Stoffes, sondern vielleicht noch mehr, weil diese Skizzen ohne rechtes Wissen der Originale entstehen mußten. Verbietet der Prophet doch das Abbilden menschlicher Gesichter! – – So stand denn Menzel auch dem Allerschwärzesten gegenüber: dem sergeant fourier Mohamed-ben-Abdallah, einem baumlangen Turko von negerhaftem Aussehen. Sie lächelten einander an, der Schwarze mit seinem breiten Mund voll großer, weißer Zähne – und der kleine, sonst immer so ernst schauende Maler mit den tiefliegenden Augen, die jetzt so freundlich und bittend aufleuchteten. Aber wirksamer als diese erwiesen sich auch hier die handfesten Dinge: Zucker, Seife und Tabak. Menzel fand auch Wohlgefallen an den

kleinen, schön geformten Händen und Füßen dieses Mohamed wie der anderen Typen mit ähnlichen exotischen Namen, und er skizzierte eine große Anzahl von Physiognomien und Gruppen, die er dann abends „schwarz auf weiß“ besaß und „getrost nach Hause trug“, als wir uns trennten.
Ehe ich aber zwei Tage später auf eine andere Festung zog, nach Metz abrückte und für den Fall eigener Gefangennahme freundliche „Referenzen“ französischer Offiziere an die dortigen Machthaber mitnahm, erhielt ich auch einen dankbaren Brief von Adolph Menzel:
„Lasse Ihnen nun endlich der Himmel trockenen Marsch und dort auch keine weiche Erde zuteil werden und ein allseits wohlerhaltenes Wiedersehen!“

Schmiedeberg im Riesengebirge, 12. Februar 1905

EDUARD ENGEL

Menzel über Raffael

Vor etwa zwanzig Jahren hatte ich die Ehre, an einer Berliner Tafelrunde Menzels Nachbar zu sein: im Hause des jetzt längst verstorbenen berühmten Orthopäden Geheimrates Eulenburg. Das Gespräch wandte sich zufällig auf die ungeheure Leistungsfähigkeit der alten Meister, die Echtheit vieler Bilder von Rubens und Rembrandt wurde in Zweifel gezogen, und zu alldem schwieg Menzel mit einem vielsagenden Lächeln. Nach einigen weiteren Seitensprüngen kam das Gespräch auch auf Raffael, und ich weiß nicht mehr, wodurch meine Frage an Menzel herbeigeführt wurde, ob er wohl glaube, daß irgend etwas Wahres an der kunstgeschichtlichen Legende sei, Raffael habe die Sixtinische Madonna in acht Tagen gemalt. Menzel schwieg erst ein Weilchen, wir alle sahen, daß er über eine ihn stark anregende Frage tief nachdachte, innerlich das Für und Wider abwog, wobei er die Augen hinter den Brillengläsern schloß; dann aber hielt er uns aufmerksam Zuhorchenden einen kleinen Vortrag, den sicher keiner der Gäste vergessen hat. Er setzte uns auseinander – in seinem saftvollen, nichts weniger als papiernen Sprechstil, der Menzels künstlerische Art widerspiegelte: „Sehen Sie, was ist denn eigentlich an Raffaels Bild Großes und Schwieriges zu malen gewesen? Doch nur die Köpfe der Madonna und des Kindes. Zwei beliebige Heilige und die zwei Engelsköpfchen am unteren Rande des Bildes waren einem Maler wie Raffael eine Kleinigkeit, wenn er sie überhaupt gemalt hat, denn wozu hatte er seine Schüler? Nun denken Sie daran, wieviel größer die Handwerksübung der alten Italiener war als die der Maler von heute! Es brauchen ja auch nicht genau acht Tage gewesen zu sein, vielleicht waren es vierzehn Tage, und die Legende hat acht daraus gemacht, weil das Meisterstück dann noch meisterlicher aussah. In acht oder vierzehn Tagen mußte aber ein Kerl wie Raffael zwei Köpfe malen können. Die Leiber mit ihren Gewändern konnte dann nach seinen Zeichnungsstrichen auch ein Schüler hinstreichen. Ja ich glaube, die Legende hat recht, denn gerade das Schönste an dem Bilde, die Augen der Mutter und des Kindes, gelingen dem Künstler in einer glücklichen Stunde oder niemals." Wer da weiß, wie lange Menzel selbst an jedem seiner großen Bilder gearbeitet hat, der wird seine Fähigkeit doppelt bewundern, sich in die ganz andersgeartete Malweise Raffaels hellseherisch hineinzudenken.

HANNS FECHNER

Meine Erinnerungen an Adolph Menzel

Es können über vierzig Jahre her sein, als ich in dem damals weltabgelegenen, wunderschönen Gebirgsörtlein Garmisch in den bayerischen Alpen meine Studienmonate verbrachte. Man wird sich vorstellen können, welche Aufregung bei mir und meinen Kameraden herrschte, als es hieß, Menzel sei angekommen und zu längerem Aufenthalt im „Husaren" abgestiegen. Nicht nur, daß Menzel uns als das Vorbild eines Meisterkünstlers galt, sondern wir verehrten in ihm vor allem auch den eisernen Arbeiter, der nach seinem Wahlspruch: „nulla dies sine linea" keine Minute des Tages unbenutzt für die Kunst vorübergehen ließ. Wir glaubten, uns ehrlich mit unsern Studien tagsüber abgemüht zu haben, wenn wir müde und matt von der Arbeit heimkehrten, während die letzten Sonnenstrahlen die Gipfel des Wettersteingebirges goldig und rot aufleuchten ließen. Wie oft traf dann der eine oder andere von uns Menzel noch in irgendeiner malerischen Ecke, im Halbdunkel hockend, dabei, die heimlichen Schatten der hereinblauenden Nacht noch schnell festzuhalten, ein Bild unermüdlichen Fleißes und Interesses an allem, was Auge und Hand imstande sind, wiederzugeben. Welche Freude erst, als der Meister, dem wir uns abends etwa in der vornehmen Gaststube des „Husaren" oder in der gemütlicheren unserer guten, dicken Lammwirtin beigesellen durften, uns aus dem unerschöpflichen Born seiner Kunstanschauungen kosten ließ. Alle seine Weisungen gipfelten in dem: „Arbeiten und wieder arbeiten", dem Zauberwort seiner Kunstschöpfungen. So empfahl er eindringlich als ausgezeichnete Übung den Versuch, nach vollbrachtem Tagewerk vor dem Zubettgehen noch schnell die reizvollsten Eindrücke des Tages festzuhalten. Anfangs würde es Schwierigkeiten bereiten, aber durch unausgesetzten, unermüdlichen Fleiß könne man ein Resultat erreichen. Er habe es zeitlebens so gehalten. Bei uns blieb es natürlich bei dem guten Willen, die ein-

zelnen Versuche als tägliche Übung einzubürgern. Die Jugend verlangte ihr Recht, und wir hielten es lieber mit den Gebirglern und ihrem Tanz und Gesang. Darum konnten wir gleich einem Bauern jodeln, konnten Schuhplattl tanzen, und wenn es auf schwieriger Bergfahrt ein tolles Wagestücklein galt, so waren wir sicher in den ersten Reihen. Menzel konnte nicht singen, auch nicht tanzen. Dafür konnte man ihn aber oft einmal mitten im Gewühl aufjauchzender Jugendlust und Tanzesfreude einem Felsen gleich stehen sehen, ungeachtet gelegentlicher unbeabsichtigter Knüffe und Püffe, um das lustige Treiben in sein Skizzenbuch zu bannen.
Menzel war sehr kurzsichtig und brauchte eine altmodische Lorgnette oder ein handliches Opernglas zum Ausgleich, scheinbar ein Nachteil, doch ein Vorteil für die Art seines Schaffens, denn er hatte sich notgedrungen darauf einüben müssen, nach dem Modell nicht nur mit dem vergleichenden Auge, sondern auch mit Zuhilfenahme seiner Vorstellungskraft zu arbeiten. Der ungeheure Vorteil, den er hierdurch vielen Künstlern gegenüber hatte, wird einleuchten, sobald man sich klarmachte, wie man gewöhnlich durch unausgesetztes Vergleichen zwischen Modell und Bild zum Resultat gelangt. Menzel konnte eben so arbeiten, daß er Modell und Bild nicht immer zum Vergleiche unmittelbar nebeneinander brauchte. Es liegt auf der Hand, welche unglaubliche Gedächtnisübung hierdurch entstehen mußte. Unter ähnlichen Bedingungen fallen Künstler sehr oft ins Konventionelle, indem sie die einmal erlernten Formen immer wieder anwenden. Nicht so Menzel. Er schützte sich hiervor dadurch, daß er selbst bei der kleinsten Falte eines Rockärmels immer wieder vor die Natur ging, und mit äußerster Treue das, was sich ihm jedesmal bot, aufzeichnete. Ihm war alles, was er zeichnerisch oder malerisch wiedergab, an sich reizvoll. Und selbstverständlich mußte ihm bei dieser Treue und Objektivität des Sehens all und jedes Ding als etwas Neues in der Wiedergabe erscheinen, auch wenn er es schon hundertmal gezeichnet hatte. Man verfolgte einmal auf den Tausenden von Zeichnungen und Studien von ihm,

mit welchem Eifer er danach strebte, scheinbar momentane Bewegungen, wie z. B. das Zupacken und Greifen einer Hand, lebendig und charakteristisch darzustellen. In Garmisch erregte an einem lustigen Tanzabend das Radschlagen eines jungen Schuhplattltänzers sein besonderes Interesse. Er machte sich sofort ans Zeichnen. Wir haben gezählt: achtzigmal mußte der Sennbub ihm dicht vor der Nase das Radschlagen wiederholen, indes der Meister mit dem größten Eifer in einer Reihe von schnellen Skizzen das Aufstellen der Hände während des Turnstückleins aufzeichnete. Später einmal skizzierte er dann eine ganze Reihe von Vollfiguren in der Bewegung des Radschlagens: geneigt, aufspringend, stehend, kopfüber, kopfunter.
Man kann sich vorstellen, wie ein Künstler durch diese Art des eingehenden und genauen Studierens die größten Feinheiten in den Bewegungen festhalten lernt. Mit Recht hat man darum seinerzeit von den in der Luft bewegten Fahnen auf seinem Einzugsbilde behauptet, sie seien so momentan richtig wiedergegeben, wie sie nur die photographische Augenblicksaufnahme festhalten könne. Selbstverständlich muß man Menzels Fähigkeit, das pulsierende Leben in allen Feinheiten der Bewegungen so wiederzugeben, wie eben nur er es konnte, viel höher einschätzen, denn hiermit hängt ja das engste Verständnis für den Organismus und für die folgerichtige Bewegung in den Formen zusammen.
Vor allem aber war es die Freude an der absoluten Ehrlichkeit, die ihn immer wieder zwang, auf diese einzigartige Weise zu arbeiten, die diesem Wahrheitssucher allein eignete und ihn den besten der alten deutschen Meister ebenbürtig an die Seite stellt.
Ton, Stimmung, Farbenwirkung sind Dinge, die man entweder individuell empfinden muß oder aber, wenn die Fähigkeiten nicht ausreichen, als jeweilige Mode von andern übernehmen kann. Durch eisernen Fleiß allein aber kann man das Verständnis für den organischen Zusammenhang bekommen und durch eifriges Studium erlernen, wie Formen und Bewegungen zusammengehören. In dem Verständnis des Organismus beruht die

Kenntnis des Aufbaus, und dieser Erkenntnis allein ist ein monumentales Wirken und Schaffen in der Kunst möglich.

Es ist daher begreiflich, daß Menzel, der so ernsthaft arbeitete, bei Beurteilung von Kunstwerken den allerhöchsten Maßstab anlegte und unerbittlich in seinen Forderungen war. Am unerbittlichsten aber war er gegen sich selbst. Auch davon habe ich Beispiele erlebt. Es war nach den Garmisch-Wochen. Da veranstaltete der bekannte Kunstmäzen Adolf Thiem eine Festgesellschaft zur Feier seines Erwerbs von Menzels Gemälde „Das Ballsouper". Das Kunstwerk stand prachtvoll beleuchtet da und wurde von allen mit Begeisterung genossen. Die Zeit zum Beginn des Mahles war mittlerweile fast herangekommen. Nur der Ehrengast fehlte noch – Menzel. Pünktlich zur Essensstunde erschien er. Aber die Freude auf die leiblichen Genüsse war arg verfrüht, denn der Alte setzte sich, ohne von jemandem Notiz zu nehmen, vor sein Bild und begann, es zu betrachten, schweigend, mit grimmigem Gesicht. Die Minuten verstrichen. Die Viertelstunden verstrichen. Niemand rührte sich. Er hätte können die Mägen knurren hören, wenn er noch etwas anderes gehabt hätte als Augen. Augen, die auf das Bild starrten, die hin und her und auf und ab wanderten, als sähe er's zum ersten Male. – Endlich wagte dann doch der Gastgeber eine schüchterne Erinnerung. Menzel drehte sich zu ihm herum und sagte ärgerlich: „Stören Sie mich doch nicht! Nichts ist so wichtig, als wenn man seine Arbeit einmal am fremden Ort und in anderer Beleuchtung studieren kann. Man findet dann vieles, was man anders hätte machen sollen."

Ich mußte lachen, als mir diese Geschichte erzählt wurde, weil mir sofort Menzels Garmischer These einfiel. Da hatte er sich uns gegenüber nämlich einmal bezüglich des Innehaltens regelmäßiger Mahlzeiten geäußert. Wir Jungen hatten die Ansicht, daß man die ausgezeichneten Mahlzeiten der Lammwirtin auf keinen Fall auslassen dürfe, während sich Menzel sehr oft sein Mittagsmahl abends nachservieren ließ. „Wer ist der Herr? Menzel oder der Magen?" – also der Meister.

Und dann das andere, das mit seinem Marktplatz in Verona. Das für mich bedeutsame kleine Ereignis taucht so lebendig vor mir auf, als wäre es erst heute geschehen. Der Altmeister hatte in Garmisch eine Anzahl von Studien gemacht, die er dann später zu seinem Bilde, der Marktplatz von Verona, verwenden wollte. Mich hatte er aufgefordert, ich solle mir dann das Bild bei meinem Besuche in Berlin ansehen. Mit welcher hohen Freude, aber auch mit wie großer Ehrfurcht machte ich mich eines schönen Tages zu einem Besuch des Meisters auf den Weg. Denn schon, daß er mich überhaupt zu einem Besuche aufgefordert hatte, mußte mir als eine hohe Ehre erscheinen, war doch darin zu gleicher Zeit eine Anerkennung meines künstlerischen Schaffens für mich enthalten. – Eine erwartungsvolle Viertelstunde verbrachte ich vor der Ateliertür, bis der Meister mir, nach seiner Gewohnheit, endlich öffnete. Nach einer langen Betrachtung durch seine Lorgnette, mich von den Füßen bis zum Kopfe musternd, brach er plötzlich in die Worte aus: „Aha, Fechner, nun wie geht es in München? Kommen Sie herein!“ Und er führte mich direkt in sein Atelier. Während seiner eindringlichen Fragen über das Kunstleben in der Isarhauptstadt hatte ich Gelegenheit, vor allem sein kolossales Schlachtenbild aus der friderizianischen Zeit, das die eine Atelierwand vollständig bedeckte, anzusehen. Es war unvollendet – und ist es bis zu seinem Tode geblieben. Die Beherrschung so großer Flächen lag ihm bei seiner Kurzsichtigkeit doch wohl nicht, er hätte sonst diese Aufgabe sicher einmal zu Ende geführt.
Meine Blicke wanderten weiter über eine Unmenge von bestaubten Gipsabgüssen, über Waffen, unordentlich durcheinandergeworfene Uniformstücke, über Hunderte von Studien und gefüllten Mappen, und tiefe Ehrfurcht überkam mich vor diesem gigantischen Fleiß, vor dieser machtvollen Arbeitskraft. Endlich aber sah ich das Bild, den Marktplatz von Verona, den er mit der Staffelei ins Licht gerückt hatte. Unzählige dazugehörige Studien waren beiseite gestellt, damit sie die Totalwirkung des Bildes nicht störten. Welch fröhliches Gewimmel von be-

wegten Figuren, von Licht und Schatten auf der Leinwand! Einzelne von ihnen begrüßten mich als gute Bekannte aus seinen Studien im Jahre vorher. Und dennoch – bei aller Vollendetheit des Bildes – irgend etwas fehlte mir daran. Was war denn das nur? Ich hatte mich in das Bild hineingeschaut und schaute mich nun wieder heraus. Von meiner vorjährigen Reise durch Oberitalien stand mir der Marktplatz von Verona noch frisch im Gedächtnis. Die Sonne –, die glühende Sonne über dem wirklichen Bild, die mir noch in der Erinnerung leuchtete, und auf mir brannte –, die fehlte hier. Hatte der Meister es wirklich nicht gesehen? Hatte er sie nicht empfunden? Unmöglich, er hatte sie eben nicht herausbekommen. Diese Erkenntnis bedrückte mich, war mir fürchterlich unangenehm. Und als ich den verehrten Meister, mit dem wunderlich ernsten Schädel, in seinem alten Flauschrock, ein Halstuch lose umgeknüpft, so vor seinem Werke stehen sah, entschlüpften mir die Worte: „Es ist ganz wundervoll – so sonnig!“ Sowie ich sie ausgesprochen hatte, schämte ich mich dieser törichten Lüge, die einem Manne wie Menzel, dem Ehrlichkeitsapostel, gegenüber herzlich dumm wirken mußte. Langsam und jedes Wort betonend, entgegnete er: „Nein, das ist es nicht!“ – Mir war scheußlich zumute. – Hätte ich gesagt: „Mir erscheint es nicht sonnig genug, dann hätte er, weil meine Bemerkung ja richtig war, wohl gebrummt, aber dann mit befriedigendem Knurren gesagt: „Das ist es auch nicht!“ Doch so mußte er mich für einen Wortemacher, der zum Munde redet, oder für einen schlechten Kritiker halten. Und wie stolz war ich immer darauf gewesen, das rechte Wort an rechter Stelle zu sagen! –

Oftmals saß in der Zeit nachher der kleine Meister nächtlicherweise auf meinem Bett, mit den Fäusten die Worte auf meine Brust trommelnd: „Das ist es nicht! Das ist es nicht! Das ist es nicht!“, bis ich entsetzt aus dem Schlafe emporfuhr und mir nochmals gelobte, ich wollte in allen Lebenslagen bei der Ehrlichkeit bleiben.

Agathe Herrmann

Wie ich Menzel kannte

Meine erste Erinnerung an Menzel: Ich sehe uns alle in dem trüben Berliner Zimmer seiner Wohnung: sein Schwager, Musikdirektor Krigar, am Flügel, um ihn und den aufgeschlagenen Don Juan von Mozart mein Vater, Frau Krigar, mein Schwager und Schwester Hertel dichtgedrängt um die Partitur, aus der mit spontaner Verteilung der Rollen begeistert gesungen wurde – zur Wonne der Akteure und der Zuhörer. Ich sehe Menzel in freudigem Behagen, nach dem Takte der herzerquikkenden Musik sich mit dem Oberkörper wiegen. Das war ein Musizieren nach seinem Herzen, „ohne alles Brimborium, ohne alle Feierlichkeit". Die allerschönsten Stellen wurden, unter dem Vorwande des Irrtums, wiederholt, vor keiner Höhe, keiner Stimmlage zurück-

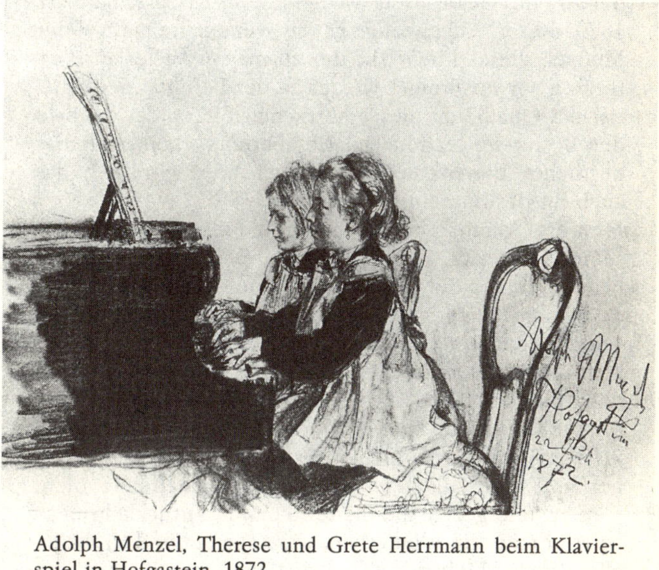

Adolph Menzel, Therese und Grete Herrmann beim Klavierspiel in Hofgastein, 1872

schreckend, ganz der Wonne der göttlichen Mozartschen Melodien hingegeben! Eine Freude, bei diesem stundenlangen Musizieren Menzels helle Freude zu beobachten. Don Juan beherrschte den ganzen Abend, die Heiterkeit stieg, Menzel zitierte bei Tisch, den Kalbsbraten anpreisend: „Dieses Stückchen vom Fasanen“, singend antwortete mein Vater: „Ihr Herr Koch sucht seinesgleichen, seinesgleichen!“ – „Ja“, dozierte Menzel eifrig, „und nicht nur vom kulinarischen, auch vom linearen Standpunkt aus sucht der Mozart seinesgleichen ... So die Linienführung eines Themas, wie der Gedanke drunter und drüber geht, verschwindet und da, wo man ihn kaum erwartet, da ist er dann plötzlich da, und zu aller Erquikkung da!“ Ach, die fröhliche, schöne Zeit!

Zu den früheren Verehrern Menzels gehörte mein Vater, welcher eine warme Liebe und, wie Menzel es ausdrückte, „eine feine Zunge“ für Kunst hatte. Er erwarb zuerst zwei wundervolle Aquarelle, „Kircheninterieurs aus Innsbruck“, von ihm. Erschüttert von dem Ereignis der Abfahrt des Kaisers Wilhelm zum Kriegsschauplatz 1870, dessen Augenzeuge er war, veranlaßte mein Vater Menzel, dieses Motiv für ihn zu malen. Viele Jahre erfreuten wir uns immer wieder an der Feinheit der malerischen Qualitäten dieses herrlichen Bildes, das dann in den Besitz der Nationalgalerie überging, ebenso wie das herrliche „Flötenkonzert Friedrichs des Großen“, das auch im Besitz meiner Eltern war.

Mehrere Sommer hindurch waren Freund Menzel mit seiner Schwester, seinem Schwager Krigar, der mit köstlichem Humor die Welt erfaßte, und deren beiden Kindern, dem jetzigen Professor Otto Krigar-Menzel und seiner Schwester Grete, die Gäste meiner Eltern in unserm lieben gemütlichen Landhaus in Hofgastein. In dem kleinen Nest ist wohl kein Winkel, keine alte braune Holzhütte, kein Brunnen, kein malerischer Zaun, kein eigensinnig knorriger Baum, den der stets Spähende, unermüdlich leidenschaftlich Schaffende nicht studiert und gezeichnet hätte. Wenn er zurückkehrte, so hatte er stets die Welt erlebt, war angeregt und frisch, an allem voller Liebenswürdigkeit teilnehmend – auch an den materiellen Genüssen –, auf die freilich oft fünfzehn Hungrige warten mußten, weil er zu spät zu den Mahlzeiten kam, die er beim Arbeiten vergessen hatte. Er ging bei Wind und Wetter aus, aber bei einem gar zu tollen Regenguß kam er einst ins Musikzimmer, wo meine beiden kleinen Schwestern vierhändig die Serenade von Haydn spielten. „Kinder, ich will den Kronleuchter zeichnen, spielt mir etwas dabei vor", rief er ihnen zu, wahrte so ihre Unbefangenheit und machte die charakteristische malerische Porträtzeichnung von ihnen, mit der er später meine Eltern erfreute. In Gastein entstanden die eingehenden figürlichen und architektonischen Studien für die „Prozession in Hofgastein". Die Architektur auf dem Bild, die Häuser neben der Kirche hat er etwas verändert, seinen malerischen Intentionen dienstbar gemacht. In der alten Schmiede war er oft; die Arbeiter, Lichteffekte, Werkzeuge zeichnete er; das Moserschlößchen, das alte Tonnengewölbe des Militärspitals, unser Haus aus der Vogelperspektive, den interessanten Kopf eines Bettelmönches, das bekannte Aquarell in der Nationalgalerie: Blick aus dem Atelierfenster in Hofgastein – welches die Menzel-Nummer der „Modernen Kunst" im März 1905 brachte – entstanden dort nebst unendlich vielen anderen Zeichnungen. Eines Tages wurde ich zu ihm geschickt, um ihn zu Tisch zu bitten, da hielt er mich in einer ziemlich unbequemen Position fest, „einen Augenblick" wegen eines Lichteffektes in meinem Haar, das mir damals noch als freie Mähne über den Rücken flog. Aus dem Augenblick wurden anderthalb Stunden. Als nach dreiviertel Stunden mein wohl von Hunger und Müdigkeit zeugender Ausdruck sich belebte, als Direktor Krigar erschien, um uns zu Tisch zu holen und mit mir zu plaudern begann, wurde er fortgeschickt. Menzel arbeitete weiter, murmelte aber: „Ja, sie muß angeregt werden." Alle zehn Minuten brummte er nur: „Ja Kind, so geht's in der Welt!" Ob mich das wohl für die Dauer der langen Sitzung genügend anregte? Aber das Resultat war nicht nur der Lichteffekt auf meinem Haar, sondern eine überaus reizvolle, Geist und Leben sprühende Porträtzeichnung. Bei aller herzlichen Liebe und Verehrung hatten wir Kin-

der doch eine heilige Scheu vor ihm. Ich fühle noch den Schreck, als er plötzlich hinter mir stand und mich beim Zeichnen ertappte; und ich hatte mich doch so sicher vor ihm geglaubt zwischen dem alten Kuh- und Schweinestall. Er prüfte meinen schüchternen Zeichenversuch und sagte wiederholt: „Ja, ja, die Courage des Sehens."
Bei einem Gespräch über Kunst und Künstler äußerte er nachdenklich: „Ja, die Eins ist das Talent, aber der Charakter gibt die Nullen dazu." In wie erhebender Weise er Talent und Charakter in sich vereinigte, beweist das Werk seines Lebens, das ergreifende Zeugnis für den Künstler wie für den Menschen. So genoß er auch in unserem elterlichen Hause nicht nur die begeisterte Verehrung, die dem großen Genius, sondern auch die Liebe und das Vertrauen, das dem wahren und vornehmen Charakter gebührte; wenn in meiner Erinnerung die heiteren, angeregten Abende, die echte Mozartstimmung wie beglückende Sterne leuchten, so werden mir die ernsten Stunden, die einem Beethovenschen Adagio gleichen, ebenso unvergeßlich sein, in denen der treue, tief empfindende Freund sein sonst so sorgsam verhülltes Gemüt betätigte. Er war nicht nur ein Freund des Sonnenscheins im Hause meiner Eltern. Die Ähnlichkeit der Weltanschauung, die Wertung des Menschen nach dem Kern, nach der Tiefe und Feinheit ihres Empfindens war das feste Band der Freundschaft, das ihn mit meinen Eltern verknüpfte. Wie oft ließ sich Menzel, in heitern wie in ernsten Tagen, noch nach zehn Uhr abends bei uns melden und verplauderte die halbe Nacht allein mit meinen Eltern. Am 10. Juli, dem Geburtstag meiner Mutter, welche den Verlust ihrer einzigen Schwester betrauerte, drückte er seine guten Wünsche in rührend zarter Form aus! Zwei Putten, die für diesen Tag den Trauerschleier hinwegnehmen, während ein dritter mit einem Riesenstrauß herrlicher Sommerblumen als Gratulant erscheint. Am 4. März, am 10. Juli, den Geburtstagen meiner Eltern, erregte er stets helles Entzücken durch seine geist- und gemütvollen Gratulationskarten, wie sie auf der Berliner Menzel-Ausstellung im Frühling dieses Jahres zahllose Besucher entzückt ha-

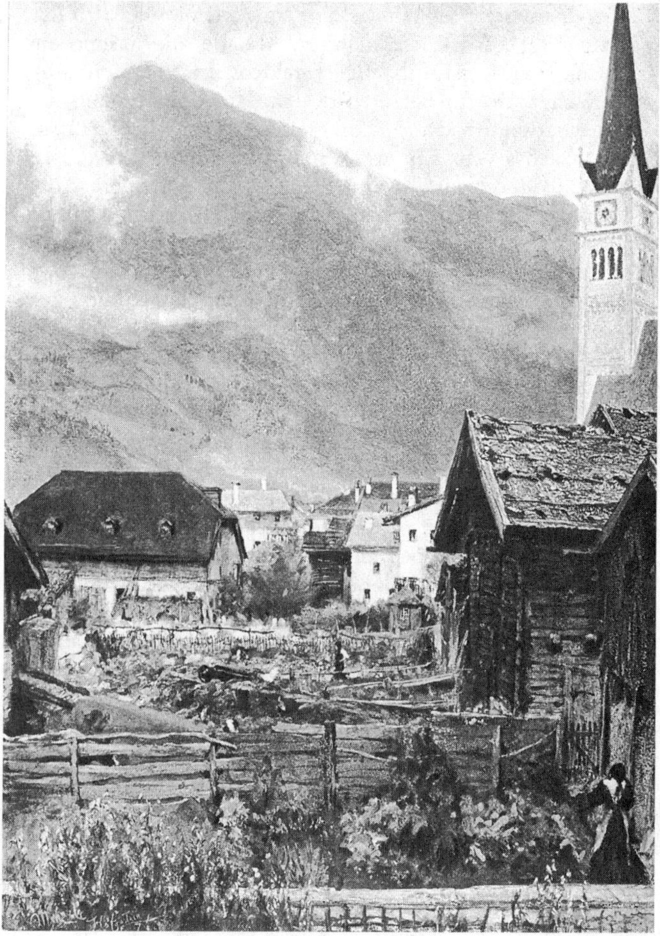

Adolph Menzel, Blick auf Hofgastein, 1874

ben. Wie viele dieser kleinen intimen Kunstwerke stehen vor mir, an die sich liebe und wehmütige Erinnerungen knüpfen, da der Geber und die Empfänger nicht mehr sind. Die charakteristische Zeichnung: mein Vater

Geige spielend in Hofgastein, sie ruft mir die Mozartstimmung zurück, die heiteren Abende, die harmlosen Feste, unsere Aufführungen im Kostüm von den Mozartschen Dorfmusikanten u. a. m. Ich sehe Menzels interessierten Ausdruck, höre seine eigentümlichen, kurzen Lachsalven, den trockenen amüsanten Ton seiner staccato-Redeweise, seine schneidigen, witzigen Antworten, die manchmal etwas scharfe Zurückweisung Übersicherer: z.B. „Junger Mann, es tut mir leid, daß ich nicht sagen kann, Sie sind zu jung, um so zu urteilen."
Es war in meinem elterlichen Hause zur Gewohnheit geworden, am Sylvesterabend in größerem oder kleinerem Kreis von Freunden zusammen zu sein, bei dem Menzel und Krigars nie fehlten. Dann erschien Menzel meist, wenn schon die Punschbowle gebraut wurde und das alte Jahr nicht mehr lange zu leben hatte, ging mit beiden ausgestreckten Händen auf meine Mutter zu: „Nun, meine liebe verehrte Freundin, rüsten wir uns für das neue Jahr." Er war der letzte, der kam, und sicher der letzte, der ging. Doch entsinne ich mich eines anderen Sylvesterabends ohne Gläserklirren, Aufführungen und Lachen, an dem meine Eltern durch ein trübes Erlebnis nicht in der Stimmung für Geselligkeit waren. Wir saßen allein. Um halb elf Uhr, beim tollsten Schneegestöber, erschien plötzlich Menzel. Wie er durch Fragen, Erzählen, zum Reden anregen die trübe Stimmung in eine behagliche zu verwandeln wußte, das machte seinem treuen Freundesherzen alle Ehre, und es ist mir ein Bedürfnis, das zu erwähnen, um der falschen Meinung, daß sein Gemüt nicht so tief als sein Geist groß gewesen sei, aus eigner Erfahrung entgegenzutreten.
Daß Menzel meinen Eltern an diesem stillen Abend eine reizende Gouache schenkte, war gewiß freundschaftlich und liebenswürdig, aber die Art, wie er es tat, das Gefühl, das dem zugrunde lag, war von einer Zartheit und Güte, wie sie wohl wenige dem Rauhschaligen zugetraut hatten.
So gönnte mir das Schicksal, nicht nur den großen, sondern auch den guten Menzel gekannt zu haben.

Helene Vollmar

Menzel in Kissingen

Die Ansicht, welche sein Freund Fontane über Kissingen hegte, hatte Menzel in vollem Umfang zu der seinigen gemacht, auch er meinte, daß nicht Rakoczi und Pandur allein, sondern der köstliche Saalwein, die lieblichen Spaziergänge und das fränkische freundliche Wesen zum Heilerfolg mitwirkten. Menzel nannte sich mit Stolz „Nicht-Kurgast", aber immer von neuem betonte er, daß er, obgleich zuerst nur durch seine Schwester verführt, sehr gern in Kissingen sei, und sein Immer-Wiederkommen hat das bestätigt. Schon 1889 schuf er sein geistsprühendes Aquarell: Die Göttin der Gesundheit, welche von einem kleinen, den schäumenden Pokal kredenzenden Faun aus dem schäumenden Sprudel aufsteigt, für das „Goldene Buch" der Stadt Kissingen; mit Bedacht malte er die Worte: „In poculis, in balneis salus" als Umschrift und setzte schließlich sein markiges: „A. M., Nicht-Kurgast, Kissingen 5. August 1889" darunter. Dem Bürgermeister der Stadt, Geheimrat Dr. Fuchs, Vizepräsident des bayerischen Landtags, sprach es Menzel immer von neuem aus, wie angenehm ihm alljährlich die Kissinger ruhige Zeit, „in der es nie bei mir klingelt wie in Berlin", sei. Mehrmals schritt die greise Exzellenz die Treppen des Rathauses hinauf, freute sich dort an den beiden antiken Truhen Kissinger Zünfte, bewunderte die „wunderbare Schlosserarbeit von dazumal" und im Jahre 1904 erbat er von Geheimrat Fuchs das erwähnte Aquarell, „weil einiges besser werden kann", zur Korrektur ins Hotel. Für die Überbleibsel alter Kunsttätigkeit im Saaltal hatte Menzel rege Teilnahme. Auch die Auslagen der Antiquare am Kurgarten reizten ihn zu eingehender Betrachtung, und die Literatur vollends, sie kam hier mehr zu Recht als je in Berlin während der langen im Atelier verbrachten Arbeitstage. Oft früh am Morgen, ehe Menzel noch, wie stets, bei der schönen Frau Dorothea Messerschmitt das Gebäck ausgewählt, trat er in die Weinbergersche Buchhandlung zum Sehen

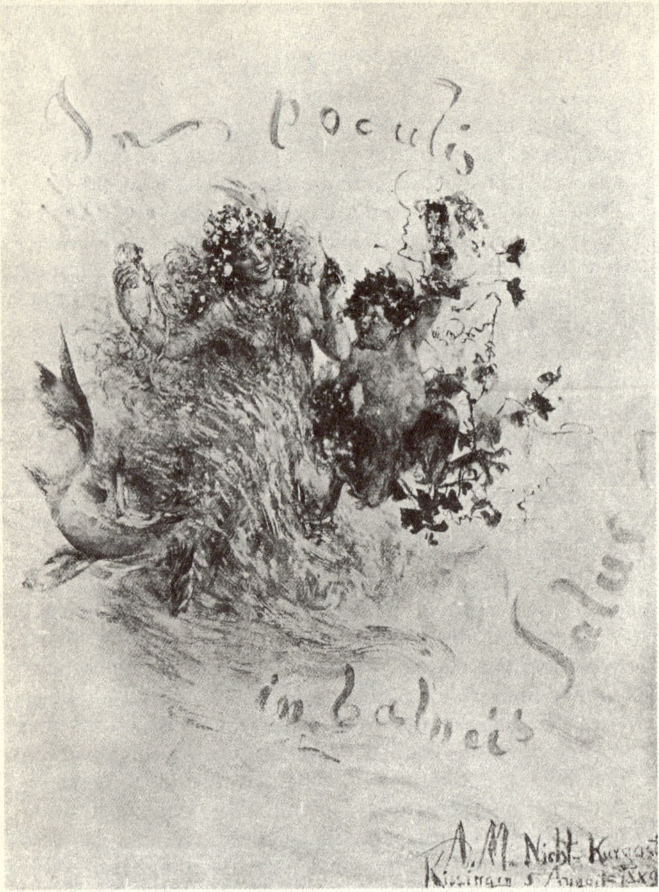

Adolph Menzel, Stammbuchblatt aus dem Kissinger „Goldenen Buch", 1889

und Studieren. – Den Chef derselben ehrte Menzel mit besonderem Vertrauen, er sprach mit ihm oft eingehend über Kunstdrucke, Radierungen usw. Herr Weinberger war es auch, welcher der greisen Exzellenz wenige Tage nach dem 31. Juli 1904 jene Photographie überreichte, die zwar ohne Wissen des also Abkonterfeiten entstanden, aber doch schließlich mit seiner Bewilligung Gemeingut geworden ist. Der Hofphotograph Schumann, welcher seit Jahren sein Atelier an der Lindelsmühl-Promenade hat, sah des öfteren Exzellenz Menzel auf der seinem Hause gegenüberstehenden Bank vom Gehen ausruhen und – die Augen schließen. Der heiße sonnige Julinachmittag verlängerte dies Rasten so verführerisch, daß der Kamerakünstler seinen Apparat in Tätigkeit setzte, ohne daß der Schlafende es merkte. Aber das Resultat hat er gelten lassen und sein beredtes Schweigen beim langen Betrachten des Blattes sagte Herrn Weinberger, daß auch die künstlerische Auffassung gefiel. Menzels Schwester, Frau Krigar, hat das später bestätigt und die Erlaubnis zur Veröffentlichung gegeben. Menzels etwas neue Auffassung einer Kissinger Kur hat, wie wir alle wissen, gute Früchte getragen; oft hörte ich 1905 in Kissingen den Ausdruck „wir menzeln heute", d. h. wir trinken weder, noch baden wir – jedenfalls waren es stets die lustig dreinschauenden Kissinger Kurgäste, die sich diese Variation des Programms – nach Menzels Beispiel gestatteten.

Hermann Roth

Münchner Menzel-Erinnerungen

Menzel scheint auch in bezug auf Orte wie auf Menschen einen konservativen Charakter gehabt zu haben: sein Reiserepertoire war meist das gleiche. Er begab sich im Sommer gerne nach Bad Kissingen, dessen reizvolle Lage und Umgebung ihn fessselten, und gegen Herbst kam er dann immer nach München, um von da noch einen Abstecher nach Salzburg zu unternehmen und dann in die Reichshauptstadt zurückzukehren. In diesem Programm traten selten Änderungen ein. Nur im letzten Herbst war Menzel auch in Garmisch-Partenkirchen und machte dort noch Zeichnungen von bayerischen Volkstypen. Etwa ein Vierteljahrhundert lang war Menzel, wenn man so sagen darf, „ständiger Passant" in München. Seine Wohnung nahm er stets im „Hotel Leinfelder", zu einer Zeit schon, da die gastliche Stätte noch ihre frühere einfachere Gestalt hatte und anstelle des Künstlerhauses noch der gemütliche alte Stadtgraben war, den ein verwittertes kastellartiges Gebäu mit einem reizenden Türmchen krönte. In den noch wirtlichen Räumen dieses Überbleibsels der Altmünchner Stadtbefestigung hatte die „Allotria" ihr Heim aufgeschlagen. Ein Stadtbach durchzog den Graben und mächtige schöne Baumgruppen standen auf dem schiefen Hang. Das war ein Motiv, das auch dem Meister Menzel wohlgefiel. Er hat es mehr als einmal gezeichnet; eines dieser Blätter besitzt Kommerzienrat Seger in Berlin, ein anderes Herr Hermes in Frankfurt. Es ist nicht bekannt, daß München eines besäße.

Als schließlich diese Idylle gefallen war, war Menzel sehr böse darüber; er begehrte ordentlich auf und war mit dem Eintausch der modernen Bauten nicht zufrieden. Ebensowenig hatte es ihm behagt, daß das Zimmer, das er lange innegehabt, beim Umbau des Hotels Leinfelder ebenfalls Änderungen erfahren hatte. Meist hat er München in Begleitung seiner betagten Schwester und einer jüngeren Nichte besucht. Aber viele Ausgänge un-

ternahm er doch allein. In den letzten Jahren sagte er einem hiesigen Freunde: „Meine Schwester – die Dame zählte bereits 80 Jahre – geniert mich doch recht, sie ist eben eine alte Dame“, während dem gleichen Herrn gegenüber die Schwester wieder im Vertrauen bemerkte: „Ich bin recht froh, daß Sie sich so um meinen Bruder annehmen, er ist eben doch ein alter Mann.“ Menzel fühlte sich aber gar nicht so; von dem „alten Mann“ wollte er nichts wissen. Wenn man ihm z. B. beim Einsteigen in den Wagen oder beim Aussteigen behilflich sein wollte, lehnte er das schroff ab. Das steigerte sich bei ihm oft zum Eigensinn. Als er einmal vor dem Hotel wieder an dem Graben zeichnete, wollte, da das Wetter kühl war, der gefällige Portier Reitmaier ihm mit einer wärmenden Decke „unter die Arme greifen“. Da wurde die Exzellenz aber sehr unwillig darüber, daß man meinte, er könne sich erkälten.
Im verflossenen Jahre stieß bei einem Glas Wein sein Partner einmal mit ihm an auf „Ihren hundertsten Geburtstag“, worauf Menzel scherzhaft erwiderte: „Warum wollen Sie mir eine Zeit vorschreiben? Ich habe noch für zwanzig Jahre Arbeit!“ Das erinnert lebhaft an ein Bonmot des verstorbenen Papstes Leo XIII., der einer Klosterfrau auf ihre Versicherung, sie bete darum, daß Seine Heiligkeit das hundertste Jahr erreichen möge, erwiderte: „Warum denn Gott eine Grenze setzen?“
In München verkehrte Menzel mit Vorliebe im „Bürgerbräu“ und im „Ratskeller“. Einen guten Tropfen Wein zog er dem Bier vor, das er zwar keineswegs verschmähte. Auch im Peterskeller zu Salzburg war er ein oft gesehener Gast. Er war überhaupt nichts weniger als ein Anti-Alkoholiker, dabei Nichtraucher und ein starker Esser. Man konnte in Berliner Blättern lesen, daß er am Abend vor seinem Hinscheiden noch zwei Beefsteaks verzehrte. Auch hier erfreute er sich des besten Appetits. Ein authentisches Abendmenü mag vielleicht hier von Interesse sein: Es bestand aus einer Nudelsuppe mit Huhn, einer ordentlichen Portion Spanferkel mit Kartoffelsalat und einem noch in später Nachtstunde verzehrten Stück Gorgonzola. Menzel pflegte

spät zu Bett zu gehen und spät aufzustehen. Daß er in später Nachtstunde noch schrieb und arbeitete – er hatte auch das Amt eines Kanzlers des Ordens pour le mérite –, war nichts Außergewöhnliches. „Ich habe wie eine Ratte geschlafen", pflegte er auf Erkundigungen nach seinem Befinden am Morgen zuweilen zu versichern. Neben seinen Stammlokalen suchte er gern Stätten auf, an denen sich viel Volk bewegte. Wenn er ins „Hofbräuhaus" ging, nahm er nicht etwa in den reservierten Räumen Platz, sondern in der „Schwemme", mitten in dem Gewühl. Auch das „Oktoberfest" lockte ihn an. In solchen Massenversammlungen tauchte er als stiller, aber scharfer Beobachter gern unter. Das charakteristische Gesicht des kleinen Mannes, dessen Ähnlichkeit mit Windthorst ja sprichwörtlich geworden ist, überrandete immer ein breiter großer Filzhut, der fast an den „kleinen Maler mit der großen Mappe" erinnerte, den wir aus den älteren Münchner Bilderbogen kennen. Drei Attribute waren von ihm unzertrennlich: ein Regenschirm, den er nie „in Gedanken stehenließ", denn er schien mit ihm geboren – er trug ihn bei jedem Wetter –, das Skizzenbuch und ein Operngucker. Die Berechtigung des letzteren Instruments leitet sich von der Kurzsichtigkeit Menzels ab, der ja auch eine goldene Brille trug. Sein Skizzenbuch handhabte Menzel fleißig. Was ihn gerade interessierte, hielt er mit dem Bleistift fest. Als er z. B. einmal beim Neubau der Deutschen Bank die große Steinfigur eines Löwen aufziehen sah, machte er vom Hotelfenster aus davon eine Zeichnung.

Menzels ganze Art hatte einen Stich in das Wesen des Sonderlings. Sein ablehnendes Verhalten gegen Damen ist ja bekannt. Es mag sein, daß das auch mit seiner kleinen Figur zusammenhing, die in ihm eine gewisse Schüchternheit erzeugte. Über das Malen der Damen sprach er sich auch nicht sehr anerkennend aus; er war mit solcher Kunstausübung einverstanden, wo es sich mehr um Fragen des Geschmacks, wie Stilleben, Blumenstücke und dergleichen handle. Aber zu tieferem Schaffen fehlte ihnen doch die Durchgeistigung und Kraft; einzelne Ausnahmen bestätigten ihm auch hier die Regel.

Menzel war verschlossen und kurz angebunden. Ich hatte selbst einmal die Ehre, von ihm hier empfangen zu werden. Es war eine Skizze in meinen Besitz gekommen, welche die Signatur „Menzel“ trug, und ich wollte gerne wissen, ob es wirklich ein echter Menzel wäre. Bereitwilligst erteilte mir der Meister die Erlaubnis, daß ich ihn besuchte. Hinter einem Tische stehend, empfing er mich, der zu mir, einem Longinus, einen komischen Kontrast bildete. Die Unterredung war schnell beendet. Er war gar nicht erfreut, daß ich ihm dieses Werk zutraute. Auf die Antwort: „Ich dachte, es könnte vielleicht eine Jugendarbeit Eurer Exzellenz sein“, erwiderte er selbstbewußt: „So etwas hat man doch nie gemacht!“

Die Münchner Kunstausstellungen und Kunstsammlungen besuchte Menzel fleißig. Es gab wohl keinen sorgfältigeren und gewissenhafteren Beobachter, dabei negierte er durchaus nicht die Neuen. „Ich war ja selbst einmal Sezessionist“, äußerte er sich zu einem Kunstfreund nach einem Besuch der Ausstellung der Sezession. „Es ist nicht alles gut dorten, aber man kann sehr viel sehen und lernen.“ Vor zwei Jahren, als von Berlin aus das Wort geprägt worden war vom „Niedergang Münchens als Kunststadt“, äußerte er zu eben diesem Herrn ironisch: „Ich will mich selbst einmal vom Niedergang der Münchner Kunst überzeugen.“ Und als er dann zurückkam und die neuen Werke im Glaspalast gesehen hatte, meinte er scherzhaft: „Nun, vorläufig steht's noch nicht so schlimm damit!“

Menzel war öfter auch selbst hier Aussteller. Eine ihm zugedachte große goldene Medaille lehnte er mit der Begründung ab, er habe schon so viele Auszeichnungen, daß die ihm vermeinte besser an einen käme, der noch keine besitze. Daß Menzel einmal in der „Allotria“ zu Gaste gewesen wäre, ist nicht bekannt geworden. Lenbach, der dort dominierte, und er kannten sich wohl, aber sie waren in ihren Persönlichkeiten und in ihren künstlerischen Glaubensbekenntnissen zu verschieden, um besonders miteinander zu harmonieren. Dagegen machte Menzel einmal einen ungewollten Besuch im Zelte des „Männergesangvereins Germania“. In der

prächtig geschmückten Halle der Markgenossenschaft saßen noch in später Stunde Männlein und Weiblein beisammen, als die Türe sich öffnete und ein kleiner alter Herr eintrat. Erstaunt richteten sich aller Blicke auf den späten Gast. „Windthorst?“ frug ein Vorwitziger. Doch ein anwesender Kunstmaler erkannte den Fremdling, es war Menzel.
Gastlich trat ihm der „Hunno“ August Buchner – der inzwischen lange verstorben – entgegen, einen mächtigen Humpen kredenzend. Erschreckt und betroffen sah Menzel umher und betrachtete Mannen und Frauen mit den Worten: „Ach, ich will ja nur hinaus!“ Aufgeklärt, wo er sich befinde, nahm er lachend den Humpen zur Hand, hielt eine zündende Rede vom Vaterland – auch sprach er von der zeitweisen Schwierigkeit, Hofmaler zu sein – [Es müßte eigentlich heißen „Maler für den Hof“, denn Hofmaler i. e. S. ist Menzel nie gewesen (G. L.).] und trank auf das Wohl der anwesenden Damen. Hochbefriedigt schied die kleine Exzellenz mit dem Versprechen, die hübsche Episode nicht zu vergessen und auch seinem Kaiser von der wackeren Germanenschar in München zu erzählen, deren Hochfuristo später Kaiser Wilhelm II. geworden.
Noch ein hübscher kleiner Zug Menzels mag hier erwähnt sein. Jedes Jahr, da er zum erstenmal in den Ratskeller kam, pflegte er mit seinem Münchner Begleiter das erste Glas auf das „Wohl des Prinz-Regenten“ zu leeren, der ihn einmal mit einem Auftrag beehrt hatte und dem er sich zu Dank verpflichtet fühlte. Das war eine Huldigung unter vier Augen ohne jede Nebenabsicht. Wer weiß, ob davon der Regent jemals erfahren hat? An den Tisch im Ratskeller wurden ihm häufig auch von den anwesenden Gästen oder Damen Blumen geschickt, eine Huldigung, die er gerne annahm. Vor neuen Bekanntschaften dagegen hatte er eine Abneigung. Wiederholt begrüßte er da unten Exzellenzen, Leute, die er selbst als „große Tiere“ bezeichnete, ohne sie einzuladen, an seinem Tische Platz zu nehmen. „Wir zwei sind uns genug“, sagte er zu seinem Freunde, dem gegenüber er auch ganz aus sich herausging. Suchte sich ihm je-

mand gar aufzudrängen, so kam er übel an. Ein Maler stellte sich ihm einmal vor, als er gerade seine Suppe aß. „Ich hatte voriges Jahr“, fing er an, „bei Rothschild in Wien die Ehre, Exzellenz vorgestellt zu werden.“ – „Das kann nicht stimmen, voriges Jahr war ich nicht bei Rothschild“, erwiderte Menzel, der ein sehr gutes Gedächtnis hatte. Der Verblüffte glaubte eine Brücke zu finden, indem er erwähnte, er habe auch schon mehrere

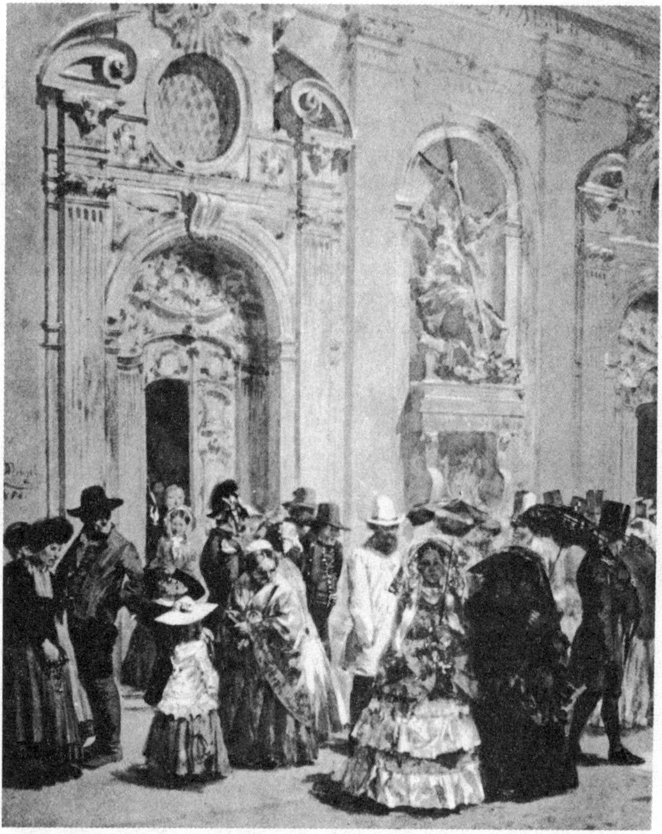

Adolph Menzel, Vor der Michaeliskirche in München, 1853

Auszeichnungen sich erworben, worauf Menzel kurz entgegnete: „Das freut mich für Sie. Gratuliere. Guten Abend!" Damit war die Vorstellung beendet.
Bei alledem steckte aber doch ein Zug kindlicher Gutmütigkeit in dem alten Herrn. Vieles ließe sich davon berichten. Hier nur ein kleines Beispiel: Einem Droschkenkutscher hatte er in der Dunkelheit ein Zwanzigmarkstück statt eines Markstückes gegeben. Der ehrliche Münchner Fiaker gab es zurück, und aus Freude hierüber schenkte ihm Menzel zur Fahrkarte ein Fünfmarkstück. Es waren nicht allzu viele, die sich in München des engeren Verkehrs mit Menzel rühmen konnten. In der Familie v. Miller war er zuweilen, er zeichnete auch eine Skizze der Erzgießerei, die dort als teures Andenken verwahrt ist. Den dänischen Konsul Neuburger, einen Kunstmäzen, beehrte er mit seiner Freundschaft. Menzel hatte im heurigen Sommer wieder nach München kommen wollen, aber es scheint, der „alte Fritz" wollte nicht länger mehr warten, seinen „jüngsten" Hofmaler persönlich kennenzulernen.

MAX JORDAN

Menzel und die Nationalgalerie

Als ich im Sommer 1874 nach Berlin übersiedelte, war Menzel auf Reisen. Ich konnte erst im Herbst meine Antrittsvisite als Direktor der Nationalgalerie bei ihm machen und fand ihn zwar freundlich, aber doch ziemlich reserviert. Was bist du für ein Vogel? – mochte er denken. Erst nachher gelang es mir, das „Flötenkonzert" kennenzulernen, das sich in Privatbesitz befand. Ich eilte zu meinem Chef, damals Minister Falk, und erklärte ihm, die Nationalgalerie könne nicht mit Ehren eröffnet werden ohne dieses Bild. In ihren Beständen befand sich damals ja nur die „Tafelrunde", die mit der Sammlung des „Vereins der Kunstfreunde in Preußen" erworben worden war. Eine Anzahl Zeichnungen und Blätter in farbiger Kreide waren im Kupferkabinett. Sie sind später ebenfalls in die Galerie übergegangen.
Der Minister hatte die Güte und den Mut, mir für diesen Handel carte blanche zu geben. So wurde das Bild für 91000 Mark Eigentum des Staates. Bei Menzel stieß ich fast auf Unglauben, als ich ihm dies berichtete. Daß der Staat für ein Bild von seiner Hand einen solchen Preis gezahlt hätte, wollte ihm nicht in den Sinn; er machte sogar Miene, das Werk zu bemängeln –, wie er denn überhaupt geneigt war, seine früheren Arbeiten herabzusetzen; aber schließlich freute er sich doch, als er es dann an ausgewählter Stelle hängen sah, und ganz im stillen war er sich wohl bewußt, daß dieser Ankauf für die materielle Schätzung seiner Werke von Bedeutung war; er selbst sei zufrieden gewesen, als ihm der erste Käufer 2500 Taler gezahlt habe. Den Vorteil der seit 1870 aus dem Aufschwunge des Staates den Künstlern erwuchs, ließ er auch anderen gern zugute kommen. Menzel ist es gewesen, welcher den Ankauf von Ferdinand Kellers „Apotheose Kaiser Wilhelms I." entschieden hat. Die Stimmung im Senate der Akademie war sehr ungünstig. Da nahm Menzel das Wort und sagte ungefähr: „Ein solches Bild würde ich zwar nicht malen

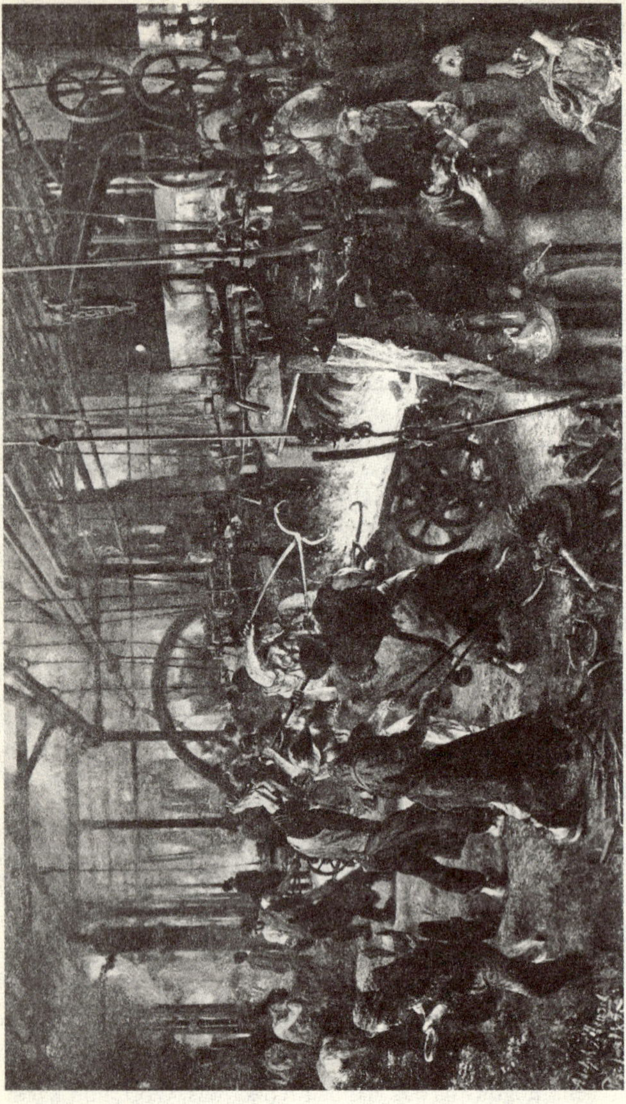

Adolph Menzel, Das Eisenwalzwerk, 1872–1875

können noch auch malen wollen, aber es ist in seiner mir keineswegs sympathischen Art eine sehr respektable Leistung, die viel Mut voraussetzt; deshalb wollen wir froh sein, daß der Staat derartige Arbeiten nach Wert bezahlen und erwerben will – man denke nur zurück an die Zeiten, wo dergleichen überhaupt in Preußen nicht möglich war." Dieses Votum schlug dann auch durch. Immerhin blieb Menzel dem Staate gegenüber, wenn nicht mißtrauisch, so doch zurückhaltend. Das hatte seinen Grund angeblich in einer mißlichen Erfahrung aus früheren Jahren. „Jedes Haus hat sein Skelett" –, sagt man. Auch das Menzelsche. Es hing groß und breit im Atelier: das unvollendete Bild „Leuthen". Er hatte es in den sechziger Jahren der damaligen Kunstkommission angeboten, um es für die Galerie zu vollenden; darauf war ihm geantwortet worden, man wollte warten, bis es fertig sei. Das hat seinen berechtigten Stolz dermaßen verletzt, daß er von Stund an die Hand nicht mehr daran legte. Der lebhafte Wunsch des Kronprinzen, nachmaligen Kaiser Friedrichs, der mich wiederholt zu Menzel schickte mit der Bitte, er möge das herrlich konzipierte Werk wiederaufnehmen, und alle Versuche der Freunde halfen nichts. Der Künstler sagte wohl mit Recht: „Ich bin inzwischen ein anderer geworden und kann da nicht wieder anfangen, wo ich vor so vielen Jahren aufgehört habe." Ob es ihn gereut hat? Schließlich haßte er das Werk, das als Gegenstück zu seinem „Hochkirch" neben der schlimmen Niederlage den Morgen des herrlichsten Sieges veranschaulichen sollte. Er hat mehrmals und noch in allerletzter Zeit Teile der Malerei herunterkratzen lassen. „Was Hochkirch anlangt", sagte Menzel, „so ist das Bild viel herumgestoßen worden. Ich habe es auf dem Korridor im Schlosse gesehen über den Wärmeschränken – es war ja kein Sieg! –, erst unser junger Kaiser hat den Hochsinn gehabt, es in sein Arbeitszimmer im Neuen Palais zu hängen, wo er es fast täglich sieht, obgleich es einen Unglückstag darstellt." Ich bin selbst Zeuge gewesen, als der Kaiser nach dem Diner, das er den einheimischen und fremden Künstlern bei Gelegenheit der internationalen Ausstellung 1891 gab, Menzel

am Arm nahm und ihn vor das künstlich beleuchtete Bild führte.
Den tiefsten Einblick in Menzels Wesen als Künstler und als Mensch empfing ich während der Vorbereitungen zu dem Text des Bruckmannschen Menzel-Werkes. Mit meinem lieben Freunde, dem so jung verstorbenen Robert Dohme, besuchte ich den Meister während des Winters 1874 in späten Abendstunden, die sich oft bis in den nächsten Tag ausdehnten. Er erzählte uns seine Erinnerungen. Es war ein Frage- und Antwortspiel. Zweierlei drängte sich uns als besonders merkwürdig auf: einmal seine Scheu, die kläglichen Verhältnisse der frühen Jugend näher zu berühren; es kränkte in seiner Vorstellung die Ehre seiner nächsten Angehörigen, besonders der herrlichen Mutter, wenn dieser Dinge Erwähnung geschah; und ferner: die ängstliche Vermeidung aller Ruhmredigkeit, die bis zur Verleugnung seiner früheren Leistungen ging. Wenn ein Druckbogen zur Revision kam, war stets viel Unruhe. Fast jedesmal klingelte es bei mir abends – selten vor neun Uhr – Menzel kam, war nie zu bewegen, seinen schweren Pelz abzulegen, weil er nur eine Minute bleiben wollte, und saß oft stundenlang, um über einen Ausdruck im Text mit mir zu disputieren und gewissermaßen zu handeln. Ich war im umgekehrten Falle von Schmock in Freytags „Journalisten", denn Menzel strich immer allemal gerade die Brillanten weg oder ließ preisliche Worte nur unter Protest stehen. Die Revisionsbogen, die er mitbrachte, waren über und über mit Gegenbemerkungen beschrieben, und stets folgte das ceterum censeo: „kürzer!"
Wer je Gelegenheit erhielt, Menzels Mappen zu durchblättern, dessen Ruhe war dahin; namentlich wir Museumsmenschen litten tantalische Qualen. Denn man hatte niemals das Gefühl, daß er die Sachen verkaufen wollte. Das war auch in der Tat nicht der Fall. Er arbeitete für sich, und eine Strenge und Würde seinerseits bedeutete jedem Fremden: Hände davon! Es gehörte eine besondere Kunst dazu, ihm etwas abzuluchsen. Wohl aber kam es vor, daß er ältere Arbeiten seiner Hand an sich nahm. Als ich, dank der Selbstlosigkeit Rudolf Lep-

kes, welcher ein großherziger und edel denkender Mensch war, die hinterlassene Sammlung des Generalarztes Puhlmann für die Nationalgalerie erwarb, wünschte Menzel einige dieser Blätter aus frühester Zeit zurückzuerwerben. Und er tauschte sehr generös.
Für alles Geschäftliche war der früh verstorbene Hermann Pächter (in Firma R. Wagner) sein Vertrauensmann, in den späteren Jahren fast der einzige, der stets Erfolg hatte. Menzel hat oft bereut, ein Werk seiner Hand weggegeben zu haben, weil seine Arbeiten gewissermaßen zur Familie gehörten; nur Pächter verstand es, den alten Herrn so zu nehmen, daß niemals Ärgernis aufkam, denn er vereinigte mit wahrer Liebe und Bewunderung für den Meister eine Noblesse, die diesem imponierte. Eine derbe Hand voll neuer blitzblanker Zwanziger tat bei den Verhandlungen manchmal den Dienst des letzten Argumentes.
Mit Pächter zusammen lernte ich das sogenannte „Kinderalbum" kennen. Ich war entzückt davon und bedauerte nur im stillen, daß diese einzige Sammlung der vollendetsten Wasser- und Deckfarbenblätter im Familienbesitz versteckt bleiben sollte, denn sie waren nach und nach für Menzels Adoptivkinder gemacht worden. „So etwas kann man überhaupt gar nicht fertigmachen" – sagte der Meister, als wir die minutiöse Durchführung bewunderten – „das ist ein Diebstahl an der Natur, die uns dafür straft, indem sie uns, je länger je mehr, merken läßt, daß wir doch nichts erreichen können! Ich lasse aber nicht los. Ich will die Dinger nochmals vornehmen." Das ist dann auch am Beginn der achtziger Jahre wirklich geschehen. Und bald darauf brachte Pächter mir das ganze Album (fünfzig Blatt) und bot es mir für die Nationalgalerie an. Obgleich der Vermittler, wie ich festgestellt habe, nur zehn Prozent Gewinn angerechnet hatte, war es mir doch zu teuer. Ich suchte mir den Schatz dadurch billiger zu machen, daß ich erklärte, ich wolle es unter der Bedingung behalten, daß auch die sämtlichen Frideriziana und Verwandtes der Galerie zugeführt würden. Das gelang. Rund 1200 Zeichnungen sowie die Farbenskizzen zu den Friedrichsbildern, fer-

ner das große Blatt Friedrich Wilhelm I. in der Volksschule, die farbigen Entwürfe für das Tafelservice der kronprinzlichen Herrschaften etc. wurden in der Galerie aufgestapelt.
Auf diese Weise erwarb ich rund 1300 Originale für eine viertel Million, so daß das einzelne Blatt nicht 200 Mark kostete. Mit dem Bezahlen sah es freilich schlimm aus. Dem Budget der Galerie konnte eine solche Summe nicht entnommen werden, einer Extra-Bewilligung aus dem königlichen Dispositionsfonds widersetzte sich der damalige Herr Finanzminister, der den Ankauf sogar durch einen seiner Beamten prüfen ließ. So mußte ich denn das Geld leihen und zum Teil aus eigener Tasche verzinsen, bis beim Regierungsantritt Kaiser Friedrichs, welchem die Angelegenheit bekannt war, die rettende Verfügung kam. Mein Opfer hat mich nicht gereut. Ich hatte die Beruhigung, daß der Hauptstamm von des Meisters Kunstprodukten nunmehr dem Staate gesichert war. Zugreifen mußte ich, denn für die Fridericiana gab es einen Konkurrenten in Paris; sie aber konnten nicht entbehrt werden. Und in Menzel-Angelegenheiten fand ich an meinem hochverehrten Chef, dem Minister von Goßler, zu jeder Zeit Rückhalt.
Die interessanten Bilder aus Menzels mittlerer Zeit, welche nach meinem Abschied aus dem Nibelungenhort seiner Arbeiten erworben worden sind, waren überhaupt erst neuerdings bekanntgeworden.
Dem Meister selbst machte noch mehr als obige Erwerbung sowie die der Bilder „Abreise König Wilhelms", oder der Skizze des Krönungsbildes mit allen Porträtstudien, oder der schönen Gouachen von Gastein u. a. der Ankauf des „Eisenwalzwerkes" Freude. „So etwas mache ich nie wieder, nicht bloß deshalb, weil es greulich war, in solchem Qualm und Lärm zu arbeiten, nein, das nicht, sondern weil ich es mir selber nicht nachmachen könnte!" Da ich inzwischen auch jede Gelegenheit wahrnahm, um die graphischen Jugendwerke Menzels der Galerie einzuverleiben, bekam ich auch einmal einen Tadel ab. „Von dem Zeug müssen Sie nicht so viel Aufhebens machen. Ich habe damals mancherlei verübt, was

besser unterblieben wäre, und der Lithographie habe ich ein Gebrechen zu verdanken, was mich jetzt oft geniert: ich muß beim Zeichnen fast immer nach unten sehen ... Es wird viel Wesen davon gemacht, daß ich Autodidakt gewesen sei, nun ja, ich habe mir im wesentlichen allein fortgeholfen. Aber es wäre mir ganz nützlich gewesen, wenn ich die Akademie länger besucht hätte; nur, wissen Sie, es war ein gewisser Stolz im Wege: den Krüppel bedauert man – der Kleine wird belächelt. Das habe ich stark empfunden mein Leben lang, am stärksten natürlich in der Jugend."

Seine Geburtstage, deren lendemains stets offiziellen Katzenjammer mit sich brachten, oder die akademischen Jahresfeste, wie sie namentlich unter Endes Präsidium gefeiert wurden, brachten reizende Rencontres mit ihm. Er war kein Spielverderber und hielt aus, hat sich auch manchmal mit Langmut gefallen lassen, von mir mit Hexametern vexiert zu werden – einmal gab er mir sogar ohne Worte einen schallenden Kuß zum Danke.

Festliche Stimmung war es auch, in der ich den Unvergleichlichen zum letzten Male gesehen habe, nämlich bei der Feier des 80. Geburtstages von Ludwig Pietsch. Es war fast zwei Uhr nachts, als ich ihn fragte, ob er mit nach Hause ginge; aber er antwortete:

„Ich glaube, es wird noch getanzt; das Schauspiel möchte ich mir nicht entgehen lassen!"

So genußfroh war er noch wenige Wochen vor seinem Tode.

Anton von Werner

Erlebnisse und Eindrücke 1870–1890

Das künstlerische Ereignis dieses Jahres (1875) war Adolph Menzels „Walzwerk". Mit dieser genialen Schöpfung betrat der bis dahin als der Maler Friedrichs des Großen bewunderte sechzigjährige Meister in vollster Jugendfrische anscheinend ganze neue Wege: Die Verherrlichung der Arbeit, der Eisen- und Maschinen-Industrie, des eigentlichen Motors des modernen Lebens. Es war sein letztes großes und wuchtiges Werk als Ölgemälde, dem in den folgenden Jahren nur noch die im Format viel kleineren figurenreichen Darstellungen des „Ballsoupers" und der „Piazza d'Erbe in Verona" folgten. Der Schöpfer des „Überfalls bei Hochkirch" und der „Tafelrunde von Sanssouci" stand mit den „Modernen Zyklopen", wie das Bild vom Publikum getauft wurde, auf der Höhe seines Schaffens und seines Ruhmes. Das Bild war von dem kunstsinnigen Börsianer, Herrn v. Liebermann, der sich in der Tiergartenstraße 16 ein prächtiges Haus mit einer Bildergalerie gebaut hatte, bestellt worden, ging aber bald in den Besitz der Nationalgalerie über. Der Meister hatte es zuerst nur für seine Freunde im Vorderzimmer seiner Wohnung in der Potsdamer Straße Nr. 7 ausgestellt, wo ich eines Tages auch dem Kronprinzenpaar begegnete; in der deutschen Kunstabteilung der Pariser Weltausstellung 1878 war das Bild der Clou unserer Abteilung, das noch vor ihrer Eröffnung zahlreiche französische Künstler herbeilockte, wie elf Jahre vorher sein „Hochkirch" auf der 1867er Weltausstellung in Meissonier seinen eifrigsten Bewunderer gefunden hatte. Ich hatte Menzel schon in meiner Knabenzeit angestaunt, als ich zum erstenmal in dem alten Frankfurter Patrizierhause Lienau den Stich nach seiner Tafelrunde von Sanssouci sah. Das Blatt hatte mich mächtig ergriffen, und es schien mir geradezu unbegreiflich, daß ein moderner Mensch das geschaffen haben sollte. Als ich 1860 nach Berlin auf die Akademie kam, war ich von dem Original des Bildes, das im Kunstverein

Unter den Linden 21 hing, zwar etwas enttäuscht, denn es schien mir, als ob die Farbe dem Bilde schadete und der Stich die Absicht des Meisters ruhiger und eindringlicher zur Geltung brächte. Auf der akademischen Bibliothek hatte ich dann außer Menzels Illustrationen zu Kuglers Geschichte Friedrichs des Großen gefunden und kopierte und studierte sie mit demselben Eifer, wie Michelangelos Deckenbilder der Sixtina nach den vorhandenen alten Stichen. Es war mein glühendster Wunsch, den Meister persönlich kennenzulernen, und Professor A. v. Kloeber, der sein Atelier in der Ritterstraße im selben Haus wie Menzel hatte, wollte mich auch bei ihm einführen. Aber die Besorgnis, dem als etwas wunderlich verschrienen genialen Meister mit meinen kümmerlichen Anfängen lästig zu fallen und vielleicht angeranzt zu werden, ließ den Wunsch nicht zur Ausführung kommen, und ich lernte Menzel persönlich

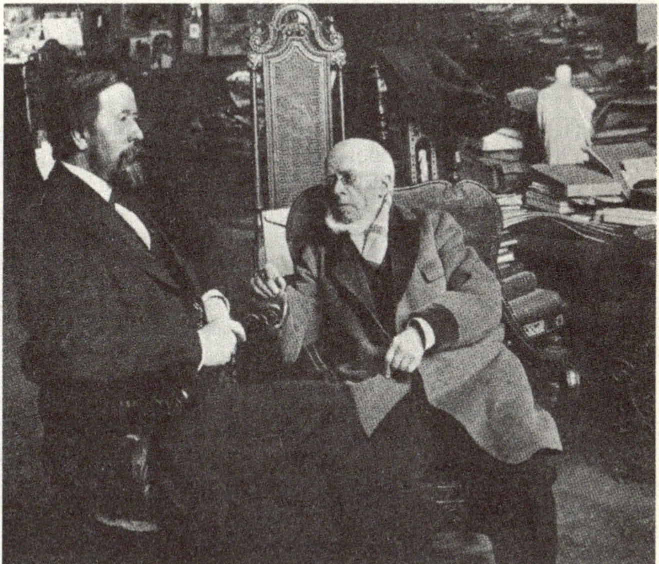

Anton von Werner in Menzels Atelier

erst fünf Jahre später auf der Weltausstellung in Paris 1867 kennen, wo sich die deutschen Künstler abends im Kneiplokal der deutschen Liedertafel in der Rue Lamartine trafen. Eines Abends war auch der belgische Maler Alfred Stevens dort, und ich fungierte als Dolmetscher zwischen beiden, weil Menzel nur wenig Französisch verstand. Stevens befragte Menzel u. a. um seine Meinung über Henry Leys, der in der belgischen Abteilung hervorragend mit Wiederholungen seiner Antwerpener Rathausbilder in kleinerem Format vertreten war. Mit einer originellen schraubenartigen Handbewegung antwortete Menzel: „C'est deuxième main"; er meinte damit die Nachahmung der Malweise verschiedener alter Meister, die Leys' Spezialität war, und die Menzel nicht schätzte. Meine Furcht vor der unbarmherzigen Kritik des Meisters war auch nach meiner Übersiedlung nach Berlin, wo ich ihm nun nähergetreten war, nicht geschwunden, und als er uns eines Tages im Campo Santo beim Dom besuchte, wo wir die Siegeseinzugs-Velarien malten, und lange Zeit schweigend vor meinem Bilde stand, hielt ich es für ratsamer, oben auf meiner Leiter zu bleiben, statt herunterzusteigen und seine Meinung einzuholen, denn ich nahm an, daß ihm diese Art allegorischer Malerei ein Greuel sein müßte. Ich wagte mich in der ersten Zeit auch gar nicht zu ihm, das gesellige Leben führte uns indes bald näher, und wir sahen uns häufig in Gesellschaften, wo der kleine Herr mit Vorliebe meine hochgewachsene Frau zu Tisch führte. Aber erst im Winter 1875/76 besuchte er mich eines Tages in meinem Akademie-Atelier, als ich gerade an dem dekorativen Treppenhausbild „la festa" für die Villa Behrens in Hamburg malte. Die Mittelfigur des Bildes war eine aus der Gondel die Stufen hinaufsteigende Dame in weißem schleppenden Atlasgewand vom Rücken gesehen. Als ich Menzel um seine Meinung bat, machte er mit der Hand mehrere streifenartige Bewegungen und sagte: „Ich würde über das Weiß handbreite schwarze Streifen malen." Der Vorschlag schien mir aber doch bedenklich und das Experiment schon aus technischen Gründen zu gewagt, ich folgte dem Rate nicht. Der Meister hat mir aber zeit seines Lebens aufrichtige Freundschaft und stetes Wohlwollen bewahrt. An das Jahr 1875 erinnert mich eine Photographie seines „Eisenwalzwerkes", die er mir später gelegentlich seines Geburtstages schön eingerahmt schenkte und auf deren weißen Rand er rechts und links als Fortsetzung der Szene noch einige Arbeiter in Bleistift gezeichnet hat, mit der Widmungsinschrift darunter:

„Rechts und links paar Tropfen all dessen, was nicht mehr mitten hinein konnte.

Mit hochachtungsvollem Gruße
Menzel."

In das Exemplar seiner Illustrationen zu den Werken Friedrichs des Großen, die mit erläuterndem Text von L. Pietsch in einer Sonderausgabe erschienen und die er mir als Geschenk übersandte, schrieb er als Widmung:

„Illustrationen dem Illustrator schenken könnte wohl Holz nach Athen tragen heißen, indes angesichts so vieles Überflüssigen in der Welt komme es auf ein Mehreres nicht an.

Schönstens grüßend
Menzel.
B. 10. Juni 87."

Er schätzte es durchaus nicht, Besuche in seinem Atelier zu empfangen, die er wohl immer als eine Störung betrachtete, und ich habe es gar nicht versucht, den Meister in den ersten siebenziger Jahren, als er noch in der Potsdamer Straße Nr. 7 wohnte, in seinem Atelier aufzusuchen. Erst später, in der Sigismundstraße Nr. 3, genoß ich den Vorzug, in seinem Atelier empfangen zu werden, machte aber trotz meiner großen Verehrung für den Meister nicht zu häufig Gebrauch davon. Dem im 4. Stockwerk gelegenen Atelier fehlte jeder Reiz oder Prunk, den man in Malerateliers erwartet. An der einen Wand stand das große unvollendete Bild: „Friedrichs des Großen Ansprache an seine Generale vor der Schlacht bei Leuthen", an den anderen Wänden hingen Gipsabgüsse und Farbenskizzen; Tische und Stühle waren mit

Haufen von Zeitungen und allerlei Heften und Büchern bedeckt, alles mit einer dicken Staubschicht überzogen, der weiße Kachelofen derart, daß man darauf schreiben konnte. Das Ganze ein wirres Durcheinander, in dessen Mitte sich nahe dem Fenster ein Stehpult befand, an dem der linkshändig arbeitende Meister seine kleinen kostbaren Gouachen malte. Zum Leidwesen von Frau Krigar, seiner Schwester, duldete er es nicht, daß ein Staubbesen oder ein Wischtuch jemals in sein Heiligtum kam! Das war aber in seinen späteren Jahren, früher habe ich sogar einen Tanzabend in diesem Atelier erlebt, bei dem eine infolge der Erschütterung von einem Schrank herunterfallende Gipsbüste beinahe ernstes Unheil angerichtet hätte.
Adolph Menzel wurde 1875 bei der Reorganisation der Akademie auch in den Senat derselben berufen, aber das war nichts für ihn. Entweder er kam in die Sitzung, wenn sie eben geschlossen werden sollte, oder er schlief, oder er sprach in der Diskussion langsam und bedächtig über Dinge, die gar nicht zur Diskussion standen. Einmal rief er bei einer Beratung in dem Ausschuß für Auszeichnungen: „Lassen Sie mich mit Ihren Vorschlägen! Ich verstehe nichts davon und höre auch nichts, denn es beschäftigt mich das Studium des Tintenfasses da vor mir weit mehr, als alles, was Sie sagen! Ich gehöre gar nicht hierher!“ Ein andermal, als es sich um den Orden pour le mérite für A. Böcklin handelte, wurde er aber wild, und die Worte überstürzten sich, als er zornig ausrief: „Dieser Mensch ist an dem ganzen Unfug schuld, der jetzt in der Malerei getrieben wird!“ Nachdem ich schon einige Jahre Akademiedirektor war, sagte er mir eines Tages: „Sagen Sie mal, beabsichtigen Sie wirklich, Ihre Kräfte hier länger zu vergeuden? Sie sind doch wirklich zu schade dafür!“ Seinem knorrigen Wesen ist der Meister nie untreu geworden, seinen Freunden aber hat er allzeit ein treues Herz bewahrt.
Inzwischen rückte unseres Adolph Menzels siebzigster Geburtstag immer näher. Der unermüdlich schaffende Meister hatte uns im Jahr zuvor mit einer seiner genialsten Schöpfungen, der „Piazza d'Erbe in Verona“, über-

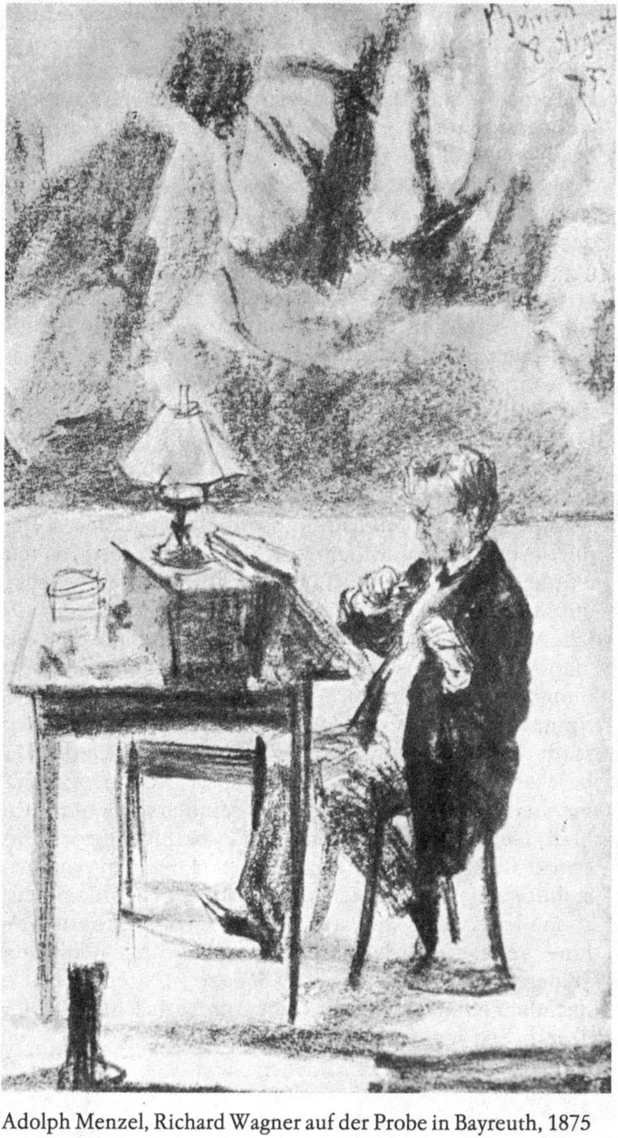

Adolph Menzel, Richard Wagner auf der Probe in Bayreuth, 1875

rascht und mit dem Bilde zugleich die zahlreichen Bleistiftstudien dafür ausgestellt, die fast noch mehr als die Darstellung des sinnverwirrenden Volksgewühls im Bilde mit seiner Überfülle von Einzelmotiven zur Bewunderung hinrissen. Die „Piazza d'Erbe" war übrigens das letzte größere Ölbild des Meisters, dem 1888 nur noch ein kleineres folgte, eine jener Szenen auf dem Hofball darstellend, von denen Menzel neben seinem berühmten großen Ballsouper in den achtziger Jahren mehrere gemalt hat. Von da an bevorzugte er die Malerei in Gouache und trieb durch seine fast täglich in Bleistift ausgeführten Naturstudien die Zeichentechnik – von seiner tiefen Auffassung in der Wiedergabe der Natur ganz abgesehen – zu einer Vollendung und Höhe, die nicht zu übertreffen ist.
Einer Aufforderung des Kronprinzen folgend, hatte ich die Vorbereitungen für eine würdige Feier von Menzels siebzigstem Geburtstag in die Hand genommen. Der Kronprinz wünschte, daß die Erinnerung an diesen Tag durch eine Stiftung für junge Künstler festgehalten würde, die des Meisters Namen tragen und zu welcher die Mittel durch den Ertrag einer Ausstellung von Werken Menzels, besonders seiner im vorigen Jahre für die Nationalgalerie erworbenen Aquarelle und Handzeichnungen, unter denen sich auch die köstlichen Entwürfe für das Hochzeitsservice des Prinzen Wilhelm befanden, sowie durch anderweitige Sammlung von Geldmitteln beschafft werden sollten. Ich hatte ein Komitee zusammenberufen, das am 18. Oktober seine erste Sitzung abhielt. Geheimrat Dr. Jordan hatte in bereitwilligster und entgegenkommendster Weise das Arrangement der Ausstellung in den Räumen der Akademie übernommen; sonderbarerweise fand aber beides, Stiftung wie Ausstellung, seitens des Senats der Akademie den heftigsten Widerspruch. Er drang bis zu Menzels Ohren, der mir, nachdem ich mit ihm selbst über die beabsichtigte Feier gesprochen hatte, am 28. Oktober schrieb:

Hochverehrter Herr Kollege!
Nach nochmaliger Erwägung alles vorhin beiderseits Durchsprochenen habe ich mich endlich entschlossen, der für mich geplanten Festlichkeit zu entsagen.
Ich richte nun hiermit an Ihre große Freundlichkeit die ergebene Bitte, alle die anderen verehrungswürdigen Herren, die an dieser Angelegenheit sich tätig zu beteiligen willens sind, von diesem meinem Entschluß gefälligst verständigen und denselben für all das lebendige Interesse, das sie für mich hierbei bekundet, meinen aufrichtigst gefühlten Dank in meinem Namen aussprechen zu wollen! Das Beabsichtigte ist für mich ebenmäßig Gegenstand meiner Dankbarkeit, als wäre es in die Wirklichkeit getreten.
Insonderheit aber Ihnen und Freund Becker grüße ich mit einem warmen Händedruck in besonderer Hochachtung collegialisch

A. Menzel.

P. S. Und wieder habe ich vergessen, Sie nach Herrn Baischs gegenwärtigem Wohnort zu befragen, ob noch München? wie ich in einem Ausstellungskatalog finde; damit ich an ihn schreiben kann. Er ist ja der Dritte, dem ich Dank schuldig geworden."
Ich hatte indessen schon Sammlungen bei den mir bekannten Menzel-Freunden eingeleitet, die nicht mehr rückgängig zu machen waren und rund 13 000 Mark eingebracht hatten. Wegen der Verleihung des Doktortitels h. c. an Menzel seitens der Berliner Universität hatte ich mich persönlich mit dem Dekan der philosophischen Fakultät, dem Germanisten Wilhelm Scherer, in Verbindung gesetzt, der meine Anregung mit aufrichtiger Freude begrüßte und mit Erfolg durchführte. Mit meiner Anregung, Menzel zum Ehrenbürger der Stadt Berlin zu ernennen, mit der ich mich schon Anfang Oktober an den Oberbürgermeister v. Forckenbeck und den Bürgermeister Duncker gewandt hatte, hatte ich kein Glück. Beide fürchteten, bei den Herren Stadtverordneten kein geneigtes Ohr zu finden, während der Oberbürgermeister Friedensburg in Breslau, an den ich die gleiche Bitte gerichtet hatte, um so entgegenkommender

war, so daß Menzel an seinem Geburtstag mit der Ernennung zum Ehrenbürger seiner Vaterstadt überrascht werden konnte. Auch Menzel hatte sich inzwischen anders besonnen und schrieb mir am 25. November:

„Hochgeehrter Herr Kollege!
Von zwei Seiten wurde mir die Aufklärung, daß ich mit meiner neulich geäußerten Antipathie gegen den geplanten ‚Menzel-Fonds' mißverstanden worden. Dieselbe galt nicht der Stiftung als solcher, sondern lediglich der Aussicht auf die Verwaltungs- und sonstigen Plackereien, die der Kommission, die damit beglückt werde, erblühen würde. Nun höre ich dann aber, daß all das schon in vollem Gange, sogar schon glänzende Anfänge von numismatischen Seiten her in Sicht treten soll (!). Nun je erfreuender, schmeichelhafter dies zugleich für mich sein muß, um so weniger kann ich mich berechtigt halten zu einem Veto, das in aller Zukunft schuld würde, daß manch junger Kraft der ‚Archimedesstandpunkt' versperrt bliebe.
Also fiat!
Und so muß ich noch eins hierbei erwähnen: daß nämlich mein Entschluß, für den 8. Dezember das Weite zu suchen, durch alle die Sturmläufe von allen Seiten, die in diesen ganzen Tagen nicht aufgehört, endlich mürbe geworden ist, ich denselben aufgegeben habe. Und wieder muß ich mit allem Dank schließen, bis die Gelegenheit kommt, ihn Ihnen allen mündlich auszusprechen.

In vollster Hochachtung
der Ihrige
A. Menzel."

Unerklärlicherweise verharrte nur der Senat der Akademie in seiner Opposition und trieb die Agitation gegen die vom Kronprinzen angeregte Menzel-Stiftung so weit, daß, wie mir Professor Gentz mitteilte, Fr. Geselschap umherging und persönlich an ihn und andere Senatoren die Aufforderung richtete, auf keinen Fall für die Stiftung einen Beitrag zu zeichnen! Mit Erfolg, denn

die der Stiftungsurkunde beigefügte Liste der Stifter enthält von Senatoren – abgesehen von den an der Hochschule als Lehrer tätigen Mitgliedern des Senats – nur die beiden Namen Menzel und Knaus. Die Ausstellung brachte nur den für Menzels Bedeutung geringfügigen Ertrag von ca. 7000 Mark ein, so daß das Gesamtkapital in der Stiftungsurkunde vom 14. April 1886 mit 20000 Mark angegeben ist.
Nachdem ich mich am 8. Dezember, vormittags um neun Uhr, mit Paul Thumann und O. Brausewetter zu Menzel begeben hatte, um ihm die Glückwünsche unserer Hochschule zu überbringen, fand um elf Uhr die Eröffnung der Ausstellung im Beisein der Kronprinzlichen Herrschaften und eines eingeladenen Publikums statt. Kaiser Wilhelm hatte den Meister durch ein Handschreiben beglückwünscht, in dem es u. a. heißt: „Mit Ihrem Namen verknüpft bleiben dem Volke die Erinnerungen an die Taten der erlauchten Ahnen Meines Hauses; Sie haben durch Trübsal und Herrlichkeit den Weg der Vorsehung im Bilde anschaulich gemacht, welcher dasselbe aus kleinen Anfängen zu großen Endzielen geführt hat." Die Kaiserin Augusta gratulierte mit folgendem Schreiben: „Ich möchte nicht unterlassen, Mich den allgemeinen Kundgebungen der freudigen Teilnahme anzuschließen, welche Ihnen dargebracht werden, indem Ich dem bewährten Vermittler der ruhmvollen Gestalten vaterländischer Geschichte auf dem hehren Gebiete deutscher Kunst Meinen Glückwunsch in aufrichtiger Anerkennung übersende." Der Künstlerverein feierte Menzel durch ein Festessen, das am Nachmittag in ganz bescheidener Form im „Englischen Hause" bei Huster stattfand und zu welchem außer dem Minister v. Goßler und Geheimrat Jordan auch die Delegierten der Kunstgenossenschaften München, Düsseldorf, Kassel, Frankfurt am Main, Breslau und Weimar erschienen waren. Die Hauptfeier hatten aber die Kunstakademiker mit dem glänzenden Fest verbunden, das am Sonnabend, dem 12. Dezember, in den Räumen der Philharmonie stattfand und in lebendigen Bildern die Zeit Friedrichs des Großen mit dem König selbst und seinen Helden, die

uns Menzel wiedererweckt und neu geschenkt hat, vor unseren Augen vorüberziehen ließ. L. Pietsch nennt es in der Vossischen Zeitung vom 14. Dezember 1885 „ein Künstlerfest, das unter den schönsten, glanz- und charaktervollsten, bestgelungenen der letzten vierzig Jahre in erster Reihe steht".

Merkwürdig war auch bei dieser Gelegenheit wieder die Erscheinung, daß die jungen Künstler in der festlichen Dekoration des Saales eine Fülle von Phantasie, künstlerischem Geschmack und von geradezu verblüffendem technischen Können und erstaunlicher Leistungsfähigkeit entwickelt hatten, die ich bei ihrer Schaffenstätigkeit im Atelier nur allzuoft vermißte. „Auch die bildnerische Kraft, das Talent und Vermögen, große eigenartige künstlerische Aufgaben der Malerei und Plastik, der Raumdekoration rasch und vortrefflich zu lösen, war auf harte Proben gestellt. Sie haben sie glänzend bestanden", so urteilte L. Pietsch. Der Saal hatte mit Hilfe von dekorativen Malereien und imitierten Marmorsäulen mit vergoldeten Kapitälen und bauchigen reich skulptierten Balustraden, Durchblicken und Parklandschaften mit Taxushecken, Wasserkünsten u. dgl. m. das vollkommene Gepräge der friderizianischen Zeit erhalten. Es war das Werk meines damaligen Atelierschülers Müller-Coburg, die beste und gelungenste Schöpfung seines ganzen Lebens, in deren Ausführung er natürlich von einer Anzahl Mitarbeiter unterstützt wurde. Die jungen Bildhauer hatten sich ebenfalls bewährt und ausgezeichnet, besonders Reinhold Felderhoff durch zwei in der kurzen Zeit von acht Tagen modellierten Gruppen von Nereiden und Tritonen. Der Kronprinz war mit seiner Gemahlin und seiner gesamten Familie, dem Prinzen Wilhelm, dem Erbprinzen von Meiningen mit ihren Gemahlinnen und den Prinzessinnen Victoria, Sophie und Margarethe erschienen; auch der Kriegs- und Kultusminister. Menzel hatte mit den Seinen, umgeben von den ladies patronesses des Festes, in einer der Parterre-Mittellogen Platz genommen. Unter den Klängen des Dessauer Marsches marschiert ein Zug riesiger Potsdamer Grenadiere in den Saal, paradiert und salutiert. Auf der

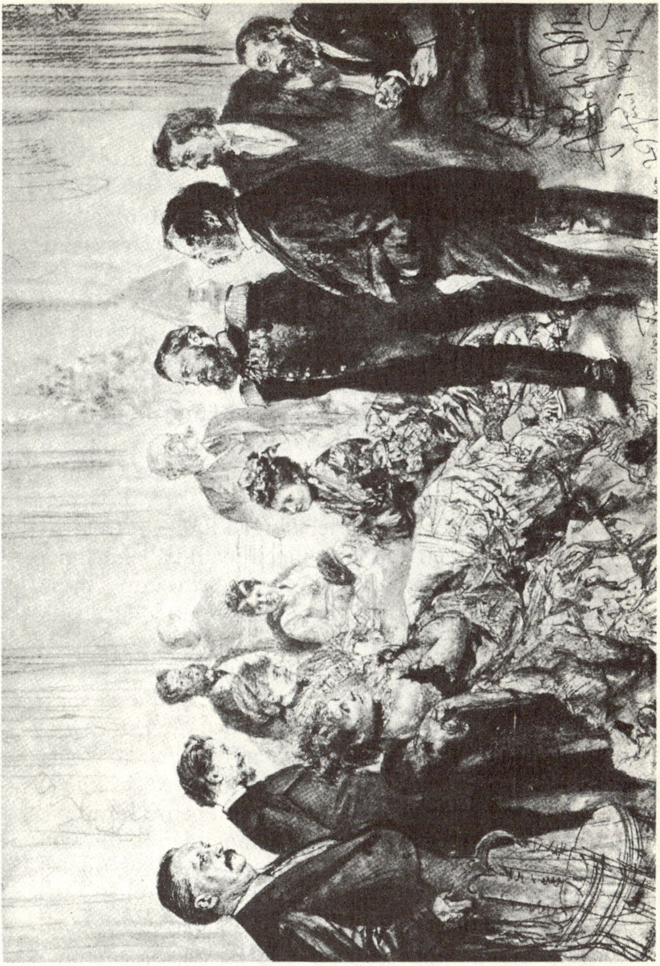

Adolph Menzel, Salon der Frau von Schleinitz, 1874

Vorderbühne erscheint Fräulein Barkany als Muse und spricht einen von E. v. Wildenbruch gedichteten, die Kunst preisenden Prolog, der sich mit den Schlußworten an den Gefeierten wendet:

„Nimm den Lorbeer, Meister, er ist Dein.
Wohin Kunst sich und Geschichte wende,
Da wird überall und leuchtend Adolph Menzels
Name sein!“

Ludwig Dettmann hatte für die Hauptbühne einen stilechten Rokokosaal gemalt, der sich mit Gestalten aus Friedrichs Hof und Umgebung füllt, Voltaire, Seydlitz und Zieten unter ihnen; bald erscheint auch der König selbst, seine Gemahlin und die Markgräfin von Bayreuth führend, mit denen er sich auf der Vorbühne in Fauteuils niederläßt, um eine tartarisch-türkische Gesandtschaft zu empfangen, die sich unten im Saal in langem Zuge nähert. Voran drei orientalische Reiter in goldglitzernden Kostümen mit prächtigen Waffen, und ihnen folgend die Gesandtschaft mit ihrem Schwarm von Gefolge und Weibern, in Rüstungen, Pelzen und kostbaren indischen und chinesischen Gewändern – eine Erscheinung noch glänzender und prunkvoller als der Kleopatra-Festzug im Jahre vorher. Marie Götze, die gefeierte Sängerin, in blauseidene golddurchwirkte chinesische Gewänder gehüllt, singt ein Lied an den Frankenkönig, der Gesandte richtet an den König eine Ansprache in Wildenbruchschen Versen, die dieser ebenso beantwortet und die Gäste einladet, den beginnenden Festlichkeiten des Abends beizuwohnen. Darauf eine altfranzösische Gavotte, dann löst sich anscheinend die ganze Hofgesellschaft auf und bildet nach und nach ganz ungezwungen in Gruppen voll lebhafter Bewegung einen undruchdringlichen Vorhang vor der Bühne. Als sich die Gruppen ebenso zufällig lösen und zu beiden Seiten der Bühne verteilen, zeigt sich der überraschende Anblick von Menzels „Flötenkonzert in Sanssouci“, der Höhepunkt des Festes. Der König am Notenpult, wie auf dem Bilde, ebenso getreu alle anderen Anwesenden dargestellt, das Andante aus einer Sinfonie von Emanuel Bach wird gespielt, der König bläst das Flötensolo (in Wirklichkeit natürlich ein Flötist hinter der Szene) und unter dem brausenden Beifall der Zuschauer löst sich das „lebende Bild" auf, das der packende Schlußeffekt des Abends war, der durch seine Wirkung den ersten Teil des Festes mit seinem malerischen und prunkvollen Festzug noch überboten hatte. Menzel war durch diese eigenartige Huldigung der jungen Akademiker ebenso überrascht wie erfreut, und L. Pietsch schrieb am Schluß seiner eingehenden Schilderung des Festes: „Hoffentlich denkt Herr v. Goßler nach den Eindrücken dieses Abends etwas milder über solche allerdings etwas Zeit kostenden und zerstreuenden Akademikerfeste."

Bei der Überreichung des Doktordiploms hatte Professor H. v. Treitschke den Meister als Kollegen begrüßt, „der Preußens herrliche Geschichte in der beredtesten Sprache geschrieben habe", und beim Festmahle versicherte Eduard Zeller, seine Promotion habe im Schoße der Fakultät einen Krieg hervorgerufen, weil jede der in ihr vertretenen Wissenschaften den neuen Doktor für sich allein in Anspruch nehme, und feierte Menzel als einen Mann, der in sich das Wissen und Können aller Zweige der gesamten philosophischen Fakultät vereinige. Es war sehr erfreulich, daß die Berliner Universität, dank dem Antrage Scherers, Gelegenheit gefunden hatte, Menzels Bedeutung in so schön anerkennender Weise zum Ausdruck zu bringen.

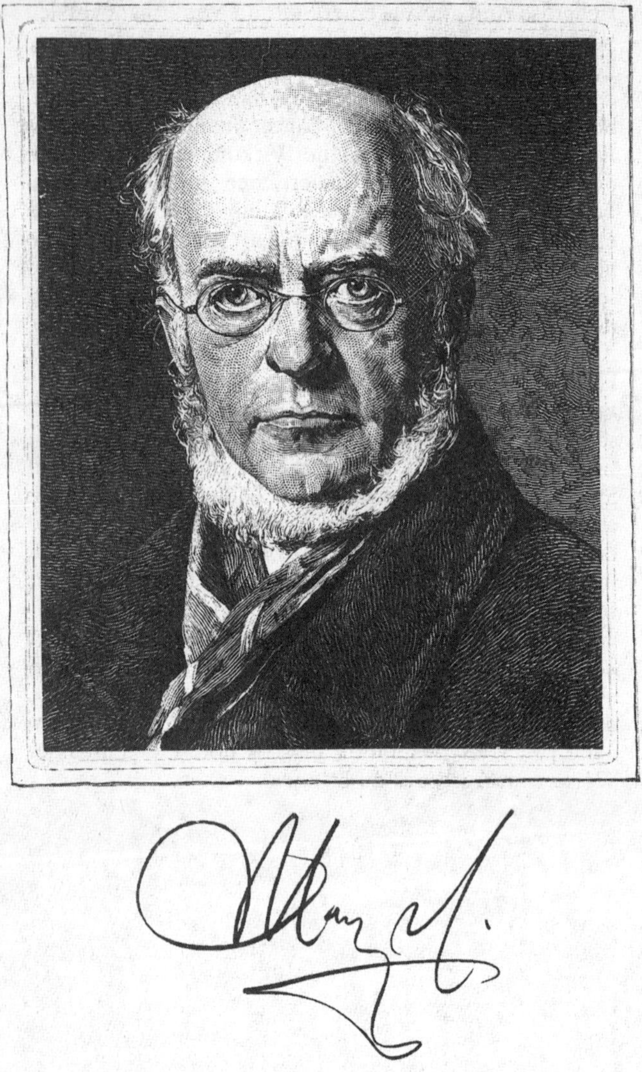

Holzschnitt nach Heinrich von Angelis Menzel-Porträt, Detail

HEINRICH VON ANGELI

Über Menzel

Mehr als drei Jahrzehnte inniger, ungetrübter Freundschaft haben mich mit Adolph Menzel verbunden, eine Freundschaft, deren nie versiegender Quell meine grenzenlose Verehrung, meine fast abgöttische Bewunderung für den großen Meister war.

Mit Menzel ist ein Künstler aus dem Leben geschieden, wie er der Welt nur alle paar Jahrhunderte einmal geschenkt wird. Menzel war einer der vielseitigsten Maler, die es je gegeben, und auf jedem einzelnen Gebiete hat er Vollendetes geschaffen. Wäre Menzel auch nur Illustrator gewesen, er hätte sich die Unsterblichkeit gesichert. Er hat als solcher neue Bahnen gewiesen, die Illustrationskunst auf eine Höhe gehoben, von der man sich früher nichts träumen ließ. Und was hat er als Schlachtenmaler, im Porträt – die meisten seiner „Zeremonienbilder" sind ja Porträts – als Landschafter und Historienmaler geleistet! Wenn man aber diesem Alleskönner – wie die Menschen es so gerne tun – schon irgendeine kennzeichnende Etikette anheften will, so müßte es wohl die sein: „Maler der friderizianischen Epoche". Friedrich der Große und seine Zeit leben in unserer Vorstellung nicht nach den Schilderungen und Bildwerken, die damals entstanden, sondern ausschließlich so wie Menzels zaubergewaltiger Pinsel sie uns vorgeführt hat. Gibt es ein höheres Lob für eine Schöpferkraft als die Konstatierung, daß die Welt einen ganzen, ereignisvollen Zeitabschnitt mit den Augen sieht wie der später geborene Schilderer? Aber für Menzel taugen einschachtelnde Etiketten nicht. Ich habe beispielsweise – und gerade darin unterschätzt man ihn vielfach – eine Landschaft Menzels gesehen, einfach der Ausblick von seinem Atelierfenster, eine Arbeit, die man kühn dem besten Rembrandt an die Seite stellen kann. Und wie in allen Fächern, so war Menzel in allen Techniken Meister. Von der einfachen Bleistiftskizze bis zum Kupferstich gab es für ihn keine Schwierigkeit. Er malte in Aquarell, in Öl und in Gouache.

Ist diese Vielseitigkeit eine charakteristische Eigenschaft Menzels, so muß ich doch sagen, sein Können hatte eine Grenze. Es war ihm versagt, ein liebreizendes schönes Weib darzustellen. Er hat aber sich auch nie bemüht, dies zu tun, wie er sich überhaupt aus Frauen wenig machte. Ich muß da der oft geäußerten Anschauung entgegentreten, als ob er seine Frauenbildnisse zu Karikaturen gestaltet hätte. Er hat die Frauen genauso gemalt, wie alles andere, das heißt ungemein charakteristisch. Es war Menzel gegeben, was immer er ins scharfe Auge faßte, das Kennzeichnende herauszufinden und festzuhalten, und da hatte er bei Frauen mehr den Blick für die häßlichen Charakteristika. Eine Absicht lag nie darin, er sah eben diese Frau so. Diese Eigentümlichkeit Menzels hat übrigens zu manchem ernsten und heiteren Zwischenfalle Anlaß gegeben. Als ich in der ersten Hälfte der siebziger Jahre nach Berlin kam, hatte Menzel eben das bekannte „Königsberger Krönungsbild" vollendet und damit im Kreise der Damen des Berliner Hofes einen Sturm des Unwillens erregt. Bis zur Kronprinzessin hinauf fand sich jede einzelne viel zu häßlich. Und nun ging man daran, Menzel zu Änderungen zu bewegen. Es war vergeblich. Wie damals, so auch in seinem ganzen Leben, hat Menzel niemals einem Auftraggeber zuliebe einen einzigen Pinselstrich anders hingesetzt, als es ihm sein künstlerisches Gewissen gebot. Der letzte der Parlamentäre, den man in jener Sache schließlich zu Menzel entsendete, war der hochbetagte Feldmarschall Wrangel. Der versuchte eine flotte Attacke, indem er rundweg erklärte: „Liebes Menzelchen, die Damen sind doch nicht so häßlich, wie Sie sie gemalt haben." Menzel knurrte sein gewohntes: „Ich sehe sie aber so." Wrangel machte neue Einwendungen, aber Menzels Geduld war schon längst zu Ende. Mit hochgeschwungenem Malstock ging das kleine Männchen gegen den Feldmarschall los, der es diesmal vorzog, das Feld zu räumen, in der Türe seinem Zorne mit dem Ausrufe „Giftige olle Kröte" Luft machend.

Menzel war sich übrigens der Tatsache bewußt, daß er nicht der Maler der Frauenschönheit sei und setzte dies auch als allbekannt voraus, wovon das folgende lustige Geschichtchen, das ich aus seinem eigenen Munde gehört habe, Zeugnis ablegt. „Einmal läutet es bei mir", so erzählte Menzel voll Behagen, „vier-, fünfmal. Da der Draußenstehende anscheinend sehr hartnäckiger Natur ist, entschließe ich mich endlich, zu öffnen. Es waren zwei Damen. Mutter und Tochter. Letztere war, wie ich glaube, eine große Schönheit, doch habe ich sie nicht genau angesehen. Die Mutter trug mir den Wunsch vor, ich solle ihre Tochter malen. Sie scheinen im Irrtum, erwiderte ich. Sie sind hier bei Menzel. Nein, sie wolle ihre Tochter ja gerade von mir porträtiert haben. Nun, ich sagte der Dame, daß man schöne Mädchen doch nicht von Menzel malen lasse, und gab ihr die Adresse eines Kollegen."

Ich habe Menzel oftmals bei der Arbeit zugesehen. Seine Skizzen entwarf er durchwegs mit einem „Zimmermannsbleistift". Er arbeitete mit beiden Händen, deren Disziplin das Wunderbarste war, das man sich vorstellen kann. Was Menzel zeichnen wollte, das konnte er auch. Da gab es kein Probieren, kein Herumtasten. Wie das Bild in seinem Hirne war, so zauberte er es mit der Präzision eines Spiegels auf das Papier. Menzel hat überall gezeichnet, wo ihn irgend etwas interessierte, und stets schuf er mit ein paar anscheinend planlos kreuz und quer gezogenen Strichen ein in seiner Art vollendetes Meisterwerk. Es war wie ein Zwang von ihm, das festzuhalten, was ihm auffiel. Mitten auf der Straße blieb er stehen, um, unbeirrt durch Fuhrwerke, sein Skizzenbuch, das ihn nie verließ, zu bereichern. Auf einem Hofball oder an einer Tafel arbeitete er mit gleicher Ungeniertheit. Ich entsinne mich einer gemeinsam zurückgelegten Bahnfahrt. Uns gegenüber saß eine Frau. Menzel hat sie gezeichnet, wie sie nach schlecht durchschlafener Nacht sich emporstreckt. Kein anziehendes Sujet, aber mir unvergeßlich durch die lebenssprühende Art der Darstellung. Eine flüchtige Skizze nur, doch anzureihen dem Besten in unserer Kunst. Und ein anderes Mal war es im Halbdunkel einer Probe im Festspielhause zu Bayreuth. Richard Wagner saß am Dirigentenpult. Ich sah,

wie Menzel plötzlich zu stricheln begann, und bat ihn später, mir das Blatt zu zeigen. Es gibt wohl wenige Bildnisse Wagners, die den Meister so charakteristisch vorführen, wie die so entstandene Skizze Menzels.
Diese nie rastende Beobachtungsgabe Menzels und sein stetes Fixieren jeder ihn interessierenden Erscheinung haben den Künstler tatsächlich davon abgehalten, je Italien zu besuchen. Oft habe ich ihn gefragt, warum er nie in dieses gelobte Land der Schönheit ziehe, und stets war seine Antwort: „Ich finde unterwegs so viel, was mich aufhält, daß ich nie hinunterkomme." Und so war es. Bis Verona ist er schließlich einmal gelangt, und da war die Zeit, die er sich für sein Fortbleiben gesetzt hatte, längst verstrichen.
Als Mensch war Menzel unstreitig ein Original. Die landläufige Schilderung von seiner Bärbeißigkeit muß ich aber richtigstellen, und eine „olle Kratzbürste", wie Berlin ihn wenig respektvoll nannte, war er gewiß nicht. Menzel war von verschlossenem Naturell und nicht leicht zugänglich. Sein Freundeskreis war ein enger, aber an seinen Freunden hing er, und sie konnten auf ihn zählen. Ihnen gegenüber gab er sich frei und ungezwungen, und da zeigte es sich, daß Menzel nicht nur ein Mann von gewaltigem Wissen auf allen möglichen Gebieten, sondern daß er auch ein geistvoller Plauderer war. Es fehlte ihm nicht an Humor, und seine witzigen – mitunter allerdings beißenden – Bemerkungen erregten oft große Heiterkeit. Menzel war frei von Neid und lebte mit seinen Kollegen stets in gutem Einvernehmen. Gehaßt hat er wirklich nur eines, und das war die künstlerische Richtung der „Narazener". Wenn auf Cornelius, Schnorr v. Carolsfeld und deren Schule die Rede kam, dann fuhr Menzel, wie von einer Tarantel gestochen, empor und geriet in förmliche Wut. Sonst war er wohl kein objektiver, aber doch eher ein wohlwollender Kritiker. Objektiv war sein Urteil nur über Werke von ihm persönlich unbekannten Künstlern, sonst räumte er Sympathien und Antipathien zu viel Einfluß ein. Seine Freunde hätten ihm den denkbar größten Schund zeigen können, Menzel hätte ihn schön gefunden. Bilder von

Leuten, die er nicht leiden mochte, tat er am liebsten mit einer wegwerfenden Handbewegung ab. Ich bin oft mit ihm durch Ausstellungen gewandert, und bei Bildern, an denen ich als ganz wertlos vorübergehen wollte, blieb Menzel stehen, und der Meister, der doch einen ganz anderen Maßstab hätte anlegen können, wies bei einer metergroßen Leinwand auf ein winziges Eckchen, ein verschwindendes Detail, und meinte: „Das ist doch nicht übel. Das Stückchen ist ja ganz gut.“

Menzel war eine künstlerisch vornehme Natur, ein Mensch von der honorigsten Gesinnung. Es hat oft Streitigkeiten bei der Abwicklung von Bestellungen gegeben, doch Menzel stand dem immer ferne, ja wußte wohl gar nichts davon. Es dürfte da die in eingeweihten Kreisen geltende Anschauung recht haben, daß eine verwandte Seite, der er die Führung des finanziellen Teiles völlig überließ, die eingeräumte Befugnis nicht immer richtig gebrauchte. Menzel hatte nur eine große Schwäche, und das war seine Eitelkeit. Ein bewunderndes Wort hörte er sehr gerne, die ihm verliehenen Orden und Titel machten ihm Riesenfreude. Wenn ich diese übrigens notorische Tatsache erwähne, muß ich hinzufügen, daß sie meiner schrankenlosen Bewunderung für Menzel nie Abbruch tat. Im Gegenteile: Gerade diese Achillesferse brachte den so überragend großen Meister mir menschlich näher. Wir lieben ja die Menschen mit ihren Fehlern, ja oft unbewußt wegen ihrer Fehler, und ich kann mir wirklich nichts Schrecklicheres denken, als eine Person frei von allen menschlichen Schwächen.

Ich habe Menzel einmal gemalt, und dieses Bild befindet sich in seiner Wohnung. Ein unvergleichlich besseres Porträt hat übrigens Koner geschaffen, und wundervoll ist die Menzel-Büste von Begas, die ihren Ehrenplatz im Berliner Museum hat. Menzel war bekanntlich ungemein klein, hatte aber – zumindest für uns Künstler – einen Kopf von anziehender Schönheit, die, je älter er wurde, zunahm und immer sichtbarer seine gewaltige geistige Potenz zum Ausdruck brachte. Ich habe mein Bild in Berlin verfertigt, im Atelier Menzels, und dieses war so eigenartig, daß ich es nicht wohl übergehen kann.

Ich habe Ähnliches an Unordnung und Schmutz nie im Leben gesehen. Ein eiserner Ofen, vor dem Kohlen auf dem Fußboden frei zu einem Haufen lagen, wurde nur bei feierlichen Gelegenheiten geheizt. Im Winter war es oben erbärmlich kalt. Menzel stand, mit Filzpantoffeln angetan, im Winterrock, einen Wollschal um den Hals geschlungen, auf seiner Leiter und arbeitete. Ich erklärte, so nicht malen zu können, und erhielt die Vergünstigung, einheizen lassen zu dürfen. Auf allen Gegenständen, Tischen und Sesseln lag der Staub ein paar Finger hoch. Es fehlen mir die Worte, dieses Interieur entsprechend zu schildern. In seinem Heim war es dagegen recht nett und gemütlich, und auch die äußere Erscheinung Menzels ließ ein solches Atelier nicht vermuten. Ich bin mit Menzel in regem Briefwechsel gestanden, und seine Briefe sind in ihrer Form recht merkwürdig. Eine schwer enträtselbare Schrift, halb dick, halb fadendünn, mittendrin ein paar Kleckse, und mitunter sieht man, wie ihm bei irgendeiner Kraftstelle die Feder – von zorniger Hand geführt – durchs Papier gefahren ist. Jeden Brief aber zierte er mir in der letzten Zeile mit einer Vignette, einem wunderbaren Meisterstückchen. Ein Werk Menzels bewahre ich, eine große Bleistiftzeichnung, den Kreis zeigend, der sich einst in Potsdam im Salon der Frau v. Schleinitz versammelte. Das damalige Kronprinzenpaar, Helmholtz, der alte Graf Pourtalés, meine Wenigkeit sind da unter anderem festgehalten.

Ich kann diesen Rückblick nicht schließen, ohne auf jene Schätze hinzuweisen, die nun mit Menzels Tod ans Tageslicht kommen werden. Ich meine seine Skizzenbücher. Wer die nicht gesehen, kennt Menzel nur halb. Zu Hunderten hat er sie in Schränken aufbewahrt, und jetzt erst wird man wissen, welch überreiches Künstlerdasein zu Ende gegangen ist. Mir waren es Stunden höchsten Genießens, in diesen Büchern blättern zu dürfen. Eines davon muß ich besonders erwähnen. Menzel hat es für zwei Kinder seiner Verwandtschaft gezeichnet. Es beginnt mit den einfachsten Dingen, wie sie die Allerkleinsten interessieren, und die Darstellung schreitet fort, wie die Kinder allmählich heranwuchsen. Er führte sie in die Menagerie und zeichnete dort für sie die Tiere in Gouache und Menschen, Häuser, Landschaften und Schlachtszenen. Ich würde gerne eine Woche hungern, um dieses Skizzenbuch zu besitzen. Es ist fürwahr eine königliche Hinterlassenschaft, die sich da auftun wird, und dann wird die Erkenntnis wohl allgemein sein, daß heute ein Fürst im Reiche der Kunst die Augen für immer geschlossen hat.

ALFRED LICHTWARK

Briefe an die Kommission für die Verwaltung der Kunsthalle

Berlin, den 6. Febr. 1895

Das zeitraubende Geschäft der Atelierbesuche habe ich mir bis auf den letzten Tag aufgespart. Wenn man damit am ersten Tage anfängt, kommt man mit den notwendigsten Arbeiten nicht voran. Von Menzel, bei dem ich zuerst vorsprach, soll ich Ihnen und den Herren der Kommission, namentlich Herrn Behrens, die schönsten Grüße ausrichten. Er ist sehr frisch und sprach mit gewohnter Lebendigkeit über alle möglichen Dinge fast eine Stunde. Ich hatte ihn aufgesucht, ehe er in sein Atelier hinaufsteigt. Nachher mochte ich ihn nicht stören. Seine Auslassungen waren wie immer höchst persönlich und deshalb originell; sie hätten stenographiert werden müssen. Mit großer Verachtung sprach er von den modernen Engländern, namentlich von Burne-Jones. Eine Publikation über sein Leben und seine Werke, die man ihm zugeschickt, hätte er am liebsten zerrissen, es wäre ihm nur noch zur rechten Zeit eingefallen, daß er sie hätte bezahlen müssen.

Sehr erstaunt war ich, ihn über Dürer im höchsten Grade abfällig urteilen zu hören. Unter den Zeichnungen wäre manches Gute, aber seine Stiche und Holzschnitte enthielten nicht viel davon und seine Bilder wären kindliche Versuche. Auf die junge Welt war er sehr böse. Für Liebermann hätte er sich einst sehr interessiert, aber nur für die ersten Arbeiten, z. B. seine Invaliden.

Mit dem Bilde, das er für Herrn Behrens auf dessen Anregung in Arbeit hat, gibt er sich unendliche Mühe. Er sagte, jedes Werk müsse behandelt werden, als ob es das einzige sei.

Sein neuer großer Orden (der rote erster) macht ihm viel Freude. Er hätte gedacht, man hätte ihn da oben schon vergessen, und er betrachte die Ehrung als nicht ihm allein, sondern der ganzen Künstlerschaft erwiesen ...

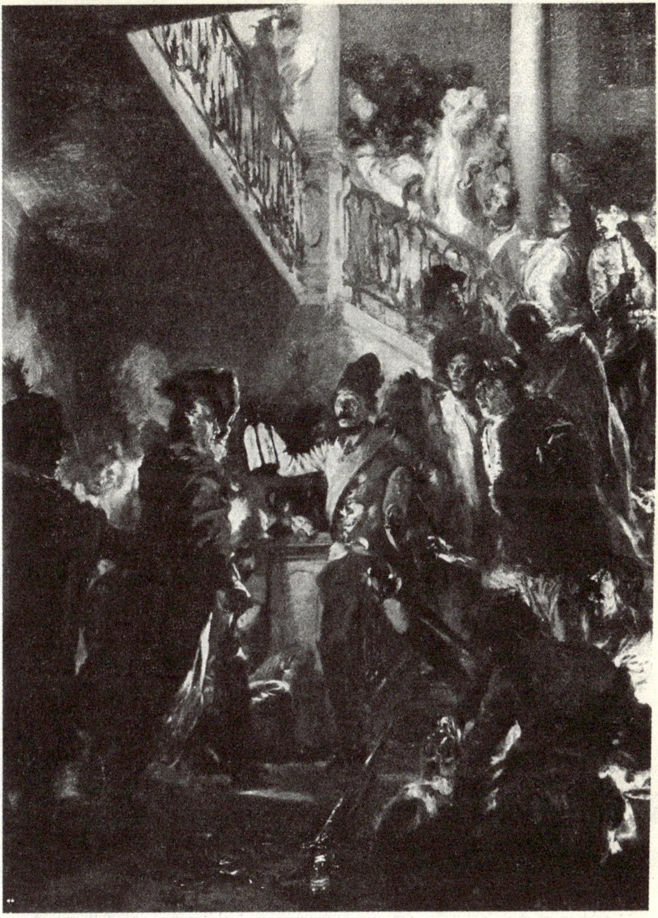

Adolph Menzel, Bon soir, Messieurs!, 1858 (Ausschnitt)

Berlin, den 8. Dezember 1895.

Eben komme ich von der Menzel-Feier in der Akademie.

Im Uhrsaal waren die Deputationen versammelt. Fried-

richsgarde in alten Uniformen und mit Blechmützen bildeten die Ehrenwache, baumlange Kerls, extra ausgesucht. Der kleine Jubilar, seit heute Exzellenz, schritt die Front ab. Im kleinen Erkerzimmer hielt er dann Cour. Langsam schoben sich die Deputationen durch. Die meisten Sprecher machtens kurz und sachte, nur hie und da erhob sich eine Stentorstimme wie die von Prof. Stieler aus München. Menzel, der immer leise spricht, war nie zu verstehen, kaum für die Umstehenden. Doch wußte er in den langen Stunden von elf bis eins – offiziell war es so angesetzt, wird aber wohl länger gedauert haben – jedem ein freundliches Wort zu erwidern. Ich sah ihn noch einmal, ehe ich ging, er war frisch wie im ersten Moment. Im Saal schwirrten schon einige scherzhafte Worte, die er gesagt hatte. Eine italienische Deputation hatte ihn durch ihren Führer italienisch anreden lassen, lang und wohllautend. Aber der alte Herr versteht die Sprache nicht. Als es vorbei war, sagte er zu dem Herrn, der auch Deutsch verstand: „Entschuldigen Sie, ich habe nicht folgen können, ich bin erst so spät nach Italien gekommen, daß mein Ohr sich nicht mehr gewöhnt hat. Ich denke mir aber, ich werde in Ihrer Rede wohl nicht schlecht weggekommen sein und sage Ihnen auf gut Berlinisch herzlichen Dank."
Die Akademie hatte ein Frühstück serviert. Wer sein Sprüchlein aufgesagt hatte, begab sich schleunigst ans Buffet, während der alte Herr dem Schwall der Reden weiterhin standzuhalten hatte.
Sie werden in den Zeitungen die lange Liste der Ehrungen finden, die ihm erwiesen wurden. Der Kaiser schenkte seine Büste und die Exzellenz. Die fremden Botschafter brachten Adressen und Diplome. Wahrscheinlich werden alle die Ehrengeschenke noch ausgestellt werden.
Zur Feier heute abend wird der Kaiser mit seiner nächsten Umgebung erscheinen. Ganz Berlin drängt sich hin. Es war kaum noch ein Billett zu bekommen …

Berlin, den 11. Mai 1896

Bei Menzel wollte ich heute nicht wieder weg und habe so lange geklingelt, bis er endlich aufmachte. In der Wohnung hatte mir die Köchin gesagt: Herr Exzellenz sind oben.

Aber ich mußte warten. Das überzogene Treppengeländer ist von Erschöpften, die da oben das Bedürfnis, ein bißchen auszuruhen, befriedigt hatten, ganz bis aufs Holz durchgesessen. Viele haben sich die Zeit durch Beschreiben der Wand vertrieben. Und da der erste Datum und Stunde der Wartezeit eingetragen, hat er für spätere „den Typus geschaffen“. Natürlich sind es ungeschickte Buchstaben und Ziffern von der Hand der Modelle. Ganz unten haben sich die Kindermodelle verewigt. Von der Hand des kleinen Moritz steht da mit großen taumeligen Buchstaben der Name Menzel, rührend zu lesen.

Endlich, nachdem ich der schriftlichen Aufforderung nachkommend sehr laut geklingelt hatte, zum fünftenmal, erschien der Alte. Er war seelenvergnügt, nötigte mich in seinen Nebenraum und fertigte sein Modell ab. Damit ist er immer sehr geheimnisvoll. Den Raum kannte ich noch nicht. Er hat ihn sich offenbar eingerichtet, wie er zuerst aus dem Gefühl der Gleichgültigkeit gegen die Kosten seine Umgebung gestalten konnte. Es ist ein sogenanntes Berliner Zimmer mit dem Fenster in der Ecke. Die Möbel sind gleichgültig bis auf eine unter Mappen und Papieren, die den ganzen Boden bedekken, kaum sichtbare encoignure mit Marmorplatte, Rokoko. Eine Hängelampe mit wilder Berliner Ornamentik in Cuivre-poli trägt unter der Kuppel sehr sichtbar noch die Preisauszeichnung.

Alle Wände sind mit Schildereien bedeckt.

Man darf sich wohl fragen, was wird Menzel in seinem Wohn- und Empfangszimmer, denn darum handelte es sich bei diesem Raum, der auch einen alten Sekretär enthält, an die Wände hängen?

Zwei Wände sind Michelangelo gewidmet. Der David, von zwei Propheten aus der Sixtina flankiert, füllt eine Wand. In derselben Anordnung auf der andern daneben

die Pieta und zwei Ansichten des Moses. Aber unter der Pieta hängt Schlüters großes Denkmal. Alles gerahmte Photographien.
Es war mir lieb, den großen Kurfürsten in der alten Ausstellung zu sehen, denn gestern hatte ich mit Siemering das eben enthüllte Werk betrachtet, dessen Sockel erneuert ist. Das alte gefällt mir besser. Man hat es zu niedrig befunden und nicht unwesentlich erhöht. Dadurch sind die vier Gefangenen, die früher am Boden wimmelten, und auf die man hinabsah, in Augenhöhe gekommen und viel zu wichtig geworden, was schade ist, denn sie sind nicht von Schlüter, sondern von Gehilfen. Auch haben sie allen Halt verloren und spatteln mit den Füßen, die früher den Boden berührten, in der Luft. Der eine sieht aus wie eine Windmühle. Beim alten Postament war für diese Eckfiguren hie und da ein Stück der Stufe weggehauen, um sie möglichst niedrig zu bekommen. Dafür war das Auge der Hauptfigur wesentlich näher, die nun unerreichbar oben schwebt. Die schönen Kartuschen auf den Schlußsteinen der Brücke, wohl auch von Schlüter, sind verschwunden. Das ist sehr traurig, denn sie enthielten Schmuckformen, die jene Zeit sonst selten benutzt hat, heimische Wasserpflanzen, wie den großen Ampfer, in prachtvoll dekorativer Behandlung. Siemering, der die Restauration überwacht hatte, wußte nichts davon.
Das war die eine Wand. An der andern, dem Fenster gegenüber, hingen in der Mitte die großen Photographien nach dem schönen Männerporträt von Velazquez und dem Bildnis des Morette von Holbein in Dresden. Daneben eine der schönsten Masken von Schlüter und ein Corot, beides Photographien. Den Corot hatte Menzel 1858 in Paris auf der Ausstellung bewundert und war später sehr vergnügt, eine Photographie davon zu finden. [Die Jahreszahl stimmt nicht, denn Menzel war nur in den Jahren 1855, 1867 und 1868 in Paris (G. L.).]
Ich erinnere mich im Moment nicht des Namens, den der Katalog gab. Es ist ein hohes Format mit schlanken Bäumen, darunter vorn zwei Mädchen bei der Toilette. Hinten links lehnt sich eine andere gegen einen Baum.

Menzel rühmte die schöne Zeichnung der Gestalten. Er sagte, er habe sonst nie eine Figur von Corot gesehen und war sehr erstaunt zu hören, daß die Sammlungen Behrens und Amsinck in Hamburg mehrere enthielten.
Dazwischen hängt ein Aquarell von O. Weber, 1861, erstaunlich frisch für die Zeit, wasserreiche Niederung mit einer Rinderherde und Häusern unter Bäumen am Horizont. Eine Studie aus Venedig von Meyerheim, eine Photographie nach der Tafelrunde kommen hinzu.
Dann folgt auf der nächsten Wand ein Studienkopf von Dürer, der Alte, der den Kopf in die Hand stützt.
Neben dem Fenster hängt eine Kreidestudie von 1848, ähnlich unserm Porträt von Smidt, ein junges Mädchen, das sich auf ein Pult stützt. Menzel hatte die Zeichnung fixiert, dabei war das Weiß des Rockes dunkel geworden, und er hatte es dann mit Gouache übermalt. Die Photographie nach dem Mann am Fenster von Meissonier hatte er 1868 von dem Künstler erhalten. Auf einer dunklen Wand hingen dann noch einige Pferdestudien von Randel, wenn ich nicht irre, und ein Hundekopf von Deiker.
So sieht es in dem Vorraum aus.
Menzel denkt offenbar mit großer Genugtuung an seinen populären Erfolg in Hamburg. Er ließ sich nochmals alles erzählen, von der Ausstellung, den Vorlesungen, den neuesten Erwerbungen der Kunsthalle. Die Einladung nimmt er mit großer Freude an und will sich nur noch das Nähere vorbehalten.
Von unserer Atelierwand erzählt er mir, er hätte sie, um kein falsches Licht zu bekommen, bei der Lampe und fast im Dunkeln gemalt. Auch von dem Nymphenbad sprachen wir noch einmal. Er sagte, er hätte sich als Landschafter immer nur für einen Dilettanten gehalten, und da er nun einmal als Figurenmaler gegolten, hätten ihn seine Kollegen auf dem Gebiet auch als solchen angesehen. Wir kamen dabei auf den großen Berliner Landschafter Blechen, den er sehr verehrt.
Dann gingen wir in sein Atelier, wo ich mir noch einmal die sehr schöne Landschaftsstudie von 1847 ansah. Men-

zel erzählte mir, es sei ein Blick vom Kreuzberg nach Rixdorf. Er hätte den Vordergrund so einfach behandelt, weil er eine Gruppe von Kindermädchen in diese Sommerstimmung hätte malen wollen. Er war offenbar 1846–50 auf dem Wege, sich intimer mit der Landschaft zu beschäftigen.

Die große Skizze „Friedrich nach der Schlacht bei Leuthen" hatte er wieder auf der Staffelei. [Gemeint ist das Gemälde „Bon soir, Messieurs! – Friedrich der Große in Lissa", das sich jetzt in der Hamburger Kunsthalle befindet (G. L.).] Ursprünglich war sie für den Fürsten von Ratibor bestimmt gewesen. Aber sie hatte der Frau nicht gefallen, die lieber einen spätern Moment der merkwürdigen Episode von Menzel dargestellt gesehen hätte. Sie fand die Szene, wie sie Menzel gegeben, zu wüst. Friedrich kommt in das Schloß, das von Soldaten aller Waffen wimmelt, denn das österreichische Heer war völlig aufgelöst. Das stürzt und schiebt und drängt sich da auf der Treppe, daß nur die wirre Masse wirkt, aus der die Gestalt Friedrichs und eines österreichischen Offiziers sich loslösen, der eine Laterne hochhebt, um zu sehen, ob es wirklich der König ist, der vor ihm auftaucht. Der Fürstin wäre lieber gewesen, sagte Menzel, er hätte den nun folgenden Moment gewählt, wo Friedrich oben im Saal sich die österreichischen Offiziere vorstellen läßt und jeden nach Familie und Heimat fragt.

Menzel war frisch wie immer und plauderte über alles mögliche. Bei dem Aquarell von Otto Weber erzählte er, daß der Künstler zu Anfang der sechziger Jahre in Berlin unter sehr bedrängten Umständen gelebt habe. Da er keine Möglichkeit gesehen, daheim weiterzukommen, habe er ein Bild auf den Pariser Salon geschickt und sei ihm nachgereist. Er hätte das Glück gehabt, die Goldene darauf zu erlangen, und am nächsten Tag hätte er von Kunsthändlern für 25 000 Francs Bestellungen gehabt.

Beim Abschied trug er mir viele freundliche Grüße auf, besonders auch an Herrn Senator Möring.

Als ich die Treppe hinabstieg, stand mir der kleine Raum, an dessen Wänden Menzel in Photographien mit schmalen schwarzen Rähmchen sein Glaubensbekennt-

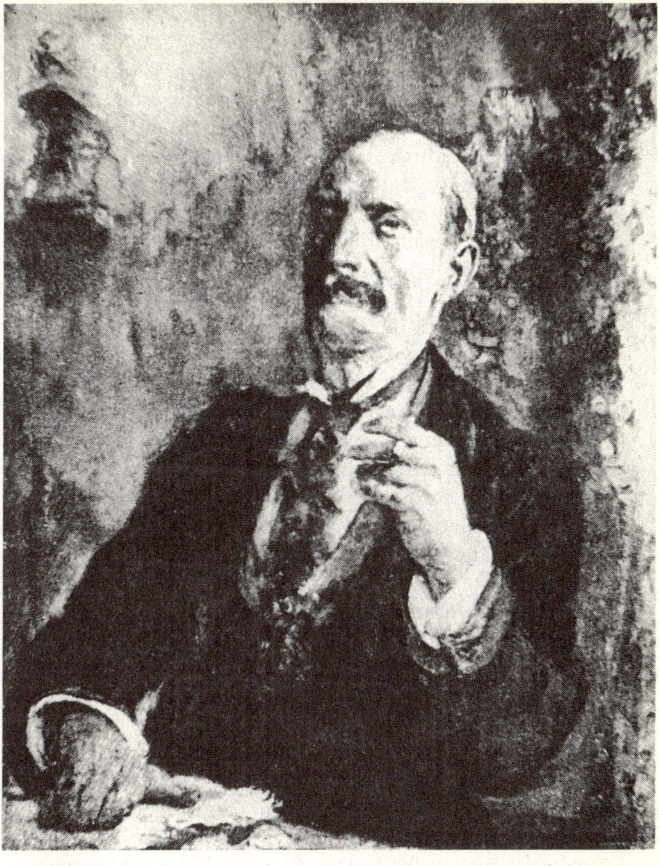

Adolph Menzel, Parlamentarier, 1905, unvollendet

nis ausgesprochen, als ein neuer Einblick in die Seele des alten Meisters vor Augen: Michelangelo und Schlüter, Holbein und Velazquez, Dürer, Corot und Meissonier. Und wie bescheiden, beinahe ärmlich die Einrichtung. Was für Bedürfnisse anderer Art haben die bedeutenden englischen Künstler. Ich dachte an das Künstlerparadies, in dem mich Lord Leighton in London empfangen, wo jeder Winkel ein Bild war, und dies nicht im Sinne des malerischen Künstlerateliers à la Makart, sondern des artistisch ausgestalteten Wohnraums, der keine Unordnung, keinen Staub kennt. Bedürfnislosigkeit, Anspruchslosigkeit, das war nicht nur bei den deutschen Kunsthistorikern der vergangenen Epoche das Grundprinzip der häuslichen Umgebung, sondern auch bei den Künstlern. Ich sitze und warte auf den Zug, daher ist dieser Brief etwas lang geraten.

Berlin, den 17. Dezember 1902.

Halb elf klopfte ich bei Menzel. Er steigt trotz seiner 87 noch alle Tage die vier Treppen zu seinem Atelier und wohnt noch immer im dritten Stock. Die Aufwärterin machte ein langes Gesicht und meinte, Exzellenz würden nicht empfangen. Ich ließ sagen, ich brächte eine freundliche und erfreuliche Nachricht. Wie jeder mußte ich vor der geschlossenen Tür auf dem Treppenabsatz warten. Es dauerte eine Ewigkeit. Dann öffnete die Tür sich ein wenig, wie für einen Bettler, und die unsichtbare Person sagte, ich möchte in zwei Stunden wiederkommen. Das könnte ich leider nicht, sprach ich gegen die Tür, aber so laut, daß nicht bloß sie es hören konnte, sondern auch der Alte, der mit der Tür in der Hand am Ende des Korridors stand, sie möchte nur sagen, es wäre nur eine Minute. Wäre ich gegangen, hätte ich nach zwei Stunden etwas anderes gehört und wäre gewiß nicht zum Ziel gekommen. Richtig sprach sie in die Kulisse, und gleich darauf wurde die Tür aufgerissen, und der Alte sah, in der Dämmerung zerrinnend, aus alten Augen zu mir auf. Er führte mich in sein Schlafzimmer, es wäre Weihnachtsreinmachen. Ob ich nicht in einer Stunde wiederkommen könnte. Davon handelte ich noch eine halbe ab. Gründe wurden weiter nicht angeführt.

Er ist ganz unverändert, nur der Hof um die Augen hat sich etwas vergrößert. Vielleicht sind auch die Augen kleiner geworden. Aber sie blicken ebenso scharf, und die ganze kleine Person ist so stur und aufrecht wie immer. Es kommt vielleicht davon, daß er immer den Kopf

in den Nacken legen mußte, wenn er mit andern sprach. Er kann hundert werden und sieht noch nicht anders aus.
Meine Photographie ließ ich zurück – halb aus Bequemlichkeit, halb aus Vorsicht, und ging derweil zu Cassirer. Leistikow – der arme ist sehr leidend – hat wiederum einen neuen Stil. Die Studien des letzten Sommers hätte ich nicht unterzubringen gewußt, bald mehr Courbet, bald mehr schottisch. Um Corinth und Slevogt bildet sich eine umfangreiche Gruppe jüngerer Künstler, die sehr schwer voneinander und von den beiden Zentralsonnen zu unterscheiden sind. Cassirer hat auch sie meistens von München nach Berlin gezogen. Auch ein oder der andere Berliner ist dabei. Cassirer hegt seit langem den Wunsch, sie alle in das Bett der Sammlung von Bildern aus Hamburg zu leiten. Slevogt war schon drüben, Ulrich Hübner hat den Sommer bei uns gemalt und mit seinen Bildern in Hamburg selbst einen ungewöhnlichen pekuniären Erfolg gehabt. Sicher wird er wiederkommen, sicher andere nach sich ziehen, und es läßt sich ausrechnen, daß auf dem Wege sehr viel für die Aufnahme Hamburgs als Studiengebiet geschehen kann. Eine sonderbare Perspektive, der Kunsthändler als Spiritus rector der Produktion.
Menzel öffnete mir selber die Tür zu seinem Atelier und führte mich den dunkelen Korridor die vier gefährlichen Stufen hinauf in den riesigen unfreundlichen Raum, voll Mappen, Gerümpel und Staub. Er läßt nur die Wege noch fegen, die durch die Berge hindurch und drumherum führen. Wenn er weggeht, um ein Blatt oder eine Photographie zu holen, wachsen die Mappenberge und die öden Wände um den kleinen Mann zu Riesenmassen empor. Er war sehr erstaunt, daß Henneberg verkauft habe, und freute sich ganz sichtbar, daß die Bilder nach Hamburg kämen. Den Gendarmenmarkt – ich hatte die Photographie auf einen kleinen Tisch gelegt – hat er von der Treppe der Kirche aufgenommen. [Gemeint ist das Gemälde „Aufbahrung der Märzgefallenen“, das sich jetzt in der Hamburger Kunsthalle befindet (G. L.).] Während der Feier hat er nur gezeichnet. Auch nachher

hat er keine farbigen Studien gemacht. Er ist immer wieder hingegangen und hat sich's angesehen. Auch die Menschen hat er alle aus der Erinnerung gemacht. Bildnisse sind nicht darunter. Der elegante Mann, der den Sarg grüßt, wäre ein Fremder gewesen, der ihm wegen seiner großen Gepflegtheit und Vornehmheit aufgefallen sei. Er habe ihn nur einmal gesehen. Als er saß und zeichnete, hätte er vor sich die unkontrollierte Masse des Janhagels gehabt, der durch die Not der Zeit brotlos geworden. Die Leute hätten sich nur unterhalten von ihren eigenen Heldentaten. Jeder war dabeigewesen, auf dieser, auf jener Barrikade. Sie hätten nach allen Himmelsrichtungen gewiesen und wären von der Bürgerwehr kaum zu halten gewesen. Die Bürgerwehr hätte keine Uniformen gehabt, aber wer es vermocht, hätte einen hohen Hut aufgesetzt. Von dem Janhagel auf den Treppenwangen des Theaters hätten einzelne den Versuch gemacht, die Treppe herab sich in die Nähe der Zeremonie zu schleichen. Aber ein Mann aus der Bürgerwehr, der sich ihnen entgegenstellte, hätte genügt, sie zurückzuscheuchen. Menzel habe die letzten Augenblicke vor Anfang der Feier gewählt. Es lösen sich gerade die Leidtragenden aus der Masse und bewegen sich über den leeren Platz auf die Kirche zu, von links kommt eine Abteilung Bürgerwehr mit Fahnen und Trauermusik. Der letzte Sarg wird gebracht und soll noch schwarz eingekleidet und mit aufgebahrt werden. Die Bretterbude in der linken Ecke war für eine Menagerie gebaut. Der Farben erinnerte er sich noch ganz deutlich und bezeichnete jeden Ton der Zementfassaden in der linken Ecke.

Er wäre mit Herzklopfen und in hoher Begeisterung für die Ideen, in deren Dienst die Opfer gefallen, an die Arbeit gegangen. Aber ehe er fertig gewesen wäre, hätte er gesehen, daß alles das Lüge oder dummes Zeug gewesen wäre, und er hätte das Bild mit dem Gesicht gegen die Wand gestellt und in seinem Ekel keine Hand mehr daran legen mögen. Viele Jahre später hätte er das Bild wieder herausgeholt, hätte sich selber daran erfreut, aber keinerlei Versuchung gehabt, es von sich aus zu vollen-

den. Nach Jahrzehnten hätten es andere zu sehen bekommen, und oft wären ihm hohe Summen geboten, wenn er die paar Figuren hätte hinzufügen wollen. Aber er hätte sich nicht entschließen können, kalten Blutes an diese Arbeit hingerissenen und erschütterten Gemüts zu gehen, und so wäre das Bild geblieben, wie es war. Für ihn gehöre es dazu, daß es unvollendet sei. Es wäre eine Fälschung geworden, hätte er die Hand daran gelegt.
Das „Bonsoir, Messieurs" ist nicht, wie ich glaubte, für Raczynski, sondern für den Herzog von Ratibor bestimmt gewesen. Sonst stimmt meine Erinnerung. Die Herzogin fand es zu wüst, der Herzog bestellte es einige Tage nach dem Besuch ab. Er (Menzel) meinte, es wäre wohl nicht besser geworden, hätte er es weiter ausgeführt, er habe sich auch später nicht dazu entschließen können. Es passe auch eigentlich nicht zu dem Thema. Ein Heer auf der Flucht, das in einem verlassenen Schloß kurze Rast hält, Musik und Trommeln des Feindes schon hörbar, Offiziere, die, von ihrem Burschen mit der Laterne geführt, eilig die Treppe herabkommen – einer hat den Pelz noch nicht an – und den König, den sie noch nicht erkennen, rasch auf sich zuschreiten sehen –, das muß wie eine flüchtige Vision wirken. Menzel denkt sich die Situation so: die Offiziere haben im ersten Augenblick nur die preußischen Uniformen erkannt, ein Pandur vorne erkennt in dem Offizier den preußischen König und ruft seinen Namen. Es ist der, der in der linken Ecke mit der Hand weist. Der Raum ist der historische. Menzel hat auch den Saal oben gezeichnet, wo die Zeremonie des Vorstellens stattfand. Der ist, wie Menzel meint, seither zerstört.
Dann ließ ich mir die Arbeit zeigen, die er gerade unter Händen hat. „Sehen Sie, dies ist der Keim", sagte er und zeigte mir eine walnußgroße Büste von Mirabeau in Biscuit von Sèvres, ein Meisterwerk der Charakteristik, wahrscheinlich von Houdon. „Das andere habe ich dazugedacht." Und er wies auf das Blatt Gouachemalerei von Lexikongröße. Der Mirabeau war noch gar nicht darauf, aber sonst war alles nahezu fertig. Ein Mann um die Jahre, wo die Autorität beginnt und das Gefühl dieser

Qualität aufkeimt, sitzt an seinem Schreibtisch, mit der Linken die Zigarette zum Mund führend und im Gespräch mit dem scharf fixierten Gegenüber die rechte Hand mit demonstrierender Gebärde über einem Papier auf dem Schreibtisch gespreizt. Der Kopf ist der des überzeugten beau parleur. Links oben war der Platz frei für die Büste des Mirabeau, in dem der Redner seinen Ahnen zu bezeichnen wünscht. Wenn der Alte es nicht weiter ausführt, ist es eine sehr mächtige Studie, auch im Licht, das um die Wangen spielt, nicht das Werk des ersten besten. Als ich ihm sagte, daß mich der Ausdruck der rechten Hand frappierte, die sich festhaltend und verteidigend auf das Schriftstück legt, sah er zu mir auf und sagte: „Das habe ich lange gesucht. Sie sollen es sehen."

Und er lief wie ein Wiesel um die Berge von Mappen und Gerümpel und verschwand im Nebenzimmer. Bald tauchte er wieder auf mit einem gelben Briefumschlag und zog achtzehn, gezählt achtzehn Studien für diese Hand heraus. Er hatte jede einzelne vollständig durchgebildet. „Diese zwei", sagte er dann, „muß ich nun in eine zusammenarbeiten, dann habe ich's."

Welch ein Gegensatz zu dem Bild von 1848, wo er alle Gestalten aus dem Gedächtnis gemalt hatte und aus dem Gedächtnis und der Phantasie mit einem Hieb den Nagel auf den Kopf getroffen hatte. Wir besahen uns dann, was noch an den Wänden hing. Viel ist es nicht mehr. Auch die schöne Studie vom Kreuzberg (1847) hängt noch da. Die nehme ich noch wieder vor, sagte er. Auf dem freien Grund links sollen Kindermädchen und spielende Kinder sitzen. Die Studien habe ich von damals noch alle liegen. Ich habe mir nur noch erst zuviel anderes vorgenommen. Dies kommt daran, wenn mich später vielleicht einmal etwas Neues nicht gerade reizt.

Wir plauderten noch eine ganze Weile. Verschiedene Male hatte es geklingelt. Lassen Sie nur, sagte er, als ich ihn darauf aufmerksam machte, mit ruhigem Blut, ich habe es wohl gehört, ich höre alles.

Als er mich hinausbrachte, stand draußen das Modell, das er spazieren geschickt hatte. Er ließ es nicht ein und

machte ihm die Tür vor der Nase zu. Da stand es geduldig und wartete, während ich die vier Treppen hinabstieg.
Menzel hat mir viele Grüße für die Herren aus Hamburg aufgetragen, die er gekannt hat. Er nannte sie einzeln, sie waren längst verstorben. Aber ich sagte nichts davon.

Jan Veth

Adolph Menzel

Verstände man unter urdeutscher Kunst ein Geistesprodukt, das von dem Duft deutscher Wälder durchzogen wäre, eins, in welchem die Waldvögel singen, die Veilchen duften und deutsche Minne kost, in dem altgermanische Erinnerungen spuken und zugleich schmucke Ritterlichkeit und jungfräuliche Unschuld sich spiegeln: eine Kunst, deren Märchengemüt uns lockend zuflüstern kann –, dann würde es schwerfallen, sich einen weniger urdeutschen Künstler als Adolph Menzel vorzustellen. Singen, duften, minniglich kosen, spuken, lokken oder betören, dessen war in der Tat die Muse von Menzel niemals fähig, und wenn man in seiner Kunst eigentlich, selbst figürlich gesprochen, von solcher beseelenden Dame sprechen kann, so ist es sicher eine, die dem Gemüt kein unnützes Tränchen nachweint.

So „drög" wirklich manchmal wie Hafergrütze, so schwer beinah wie Wurst und nicht selten nahezu so nüchtern wie ein Hausstandbuch ist viel von der Arbeit seiner geschickten Hände und doch muß dieser zähe Pütjerer als ein außerordentlicher Künstler und in gewissem Sinne als ein typisch deutscher Künstler betrachtet werden. Ich gebe zu, daß das Adjektiv „deutsch" vielleicht zu breit und zu unbestimmt für einen Mann mit so scharf umgrenztem Geist klingt, und obschon ich offen bekenne, daß ich in der Genealogie der germanischen Volksstämme schlecht bewandert bin, würde ich es dann noch eher wagen, Menzel als einen echten Preußen zu charakterisieren. Aber nicht als einen Preußen nach 70: einen preußischen Leutnant mit frisiertem Schnurrbart und Korsett – nein, als einen altmodischen, rechtschaffenen Preußen, der ein vortrefflicher Beamter, ein vielleicht noch vortrefflicherer Geschichtsforscher oder Naturwissenschaftler und jedenfalls am allerwenigsten ein Parvenu ist.

Menzel veranschaulicht uns den Typus eines scharfdenkenden, hartnäckigen Spießbürgers, mit beschränktem

Horizont vielleicht, aber groß in hart durchgeführter Ehrlichkeit. Niemandem ist fester zu vertrauen, keiner ist schwerer abzulenken als er. Durch kein Mißgeschick und keinen Ruhm, durch keine Schwierigkeiten und keine Verführung hat er sich einen Fingerbreit von seinem Weg abbringen lassen. Das Komplizierteste und scheinbar Unausführbarste packt er ganz kalt in Gemütsruhe an. Obgleich man behauptet, daß der alte Herr in jungen Jahren schwere gesundheitliche Krisen durchgemacht hat, kennt man keine Nerven an ihm. Noch in seinem hohen Alter mit einem staunenerweckenden Œuvre hinter sich, von Lob und Ehrenbezeugungen belästigt wie kein andrer, sprach er überzeugt von der Mission, welche er an der deutschen Kunst noch zu erfüllen hat, beklagte die Zeit, die er durch Getrödel verloren und arbeitete inzwischen von morgens bis abends, an Wochen- und Feiertagen, an der Vollendung seiner Aufgabe mit einer Beharrlichkeit, die an das Feuer der Jugend erinnert.

Wer den fast säuerlich ernst aussehenden Greis betrachtet, erstaunt sich über die Erscheinung eines so wunderlichen Kobolds, der bei so seltsam untersetzter Gestalt doch imponiert und trotz einer gewissen Komik in seinen Bewegungen doch so ehrfurchtgebietend auftritt.

Es liegt etwas Unzerstörbares in diesem kleinen Menschen mit der heftig gewölbten Stirn, mit dem störrischen Schifferbart, den borstigen Augenbrauen über den geheimnisvoll kühlen Adleraugen, deren scharfsinniges Forschen von einem kritischen Hochziehen der schnüffelnden Nasenlöcher und einem prüfenden Schmecken des trocknen hechtartigen Mundes begleitet wird. Er ist gütig, aber auch fürchterlich, dieser kleine Mann. Er ist bürgerlich, wenn man es so will, aber er ist trotz alledem ein rauhes Genie –, er ist sinnend, aber er ist niemals zerstreut, dieser Zäheste unter den Zähen.

Seine grauen Augen gucken durch die großen Brillengläser hin jeden mit chirurgischer Schärfe an, sie beobachten von allen Seiten zugleich, schauen bis ins Innerste, sehen durch den Menschen hin, und ungemildert, unbewegt auch, stapelt er das Gesehene im enormen Lager

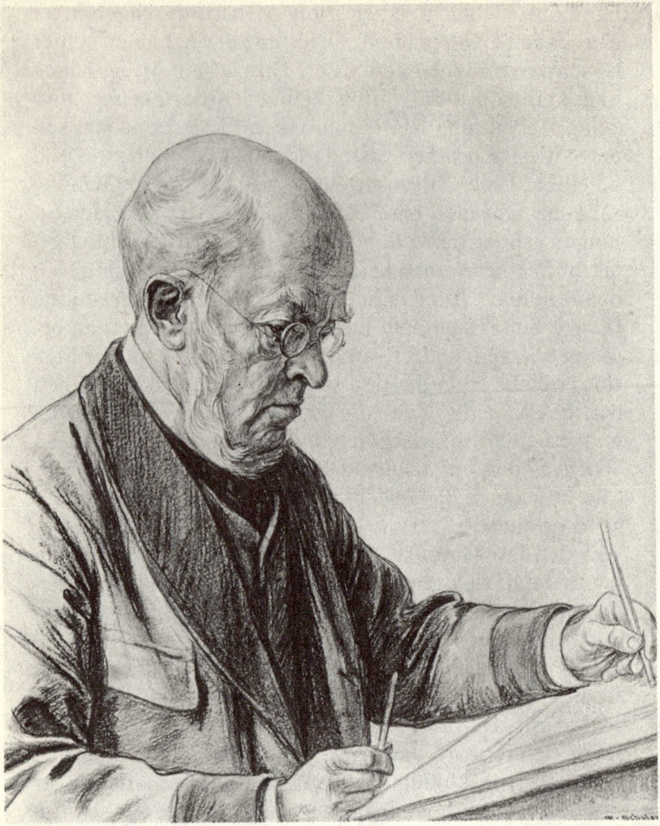

Jan Veth, Adolph Menzel

von dem bronzenen Gehirn auf, daß dem Träger wohl allzuschwer geworden wäre, wenn nicht zwei nie rastende Hände in seinem Dienste ständen, welche mehr technisches Können im fortwährenden Gleichgewicht hielten, als seit Dürer je wieder in Deutschland erobert wurde.

Menzels Erscheinung hat was seltsam Fesselndes. Wie bei den meisten Zwergen steckt seine Kleinheit vor al-

lem in dem fast gänzlichen Mangel an Bauch und Schenkeln, seine Beine sind kräftig, seine Schultern eher breit und bei den possierlichen Verhältnissen scheint der Schädel um so schwerer und das Durchdringende seines Blickes um so mächtiger.
Wenn der rüstige alte Herr in seiner großen unheimlichen Werkstatt auf und nieder stapft und ein bestürztes Modell oder einen durch die Schranken seiner Unzugänglichkeit hindurchgebrochenen Besucher anschnauzt, ist etwas so Stolzes, Imponierendes in seinem Gang, als inspizierte er eine große Parade und aus den Gebärden seiner kleinen Hände spricht eine Entschiedenheit, als ob er gewöhnt wäre, über Scharen zu befehlen. Als ich mich genauer in den Ecken des einsam über die Wohnungen der Menschen hinaussehenden Ateliers umblickte, wo jahrelanger Staub den sonderbaren Gegenständen an den Wänden durch gräulichen Ruß einen grimmigen Anstrich gegeben hatte, war es mir, als ob ich die Geister in den grauen Ecken scharren hörte, und es wurde mir in meiner Verlegenheit zumute, als hätte ich mich bei einem Zwergenkönig verirrt, der von einem Gnomenheer Gehorsam verlangen konnte.
Seine Vertieftheit gleicht dem stillen Ernst jener Untertanen, sein Witz ist wie ihr knirschendes Spottlachen. Seine Fingerfertigkeit erinnert an ihre Alchimisterei. Ganz erfüllt von seiner Kunst steht er dem Herzensleben der Menschen fast feindlich gegenüber. Seine Augen sind scharf geschliffene Optikerspiegel, seine Hände bilden den vollkommensten Zeichenapparat – ebenso wie Leonardo zeichnet er mit der linken Hand genauso gern wie mit der rechten, mit der rechten ebenso sicher wie mit der linken. Um sein Ziel zu erreichen, setzt er alle Hebel in Bewegung, keine Träumerei leitet ihn ab, er zeichnet um zu zeichnen, nicht aus Liebe zu dem, was er zeichnet. Die Welt faßt er wie eine Vorratskammer von Motiven auf, die Natur und die Menschen beobachtet er mit der Mitleidslosigkeit des Forschers. Man hält ihn für fähig, das Leben so sehr bis ins äußerste zu zergliedern, daß er zur Not seine Beute tödlich verletzen könnte, käme dies nur dem Leben sei-

ner Kunst zugute. Darin ist er immer auch von der Rasse jenes Fjalar und jenes Galar, die den verjüngenden Göttertrank zu brauen wußten, wenn sie dazu auch das Blut des weisen Kwasir brauchten.

Man verlangt vielleicht eine voller atmende Kunst, Schöpfungen, die erhebender, erfrischender, heroischer sein sollen als die, welche wir von Menzel haben. Nur dies werfe ich dagegen ein, daß die Ritter des Idealismus, wenn sie auch nach einem unwiderleglich höheren Ziel streben, es nur so oft auf Ikarusweise zu erreichen versuchen. Und wenn man es mir zugute halten will, daß ich dabei bleibe, unsern preußischen Positivsten gerade mit mythologischen Gleichnissen etwas zu charakterisieren, so möchte ich bemerken, daß auch die Asen der Macht der Erdgeister Rechnung trugen und daß der lybische Riese Antaeus nur aus der Berührung mit der Erde jedesmal die Kraft schöpfte, um Herkules zu widerstehen.

Wenn ein jüngeres Geschlecht von Deutschen einer Kunst nachzustreben verlangt, die sonniger, stolzer und vielleicht poetischer ist, als die, mit welcher der kleine solide Mann ihnen voranging, wenn sie einen heldenhafteren Kampf mit einem Ideal zu streiten begehren, als es die Geduld und die Ehrwürdigkeit Menzels taten, dann möchte ich sie darauf hinweisen, was die Weisheit der Väter ihnen in ihrer Schätzung des Gnomengeschlechts zur Lehre hinterlassen. Ihnen, hieß es immer, sind die lebenskräftigen Kenntnisse und fabelhaften Kunstgriffe vertraut, die uns verborgen bleiben. Sie verstehen Mischungen zu brauen, Risse zu löten und Waffen zu schmieden, von denen weder Götter noch Menschen eine Ahnung haben und diejenigen erringen den größten Sieg, die die Waffen aus ihren Händen beziehen.

Lacht nicht über die dickköpfigen alten Graubärte mit ihrer falben Gesichtsfarbe. Die Macht der Gnomen zu verkennen, kommt einem teuer zu stehen. Haltet die scharfsinnigen emsigen kleinen Weisen in Ehren; ihre Kunstweise wie ihre Geschicklichkeit machen sie zu vortrefflichen Lehrmeistern, für junge Heldensöhne geeignet.

Ich würde an meinem Ziel vorbeigeschossen sein, hätte

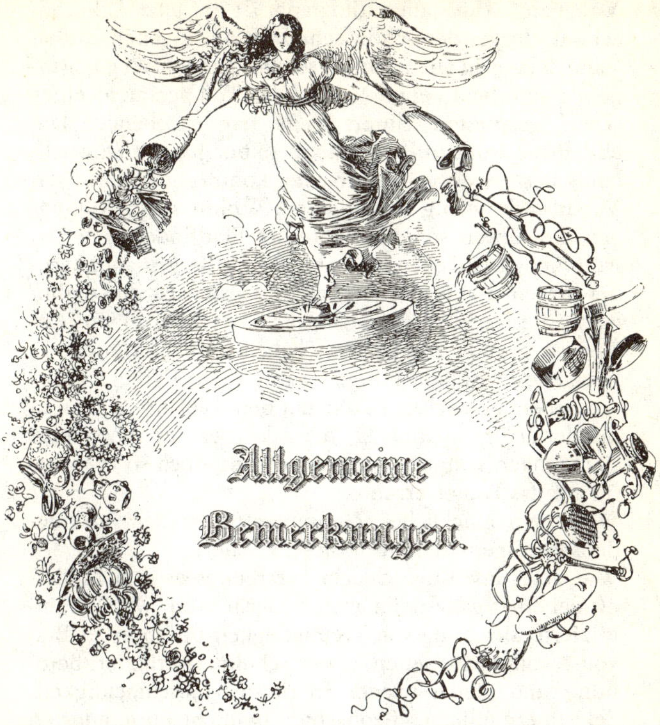

Adolph Menzel, Aus dem Gedenkbuch für das Leben, 1836

ich hier zu einer Auffassung Anlaß gegeben, als sollte man in Menzel nur einen Weisen, einen Meister, ein Vorbild sehen, dessen tatsächliche Produktionen nur einen mäßigen Genuß zu bereiten vermögen. Die Sache ist die, daß es ungewöhnlich viele Schwierigkeiten bietet, Menzels Arbeit etwas ausführlich richtig zu charakterisieren. Die Gefahr liegt vor allem darin, daß man das abstrahieren will, was doch nur konkret aufgefaßt werden kann. Doch selbst dann: eine Beschreibung seiner Arbeit – ich bitte Sie, wo würde der Anfang, wo das Ende von solch einer Riesenaufgabe sein!

Von Vaters Haus aus Lithograph, ist der jetzt Achtundachtzigjährige, der schon sehr früh auf eigenen Füßen stand, weiter in allen Sachen seinen eigenen Weg gegangen. Schon bald zeigte Menzel das Temperament eines scharf gespitzten Untersuchers par excellence. Die christliche Romantik, welche in seiner Jugend Deutschlands beste Geister beherrschte, konnte den realistisch Veranlagten wenig beeinflussen. Wohin seine Neigungen ihn führen sollten, wußte der Pfadfinder selber so früh nicht anzugeben, daß er aber vor Bergen andauernder Arbeit nicht zurückscheuen würde, das stand ihm bald ganz fest. Es ist unbegreiflich, wie Menzel von Anfang an gründlich gearbeitet haben muß, um etwas so Ureigenes zustande bringen zu können. Es liegt etwas von einem deutschen Balzac mit dem Bleistift in diesem hundertäugigen Künstler, der alles, was er sehen und sich denken konnte, so fleischlich und doch so vernünftig auf das Papier brachte.
Welch ein glückliches Zusammentreffen der verschiedensten Eigenschaften in diesem Maler!
Wie derb, fast ungeschlacht verarbeitet er sein Modell oft bei einer ganz unleugbaren Zierlichkeit. Welch komplizierte Mischung von Treuherzigkeit und brüsker Bravour, von nicht selten etwas schulmeisterhafter Betonung und gleich wieder frischester Geschmeidigkeit. Sein unermüdliches Beobachten ist nicht im mindesten nervös, vielmehr könnte man es wegen des innerlichen Gleichgewichts mehr oder weniger klassisch nennen. Er steht allen Dingen unverzagt gegenüber, stellt sich die größten Schwierigkeiten, die er mit ruhiger Sicherheit überwindet, regiert auf dem Felde seiner Zeichnung als unbeschränkter Herrscher. Vielleicht ist hier alles – und das wollte ich eben mit dem Schulmeisterhaften sagen – ein wenig zu sehr gezeichnet, zu tüchtig. Man könnte meinen, daß bei einer solchen Durcharbeitung einige Unklarheiten entstehen müssen, und daß bei solcher Fülle von Akzenten schließlich kein Grundton mehr zu spüren sei. Aber, und dies ist der Unterschied mit Affektations-Arbeit: jeder Akzent ist hier echt, ist aufrichtig, – wenn die Zeichnung auch strotzend voll ist, so

strotzt sie doch von gesunder Beobachtung, strotzt von Leben, strotzt von markiger Kraft. Nichts ist daran auszusetzen, nur möchte ich durchfühlen lassen, daß alles bei Menzel etwas zu gut an und für sich ist. Er mag in dem abwechselnden Anpacken und Hinstellen der Menschen und Dinge seinem gemütlichen Vorgänger weit überlegen sein, als eigentlicher Kompositeur bringt er es nur wenig weiter als Chodowiecki. Der unübertroffene Meister in Schwarz und Weiß, Charles Keene, der Menzel bewunderte, könnte ihm in der Hinsicht zum Vorbild hingestellt werden. Stückweise, nur in Details, aber in diesen auch bestimmt, ist er – denn die Durchführung des Details ist bei ihm ungewöhnlicher als die Geschicklichkeit in der Mise-en-scène – ein würdiger Nachkomme Holbeins und Vertreter des besten deutschen Geistes. Ihm mehr als irgendeinem andern ist die Öde des modernen Chics völlig fremd geblieben.
Ein Stuhlknopf, ein Soldatenrock, ein Perückenschwanz, ein Reiter in Wendung und Verkürzung, der Grimm, der aus einem Augenwinkel lauern kann, eine Hand, die einen Fächer hält, ein Schmied, der mit gespanntem Arm am Wetzstein sein Messer schleift, ein Kerl, der sich schnell den Rock anzieht, ein Zeitungsleser, ein Raucher, ein Schläfer, ein Kakadu, eine Katze, ein Elefant, ein Tiger, ein Kürassier, der sich den Handschuh überstreift, ein Mummenschanz, eine Statuengalerie, ein Harnisch, ein Husar, der aus dem Sattel springt, ein Manöver, ein Ballsouper, ein Gefecht oder ein Schlachtfeld, in allem und jedem versteht er den krassen Ausdruck festzuhalten. Sogar dem Unanziehenden gewinnt er eine freundliche Seite ab, aus dem scheinbar Dürren schafft er das Heroische. Oder ist es nicht zu bewundern, wie Menzel aus dem hölzernen klotzigen König Friedrich eine heldenhafte Figur geschaffen hat, wie er dessen altväterliche Paladine als Typen von Lebenskraft wiederbelebte, – ist es nicht einzig, wie er eine ganze Rokoko-Zeit neugestaltete, die sogar einen muskelvollen Charakter hat. Diese Kraft, Leben einzublasen, befähigt ihn, mit unerhörter Beharrlichkeit auf das streng Dokumentelle einzugehen und läßt ihm dennoch bei aller

Durchwühltheit die Frische eines Croquis. Ein bezwungener Ungestüm hat seine Arbeit beherrscht, und selten hat eine Beobachtungsgabe mehr als die seinige das Schneidende des Sarkasmus mit einer so unverdächtigen Bonhomie verknüpft. Wollte man es trotzdem dem genialen Zeichner zum Vorwurf machen, daß er bei dem scharfen Spüren nach dem Prägnanten, als auch bei dem gütigen sich Vertiefen ins Unansehnliche, doch die Größe der still vor sich hin atmenden Menschen und Dinge nicht empfunden hat, so liefe man meiner Ansicht nach Gefahr, sich ein Schaf mit fünf Pfoten zu wünschen; denn es ist doch ganz unberechtigt, von dem Lustspieldichter tragische Kraft, vom Geschichtsschreiber den Rhythmus der Lyrik zu verlangen.
Ich bin zu meiner Freude mit einem deutschen Künstler befreundet, der mit einer großen Frische im produktiven Können eine seltsame Einsicht in die Arbeit vieler anderer Maler vereinigt. Jahraus, jahrein haben wir immer wieder über Menzel das Blaue vom Himmel geredet und oft ergab es sich, daß wir seine Kraft selbst nicht annä-

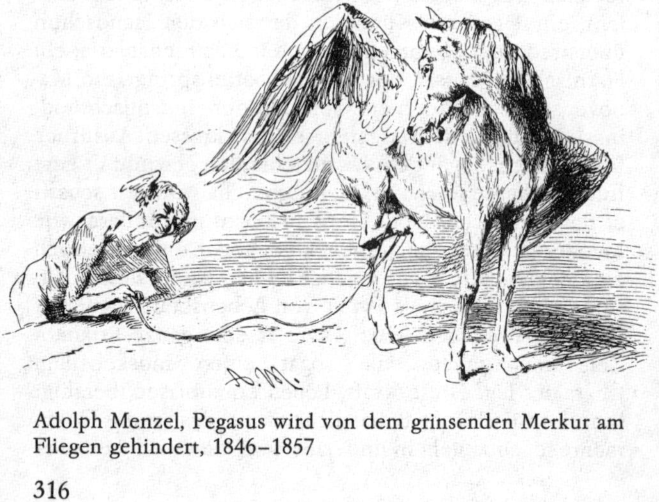

Adolph Menzel, Pegasus wird von dem grinsenden Merkur am Fliegen gehindert, 1846–1857

hernd definieren konnten, ohne uns genau Rechenschaft zu geben, wo sie an seine Fehler grenzt. Etwas kommt hier noch dazu: Der große Ruhm von Menzel ist durch unklare Verhältnisse allmählich maßlos auf die Spitze getrieben. Die zur Reichsresidenz erhobene Hauptstadt Preußens hat das Bedürfnis verspürt, einen Kaiser auch der Malerei zu proklamieren; die familienstolzen Hohenzollern wollten den plastischen Geschichtsschreiber des großen Fritz und seiner Heldentaten auffällig ehren und des seltsamen Mannes hohes Alter läßt das Interesse an seiner bedeutenden Persönlichkeit noch fortwährend zunehmen. Dies alles weckt bei vorsichtigen Leuten – nichts stimmt so sehr zur Kritik als das Beobachten einer kunstmäßigen Überschätzung – die Lust, auch die schwachen Seiten eines großen Künstlers ans Licht zu kehren. Mein deutscher Freund befindet sich in einer Lage, die ihm in jeder Hinsicht zu solcher Kritik an Menzel Veranlassung genug gibt. Seine Bemerkungen bleiben nicht immer ganz respektvoll, und manches Mal werden sie selbst unartig. Doch merkwürdigerweise war dies nur der Fall, wenn wir von weitem über Menzels Bedeutung theorisierten, nicht wenn wir mit den Blättern in der Hand uns mit seinen Produktionen familiär fühlten. Der Maler, den ich meine, hat bei seinen andern großen Verdiensten nämlich auch dieses, daß er ein äußerst geschmackvoller Sammler ist. Und jedesmal, wenn ich ihn in seinem Hause besuchte, war es nicht der Menzel-Nörgler, sondern der Menzel-Enthusiast, der mich – die schönsten Sachen von Menzel kenne ich aus diesem künstlerischen Hause – vor ein neu erworbenes Werk des Meisters führte. Dies scheint mir bezeichnend. Man kann über diese Figur in ihrem Verhältnis zur Kunst im allgemeinen denken, was man will, aber auch die nicht bereitwillig Gläubigen können eine große Anzahl von seinen Zeichnungen selbst nur hochachten und oft nur lieben. Nicht dadurch, daß man an ihn denkt, sondern dadurch, daß man seine besten Produktionen besieht, bewundert man ihn am meisten. Ich weiß nicht, ob er mit all seinen Versuchen, all seinen Grübeleien, all seinem Forschen und all seinem Können der Kunst dieser

Zeit viel Neues gebracht hat, ich weiß nicht, ob man seine Stellung immer für so wichtig und bedeutungsvoll halten wird, wie sie uns jetzt erscheint. Aber sein großer Wert liegt auch weniger in seinen Konzeptionen selbst, als in der krassen Art, wie er sie zu verfleischlichen wußte. Ich kenne Künstler von höheren Idealen, aber wenige, die ihr Wort so treu gehalten haben. Und deshalb: wo die Geschichte ihn auch hinstellen wird, außer Frage scheint es mir, daß ausgewählte Werke Menzels, solange Zeichnen Zeichnen, Redlichkeit Redlichkeit und Kraft Kraft bleibt, nur mit entschiedener Bewunderung betrachtet werden können. Mit einem so ehrwürdigen Gepäck wie dem seinen richtet man sichern Kurs nach der Unsterblichkeit.

LUDWIG PIETSCH

Persönliche Erinnerungen an Adolph von Menzel

In dem großen deutschen Künstler, der in Berlin am Morgen des 9. Februar die Augen für immer schloß und dem dann sein Kaiser eine Trauerfeier bereitete, wie sie in gleicher Großartigkeit und hoher Schönheit noch nie einem Meister, einem Fürsten der Kunst, gewidmet wurde, ist mir der Mann gestorben, für den ich vor allen andern Lebenden persönlich seit vielen Jahren die innigste Verehrung, Bewunderung und Dankbarkeit empfunden habe. Für den Menschen wie für den Künstler. Mir ist das nicht hoch genug zu schätzende Glück zuteil geworden, ihm noch in der kräftigsten Zeit seines und meines Lebens menschlich nähertreten zu können. So war es mir vergönnt, ihn seit nun vierundvierzig Jahren in den verschiedensten Situationen und Momenten seines Daseins, bei der Arbeit, wie in fröhlichem Genießen, im Alltagsleben, in der Familie, im freundschaftlichen und geselligen Verkehr, auf heiteren und auf Trauerfesten zu sehen und zu beobachten, intimen Kundgebungen seines tiefen, originellen Geistes und seines sich in rauher Hülle bergenden zarten, warmen Gemüts zu lauschen, seine Weisheit und seine Güte an mir selbst zu erfahren. Ein Schatz unauslöschlicher Erinnerungen an ihn liegt in mir aufgespeichert. Wenn ich etwas davon hier wieder erwecke, so liegt mir nichts ferner, als der geheime Wunsch, mit meinen Beziehungen zu dem mir Vorangegangenen gleichsam prunken zu wollen. Nur das Bewußtsein treibt mich dazu an, daß ich durch die Mitteilung des von mir mit ihm Erlebten, an ihm Beobachteten, dazu beitragen könnte, das Bild seiner Persönlichkeit, das wir auch heute so viele zu zeichnen beeifert und oft so gründlich verzeichnen sehn, durch manchen charakteristischen Zug zu ergänzen und manche verbreitete irrtümliche Anschauung von ihm zu berichtigen.

Den Namen Menzel hörte und las ich, und künstlerische

Arbeiten von seiner Hand sah ich zum erstenmal in meiner Vaterstadt Danzig in meinem vierzehnten Jahr. Mein jüngeres Schwesterchen bekam zum Geburtstag ein 1836 zu Berlin im Verlage von Lüderitz erschienenes „Gedenkbuch für das Leben, der Erinnerung an wichtige Ereignisse des Familienlebens gewidmet". Das war ein Buch, das zwischen dem, durch eine reich komponierte, mit der lithographischen Feder gezeichnete Gruppe – eine betende Familie – illustrierten Titelblatt und den folgenden mit Randzeichnungen illustrierten Abschnitt-Titelblättern „Geburt und Taufe, Einsegnung, Verheiratung, Tod, Allgemeine Bemerkungen" eine Anzahl weißer Papierblätter enthielt, dazu bestimmt, daß der Empfänger des Buches darauf seine zwischen diesen Akten und Vorgängen liegenden, wichtigsten Erlebnisse verzeichne. Unter jener Titelzeichnung las ich die Worte: Adolph Menzel inv. et fecit 1835. Daß diese bedeutungsvollen, ornamentalen Pflanzenmotive behandelnden gezeichneten Umrahmungen und Vignettenkompositionen anders aussahen, als was man damals in Buchzeichnungen und Kunstblättern zu sehen gewohnt war, mußte ich mir wohl selbst sagen. Aber ich steckte zu tief in romantischen Träumereien, im Komponieren von Ritter- und Nibelungen-Schlachten, um diese Art von Kunst und Schönheit völlig verstehen, würdigen und mich dafür begeistern zu können. Ebensowenig wollte es meinem Knabensinn und -verstande mit den in Holz geschnittenen Illustrationen von demselben Berliner Künstler Adolph Menzel gelingen, welche ein 1840 erscheinendes Lieferungswerk, die „Geschichte Friedrichs des Großen von Franz Kugler" schmückten. Mein Vater hatte darauf abonniert. Ich sah diese merkwürdigen Zeichnungen verwundert an, die so grundverschieden waren von allem, was ich kannte. Aber die Seele des noch nicht Sechzehnjährigen war ganz erfüllt von Begeisterung für die von Cornelius, Schnorr v. Carolsfeld und Kaulbach geschaffenen übermenschlichen Gestalten und von Bewunderung für diese, von den gleichzeitigen Ästhetikern und Kunstschriftstellern als nur den größesten Meistern aller Zeiten vergleichbar Gepriesenen,

und zudem war mir das Zeitalter des Rokoko, speziell das Zopfig-Altpreußische, noch eine so fremde, verschlossene, ja den romantischen Schwärmer so abstoßende Welt, daß ich damals schlechterdings kein Verständnis für Menzels Kunst zu gewinnen vermochte.
Im April 1841 kam ich nach Berlin, um mit dem Erlernen der Kunstfertigkeiten und dem Erwerben des Wissens und der Kenntnisse, welche der Maler braucht, zu beginnen. An den Hofkunsthändler Louis Sachse hatte ich eine Empfehlung mitgebracht. Von ihm wurde mir gestattet, mich beliebig in seinem Kunstladen in der Jä-

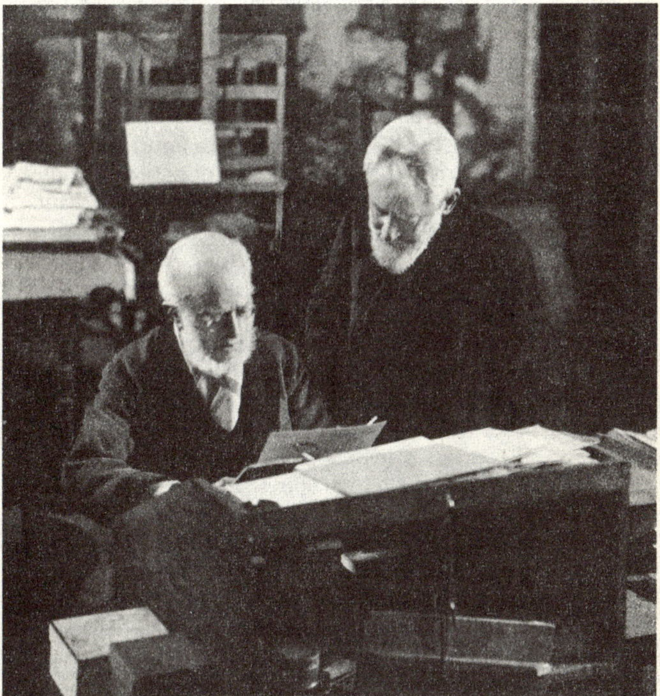

Adolph Menzel und Ludwig Pietsch im Atelier

gerstraße umzusehen, wo in großen Mappenkästen die neueren und älteren Kupferstich-Radierungen und Lithographien mit Feder und Kreide nach alten und neuen Gemälden und die Originalarbeiten lebender Künstler in diesen Techniken angehäuft waren. Da lernte ich unter andern auch die für Sachses Verlag von dem jungen Zeichner Adolph Menzel ausgeführten Original-Steinzeichnungen kennen: die des großen Hefts in dem durch die geistreich erfundene, flott und kühn mit der Feder hingeworfene bedeutsame Titelkomposition geschmückten, blauen Umschlag „Künstlers Erdenwallen“; die mit der spitzen Kreide lithographierten zwölf großartigen Geschichtsbilder der 1836 erschienenen „Denkwürdigkeiten aus der Brandenburgisch-Preußischen Geschichte“; die tiefsinnigen, schönheitsvollen, halb ornamentalen lithographischen Federzeichnungen von hochpoetischer bzw. köstlich humoristischer Erfindung auf den beiden Einzelblättern: „Die fünf Sinne“ und „Das Vater Unser“; die halb ornamentale, halb figürliche, zum Teil scharf satirische Titelblattzeichnung für den die neue Berliner Malerschule behandelnden dritten Band von des Grafen Raczynskis großem Prachtwerk: „Geschichte der neuen deutschen Malerei“. Aber das alles war mir doch noch ein Buch mit sieben Siegeln und durch weiten Abstand getrennt von solchen mir als das höchste der Kunst dünkenden Werken, wie der hier in der Raczynskischen Galerie befindliche, riesige, Braun in Braun gemalte Karton der „Hunnenschlacht in den Lüften“, oder die Kompositionen von Cornelius zum Nibelungenliede und zur Ilias (für die Münchener Glypothek). Wie unbegreiflich ist mir später diese Blindheit, Verkehrtheit und Urteilslosigkeit jener Jahre erschienen! Aber ich teilte sie mit den meisten damals autoritativen kunstgelehrten Zeitgenossen des zweiten Viertels des vorigen Jahrhunderts.
Die gänzliche Umwandlung meines innern geistigen Verhältnisses zu Adolph Menzel und meiner gesamten Kunstanschauung geschah in den folgenden Jahren nicht nur aus meiner eignen Vernunft und Kraft. Vielmehr danke ich sie dem starken Einfluß eines sieben Jahre äl-

teren Freundes und Landsmanns, des Malers Gregorovius, der nach längerem Aufenthalt in Polen 1842 nach Berlin kam. Er war bis zum Fanatismus für Menzel begeistert und tat alles, um mit dem Feuer dieser seiner eigenen Begeisterung auch die Seelen seiner Freunde zu entzünden.
Meine ausschließliche Bewunderung und Verehrung für die Cornelius, Kaulbach, Schnorr von Carolsfeld und die andern Münchener Meister dieser Schule hatte bereits im Oktober 1842 einen erschütternden Stoß durch die epochemachende Ausstellung der beiden kolossalen belgischen Geschichtsbilder von Louis Gallait und Edouard de Bièfve, die „Abdankung Karls V." und „Das Kompromiß der Edlen" in der Berliner Akademie erhalten. Mit diesen lebensvollen, in neueren Bildern nie gesehener Farbenpracht und -frische leuchtenden, mit einer hohen technischen Weisheit, seltener Bravour, Wucht und Wirkung gemalten realistischen Schilderungen wirklich geschehener bedeutsamer Vorgänge aus der nationalen Geschichte eines auf seine Vergangenheit und seine Gegenwart stolzen Volkes verglichen, erschienen jene farblosen bzw. hart-, grell- und buntfarbig disharmonisch kolorierten Geschöpfe der Corneliusschule tot und gespenstisch. Allmählich, fast unmerklich aber gingen mir unter dem beständigen Einfluß jenes Freundes und – dank auch der eignen Geistes- und Naturanschauungsentwicklung in der eignen Kunstausübung, im fleißigen Zeichnen nach der lebendigen Natur – die Augen auf für den von allen andern so abweichenden eigenartigen Geist Adolph Menzels.
Die „Große akademische Kunstausstellung" fand damals (bis 1876) immer nur in jedem zweiten Jahr und in den Sälen des Akademiegebäudes statt. In der Zeit zwischen je zwei Ausstellungen bekam man in Berlin nur ausnahmsweise und äußerst wenige neu entstandene Werke der Zeichnung und Malerei zu Gesicht. Im Jahre 1844 blieb die Ausstellung von mir ungesehen, da ich mich fern von Berlin in meiner Danziger Heimat befand. Dafür bot mir die von 1846 reichlichen Ersatz. Auf dieser aber erschienen mehrere neue Arbeiten Adolph Men-

zels: ein unvergeßliches modernes Genrebild, das beim großen Publikum, wie alles, was dieser schuf, verhältnismäßig nur geringen Anklang fand, meinen Freund, den langen Gregorovius, aber in helles Entzücken versetzte. „Unwillkommener Besuch“ (oder „Störung“?) war es betitelt. Das ganze Bild trug wie in der Erfindung, so auch in der malerisch-technischen Mache das volle herbe Gepräge der originalen Persönlichkeit seines Malers.

Aber ebensosehr wie die Gemälde Menzels fesselten uns jene Probeabzüge der Holzschnitte der im königlichen Auftrage damals von ihm auf den Block gezeichneten Illustrationen für die Prachtausgabe der Werke Friedrichs des Großen. Sie waren in dem unglücklichen armseligen Korridor im ersten Geschoß des Akademiegebäudes, welches als das herkömmliche Lokal für die Zeichnungen, Aquarelle und Werke der reproduktiven Kunst auf den Ausstellungen der Akademie diente, meist nur in geringer Höhe über dem Fußboden an der Wand, dem Fenster gegenüber, aufgehängt. Um diese wundersamen Vignettenbildchen – teils symbolische Darstellungen, oft von ergreifender Hoheit und strengem Ernst, oft sprühend von Witz und Geist, teils realistische historische Genrebilder und geschichtliche Kompositionen, teils Bildnisse berühmter Männer und Frauen des XVIII. Jahrhunderts – genauer sehen zu können, mußte man sich auf den Boden niederhocken, wie die Türken zu sitzen pflegen. Wir haben uns nie gescheut, diese Stellung anzunehmen und fanden uns immer reichlich belohnt durch die Fülle von künstlerischer Größe und Herrlichkeit, die wir auf diesen winzigen Blättchen entdeckten, wenn wir auch bei vielen von ihnen den innersten Sinn, den Gegenstand der Darstellung vergebens zu entziffern bemüht waren.

Noch lange Zeit nach diesen Tagen verging, bis ich das erste Wort mit Menzel gewechselt habe. Gesehen hatte ich seine kleine Gestalt mit dem großen, von vollem, braunem Lockenhaar umkränzten Kopf, mit dem meist tiefernst, fast ergrimmt blickenden, an Wangen und Kinn von einem Bartstreifen, sogenanntem „Schusterbart“ umrahmten, hochstirnigen Antlitz wiederholt auf der Straße, in den Ausstellungssälen. Aber er stand in einem solchen Ruf der „Bärbeißigkeit", der spröden Unzugänglichkeit, und ich hatte anderseits ein zu starkes Gefühl von meiner eigenen Unbedeutendheit, um den Mut zu fassen, mich ihm zu nähern, ihm etwa einen „Enthusiastenbesuch" zu machen. Inzwischen war sein Ruhm und Ansehen höher und höher gestiegen. Einen ganz allgemeinen großen glänzenden Erfolg auch als Maler hatte er, den man bis dahin so recht nur als Zeichner gelten lassen mochte, auf der akademischen Kunstausstellung des Jahres 1850 errungen. Dort war sein erstes größeres, völlig durchgeführtes Gemälde, „Die Tafelrunde Friedrichs des Großen in Sanssouci 1750", erschienen, dies eminente Geschichtsbild, welches dem Beschauer ein ganzes Zeitalter in seinen berühmtesten und auserlesensten Repräsentanten vergegenwärtigt. Und letztere, den großen König und die von ihm bevorzugten, von ihm seines intimen Verkehrs gewürdigten Männer von Geist, an ihrer Spitze Voltaire, sah man hier im Bilde gleichsam lebendig wieder heraufbeschworen durch die Kraft der Phantasie und der durch das tiefdringendste, allumfassendste Studium aller vorhandenen Dokumente ihres Zeitalters und persönlichen Lebens erworbenen vertrautesten Kenntnisse ihrer Personen und ihrer Epoche. Wenn das so bewundernswert erfundene, komponierte und gezeichnete Bild auch der eigentlich koloristischen, mächtigen Farbenwirkung entbehren mochte, was wir freilich durchaus nicht zugegeben hätten, so mußte ihn doch auch damals der Rang und Ruhm einer der meisterhaftesten, rein malerischen Leistungen unter den gleichzeitigen Werken deutscher Malerei zuerkannt werden.

In derselben Zeit hatte Menzel jenes Werk ausgeführt, das für seine ganze Geistes- und Charakterart so bezeichnend ist: die „Armee Friedrichs des Großen", 434 mit der Feder auf Stein gezeichnete Gestalten von Soldaten, Offizieren aller Grade und sonstigen Militärbeamten jener Armee in den aufs genaueste in Schnitt, Maßen und Farben wiedergegebenen Uniformen, mit der Bewaffnung und vollständigen Ausrüstung, welche die be-

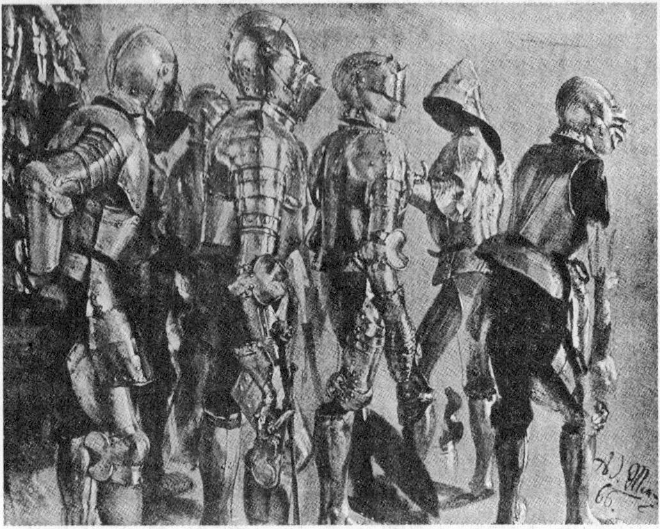

Adolph Menzel, Rüstkammerphantasie, 1866

treffenden Mitglieder dieses Heeres zur Zeit des großen Königs getragen haben, ausgestattet; jeder einzelnen in einer anderen, immer aber lebensvollen und entsprechenden Stellung und Bewegung mit hoher, künstlerischer Meisterschaft dargestellt.

Dies Werk war nicht für den Verkauf in Massen geschaffen. Es sollte nur in den Besitz von wenigen kommen. L. Sachse erzählte mir, Menzel habe dem Druck jedes Blattes persönlich beigewohnt, um streng darüber zu wachen, daß von keiner Platte mehr als die von ihm gewollte Anzahl von dreißig und einigen tadellosen Drukken abgezogen würde. Dann hätte er kaltblütig sein eigenes Werk vernichtet, indem er die betreffende Platte druckunfähig machte. Die materielle Kostbarkeit des Werkes, das nach dem von Menzel selbst kolorierten Handexemplar in farbigen Drucken hergestellt ist, wurde durch die Einschränkung der Zahl der Abdrucke natürlich hoch gesteigert.

Alles, was wir von Menzels Schöpfungen sahen und von seiner Person und deren Eigenheiten berichten hörten, konnte nur dazu beitragen, unsere Bewunderung für ihn zu steigern, aber ebenso auch unsere respektvolle Scheu vor dieser seiner Person zu mehren. Ganz unerwartet sollte ich veranlaßt (oder richtiger genötigt) werden, ihn in seinem Atelier aufzusuchen. Der Kunstschriftsteller Max Schasler, Redakteur des ziemlich gefürchteten Kunstblattes „Die Dioskuren", hatte den Verlagsbuchhändler Franz Duncker bestimmt, eine illustrierte Zeitschrift für Kunst und Kunstgewerbe herauszugeben. Ich wurde aufgefordert, die ersten Holzzeichnungen nach vorhandenen Arbeiten von Dunckers Freund Hermann Heidel, dem Bildhauer, auszuführen. Die Aufsicht über den zeichnerischen Teil habe Adolph Menzel sich bereit erklärt zu übernehmen. Mit diesem möge ich mich in Verbindung setzen. Da konnte ich schon nicht umhin, mich in die Höhle des Löwen, in Menzels Wohnung und Atelier in der Ritterstraße, zu wagen. Ganz leicht wurde es mir nicht. War ich doch damals durch Jahre voll bitterster Not ein verschüchterter Mensch geworden. Aber es mußte ja sein. Ich wurde vorgelassen und fand den kleinen Herrn in seiner Werkstatt, in der er einen abgesonderten Raum hergestellt hatte, um darin seine Modelle, durch die Kerzenflammen eines Lüsters beleuchtet, posieren zu lassen. So malte er nach ihnen die Gestalten des Bildes „Konzert bei Hofe, Sanssouci 1750" – des „Flötenkonzerts Friedrich des Großen". Er empfing den unbekannten jungen Mann selbstverständlich sehr kühl und sogar mit unverhohlenem Unmut der Störung wegen. Herr Dr. Schasler müsse ihn falsch verstanden haben. Er hätte ihm nie zugesagt, eine solche Überwachung der Holzzeichnungen für die neue Zeitschrift übernehmen zu wollen. Das läge ihm ganz fern. Aber wenn ich ihm solche Arbeiten vorlegen wollte, würde er gern bereit sein, mir seine Meinung zu sagen und Rat zu geben. Damit war ich entlassen. Das projektierte Unternehmen starb bereits vor der Geburt. Meine dafür entworfenen Zeichnungen waren gar nicht einmal dazu gekommen, auf den Holzstock übertragen zu werden. Und ich kam mithin auch nicht dazu, sie Menzel vorzulegen. Es sollten noch neun Jahre seit jenem Märztag 1852 vergehen, bis ich dem verehrten Mann wieder persönlich unter die Augen trat und sich die intimere dauernde Verbindung mit ihm anknüpfte.

Er war indes von Triumph zu Triumph geschritten. Auf jeder Kunstausstellung erschien ein neues Gemälde aus dem Leben des Großen Königs; 1851 die Huldigung der schlesischen Stände zu Breslau, 1852 jenes Flötenkonzert, 1854 eines der, in bezug auf Farbengebung und Malerei vollendetsten Bilder Menzels und sein wie sich jetzt zeigt, in der Haltbarkeit des Farbenauftrags seinen meisten andern überlegenes Werk „Friedrich der Große auf Reisen", 1856 „König Friedrich und die Seinen bei Hochkirch". 1857 malte er für die Verbindung für historische Kunst das große Bild „Begegnung Friedrichs mit Josef II. im Palais zu Neiße". Während der ersten fünfziger Jahre hatte Menzel außer diesem Ölgemälde und den unschätzbaren Gouachebildern aus den Rheinsberger Tagen des jugendlichen Friedrich, die Folge der von Kretzschmar faksimile in Holz geschnittenen größeren Einzelgestalten (Kniefiguren) des großen Königs und seiner Paladine gezeichnet (im Verlage von Alexander Duncker erschienen), die Folge von genialen Phantasieschöpfungen in der neuen lithographischen Technik „mit Pinsel und Schabeisen"; in der gleichen von ihm sofort mit sicherster Meisterschaft gehandhabten Technik das große geistsprühende Kunstblatt „Jesus als Knabe im Tempel mit den Schriftgelehrten" ausgeführt. Die prächtigen Aquarelle „des von der preußischen Hofgesellschaft der russischen Kaiserin Alexandrine gestifteten Albums, Mummenschanze und Maskenfeste an brandenburgisch-preußischen Fürstenhöfen" in phantasievoll gemalten erfundenen Umrahmungen enthaltend; drei große Transparentgemälde für die Weihnachtsausstellungen des Künstler-Unterstützungsvereins – das Original jener Steinzeichnung; dann Christus vertreibt die Wechsler und Händler aus dem Tempel und die Familie des ersten Menschenpaares nach der Vertreibung aus dem Paradiese – geschaffen, zahlreicher kleinerer Aquarelle und Pastellbilder, Lithographien (für die „Argo“) und Zeichnungen nicht zu gedenken. Die Begeisterung für Menzels ganzes Schaffen und seine imposante künstlerische Persönlichkeit hatte sich der talentvollsten und tüchtigsten unter den jüngeren Malern Berlins in immer wachsendem Maß bemächtigt. O. Wiszniewski, Ludwig Burger, Arnold, Riefstahl, Franz Meyerheim, Amberg, Gustav Richter – wenn der beiden letzteren Naturell auch im äußersten Gegensatz zu dem des bewunderten Meisters stand, strebten mit heiligem Eifer seinem Beispiel nach, der ihnen gleichsam die künstlerische Lebensregel „vorschrieb“. Mehrere von ihnen hatten einen winterlichen Aktverein gegründet und Menzel gebeten, gleichsam das Protektorat darüber auszuüben, gelegentlich bei ihren gemeinsamen Zeichenübungen nach dem nackten Modell zu erscheinen und ihre Arbeiten zu kontrollieren. Er hatte den Ernst ihrer Bestrebungen erkannt und genügendes Interesse an ihnen gewonnen, um ihnen diese Bitte nicht abzuschlagen. Eines Abends wird das weibliche Modell, nach dem sie zeichneten, von epileptischen Krämpfen befallen. Es verdrehte die Augen, den Kopf, die Glieder, stürzte vom Modelltritt und wand sich auf dem Boden. Die jungen Künstler mußten darauf verzichten, an diesem Abend weiterzuarbeiten. Das Modell wurde, nachdem es sich von dem Anfall einigermaßen erholt hatte, heimgeschickt. Die Zeichner nahmen ihr Handwerkszeug und schickten sich eben an, das Lokal zu verlassen, als Menzel spät wie gewöhnlich erschien. „Was soll das heißen? Ihr zeichnet nicht? Ihr habt schon aufgehört? Wollt schon gehen?“, das waren die ersten Worte des einigermaßen erstaunten Meisters. Die so Interpellierten erzählten ihm, was heute hier geschehen war und dies vorzeitige Abbrechen der Sitzung veranlaßt hatte.

„So, so – Nun, wo habt ihr das? Zeigt mal, was ihr da gezeichnet habt.“ – „Aber Meister“, antworteten sie ihm, wir sagten ja, sie bekam Krämpfe.“ – „Wie, so was Seltenes habt ihr zu sehen bekommen, und ihr habt die Gelegenheit nicht benutzt und es nicht gezeichnet? Schämen sollt ihr euch!“ Diese mir von jenen Künstlern damals

erzählte kleine erlebte Geschichte ist in hohem Grade charakteristisch für Menzel. Alles in der Natur war ihm wert, dargestellt zu werden. Jede Erscheinung soll, wer es ernst meint mit der Kunst, mit gleichem Interesse betrachten, beobachten, seiner Anschauung dauernd einverleiben, nichts verschmähen mit Stift und Pinsel festzuhalten. Nach diesem Prinzip verfuhr er immer selbst, und nur so konnte er seine allumfassende vertraute Kenntnis, die klare, feste innere Vorstellung aller Erscheinungen der Wirklichkeit und die Fähigkeit erwerben, jede im Bilde in solcher Treue und Genauigkeit darzustellen, wie er es vermochte.
Ich war, seit ich 1858 die Besprechung der Großen Kunstausstellung für die Haude- und Spenerschen Zeitung geliefert hatte, ohne meine Absicht und mein bewußtes Zutun mehr und mehr in die Journalistik, und speziell die Kunstschreiberei, hinübergeglitten, wenn mir auch noch nicht der leiseste Gedanke kam, daß ich einmal meinen alten Beruf und meine Haupttätigkeit als Zeichner auf Papier, Holz oder Stein, Radierer und Maler mit der schriftstellerischen vertauschen könnte und würde.
Im September 1861 veranstaltete Menzel zum erstenmal eine Ausstellung von bisher noch nicht an die Öffentlichkeit gelangten Arbeiten von seiner Hand, in einem abgegrenzten Teil des großen öden Saals im Hofgebäude des Hauses Unter den Linden 22, desselben Raumes, der vordem die Raczynskische Gemäldesammlung enthielt, dann, nach deren Verlegung in das mittlere der drei Gebäude am Ostrande des Königsplatzes, die stehende Galerie des Vereins der Kunstfreunde im preußischen Staate beherbergte. Diese Ausstellung enthielt Öl-, Gouache-, Aquarell- und Pastellgemälde, Bleistift- und Federzeichnungen von der mannigfachsten Art, Naturstudien nach Köpfen, Händen, Füßen (den eignen des Zeichners), nach Gipsabformungen, Totenmasken, nach Interieurs, Landschaften von originellstem Reiz, Lithographien mit Kreide und Feder, Pinsel und Schabeisen, Holzschnittabzüge, Titelblatt-, Adressen- und Gedenkblattkompositionen wie jene einen unendlichen Reichtum der sinnigsten Erfindung zeigend, „aufs subtilste,

reiz- und kunstvollste in Aquarellfarben ausgeführt", der Glückwunschadresse, die von der Stadt Berlin dem Kronprinzen Friedrich Wilhelm bei seiner Mündigwerdung gestiftet war.

Diese im Verhältnis zu dem Reichtum und der Köstlichkeit ihres Inhalts nur sehr mäßig besuchte Menzel-Ausstellung versetzte mich in hellen Enthusiasmus. Sein Genie sich so nach allen Richtungen hin, in künstlerischen Schöpfungen jeder Gattung offenbaren und gleich herrlich in jeder sich betätigen zu sehen, war mir bisher noch nicht vergönnt gewesen. So gewährte mir die Ausstellung die erlesensten, erquickenden und erhebenden Genüsse, erweckte Stimmungen in mir und ließ mich Ansichten und Überzeugungen von Menzels ganzer allüberragender künstlerischer Bedeutung gewinnen, die es mich unwiderstehlich trieb, öffentlich auszusprechen, um alle Welt darauf hinzuweisen und Verständnis und Empfindung für das Große und Einzige darin denen zu erschließen, welche beide noch nicht völlig aufgegangen waren. Unter dem Eindruck des dort Gesehenen schrieb ich in der Haude- und Spenerschen Zeitung ein paar Berichte über diese Menzel-Ausstellung. Einen Abdruck davon sandte ich dem so leidenschaftlich verehrten Meister und verband damit die Bitte, ihn persönlich besuchen zu dürfen. Hatte ich doch noch so viel für ihn auf dem Herzen, was ich ihm selbst sagen wollte.

Die Antwort ließ einige Tage auf sich warten. Endlich traf ein Brief mit seiner großen, originellen charakter- und kraftvollen Handschrift bei mir ein. Da schrieb er, Besuche und Verkehr mit Kunstkritikern, die für die öffentlichen Blätter schreiben, nähme er prinzipiell nicht an. Aber er wüßte ja, daß ich auch ausübender Künstler wäre und damit sei gleichsam eine Brücke gegeben, die zu ihm von mir hinüberführe, der seiner Meinung von ihm einen so freundlichen enthusiastischen Ausdruck gegeben hätte. Ich möge ihm künstlerische Arbeiten von mir mitbringen, über die könnten wir sprechen. Meine Eigenschaft als Kunstschriftsteller und Journalist aber dürfe im Verkehr so wenig betont und herausgekehrt werden, als ob sie gar nicht vorhanden sei.

Menzels Schwester, die er immer seinen braven, treu ausharrenden Kriegskameraden in den harten Zeiten seiner Jugend und im schweren Lebenskampf nannte und wie kein anderes weibliches Wesen liebte und verehrte, hatte sich damals vor wenigen Jahren mit dem Musikdirektor und Komponisten Herrmann Krigar verheiratet; einem hochbegabten, vielseitig gebildeten Mann von einem wahrhaft genialen Humor. Auch nach der Vermählung behielt das Paar die gemeinsame Wohnung mit Menzel, bildete einen Hausstand, eine Familie mit ihm, der sich so in guter, treuer Pflege und von allen Mißlichkeiten eines Junggesellenlebens entrückt befand. Wie mir Krigar später einmal vertraute, wäre jener Brief an mich das Resultat langer Überlegungen, Erörterungen und Erwägungen gewesen. Er erschien mir zwar etwas seltsam; aber immerhin war mein gewagter Schritt nicht erfolglos getan.
Mit einer Mappe voll Zeichnungen, Lithographien, Studien und Kompositionen ging ich denn auch eines Abends zu Menzel. Er empfing mich nicht unfreundlich in seinem Zimmer, an dessen Wänden so manche Bilder von ihm hingen. Ich kam mir entsetzlich klein dem kleinen Manne gegenüber vor, auf den ich körperlich von oben herab, zu dem ich geistig so hoch hinaufblicken mußte. Wenn er ein Blatt, das ich ihm aus meiner Mappe reichte, einige Minuten lang betrachtet hatte, stieß er eine Art von kurzem Schnaufen durch die Nase aus und wies zugleich mit dem Zeigefinger auf eine Stelle der Zeichnung. Sofort sah ich dann, ohne daß er ein Wort gesprochen hätte, das Falsche und Fehlerhafte in der betreffenden Stelle ganz offenbar zutage liegen, was mir bis dahin gar nicht bewußt gewesen war, und hätte vor Scham in die Erde sinken mögen! Das beste Blatt, das mir bisher gelungen war, schien mir und anderen, die es gesehen hatten, die von mir für Alexander Dunckers Verlag entworfene Bleistiftzeichnung, deren kleinere photographische Reproduktion von diesem herausgegeben wurde: „Goethe im deutschen Hause zu Wetzlar bei Charlotte Buff, ihrem Bräutigam Kestner und ihren sechs Geschwistern." – Später erst vervielfäl-

tigte ich sie selbst, vielfach verändert und verbessert in einer großen Steinzeichnung. Aber wie erging es jener ersten Komposition vor diesem unerbittlich strengen und – wie ich selbst mir eingestehen mußte – unbedingt gerechten und urteilsfähigen Richter! Die „Schnauferln“ wiederholten sich, mit den Fingerstößen auf Stelle neben Stelle, wie das ruckweise Dampfausstoßen einer Lokomotive beim ersten Beginn ihrer Fahrt. Und bei jedem Hinstoßen mußte ich sofort erkennen: er hat ja so recht! Nach dieser stummen Hinrichtung aber nahm er das Wort, um sein Urteil klar und einleuchtend zu motivieren, die begangenen Fehler besonders in Beleuchtungswirkungen, in Gesichtswendungen einzelner Gestalten, die das wirkliche Sehen der Gegenstände, auf die sie hinblicken sollten, gar nicht ermöglichen – nachzuweisen. Dann aber fuhr er fort: „Eigentlich ärgere ich mich über mich selbst, daß ich einem Mann, der sich im Leben schon so viel umgetan hat, noch solche Dinge sage.“ Ich konnte ihm nur aufrichtig versichern, daß ich ihm für jede seiner tadelnden Bemerkungen und Hinweise sehr dankbar sei, seine Worte „bewegen würde in meinem Herzen“ und alle gerügten Fehler bei der Ausführung der Komposition auf dem lithographischen Stein zu beseitigen und zu verbessern bemüht sein werde – was ich denn auch nach bestem Vermögen getan habe. –

So war die ersehnte Verbindung mit Menzel angeknüpft, die allmählich, nachdem ich in einer Gesellschaft bei Wilhelm Gentz, dem Orientmaler, auch seine Frau Schwester kennengelernt hatte, einen herzlicheren Charakter annahm. Als ich für Zeichnungen von Vorgängen aus dem XVIII. Jahrhundert Originalkleidungsstücke und anderes brauchte, bot er mir freundwillig an, mir aus seinem eigenen Besitz an solchen Gegenständen alles zu leihen, was ich irgend davon verwenden könne. So haben Rokokoherrenröcke, Schoßwesten und Kniehosen aus Menzels Vorrat, die auf den Körpern seiner Modelle von ihm in unsterblichen Kunstwerken verewigt worden sind, auch mir noch auf Körpern und Gliedern meines Modells für meine desto sterblicheren Illustrationszeichnungen vortreffliche Dienste geleistet. Eins der von mir meist benutzten Modelle, der Buchbinder und Masseur Deutsch – eins der brauchbarsten im Posieren ausdauerndsten der vierziger, fünfziger und sechziger Jahre, eine kraftvolle, sehnige Gestalt mit stählernen, klar gezeichneten Muskeln, später ein kümmerliches, verfallenes Männchen –, stand mir häufig in den Zeiten seiner noch ungebrochenen Kraft. Da konnte er nie genug erzählen von seinen Modelltaten bei den ersten Berliner Meistern, bei Rauch, Bläser, Albert Wolff, Drake und Menzel. Dieser letzte hatte ihm seinen Beruf doch immer gar zu schwer gemacht. Aber niemals schwerer als da er ihm zur Gestalt des ein Flötensolo spielenden Großen Königs im Bilde „Konzert bei Hofe. Sanssouci 1750“ stand. Die Folgen nicht ahnend, hatte er, vom Ehrgeiz gestachelt, einmal mitgeteilt, daß er die Flöte blase. So war Deutsch der rechte Mann, den der Maler für seine Königsfigur brauchte. Eingekleidet in eine der Friedrichs nachgebildete Uniform, bestrahlt von den Kerzen des Lustres, mußte Deutsch, in der ihm gegebenen Stellung stehend, eine zopfige alte musikalische Weise auf seiner Flöte spielen, während Menzel ihn malte. Wenn jener, ermüdet, im Flöten pausieren wollte, so erklang immer wieder erbarmungslos das Kommando des Meisters: „Blasen Sie weiter!“ Der Maler ermüdete nie, und wenn er ohne Unterbrechung den ganzen Tag arbeitend an seiner Staffelei gestanden hätte. Aber dem Modell ging schließlich der Atem und die Fähigkeit zu blasen und zu stehen aus, und er brach zusammen. „An die Sitzungen werde ich mein Lebtag denken!“ pflegte Deutsch zu sagen, wenn er dies Erlebnis mit Menzel schilderte. –

Nachdem letzterer seine Lokalstudien, Entwürfe und Farbenskizzen für das bei ihm vom König bestellte große Bild der Krönung in der Schloßkapelle zu Königsberg vollendet hatte, ging er an die Ausführung des Gemäldes selbst. Die meisten der mehr als 120 Porträts der darauf darzustellenden Persönlichkeiten freilich mußten, ehe er sie an ihren Plätzen auf der großen Leinwand malen konnte, von ihm – seine Ausführung des architektonischen Hintergrundes immer wieder unterbrechend – nach der Natur aufgenommen, gezeichnet und aquarelliert werden. Es bereitete die größten Schwierigkeiten, viele der Vielbeschäftigten und der nur ungern und wiederstrebend der Aufforderung Entsprechenden zum Erscheinen und Sitzen im Atelier zu bewegen. Aber Menzel ließ sich nicht abschütteln. Eingesendete Photographien der Herren und Damen, welche ihm die lebenden Originale ersetzen sollten, wies er zurück. Er mußte diese selbst sehen und porträtieren. Und er setzte schließlich seinen Willen durch. So ist jene Sammlung der von ihm gezeichneten und aquarellierten Bildnisköpfe und Gestalten – der Studien zu denen auf dem Gemälde – entstanden, die 25 bis 30 Jahre später von der Nationalgalerie erworben, nun zu den köstlichsten künstlerischen Schätzen ihres ganzen Besitzes an solchen gehört. Der König hatte Menzel als Werkstatt zur Ausführung des Gemäldes den Garde-du-Corps-Saal im ersten Geschoß des Schlosses am Lustgarten angewiesen. Hier empfing er auch die zu porträtierenden fürstlichen Damen, den König, die Prinzen, alle die höchsten und hohen Staats- und Hofbeamten, Minister, Generäle, Geistliche und sonstigen Zeugen des feierlichen Aktes, zeichnete und malte nach ihnen diese Studien. Dieser weite Raum war immer zu einer Art Hofrüstkammer benutzt gewesen; zahlreiche vollständige Plattenrüstungen, Pferdebrust- und -kopfpanzer, Helme, Schilde, Schwerter, Hellebarden waren hier aufgestellt. Menzel wäre nicht er selbst gewesen, wenn er die sich ihm so bietende Gelegenheit, diese mittelalterlichen Waffen so gründlich zu studieren, wie seinerzeit die Waffen und Uniformen der friderizianischen Armee, ungenützt hätte vorübergehen lassen. Dort entstanden seine bewundernswürdigen „Rüstkammerphantasien“, die in Deckfarben gemalten Bilder dieser Eisenhüllen. Und als er ihre genaue Anschauung und Kenntnis bis in das geringste Detail sich hier fest eingeprägt hatte, schuf er eine Reihe von Gouachebildern, Szenen aus dem XVI. Jahrhundert darstellend, in welchen edle Herren und Krieger in solche Rüstungen gehüllt, in mannigfa-

chen Aktionen und Situationen in voller Realität und in ihren Stellungen und Bewegungen durch diese schweren metallenen Hüllen bedingt so überzeugend war und echt erschienen, wie noch auf keinem der zahllosen Ritterbilder von anderen Malern seiner Zeit.
Dort habe ich Menzel oft besucht, das Fortschreiten seiner großen Arbeit beobachtet. Dort auch habe ich in häufigen vielstündigen Unterredungen mit ihm nach Schluß seines Tagewerks über die verschiedensten Fragen und Gegenstände des Lebens, der Kunst und der Geschichte, Blicke in das eigenste innerste Wesen des außerordentlichen Mannes, in den Reichtum, die Tiefe und Größe seines Geistes, die Feinheit und durchdringende Schärfe seines Denkens, die Wärme und Zartheit seines Gemüts tun können. Sie ließen ihn mir in der Hoheit und Lauterkeit seines ganzen Menschen immer verehrungswürdiger erscheinen; mich erkennen, daß jene bis zur Grobheit sich steigernde Rauheit, die er nach außen kehrte, doch nur eine Art Panzer war, in den er sich zum Schutz gegen auf ihn eindringendes Feindliche, Lästige und Widerwärtige hüllte. Rührende Beweise jener Gemütstiefe und Zartheit empfing ich damals besonders gelegentlich des Todes meines geliebten jungen Töchterchens. Durch ein Ereignis in Menzels Familie wurden meine Beziehungen zu ihm und ihr noch intimer. Sein geliebter jüngerer Bruder Richard, für den er in dessen Kindheit wie ein Vater gesorgt hatte, als Knabe und Jüngling von zarter Gesundheit und gegen Krankheit wenig gefestigter Konstitution, war auf den Rat des Arztes, der für ihn ein Leben in freier Luft auf dem Lande als das beste zur Kräftigung erkannte, Landwirt geworden. Er war Volontär auf einer von dem reichen Oberamtmann Preuß gepachteten großen Domäne im Oderbruch bei Küstrin. Das Mittel hatte sich vortrefflich bewährt. Dort aber faßte Richard eine innige Herzensneigung zu der geistreichen, lebhaften, hochgebildeten Tochter des Hauses, Elise, und sie für ihn. Der Verbindung beider wurden keine Hindernisse in den Weg gelegt, die Ehe im Sommer 1864 geschlossen. Aber die junge Frau sehnte sich nach dem Leben in der großen

Stadt, im Zentrum aller Bildungsbestrebungen, der literarischen und künstlerischen Bewegung. Ihr Gatte gab seinen erwählten landwirtlichen Beruf auf und vertauschte ihn mit einem zur Kunst in engen Beziehungen stehenden, dem des Kunstphotographen und Kunstverlegers. Eins der damals blühendsten derartigen Institute Berlins, das von einem originellen und man darf wohl sagen genialen Manne, Gustav Schauer, geschaffene, in dem schmalen Hause Friedrichstraße 87 (oder 89) wurde seinem Begründer, der es, von kleinen, bescheidenen Anfängen ausgehend, allmählich zu einer solchen Bedeutung erhoben hatte, von dem Menzelschen Paar abgekauft. Der neue Eigentümer, dem sein „großer Bruder" fördernd und künstlerisch beratend zur Seite stand, bemühte sich lernbegierig in angestrengter Tätigkeit den Ansprüchen zu genügen, welche durch den neuen Beruf an ihn gestellt wurden. Aber mitten in dieser eifrigen Arbeit erkrankte der an das Leben in der freien, kräftigen Landluft Gewöhnte schwer, und alle Kunst der Ärzte, die hingebende, sorgende Pflege der jungen Frau vermochten den Leidenden nicht zu retten. Kaum acht Monate nach seiner Vermählung starb er in einer in jenem Sommer von dem Paar bezogenen Villa weit draußen in der Potsdamer Straße. Ich und meine Frau waren dem liebenswürdigen Paar, das uns bei seiner Übersiedlung nach Berlin aufsuchte, bald befreundet geworden. Wir nahmen innigen Anteil an dem herzzerreißenden Schmerz der so früh Verwitweten, deren Verzweiflung unheilbar und ohne Grenzen schien. Ihr Schwager Adolph benahm sich, nach ihrem eigenen Ausspruch, „wie ein Engel" zu ihr und ließ sie nicht fühlen und merken, wie sehr er selbst durch den Tod des Bruders litt. Letzterer hatte während seines Lebens in keiner kindlichen, leidenschaftlichen Verehrung und Liebe für den Bruder Adolph, zu dem er aufblickte wie zu einem Wesen höherer Art, pietätvoll jedes Blättchen von seiner Hand, das dieser ihm überlassen mochte, aus allen Zeiten seines Daseins, von den ersten Versuchen des Knaben an bis auf die Gegenwart, gesammelt. Eine enorme Menge von, keinem andern bekannten, Arbeiten

Adolphs hatte er so in seinen Mappen angehäuft, die er – ebenso wie einige ihm von dem Bruder geschenkte Farbenskizzen zu den Friedrichbildern, wie das 1846 gemalte kleine Meisterwerk: „Gustav Adolfs Begegnung mit seiner Gemahlin vor dem Schloß zu Hanau“, und ein paar andere Bilder, Berliner Landschaften und eine Fakkelverbrennung nach einem Fackelzuge – wie Fafner seinen Schatz hütete. Er kannte des Bruders saturnischen Haß gegen die meisten eignen Geisteskinder aus seiner Vergangenheit, die für ihn ein überwundener Standpunkt geworden war; gegen seine „abgestreiften Schlangenhäute“, gegen die er bis in seine letzten Lebensjahre einen wahren Vernichtungstrieb bekundete. Seine Schwägerin hatte diesen Schatz der Jugendarbeiten Adolphs nach ihres Mannes Hinscheiden in ihre Obhut genommen. Jene Farbenskizzen und Ölgemälde wurden ihr denn auch als rechtmäßiges Erbe ihres Mannes von Adolph feierlich zugesprochen. Wenige Wochen nach dem im Herbst erfolgten Tode Richards erkrankte Frau Elise infolge der furchtbaren Aufregungen schwer am Nervenfieber. Der Schwager saß in sorgenvoller Freundschaft stundenlang am Krankenlager der im Fieber Delirierenden. Aber in lichteren Momenten war es ihr, als sähe sie ihn eifrig mit der Durchsicht jener von dem Bruder gehüteten Jugendarbeiten beschäftigt; und dann auch im Zusammenhange damit den Ofen geöffnet und Ballen Papiers in seine Glut geschoben und von dieser verzehrt werden. Waren es Bilder ihrer Phantasie, vom Fieber erzeugt, oder Wirklichkeit gewesen? Als sie die Krankheit glücklich überwunden hatte und ins alte Leben zurückgekehrt war, mußte sie sich leider überzeugen, daß ihr durch keinen Fiebertraum jene Vorgänge vorgespiegelt worden waren. Der Schwager hatte wirklich den ganzen überreichen Schatz des verstorbenen Bruders dem Feuertode überliefert. –

Ihrer dankbaren Verehrung für ihn tat dies grausame Verfahren keinen Abbruch. Als die Zeit den Schmerz beider einigermaßen gemildert hatte und die Trauer um den ihnen Entrissenen mehr und mehr gegen die Forde-

rungen des Lebens zurücktrat, begann im Hause der Witwe, die das photographische Kunst- und Verlagsgeschäft, durch Adolph Menzel und einen praktischen Geschäftsführer unterstützt, selbst, entschlossen und tapfer in die Hand genommen hatte, ein heiter angeregtes geselliges Leben. Und das in Menzels und Krigars Heim, das inzwischen in das Haus Luisenstraße 28 verlegt war, blieb dagegen nicht zurück. Heute fällt es schwer, sich vorzustellen, daß Adolph eines Winterabends bei der Schwägerin erschien, um in meiner Gesellschaft zu einem unsrer damaligen lustigen Künstlermaskenfeste zu fahren, die er mit Vergnügen mitmachte, und zwar diesmal – in der Maske eines Schulknaben, im Kittelchen, ausgewachsenen Höschen, das Schulränzel auf dem Rücken, die Schiefertafel unter dem Arm, ein Mützchen auf dem mächtigen Haupt – eine Erscheinung von gewollter überwältigender Komik.
Bei einem Besuch meines teuern Freundes Iwan Turgenjew bei dessen Rückkehr aus Rußland nach Baden-Baden hatte ich ihn zu Menzel geführt und beide große Künstler miteinander bekannt gemacht. Wie ich es vorausgesehen, faßten die beiden großen Realisten eine tiefe Sympathie füreinander. Angesichts der in Menzels Atelier stehenden Schöpfungen –, des so großartig angelegten, stellenweise schon so weit geförderten (aber nie vollendeten) Bildes „Die Ansprache Friedrichs des Großen an seine Generale am Morgen vor der Schlacht bei Leuthen“ und des mit Pinsel und Schabeisen auf Stein ausgeführten „Jesus als Knabe im Tempel mit den Schriftgelehrten“, flammte in Turgenjew der helle Enthusiasmus auf. Er erklärte Menzel für den ersten aller lebenden Meister und verbreitete die Kunde von diesem großen Berliner Künstler zuerst in Paris, wo man bisher noch kaum etwas von seiner Existenz gewußt, seinen Namen kaum gekannt hatte. Menzel aber entwarf sofort bei dieser ersten Begegnung mit raschen breiten Bleistiftstrichen ein Bildnis Turgenjews (in stehender Kniefigur mit umgehängtem derben langen Paletot) von treffender Charakteristik. Die Gruppe, welche die kleine Gestalt des Künstlers mit der riesenhaften des russi-

schen Dichters, eines der leuchtendsten Sterne der Weltliteratur, einander gegenüberstehend bildete, während dieser von jenem gezeichnet wurde, hätte verdient, auch ihrerseits – von Menzel gezeichnet zu werden.
Im November 1865 kam Pauline Viardot zu einem zweimonatlichen Besuch nach Berlin. Durch Turgenjews Schilderungen war sie begierig gemacht, Menzel kennenzulernen. Ich vermittelte auch diese Bekanntschaft. Beide sahen sich bei mir; er hörte die Freundin, die herrliche Frau und Künstlerin, singen. Sie lernten einander nach ihrem ganzen Wert schätzen. Menzel und Krigars veranstalteten eine glänzende Soiree in ihrer Wohnung, wo Frau Viardot abermals die ganze Gesellschaft mit den erlesensten Gaben ihres Genies verschwenderisch überschüttete. Krigar widmete ihr seine Kompositionen der von Paul Heyse übersetzten spanischen Lieder. Menzel schmückte das Heft mit einer wirkungsvollen, geistreich und reizend erfundenen Deckelzeichnung, einer mit einer charakteristischen echt nationalen andalusischen Männer- und einer Señoritagestalt belebten spanisch-maurischen Fassadenarchitektur mit Hufeisenbogen und Gitter, an deren einem Zwickel er das Profil-Porträt Pauline Viardots anbrachte. –
Der deutsche Krieg von 1866 hatte Hessen-Kassel für Preußen erworben. Die Hauptstadt des annektierten Kurfürstentums enthielt unter andern Kunstschätzen die an edeln Meisterwerken der alten, besonders der niederländischen Malerei ungewöhnlich reiche Galerie, die der Kurfürst den Besuchern meist verschlossen gehalten hatte. Menzel und seine Schwägerin, als Inhaberin der Firma Gustav Schauer, verfielen auf den glücklichen Gedanken, die Hauptwerke dieser herrlichen Sammlung in photographischen Nachbildungen zu veröffentlichen. Die Erlaubnis dazu, wie zum Herabnehmen und in den Hof Tragen der Originale, um sie in einem dort dafür zu errichtenden Atelier zu photographieren, gelang es Menzel, durch den Kommissar unsrer Regierung, Geheimrat Möller, zu erhalten. So übersiedelte er für mehrere Wochen nach Kassel, um dort diese Gemälde auszuwählen und die Ausführung des Unternehmens zu

leiten. Ich wurde beauftragt, den Text zu diesem Bilderwerk zu schreiben und gesellte mich in Kassel zu ihm. Unvergeßliche, reich erfüllte Tage habe ich dort im Zusammensein und Zusammenarbeiten mit ihm verlebt. Seine Bemerkungen über die alten Meisterwerke, seine Kritik, seine Kunst-, Natur- und Lebensanschauungen, die dabei zum Ausdruck kamen, alle die Betrachtungen über Menschen und Dinge voll tiefer Weisheit, Feinheit und Originalität der Gedanken wie der Form –, ich könnte Bogen füllen, wenn ich sie wiedergeben wollte. Jede freie Stunde benutzte er auch hier wieder zur Ausführung eines Bildes, das er bis zur letzten Vollendung brachte. Den Gegenstand zu einem in Gouache gemalten neuen Meisterwerk gab ihm hier das Innere des berühmten „Marmorbades“ mit seinen reizvollen Rokoko-

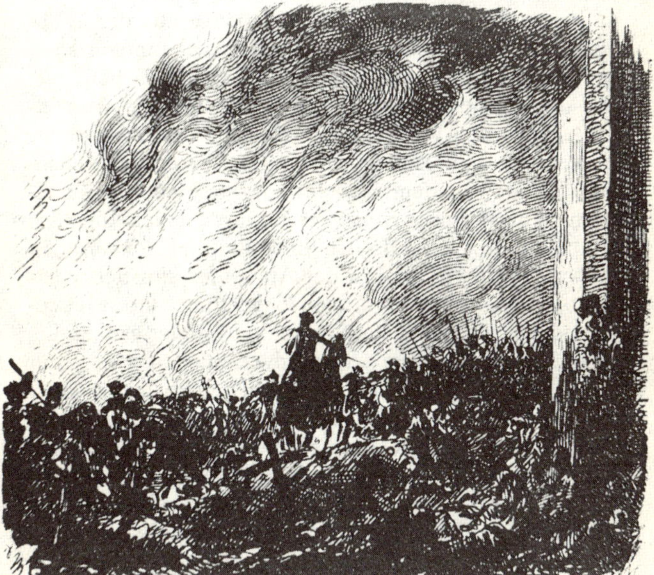

Adolph Menzel, Nachtgefecht in Hochkirch, Illustration zu Franz Kuglers „Geschichte Friedrichs des Großen“, 1840

skulpturen und der schimmernden Marmorpracht seiner Wände. Auch im Sommer des nächsten Jahres 1867 wurde mir das hohe Glück eines, diesmal noch viel längeren gemeinsamen Aufenthalts mit Menzel an einem Ort, welcher mächtige geistige Anregungen der mannigfaltigsten Art in reichster Fülle bot, in Paris, in der zweiten Hälfte des Juni und der ersten des Juli während der Weltausstellung jenes Jahres. In meinen für diese Hefte geschriebenen Erinnerungen an jenen „friedlichen Wettkampf der Nationen" habe ich auch dieses Zusammenseins mit Menzel gedacht. Es wäre freilich einer ganz andern eingehenderen Schilderung wert, als ich sie ihm dort gewidmet habe und hier innerhalb des mir zugemessenen Raumes zu widmen vermochte. Gern erzählte ich ausführlich von den täglichen Morgenbesuchen bei ihm, der durch die Seinen – natürlich ohne sein Wissen – meiner Sorge und Obhut anvertraut worden war und den ich fast täglich zum Ausgange aus der Wohnung, die wir für ihn gemietet hatten, abzuholen kam, wo ich ihn dann meist erst beim Toilettemachen traf; von der gemeinsamen Durchwanderung der Ausstellungsringe; den Frühstücken im englischen Restaurant, in welchem sich Menzel immer ganz besonders behaglich fühlte; von dem Verkehr in verschiedenen gastlichen Häusern liebenswürdiger hervorragender Künstler; vor allem von dem Besuch in Poissy bei dem ihm in manchen Punkten und in der Art seines künstlerischen Strebens so verwandten großen Kleinmeisters Meissonier, der doch in seinem Naturell und seiner ganzen Lebensführung von ihm so grundverschieden war. Jeder von beiden schätzte den andern als einen der größten Künstler seiner Zeit. Der Deutsche aber sprach und verstand kein Französisch; der Franzose kein Deutsch. Wo die Mimik nicht ausreichte zur gegenseitigen Verständigung, mußten ich und Otto Weber, der von Menzel sehr geschätzte, nach Paris übergesiedelte junge Berliner Maler von großem Talent, die Dolmetscher machen. Das gab dann oft Momentszenen von prächtigem Humor, den zu empfinden und zu genießen unser Respekt vor der geistig-künstlerischen Größe der beiden kleinen

Männer und unsere Liebe und Verehrung für den einen uns durchaus nicht hindern konnte.
Auch Menzels Schwägerin besuchte gleichzeitig Paris. Sie hatte die Genugtuung, die in den Ateliers der Firma hergestellte kolossale photographische Kopie des Menzelschen Bildes „Die Tafelrunde Friedrichs des Großen" mit dem zweiten Preise, der großen silbernen Medaille, ausgezeichnet zu sehen.
Durch ein 1868 von dieser Firma unternommenes Verlagswerk, das „Menzel-Album", eine mit einem symbolischen Titelbilde von dem Meister geschmückte Sammlung photographischer Kopien ausgewählter Menzelscher Öl- und Gouachegemälde, die ich mit einem biographischen und erläuternden Text zu begleiten ersucht wurde, erhielt ich wieder einmal die erwünschte Gelegenheit, meine Ansichten über ihn und sein Schaffen öffentlich auszusprechen und mich zu bemühen, das Publikum mit meiner eigenen Bewunderung für diesen Unvergleichlichen gleichsam anzustecken. Diese Arbeit führte auch wieder zu intimen Zusammenkünften mit ihm und in diesen dazu, ihn sich über die Entstehungsgeschichte manches seiner Werke und über manche menschliche und künstlerische Erfahrungen und Vorgänge im eigenen Leben in seiner immer eigenartigen, immer fesselnden, in kurzen Sätzen das Treffendste sagenden Weise verbreiten zu hören.
Von dem ihm nachgesagten abstoßenden Wesen, seiner Rauhigkeit und Unzugänglichkeit habe ich damals und auch später im Verhalten zu mir und meinem Hause nie eine Probe erhalten. Wie mit den Häusern anderer alter und jüngerer Freunde, besonders die Gustav Richters, des „Malerfürsten", Meyerheims, A. v. Heydens, Magnus Herrmanns, Albert Hertels, verschmähte er auch mit dem meinen den geselligen Verkehr keineswegs. Wenn er gewöhnlich erst sehr verspätet eintraf, so gehörte er dafür auch zu den letzten, welche die Gesellschaft verließen. Auch bei ihm, der Schwester und dem Schwager Krigar wurde bis zu dessen Tode, als sie in der Luisenstraße, in der Potsdamer Straße 7, ja noch als sie schon in der Sigismundstraße 3 (immer im dritten Stock) wohn-

ten, eine heitere Gastlichkeit geübt, und der als so rauh verschriene Meister ließ es an Liebenswürdigkeit gegen seine Gäste durchaus nicht fehlen. Man hörte dort gute Musik von ausgezeichneten Kräften vorgetragen. Ja zuweilen wurde sogar zum Schluß der kleinen Abendgesellschaft noch gar getanzt.
Die Schätzung des Menzelschen Genies und jedes seiner Werke wuchs und stieg bei den fremden Nationen wie im Vaterlande von Jahr zu Jahr. Ein großes Verdienst erwarb sich darum (und fand auch dabei) Hermann Pächter, ein Hamburger Kaufmann, der mit einer feinen Witterungsgabe für das, was Erfolg verheißt, begabt war. Er übernahm die Wagnersche Kunsthandlung (Dessauer Straße 2) und wählte zwei Spezialgattungen von Kunstartikeln, denen unser Publikum noch verhältnismäßig kühl gegenüberstand, mit der klug und konsequent verfolgten Absicht, sie in ihren wahren ihnen gebührenden hohen Kurs zu bringen: die japanische Kunst und kunstgewerblichen Erzeugnisse und ohne Ausnahme alles von Adolph Menzel Produzierte, von großen figurenreichen farbenschönen Ölgemälden oder miniaturartig durchgeführten Gouachen bis zur bescheidensten Bleistiftstudie oder -skizze. Was er nur immer unter den in Menzels Wohnräumen an seinen Atelierwänden befestigten, in seinen Schränken und Mappen aufgespeicherten oder im Besitz anderer entdeckten, älteren und neueren Arbeiten des Meisters „loszueisen“ und, sei es auch für die geforderten höchsten Preise, zu erwerben vermochte, das kaufte er ohne Besinnen an, in der Gewißheit, es für bedeutend höhere Summen an reiche Liebhaber oder Museen zu verkaufen. So hat durch ihn die Berliner Nationalgalerie die Porträtstudiensammlung zum Krönungsbilde, das für die Kleinen seiner Schwester, „den Neffen und der Nichte“, einst von „Onkel“ Menzel als lustiges Kinderbuch angelegte Album, das sich allmählich zu einer reichen Sammlung der vollendetsten Gouachebilder – aus der Landschaft, von der Straße, aus dem Menschen- und Tierleben – auswuchs und viele andere Menzeliana noch, erworben. Eins von Menzels eminentesten Werken sind jene oben erwähn-

ten tiefsinnig und geistvoll erfundenen, in den vierziger Jahren ausgeführten, höchst meisterhaft gezeichneten und in Holz geschnittenen Illustrationen zu der, nur an öffentliche Bibliotheken, regierende Fürsten und weltberühmte Gelehrte, von Friedrich Wilhelm IV. verschenkten Prachtausgabe der „Werke Friedrichs des Großen". In deren zehn großen Bänden sind diese kleinen Wunderwerke versteckt und verstreut. Für alle Nichtempfänger oder Nichtkenner dieser Königsgabe blieben diese Schöpfungen Menzels nie gesehen und unbekannt. Pächter unternahm es im Jahre 1880, sie aus dieser Weltverborgenheit zu befreien und ans Licht zu ziehen, daß sie allen sichtbar und so vielen tausend zur Lust wurden. Er verstand es, sich die königliche Erlaubnis dazu auszuwirken und von jedem der im königlichen Kupferstichkabinett bewahrten, von den Brüdern Vogel, Lütke, Unzelmann, Müller faksimile geschnittenen vierhundert Holzstöcke je dreihundert Abzüge für ebenso viele Exemplare einer Liebhaberausgabe sämtlicher Vignetten und Bilder, ja auch Klisches davon herstellen zu lassen, mit denen eine größere wohlfeilere Volksausgabe gedruckt werden könne. Ich wurde beauftragt, die kurzen Texte zu schreiben, durch welche die oft so schwer zu enträtselnden Gegenstände dieser oft so großartigen und herrlichen Bilder im winzigen Raum erklärt, des Zeichners Absichten und Gedanken, die er in ihnen verwirklichen wollte und die Textstellen der „Werke" des Königs nachgewiesen werden sollten, auf die sie sich bezögen. Eine ebenso hochinteressante als schwierige und Zeit kostende Arbeit.
Mich beglückte der Auftrag indes schon darum, weil er häufige stundenlange Unterredungen mit Menzel zur unabweislichen Folge haben mußte. Ich wünschte, ich hätte jedes seiner Worte in diesen langen Abendsitzungen fixieren können, in denen er sich mit mir über jedes dieser Bilder, über ihre Entstehung, über den Verlauf und die Geschichte der Arbeit daran, die Persönlichkeiten, mit denen er dabei zu tun bekommen hatte, und über den Gegenstand und Gedankengehalt seiner Konzeptionen aussprach! Diese Stunden mit ihm zähle ich

zu den hohen Erbauungsstunden meines Lebens. Mir wurde die Genugtuung, daß meine Texte nach der Veröffentlichung des Werkes seine volle Zustimmung fanden. Während der siebziger, achtziger und noch der neunziger Jahre erhielt sich Menzels künstlerische Schöpferkraft in voller Macht und Stärke. Ihnen entstammen neben zahllosen anderen kleinen, aber nicht minder bewundernswerten Gemälden in Öl-, Gouache- und Pastellfarben, den Illustrationen zu H. v. Kleists „Der zerbrochene Krug“, die zahllosen Bleistift- und Federzeichnungen, die großen Hauptwerke: Das Eisenwalzwerk, Das Büfettsouper auf einem Hofball und – die prächtige Frucht seiner einzigen Reise nach Oberitalien hinein – Der Marktplatz zu Verona. Trotz der nie rastenden ungeheueren künstlerischen Tätigkeit verschmähte Menzel den geselligen Verkehr noch immer durchaus nicht. Er fehlte auf keinem Rathausfest der Hauptstadt, deren Ehrenbürger er war; auf keinem Hofball und keinem Subskriptionsball. Da stand er, von den Schleppen der Damen umrauscht, und beobachtete jede Erscheinung, jede Farbenkombination, jeden Beleuchtungseffekt, wenn er an den menschlichen Persönlichkeiten als solchen, abgesehen von ihrem malerischen Werk, auch nur geringes Interesse nahm – und das geringste an den weiblichen. Nie war er der „Träumer, der am Weibe hing“. Das Ewigweibliche hat, soviel man bemerken konnte, nie eine irgend wichtige Rolle in seinem innern und äußern Leben gespielt, hatte ihn nie „hinan“, aber freilich auch nie hinabgezogen, wie so viele Künstler. – Er erschien im musikalischen Salon der vielgenannten Wagnerfreundin und -beschützerin, der Gattin des Hausministers Baron Schleinitz, deren intimen Kreis er in einer berühmten Federzeichnung schilderte. Er versäumte keine der Quartettsoiren Joachims, und häufig sah ich ihn bei bedeutenden Vorstellungen im Berliner Theater, während Barnay es so erfolgreich leitete. Und er hielt treu zu den alten Freunden. Bei manchem kleinen Fest in meinem Hause in den siebziger Jahren, an denen er zuweilen mit Schwester und Schwager teilnahm, erschien er für seine Person noch mitten in der

Nacht – einmal noch um zwei Uhr –, um dann bis zur Morgendämmerung zu verweilen und dem lustigen Treiben des jungen Volkes, den Charadenaufführungen und Tänzen mit freundlichem Interesse zuzuschauen.
Aus seinem eigenen Hause schwand die Heiterkeit mit dem Tode des Schwagers. Es wurde stiller und einsamer in seinen Räumen. Aber am 8. Dezember, Menzels Geburtstag, herrschte auch in den späteren Jahren, ja noch im vorigen Jahr, immer fröhliches, festliches Leben. Da strömten die noch lebend gebliebenen alten Freunde und die jüngeren Verehrer herbei mit ihren Blumenspenden und Festgaben. Eine gedeckte, mit kalten Speisen und Flaschen voll edler Getränke besetzte lange Tafel stand bereit, und das alte Geburtstagskind war heiter mit den Heitern und hielt tapfer während langer Stunden aus in lebhaftem Gespräch und Zutrinken mit jedem neu eintreffenden Gast. Die großartige öffentliche Feier seines siebzigsten Geburtstages, an dem er in der Morgenfrühe den Besuch des Kronprinzen und jenen wahrhaft monumentalen Glückwunschbrief des alten Kaisers empfing, sowie die von Kaiser Wilhelm II. angeordnete originelle Veranstaltung zur Feier des achtzigsten in den Sälen der Kunstakademie sind noch in guter Erinnerung. – Meine eignen bescheidenen Festgaben erwiderte er am Morgen meines Geburtstages gewöhnlich mit einem herzlichen Gratulationsschreiben in seinem eigenartigen lapidaren Stil und einem beigelegten Skizzenbuchblättchen, einer Bleistiftstudie von seiner Hand von der Art, wie die hier vervielfältigten. Noch am letzten 25. Dezember sandte er mir ein solches Blättchen mit einer weich gewischt gezeichneten Gruppe von Halbfiguren eines Mannes und einer Frau, das er tags zuvor nach zweien jener Modelle, welche jeden Morgen vor seiner Ateliertür erschienen, um sich ihm anzubieten, mit dem Bleistift gezeichnet hatte. Bis zum Tage, da ihn die letzte kurze Krankheit danieder zwang, zeichnete er immer und überall – daheim wie auf der Sommerreise. Ich habe ihn einmal auf einer gemeinsamen Fahrt mit ihm und den Seinen nach Hof in demselben Wagenabteil in dieser Hinsicht das Unmögliche leisten,

in dem stoßenden, ratternden Wagen mit festen, sicheren Strichen das eingeschlafene Kinderpaar, seinen Neffen und seine Nichte, abzeichnen gesehen. Wer dürfte sich rühmen, solches Zeichnen in voller Eisenbahnfahrt nachmachen zu können!

In dem letzten Jahrzehnt war er vereinsamter, wortkarger, abweisender und bärbeißiger. Die hohen Auszeichnungen, mit denen der Kaiser ihm seine Verehrung und Bewunderung bekundete, waren nicht schuld daran. Er nahm sie dankbar hin, doch hoffärtig konnten sie ihn nicht machen. Aber die Mehrzahl der alten Freunde war vor ihm dahingegangen. Er mochte sich mehr und mehr vereinsamt und auch wohl allmählich müde werdend fühlen. Allabendlich spät saß er einsam zwischen den Gästen an einem Tische des Frederichschen Restaurants in der Potsdamer Straße und verzehrte langsam ein reichliches Abendessen. Fremde und Lästige, die sich ihm dort etwa nähern wollten, ließ er in keinem Zweifel darüber, daß er sich für ihre Gesellschaft bedanke. Mich wies er auch dort nicht zurück und hat dort noch manches lebhafte, fesselnde Gespräch mit mir geführt. Auf dem großen Fest, das man mir zur Nachfeier meines achtzigsten Geburtstages im Restaurationspalast des Ausstellungsparks veranstaltete, erschien er, dessen neunundachtzigsten wir drei Wochen zuvor noch bei ihm an seiner Frühstückstafel heiter gefeiert hatten, an der Seite Herzog Günthers in merkwürdiger Frische und freundlich teilnehmend an allen Vorgängen, den Reden aufmerksam zuhörend, voll rührender Herzlichkeit zu mir in seinen Beglückwünschungen. Noch zweimal habe ich ihn, als Lebenden, seitdem gesehen. Am Abend des 17. Januar auf einer glänzenden Gesellschaft bei Professor Hertel, dem Maler, seinem und meinem Freund. Da lauschte er ergriffen dem hinreißenden Geigenspiel Joachims, mit inniger Freude dem glockenklaren, erfrischend wie Berg- und Meeresluft wirkenden Gesange der norwegischen Gattin seines gelehrten Neffen, Professor Dr. Krigar-Menzel, und ihrem Zwiegesange mit dem sangesmächtigen Meister Hertel, verweilte im geistig aufgeschlossenen Gespräch mit den anwesenden

Größen, besonders auch mit dem Oberhofprediger Dryander. Er ahnte damals nicht, daß dieser ihm siebenundzwanzig Tage danach die Grabrede halten würde! Als der Letzte blieb er unabgespannt in der Gesellschaft. Dann noch einmal, am 22., sah ich ihn unter den Rittern des Schwarzen Adlerordens bei der Feier des Ordensfestes in der Schloßkapelle (wo er während der langen geistlichen Handlung auf Minuten einnickte), und als er sich an der Tafel seiner Ordensbrüder im Weißen Saale niederließ.

Und wieder zwanzig Tage danach stand ich in seinem Wohnzimmer am noch ungeschlossenen, von Blumen umsteckten Sarge, in dem, auf weißen Kissen, die kleine entseelte Gestalt, schwarz angekleidet (im Frack), still und regungslos hingestreckt lag, das Antlitz tiefernsten Ausdrucks noch unverändert, mit dem Kinn auf die Brust gesenkt – ein erschütternder und doch zugleich erhebender Anblick. Ich drückte einen Kuß auf den nackten, mächtigen, leuchtenden Schädel, an dem die Spuren der Aufsägung nach dem Tode bis zur Unkenntlichkeit beseitigt waren, diese beinerne Schale, die so herrlich-edlen Kern umschlossen hat, und schied, den Blick von ausbrechenden Tränen umflort, von diesem starren, kleinen Erdenreste Adolph Menzels.

Paul Lindenberg

Adolf von Menzel. Persönliche Erinnerungen

Nun ist doch die „kleine, große Exzellenz", nun ist Adolph von Menzel doch von uns genommen worden, früher als er gedacht und gewollt! Wenige Wochen sind's her, da stand ich ihm zum letztenmal im Atelier gegenüber: „Exzellenz sehen ja so wohl aus, das wird eine großartige 90. Geburtstagsfeier geben!" – „Nun, wir wollen nicht so früh planen", meinte Menzel darauf, „man fühlt doch, daß man alt wird. Freilich, mein Hausarzt hat mir erst vor kurzem gesagt, ich würde hundert Jahre alt werden, ich bin auch mit neunzig zufrieden, aber ich darf den Arzt doch nicht Lügen strafen!" Das Gespräch wandte sich neuen Arbeiten des Meisters zu: „Je älter ich werde, desto mehr habe ich zu tun, desto mehr möchte ich tun! Hier, seh'n Sie, das ist grad' fertig geworden", und er zeigte eine große, in allen Einzelheiten liebevoll ausgeführte Federzeichnung des Alten Fritz, den Kopf halbseits gewandt, die Rechte auf den Krückstock gestützt. Ich wies auf eine gewaltige, die eine ganze Schmalseite des Ateliers einnehmende Leinwand, welche die Ansprache Friedrichs des Großen an seine Generäle vor der Schlacht bei Leuthen, jedoch nur die Figur des Königs und einige Gestalten der Offiziere ausgeführt, zeigt: „Wird das Bild nicht vollendet werden, Exzellenz?" – „Wer kann's wissen, es gehört sehr viel Fleiß dazu. Und so wie's ist, gehört's eigentlich schon zum Atelier. Nicht wahr, es ist recht altmodisch bei mir", und er wies mit einer Handbewegung auf die Gegenstände ringsum, „hier geh' ich aber nicht mehr raus, hier muß man mich mal raustragen." – Als ich Menzel mitteilte (was damals noch nicht bekannt war), daß der Kaiser für Ludwig Pietsch einen jährlichen Ehrensold von 2000 Mark ausgesetzt habe, klatschte er lebhaft in die Hände: „Bravo! Bravo! Das ehrt beide! Ja, der hohe Herr geht ganz andere Wege wie seine Vorfahren. Er hat ja auch mich so ausgezeichnet (und dabei wies er auf die linke Brust), wie noch keinen anderen Künstler zuvor, er liebt die freudigen Überraschungen." Auch der japanisch-russische Krieg wurde in der Unterhaltung gestreift. „Welch merkwürdiges Volk, diese Japaner", meinte Menzel, „wieviel Bewundernswertes leisten sie in der Kunst, wie rasch haben sie uns in anderer Beziehung eingeholt. Ich führte kürzlich beim Kultusminister die Frau des japanischen Gesandten zu Tisch und war erstaunt, wie gut sie deutsch sprach und wie bewandert sie in all unseren Verhältnissen war." Auch von der letzten St.-Louis-Weltausstellung mußte ich Menzel viel erzählen, er freute sich, daß man ihn in Amerika so würdigte, und sprach mit warmer Anerkennung von der amerikanischen Nation, „aber sie wird uns sicher noch viel zu schaffen machen!" Und einen prächtigen Druck seines laut der Unterschrift: „dedicated to free America" den Vereinigten Staaten gewidmeten Friedrichs des Großen hervorsuchend, meinte der besonders gut gelaunte Meister: „Warten Sie, lieber Herr, Sie sollen noch eine Erinnerung mitbekommen, es ist ja heute auch Heiligabend", und einen seiner langen Zimmermannsbleistifte ergreifend, schrieb er mit kräftigen Buchstaben auf das Blatt: „Adolph von Menzel, Berlin, 24. Dezember 1904."

Mehrfach hatte ich früher ähnliche Begegnungen mit Menzel und nie Ursache gehabt, über seine „Rauhbeinigkeit" zu klagen wie so viele andere. Freilich, es kam ganz auf seine Laune an, und ich hatte es eben glücklich getroffen. Weniger gut vor kurzem ein hiesiger Porträtmaler, dessen Studien Paul Meyerheim, ein alter Duzfreund Menzels, letzterem überbracht. Nach ein paar Tagen klingelt der Maler, um das Urteil des Gestrengen zu vernehmen. Menzel öffnet ein wenig die Tür: „Ach, Sie sind's, warten Sie", und nach wenigen Minuten fliegen die Studien durch den Spalt: „Einiges ganz gut, das meiste schlecht, spottschlecht", und, bums, fällt die Tür ins Schloß. Ähnliches soll der Kaiserin Friedrich widerfahren sein. Die in tiefe Trauer gekleidete hohe Frau läutete an der Ateliertür, ein-, zwei-, dreimal. Endlich schlurrende Schritte, die Tür geht nur ein paar Zentime-

ter weit auf: „Brauche kein Modell!“ ruft Menzel zornig und wirft die Tür zu. Die Kaiserin ging dann eine Treppe tiefer zur Schwester des Meisters, Frau Professor Krigar, die sogleich für einen anderen Empfang sorgte. Die Modelle hatten es übrigens nicht gut bei Menzel, er verlangte sehr viel von ihnen und bezahlte nicht besonders hoch, aber die Ehre, „bei Exzellenz gestanden zu haben“, wog reichlich das Geld auf. Als ein junges Mädchen in ein und derselben Haltung mal sehr lange stehen mußte und ohnmächtig zusammenbrach, hinderte Menzel den Portier an einer Hilfeleistung: „Nicht doch, nicht doch, ist nicht so schlimm“, und scharfen Auges betrachtete der Künstler die leblose Gestalt, sie schnell in einem seiner Skizzenbücher abzeichnend.
Welch zeichnerische Schätze wird man in den Mappen Menzels, in seinen Schränken und Truhen finden. Vor zwei Jahren – als er mir bestimmte Blätter zeigen wollte – öffnete er einen Schrank, was enthielt dieser allein in einem der schlichten pappenen Umschläge! Die herrlichsten Kirchen-Interieurs, ganze Kapellen und einzelne Teile, hier und da mit Staffage, dann wieder winzige Details von erstaunlich lebenswahrer Ausführung. Bei dieser Gelegenheit wies er mir auch einige seiner Skizzenbücher vor, schmale Oktavbändchen, deren Blätter mit einer größeren oder mehreren kleineren Skizzen bedeckt waren: „Solch ein Buch begleitet mich stets, auf jedem Spaziergang, auf jeder Reise. Über fünfzig sind schon voll, das sind meine Erinnerungen, es steckt viel vom Eigensten drin!“ Und wie genau es Menzel mit allem nahm, was sein künstlerisches Interesse erweckte, geht daraus hervor, daß er noch vor einiger Zeit eine Radfahrerbahn besuchte, um die Männer auf dem Stahlroß in allen Bewegungen zu studieren und zu skizzieren. Von seiner künstlerischen Gewissenhaftigkeit spricht auch, daß er bestimmte Bilder aus irgendeinem Grunde nicht fertig malte und dazu auch durch keinen Preis der Welt zu bewegen war. Ebenfalls vor zwei Jahren zeigte er mir eine gerahmte, große Kohlezeichnung (sie ist seitdem in den Besitz des Museums zu Basel oder Zürich übergegangen), welche die Aufbahrung der

Särge mit den Leichen der 1848 Märzgefallenen vor dem Neuen Dom auf dem Berliner Gendarmenmarkt darstellte, mit vollster Vertiefung ausgeführt bis auf die linke, einen weißen Fleck zeigende Ecke. „Dies Bild wird nie fertig", meinte Menzel, und auf meine Frage fuhr er fort: „Ich war einen Tag zuvor von einer kleinen Reise nach Berlin zurückgekehrt und stand völlig unter den frischen Eindrücken des Geschehenen. Tief ergriffen von der Tragik des Ganzen und des Geschickes einzelner fertigte ich das Blatt in einem Zuge nach der Natur, bis auf diese Lücke hier. Dann verlor ich plötzlich die Lust, es zu vollenden. Da spielen allerhand Gründe mit, persönliche Ansichten und Meinungen, auch Erlebnisse, es war nicht alles so, wie ich damals geglaubt ..."
Seit mehreren Jahrzehnten wohnte Menzel in dem schlichten Hause Sigismundstraße 3, dicht am Tiergarten. Seine Wohnung lag im dritten, sein Atelier im vierten Stock; zu letzterem konnte man nur auf der hölzernen Hintertreppe gelangen. Ein Porzellanschild wies unten an der Hoftür den Weg: „Ad. Menzel, Professor. Zum Atelier Hof 4 Treppen." Auch oben das gleiche einfache Namensschild und darunter: „Mitglied des Vereins gegen Verarmung und Bettelei." Ein schmaler, dunkler Gang, ein paar Stufen, und man befand sich im Atelier, an dessen Tür Menzel meist seine Besucher erwartete: im abgetragenen, langschößigen grauen Rock, an welchem verschiedene Knöpfe fehlten, derbe Stiefel an den Füßen, hinter den Gläsern der goldenen Brille mit scharfblickenden, großen, grauen Augen, die Näherkommenden aufmerksam musternd. Trotz seiner langsamen Bewegungen war der Hochbetagte bis zuletzt von einer gewissen Lebhaftigkeit und vor allem von großer geistiger Regsamkeit. Der mächtige Schädel des körperlich so unscheinbaren kleinen Mannes trat wuchtig hervor, er rechtfertigte den Ausspruch Böcklins: „Das ist ein Gelehrter unter den Malern." Das Atelier selbst war absonderlicher Art: nur mäßig groß, nirgends Vorhänge, Teppiche, Blumen oder sonstige Ausschmückungen, dafür Staub, viel Staub, sehr viel Staub, denn Menzel ver-

bot sich energisch alles „Reinemachen“. An den braunrotgestrichenen, verschossenen Wänden Gipsabgüsse von Totenmasken, darunter jene Kaiser Friedrichs, von Beinen und Händen, ferner Geweihe und Kruzifixe, einige Medaillen, Zeichnungen, Radierungen nach den Bildern Menzels, des letzteren Porträt von Lenbach, ein Bild des jetzigen Kaisers mit langer, eigenhändiger Widmung, wie auch ein Geschenk des Herrschers seine Bronzebüste war, die ihren Platz vor jenem erwähnten großen Gemälde Friedrichs des Großen vor der Schlacht bei Leuthen erhalten. In buntem Wirrwarr an allen Ekken und Enden alte, jedoch kaum wertvolle Schränke, Truhen, Stühle, ein halbblinder Rokoko-Spiegel, ein paar holzgeschnitzte, kleinere Kirchensäulen, kupferne Kessel, Regale, abgenutzte Sessel und überall Briefe, Bücher, Zeitschriften, in Pergament gebundene Folianten, Photographien, Vervielfältigungen und so fort. „Ach, Sie glauben gar nicht, was ich alles zugeschickt bekomme“, klagte mir einmal Menzel, auf einen Stoß neu angelangter Briefe zeigend, „und meist Bitten und Betteleien. Wenn ich das alles beantworten wollte, wäre mein ganzer Tag ausgefüllt, und ich hab’ doch noch viel vor!“ – Nahe dem Fenster stand ein ganz niedriges hölzernes Stehpult, daneben ein kleiner, einfacher Tisch mit Aquarellfarben und Bleistiften, meist, was weniger bekannt ist, aquarellierte und zeichnete Menzel mit der linken Hand. „Name ist Schall und Rauch, aber nichtsdestoweniger muß man einen haben“, schrieb mir Menzel in mein Reisealbum. Nun, er hat dafür gesorgt, daß sein Name nimmermehr verweht werden wird, nimmermehr!

Reinhold Begas

Zum Tode Adolph von Menzels

Adolph Menzel ist tot. Er ist eingetreten in den Kreis aller großen Geister, die vor ihm dort hingegangen sind.
Eines der größten Originale aller Zeiten; ein Granitblock im Strom seiner Zeit, stand er beinahe ein Jahrhundert lang, ohne sich von den unzähligen Richtungen in der Kunst im mindesten beeinflussen zu lassen. Nie-

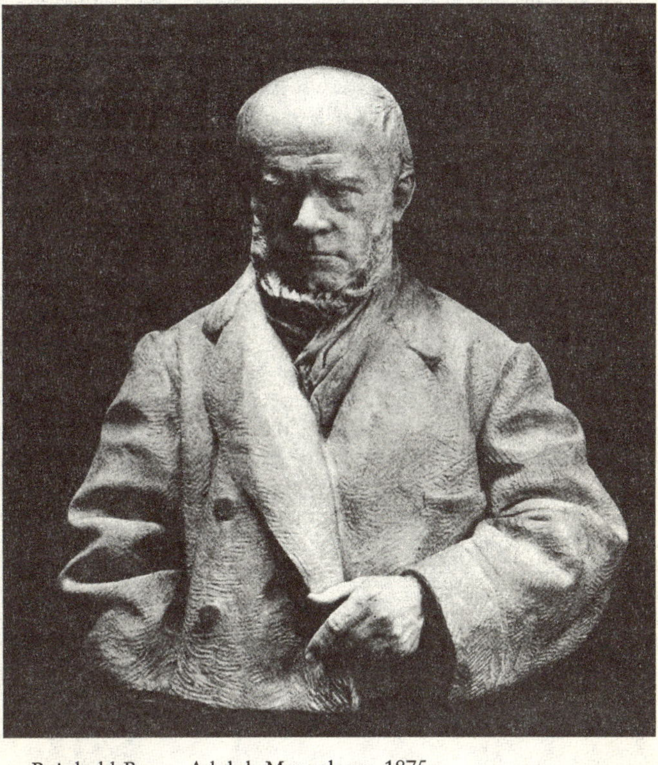

Reinhold Begas, Adolph Menzel, um 1875

mand hat wohl vor ihm geschaffen, niemand wird nach ihm schaffen ein Werk von größerer Bedeutung, als es die Illustrationen zu Kuglers „Geschichte Friedrichs des Großen" sind. Als es erschien, standen wir alle wie vor einem Wunderwerk. Als ich dem großen Meister einmal sagte, daß meine ersten künstlerischen Versuche darin bestanden, einige von diesen entzückenden Darstellungen zu kopieren, sagte er: „Da hätten Sie auch etwas Besseres tun können." Das war die feine Art seiner Bescheidenheit, die sich in der Ablehnung jeder Bewunderung seiner Werke ausdrückte.

Wie eine Bombe schlug damals sein als Transparent gemaltes großes Bild „Christus im Tempel predigend" unter die zur Zeit herrschende Richtung ein. – Ein Werk, das zu den besten aller Zeiten von jedem Kunstverständigen anerkannt werden muß. Es hat wohl kaum einen Künstler gegeben, dessen Werke weniger aus vorangegangenen Kunstentwicklungen entstanden sind, als die Menzels. Man wird ihn stets als eines der größten Originale aller Zeiten bewundern. Wie er einzig geistreich in seinen Werken dasteht, so auch in seinen Bemerkungen über andere. Als einst ein Bild angekauft werden sollte: „Der Abschied eines Landwehrmannes, der in den Krieg zieht, von seiner Familie", ein schwaches Werk, für dessen Ankauf die Majorität sich entschied, sagte Menzel beim Nachhausegehen zu mir: „Da sehen Sie, wenn das Herz engagiert ist, geht es den meisten Menschen wie dem Auerhahn in der Balze, da hören und sehen sie nichts." Erschöpfend auf die unzähligen geistreichen Werke Menzels einzugehen, will ich geübteren Federn überlassen. – Sie werden leuchten, solange Kunst und Kunstverständnis auf unserm Erdball zu finden sind.

Gisold Lammel

Adolph Menzel in Gesprächen und Erinnerungen

I

Schriftsteller und Publizisten, Künstler und Kunsthistoriker, aber auch andere, die Menzel gekannt haben, sind die Autoren der hier zusammengeschlossenen Sammlung von Gesprächen und Erinnerungen. Sie alle geben ihren Ausführungen ein ganz persönliches Gepräge und werfen einige Schlaglichter auf menschliche und künstlerische Beziehungen dieses Großen der Kunstgeschichte.

In den Aufzeichnungen kehren einige Erscheinungen im Leben und Wirken Menzels leitmotivartig wieder: die Zeichenwut und der immense Fleiß, die kompromißlose Wahrheitssuche und das hohe Berufsethos, die Beziehungen zum Hohenzollernhof und Berliner Magistrat, das Verdrängen von Todesgedanken und das Verhältnis zu Frauen, die Schlagfertigkeit und Widerborstigkeit, die Bescheidenheit und Unpünktlichkeit. Und dann kreisen etliche Ausführungen um einzelne Werke, besonders oft um das Gemälde „Friedrich der Große und die Seinen bei Hochkirch“, das seinen Ruhm als Historienmaler begründet hat, sowie um das in vierjähriger Arbeit für den preußischen Hof geschaffene „Krönungsbild“. Natürlich gingen einige auch auf das „Leuthen-Bild“ ein, dessen Nichtvollendung damals viele beschäftigte und Rätsel aufgab. Es ging nicht in die Köpfe, daß der Alleskönner sein schon so weit vorangebrachtes Gemälde nicht vollenden wollte.[1]

Wichtiges und Belangloses ist den Darlegungen der vorliegenden Anthologie zu entnehmen. Einige Widersprüche im Leben und Schaffen des Künstlers sind angedeutet, aber auch etliche klischeehafte Vorstellungen über ihn weitergereicht worden. Das vielfältige Verflochtensein Menzels mit der Kulturgeschichte seiner Zeit wird durchaus erkennbar und ein Stück Künstleralltag entrollt. Einige der Zwänge, Verpflichtungen und Einengungen von Handlungs- und Gestaltungsspielräumen des Künstlers werden beim Lesen der Texte einsichtig und einige seiner Interessenlagen und Charaktereigenschaften erkennbar. Gewiß vermögen die hier zusammengeführten Beiträge, den Zugang zu Menzel und seinem Werk etwas zu erleichtern, diesen eigenwilligen Künstler mit seinem kaum überblickbaren Œuvre nahbarer zu machen.

Die meisten der Autoren stellten sich, ihrer Eitelkeit folgend, dicht an die Gloriole von Menzels Ruhm, um selbst etwas vom Glanz abzubekommen. Kaum einer von ihnen verzichtete darauf, die Ausführungen mit Anekdoten zu würzen, die besonders den greisen Künstler umrankten und überwucherten. Natürlich wurde die Feder der Interviewer und Memoirenschreiber in recht unterschiedlicher Weise geführt, mal mehr und mal weniger gewandt, mal fester und mal lockerer mit der Wahrheit verbunden. Häufig klingen eigene Interessenlagen an. So nimmt es nicht wunder, daß der Maler Paul Meyerheim auch auf Dinge eingegangen ist, die unmittelbar mit dem Schaffensprozeß in Verbindung gestanden haben. Andrerseits ist es verständlich, daß die dem Beruf des bildenden Künstlers Fernstehenden mehr auf Gewohnheiten bzw. Merkwürdigkeiten im Leben Menzels geachtet haben. Aber aus allen Texten spricht Hochachtung vor der Persönlichkeit und dem Werk. Kritisches wurde selten und wenn, dann nur verhalten angemerkt. Es konzentrierte sich im wesentlichen auf das eitle Vergnügen an Auszeichnungen und auf die starke Zurückhaltung des Künstlers in kunstpolitischen Fragen. So meinte der Porträtist Heinrich von Angeli: „Ein bewunderndes Wort hörte er gerne, die ihm verliehenen Orden und Titel machten ihm Riesenfreude.“[2] Und der schon erwähnte Paul Meyerheim legte den Finger auf die andere wunde Stelle und vertrat die Ansicht: „Er hätte gewiß in manchen Kunstfragen kritisch einschneidend und bessernd wirken können, wenn er mit seiner Meinung nicht so zurückhaltend gewesen wäre. In den Sitzungen der Akademie äußerte er selten eine

Meinung ..."[3] Menzel selbst sah seine Reichweite freilich etwas anders und schrieb 1879 dem befreundeten Graphiker Carl Friedrich Gustav Lüderitz: „Ich kann in der Akademie nicht 'mal eine Mitgliedschaft oder nur eine kleine Medaille für wen durchsetzen!"[4]

II.

Menzel muß ein sehr geistvoller und anregender Gesprächspartner gewesen sein. Zu den besten Gewährsmännern hierfür zählt Theodor Fontane, der 1884 dem Chefredakteur der „Vossischen Zeitung" über Menzel geschrieben hat: „Wenn Sie den treffen und ... ein Gespräch führen könnten, so würden Sie sehr auf Ihre Kosten kommen. Denn er spricht nie Blech. Es ist immer – auch noch da, wo's nicht so aussieht – was Apartes dahinter. Selbst seine Trivialitäten sind keine."[5]

Menzel wirkte in Unterredungen immer sehr konzentriert und sprach anschaulich und treffsicher. Seine Ausführungen waren voller Lebendigkeit und reich an Aperçus. Schon 1854 äußerte der Kunsthistoriker Friedrich Eggers im „Deutschen Kunstblatt" über ihn: „Vielseitig gebildet, erfreut er auch im literarischen Kreise durch Schärfe, Prägnanz und Originalität seines Urteils."[6]

So erfreulich der Umstand ist, daß überhaupt Dialoge mit Menzel überliefert worden sind, so bleibt es bedauerlich, daß sie leider nur aus den letzten Lebensjahren des Künstlers stammen, also aus einer Zeit, in der sich die Ehrungen gehäuft und die Legenden über ihn zugenommen haben und ein regelrechter Menzel-Kult betrieben worden ist. Kurzum, es sind die Ansichten des Arrivierten, und bei aller Ehrlichkeit und Geradlinigkeit ist er natürlich eher geneigt gewesen, den Denkmalsockel, auf dem er mittlerweile fest stand, zu polieren als zu beschädigen. Einige Fakten in seiner Biographie bewertete er gewiß von diesem erhöhten Standort. Andrerseits ist beim Wiedergeben des Gesagten immer auch die Subjektivität der Übermittler in Rechnung zu stellen.

Drei Publizisten und Schriftsteller sowie ein Maler, die

alle in Berlin lebten, haben die in dieser Anthologie enthaltenen Gespräche überliefert. Besonders aufschlußreich sind die Ausführungen von Ottomar Beta (1845–1913), wenngleich sie etwas weitschweifig und spröde wirken. Zweifelsohne hat er es verstanden, das Augenmerk auf das Geistige in Menzels Kunst zu lenken. Dementsprechend betonte er: „Der gedankliche Inhalt bleibt diesem Meister immer das Maßgebende.“[7] Zu Recht wandte er sich gegen die Interpretation seines Schaffens mit der Realismus-Brille: „Denn dieser Realist ist zugleich Phantast, Satiriker, Symbolist und Grübler.“[8] Von besonderem Interesse sind jedoch die durch Beta überlieferten Äußerungen Menzels über sein Verhältnis zu den Hohenzollern und dem Magistrat. Es ist schon erstaunlich, daß ihnen zufolge der Künstler lange Zeit in dem Glauben gelassen worden ist, er dürfe entscheidend an der bildkünstlerischen Ausstattung des Neuen Rathauses in Berlin mitwirken. Erhellend sind aber auch die Hinweise zur Nichtvollendung des Gemäldes „Ansprache Friedrichs des Großen an seine Generale vor der Schlacht bei Leuthen 1757“ und die Bemerkungen über die Entstehung des Krönungsbildes. Da Beta selbst als Maler und Zeichner dilettierte, besaß er ein Gespür für Schaffensfragen. Allerdings ist seine Eitelkeit und Geistreichelei der Sache etwas abträglich geworden. Auffällig häufig flocht er fremdsprachige Wendungen in die Rede, um geistige Weite zu betonen. Doch andrerseits war er so ehrlich, Menzels an dieser Stelle ansetzende Kritik getreu zu überliefern, der ihm nämlich auf den Kopf zugesagt hat: „Behalten Sie Ihre Fremdworte in der Tasche.“[9]

Betas Entwicklung war recht kompliziert verlaufen. Sein Vater, der Publizist Heinrich Beta, war nach der 48er Revolution wegen einer politischen Broschüre der Anstiftung zum Hochverrat bezichtigt worden und deshalb nach England geflüchtet. Ottomar Beta zog 1853 als Achtjähriger zum Vater nach London und kehrte erst 1862, nachdem Wilhelm I. eine Amnestie erlassen hatte, mit ihm nach Berlin zurück. Nach Beschäftigung mit praktischer Ökonomie sowie Studien in Chemie und

Landwirtschaft in Halle und Leipzig lebte er seit 1868 als freier Schriftsteller in der preußischen Metropole. Ottomar Beta verfaßte eine ganze Reihe von Dramen, Novellen, Romanen und Essays, die mittlerweile der Vergessenheit anheimgefallen sind.[10]
Ein wesentlich gewandterer Schreiber war Julius Norden (1849–1907), der Menzel 1900 im Atelier aufgesucht hatte. Sehr aufschlußreich sind die von ihm festgehaltenen Kommentare des Künstlers über seine Arbeitsweise und die Überarbeitung eines 1850 entstandenen Porträts, und bemerkenswert sind auch die wiedergegebenen Ansichten Menzels über die zeitgenössische Kunst. So erfahren wir, daß der Künstler durchaus die große Bedeutung der französischen Malerei erkannt hat, wenngleich mit einigen Einschränkungen, und daß er die Schweizer Arnold Böcklin und Ferdinand Hodler sowie den Deutschen Hans von Marées abgelehnt hat, gewiß wegen der zu geringen Naturwahrheit in ihren Bildern.
Obwohl Norden eine Unmasse von Erzählungen für Kinder und Jugendliche sowie etliche Schauspiele verfaßt hat, so ist er heute nur noch bestenfalls als der Autor der „Berliner Künstlersilhouetten“ (Leipzig 1902) bekannt, in denen er zu einer ganzen Reihe namhafter Maler des 19. Jahrhunderts beachtenswerte Fakten und Beobachtungen zusammengetragen hat.[11]
Auch das literarische Schaffen des wesentlich jüngeren Axel Delmar (1867–1929) ist von der Nachwelt weitestgehend unbeachtet geblieben.[12] Er muß ein recht unruhiger Geist gewesen sein. Nachdem er bis zum 16. Lebensjahr verschiedene Schulen besucht hatte, trieb er autodidaktische Studien und bereiste Rußland, Italien und Dänemark. Als Zwanzigjähriger wurde er Schauspieler. Nach Auftritten in verschiedenen Provinzen kam er 1888 an das Königliche Schauspielhaus in Berlin, wo er kleine Rollen und dann auch die Stelle eines Regieadjunkten erhielt. Mit dem Wechsel in der Direktion gab er diese Tätigkeit auf, und fortan begann er sich ganz der Schriftstellerei zu widmen. 1895 wurde er Feuilleton-Redakteur des „Berliner Fremdenblatts“. Spä-

ter kehrte er zur Regiearbeit zurück, so war er 1904/05 Oberregisseur am Königlichen Theater in Kassel und 1906 in derselben Funktion am Neuen Theater in Berlin tätig. Von Oktober 1902 bis Juli 1903 war er Menzels Bevollmächtigter in Ausstellungsangelegenheiten, und aus dieser Arbeit resultierten auch die überlieferten Gespräche. Im Vergleich zu Beta und Norden legte er mehr Wert auf Anekdotenhaftes, aber auch er beleuchtete sehr anschaulich einige Charakterzüge, Lebensgewohnheiten und Schaffensfragen. Durch Delmar erhalten wir Kenntnis über Menzels Einstellung zum Tode, seine Haltung zu den Frideriziana und seine Meinung über seine frühen Ölskizzen, die er als unfertige Bilder angesehen hat. Im Alter dachte Menzel viel über seine Bilder nach und hinterfragte etliches an ihnen. So warf er Delmar die zentnerschweren Worte hin: „... enfin bestand die Hälfte meines Lebens aus Reue. So oder so!“[13]
Seit den frühen 70er Jahren bestanden zwischen Menzel und dem Berliner Maler Albert Hertel (1843–1912) persönliche Kontakte. Der wesentlich jüngere Kollege hatte nämlich im Sommer 1870 Clara Herrmann geheiratet, die Tochter des Bankiers Magnus Herrmann, der wiederum bei Menzel das Gemälde „Abreise König Wilhelms I. zur Armee am 31. Juli 1870“ bestellt hatte. Auf besagtem Bild ist übrigens auf dem im Vordergrund befindlichen Balkon das jung vermählte Paar Hertel zu sehen. Da Menzel häufiger Gast der Familie Herrmann war, wurde zugleich auch die Verbindung zu Hertel fester. So wurde Menzel der Pate von Hertels Sohn Fritz, dem er 1889 zur Einsegnung ein Gesangbuch mit einer Federzeichnung verehrte.[14]
Albert Hertel, den der Kunstschriftsteller Alfred Rosenberg „einen der glänzendsten Koloristen der Berliner Schule“ nannte, war an der Berliner Akademie Schüler Eduard Meyerheims gewesen.[15] In den Jahren von 1863 bis 1867 hatte er dann seine Ausbildung in Rom fortgesetzt, wo er unter Einfluß von Franz Dreber und Anselm Feuerbach geraten war. Einige Zeit hatte er dann in Düsseldorf und seit 1875 ständig in Berlin gearbeitet. In der preußischen Metropole wurde er durch Anton von

Werner sehr gefördert. 1901 übernahm er an der Akademie ein Meisteratelier für Landschaftsmalerei. Hertel besaß übrigens enge Verbindungen zum Kaiserhof: So gab er der Kronprinzessin Viktoria Malunterricht und konnte sich einiger Atelierbesuche des späteren Kaisers Wilhelm II. erfreuen. Bei der bildkünstlerischen Ausgestaltung des Berliner Doms wurde er mit herangezogen und führte dort im Treppenhaus der kaiserlichen Loge einige Landschaftsbilder mit heiligen Stätten aus. Der künstlerische Einfluß seitens Menzels war wohl unerheblich. Vielleicht hatte der ältere Künstler Anteil daran, daß sich der jüngere in den 80er Jahren sehr intensiv der Aquarellmalerei zuwandte.
Hertels Aufzeichnungen entnehmen wir die Ironie Menzels über herkömmliche Auffassungen von Himmel und Hölle. Bekanntlich stand der Künstler in Glaubensfragen dem von ihm so häufig ins Bild gesetzten Freigeist Friedrichs II. nahe. Gleichfalls von Interesse sind aber auch die wiedergegebenen Äußerungen Menzels über die Entstehung und Aufnahme seines Hochkirch-Bildes.
Während die Gespräche von Beta, Norden und Delmar noch zu Lebzeiten Menzels gedruckt worden sind, so daß dessen Einverständnis mit dem Notierten angenommen werden kann, hat Hertel seine beiden mit matter Feder geschriebenen Reportagen und Erinnerungen erst sieben Jahre nach dem Tode des Künstlers veröffentlicht. Er wollte nicht zuletzt durch die Einbeziehungen amüsanter wie sehr bezeichnender Anekdoten Schlaglichter auf den großen Maler und geistreichen Menschen werfen und „das zarte und intime Gemüt dieses nach außen hin oft so herrisch, ja tyrannisch dareinschauenden Mannes vor Augen führen".[16]

III.

Auch die meisten Erinnerungen an Menzel betreffen den greisen, im gleißenden und wärmenden Licht des Ruhmes stehenden Künstler. Nur wenige Schreiber gingen also auf Begegnungen mit dem jungen und reifen Menzel ein. Zu ihnen gehören Carl Johann Arnold, Paul Heyse, Helge Evers-Milner und Paul Meyerheim.

Carl Johann Arnold (1829–1916), der Sohn von dem Tapetenfabrikanten und Maler Carl Heinrich Arnold, mit dem Menzel seit 1833/34 befreundet war, hatte von Kindesbeinen an Kontakt zu ihm und bekam häufig Hinweise für die ins Auge gefaßte künstlerische Laufbahn. 1846 erhielt er sogar ein Vierteljahr lang Zeichenunterricht von ihm, und als dann 1847/48 Menzel in Kassel am Karton „Empfang der Herzogin Sophie von Brabant mit ihrem Sohn Heinrich zu Marburg im Jahre 1248" arbeitete, war der junge Arnold als Handlanger behilflich. Einen systematischen künstlerischen Unterricht hatte der Fabrikantensohn an den Akademien von Kassel und Antwerpen erhalten. 1853 kam er erneut nach Berlin, wo er wiederum für einige Zeit bei Menzel wohnte und arbeitete. Später, um 1886, zog er dann nach Weimar, und zwar in erster Linie aus gesundheitlichen Gründen. Als Illustrator arbeitete er für Zeitschriften wie „Die Gartenlaube" und „Über Land und Meer". Daneben schuf er eine Reihe von Porträts, aber das Beste leistete er wohl als Tier- und Genremaler. Freilich gelangte er nirgends über ein Mittelmaß hinaus. Zu Recht bemängelte Adolf Rosenberg sein „flaues und stumpfes Kolorit"[17]. Bereits während seiner Ausbildung in Antwerpen erkannte er seine engen Grenzen auf künstlerischem Gebiet, und gewiß stand er als Künstler weit hinter den anderen beiden Menzel-Schülern, Fritz Werner und Paul Meyerheim.

Arnold hat Menzel häufig gezeichnet, u. a. wie dieser 1846 im Kreise der Familie an den Illustrationen zu den Werken Friedrichs des Großen oder 1847/48 am Kasseler Karton arbeitete.[18] Glücklicherweise hat sich auch die Darstellung erhalten, die der junge Arnold in Menzels Atelier von jener Szene anfertigte, die er in seinen Erinnerungen geschildert hat. Sie gibt wieder, wie der fanatische Zeichner und Lehrer das ohnmächtig auf dem Sofa liegende Modell skizziert.[19] Andrerseits hat auch Menzel ihn mehrfach porträtiert. Im Sommer 1854 haben sogar beide Künstler ein später zugrunde gegangenes Gemeinschaftswerk geschaffen, nämlich ein Wandbild an der Rückwand einer offenen steinernen Halle im Hofe des Grundstücks Ritterstraße 42 und 43. Die Tochter des Hauseigentümers berichtete darüber: „Das Bild stellte eine weinumrankte Pergola dar, mit einer niedrigen Balustrade versehen. Über diese Balustrade hinaus blickte man in eine liebliche Feld- und Hügellandschaft, durch deren Himmel in der Ferne ein Schwalbenschwarm dahinzog. Im Vordergrund aber, zu beiden Seiten der Balustrade, stand je eine Gruppe von Hausbewohnern und unter ihnen mein Vater, Arnold, Puhlmann und Menzel selbst. ... Die umrahmende Pergola sowie die Landschaft stammten von dem Maler Arnold, die Personen im Vordergrund aber waren das Werk von Menzels Meisterhand.“ [20] Wahrscheinlich war das Bild in Wasserglasmalerei ausgeführt worden und eine Probearbeit für die im Folgejahr in der Maienburg geschaffenen Wandbilder gewesen, die die Hochmeister Siegfried von Feuchtwangen und Ludger von Braunschweig darstellten und die im Zweiten Weltkrieg leider zerstört wurden.

Der Dichter und Schriftsteller Paul Heyse (1830–1914) berichtete in seinen Memoiren von einer launigen Aufführung seines „Erstlingswerks“ „Der dankbare Räuber“, in der Menzel „in Kinderkleidchen am Boden kauerte und sehr ernsthaft mit einem hölzernen Pferde spielte“.[21] Daß Menzel, der sehr unter seiner Zwergwüchsigkeit litt, eine derartige Rolle übernommen hat, läßt sich nur damit erklären, daß das Spiel im engsten Bekanntenkreis und zur Ehrung eines Freundes erfolgt ist. In der Tat kannten sich Menzel und Heyse gut, gehörten doch beide dem Kreis um den vielseitigen Kunsthistoriker und Schriftsteller Franz Kugler sowie der literarischen Gesellschaft „Tunnel über der Spree“ an. Den Kontakt zwischen ihnen erleichterte einerseits das literarische Interesse Menzels und andererseits das Verständnis des Dichters für die bildende Kunst.

Heyse war gebürtiger Berliner, hatte in seiner Vaterstadt sowie in Bonn klassische Philologie studiert und 1852 den Doktortitel erworben. 1854 heiratete er Margarete, die Tochter Franz Kuglers, und im selben Jahr folgte er einer Berufung des bayerischen Königs Maximilian II. nach München, wo er bis ans Lebensende wirkte. In der bayerischen Metropole hat Menzel ihn des öfteren aufgesucht. Als schönstes Zeugnis von Menzels Verehrung des Dichters mag das mit Pastellkreide und Deckfarben ausgeführte Porträt Heyses gelten.[22]

Helge Evers-Milner, eigentlich Katharina Elisabeth Ottilie Evers geb. Milner, war die älteste Tochter von Elisabeth Milner. Ihr Vater stammte aus einer deutsch-englischen Familie, und ihr Großvater väterlicherseits, Sir James Richardson Milner, lebte als angesehener Geschäftsmann in Manchester. Sie verfaßte über ihre Mutter, die in erster Ehe mit Adolph Menzels Bruder Richard verheiratet gewesen war, das Buch „Ein Frauenbild aus der Menzelzeit", in dem sie auch auf die beiden Menzels einging. In zeitlicher Nähe dazu schrieb sie den Aufsatz „Adolph Menzel und die Mamsell" für „Velhagen und Klasings Monatshefte", in dem sie Berichte ihrer Mutter weitererzählte. Diese Erinnerungsstücke aus zweiter Hand beziehen sich offensichtlich auf die erste Hälfte der 1860er Jahre, in denen sich Adolph Menzel mehrfach auf dem Gut von Friedrichsaue bei Küstrin im Oderbruch aufgehalten hat.

Feste Freundschaftsbande hatte Menzel zu der aus Danzig stammenden Künstlerfamilie Meyerheim geknüpft. Natürlich war die Verbindung zu dem sieben Jahre älteren Genremaler Eduard Meyerheim besonders eng. Ihn schätzte er nicht zuletzt wegen seiner Geradlinigkeit und Offenherzigkeit im Kunsturteil und der Wirklichkeitsnähe seiner Bilder. Meyerheim hatte die Schwester des Berliner Bildhauers Friedrich Drake geheiratet. Aus dieser Ehe gingen die beiden Söhne Franz und Paul hervor, die sich gleichfalls der bildenden Kunst verschrieben und an der Berliner Akademie ihre Ausbildung erfuhren. Beide lehrten dann später selbst an dieser Einrichtung; ersterer leitete das anatomische Zeichnen und letzterer die „Tierklasse". Der bedeutendere der beiden Söhne war zweifellos Paul Meyerheim (1842–1915), der rasch zu Erfolgen gelangte und in der Tat zu den bemerkenswertesten Berliner Malern des letzten Jahrhundertdrittels zählte. Wenngleich er schon von vielen Zeitgenossen der „Löwen-Meyerheim“ genannt wurde, da er sich mit vielen Löwenbildern hervorgetan hatte, so reichte seine Themenskala von der Tierdarstellung über das Porträt, Stilleben und die Landschaft bis zum Genrebild. Sein Hauptwerk, der Zyklus zur „Geschichte der Lokomotive“, den er in den 1870er Jahren für die Gartenhalle in der Borsigschen Villa in Berlin auf Kupfer gemalt hat, weisen ihn als einen auf der Höhe der Zeit stehenden Künstler aus.[23] Die 1860er und 70er Jahre waren wohl seine Glanzzeit. Offensichtlich hat er später nur noch wenig Neues hinsichtlich der Thematik und Gestaltungsweise gewagt und sich auf seinen Lorbeeren ausgeruht. Dessenungeachtet war er ein technisch versierter Maler mit entwickeltem koloristischen Sinn und ein virtuoser Aquarellist.

„n' oller Stiebel von Menzel ist mir lieber als de janze Sixtin'sche Madonna“, soll Paul Meyerheim einmal gesagt haben.[24] Diese Worte sind ein überspitztes Bekenntnis zu einer naturnahen Gestaltungsweise und eine schroffe Ablehnung idealisierender Kunst, und sie drükken natürlich die hohe Wertschätzung der Arbeiten Menzels aus. Der Kunstschriftsteller und Publizist Ludwig Pietsch meinte über die Stellung dieses Malers zu Menzel: „Paul Meyerheim zählt eigentlich zu den indirekten Schülern dieses Bahnbrechers und Hauptes der realistischen Berliner Malerschule“.[25] Gewiß bot Menzel ihm eine wichtige Orientierung für eine stark realitätsbezogene Kunst, und zweifelsohne gab ihm der Freund des Hauses so manchen Rat. Meyerheim war, wie gesagt, ein exzellenter Aquarellist und herausragender Tiermaler. Sicherlich ist für ihn das 1863 von Menzel begonnene „Kinderalbum“ mit seinen zahlreichen Tierdarstellungen, eine Glanzleistung europäischer Aquarell- und Deckfarbenmalerei, richtunggebend geworden. Auch er wob gern um die wiedergegebenen Tiere Geschichten und Geschichtchen und verstand es, einfühlsam das Individuelle der „Akteure“ herauszuarbeiten.

Paul Meyerheim war vielseitig begabt. Wenngleich die Malerei sein Hauptfeld war, so pflegte er auch seine musikalischen und kunstschriftstellerischen Neigungen. Er sang gut und war ein „wohlgeschulter Cellospieler“[26], und er wußte ganz gewandt die Feder zu führen, was am besten seine Erinnerungen an Menzel belegen, in denen er warm und farbenreich, lebendig und stilistisch ungeschraubt berichtet hat. Wenngleich sich in dem Buche die Anekdoten häufen, so hat er doch auch feine Beobachtungen zur Arbeitsweise überliefert. Als Künstlerkollege und langjähriger Akademielehrer achtete er auf das Technisch-Handwerkliche von Menzels Schaffen. Gleich auf den ersten Seiten begründete er dieses Vorgehen: „Alten und neueren Kunstschriftstellern kann der Künstler und die Welt für das, was sie uns überlieferten, zwar sehr dankbar sein, doch vermissen wir Künstler immer gewisse technische Mitteilungen, die uns genaue Aufschlüsse über die Prozedur des Malens und das Entstehen der alten Meisterwerke geben.“[27] Sein reiches kunsthistorisches Wissen, das sich Meyerheim im Laufe der Zeit angeeignet hat, leuchtet allenthalben aus seinem Menzel-Buch heraus. Hinsichtlich des Umfangs wie der Faktenfülle sind Meyerheims Erinnerungen an Menzel sehr ergiebig für jeden, der sich etwas eingehender mit dem Leben und Werk dieses Künstlers befassen möchte. Er ging auf Begegnungen ein, die den zeitlichen Bogen von der Mitte des 19. bis zum Anfang des 20. Jahrhunderts spannen, also den reifen und alten Menzel vorstellen. Die nun folgenden Autoren, die hier in füglicher Kürze vorgestellt werden, überlieferten Erinnerungen an den alten Menzel, die in die Zeit von den 1870er Jahren bis 1905 führen.

Georg Friedlaender (1843–1914) erhellt in seinen Ausführungen jene seltsame Reaktion Menzels auf das Gedicht „Auf der Treppe von Sanssouci“, das Theodor Fontane dem Künstler zum siebzigsten Geburtstag übergeben hat. Er konnte Licht in diese Angelegenheit bringen, da er der wichtigste Briefpartner des alten Fontane war und viele gemeinsame Stunden mit dem Dichter verbracht hatte. Friedlaender entstammte einer Altberliner Gelehrtenfamilie, war in der preußischen Metropole aufgewachsen und hatte dort Jura studiert.

An den Einigungskriegen von 1866 und 1870 hatte er aktiv teilgenommen, in letzterem als Reserveleutnant. Später, 1886, veröffentlichte er das Erinnerungsbüchlein „Aus den Kriegstagen 1870", in dem er erwähnte, daß Menzel damals in der alten Havelfestung Spandau in französischem Dienst stehende Turkos und Zuaven gezeichnet hatte.[28] Nachdem Friedlaender das Doktorexamen abgelegt hatte, lernte er bei einem längeren Aufenthalt im Riesengebirge seine künftige Frau Elisabeth kennen, die Tochter des Juristen und Landwirts Heinrich Tillgner. 1877 ging er als Staatsanwaltschaftsgehilfe ans Bromberger Kreisgericht und 1879 begann er seine Tätigkeit als Amtsrichter in Schmiedeberg, wo er bis ans Lebensende blieb. Dort besuchte ihn seit 1884 Fontane des öfteren.

Der Schriftsteller und Literaturhistoriker Eduard Engel (1851–1938) überlieferte Menzels Ansichten über Raffaels Arbeit an der Sixtinischen Madonna. Der Künstler hatte sie während eines Essens im Hause des Geheimen Sanitätsrats Eulenburg vorgetragen. Engel stammte aus Stolp in Pommern und hatte von 1870 bis 1873 in Berlin Sanskrit und romanische Sprachen studiert. Nach der Promotion und ausgedehnten Reisen durch Europa ließ er sich 1875 als Schriftsteller in Berlin nieder. Von 1879 bis 1883 leitete er die Redaktion des „Magazins für die Litteratur des Auslandes", und seit 1882 war er Vorsteher des amtlichen Stenographenbüros des Deutschen Reichstages in Berlin. Außer Gedichten und Novellen verfaßte er eine „Geschichte der französischen Litteratur" (1882) und eine „Geschichte der englischen Litteratur" (1883) sowie das Buch „Eisenbahnreform" (1888). Im übrigen war er auch der Erfinder der Bahnsteigkarte und der Sommerzeit.

Zu dem Berliner Porträt- und Genremaler Hanns Fechner (1860–1931) hatte Menzel gelegentlich Kontakt. Während eines Studienaufenthaltes in Garmisch (wohl 1883) hatten sie sich kennengelernt. Etwas später suchte Fechner Menzels Atelier in Berlin auf, wo er sich insbesondere das 1884 vollendete Gemälde „Die Piazza d'Erbe in Verona" ansah. Auf diese beiden Begegnungen ging er in seinen Menzel-Erinnerungen ein. Er überlieferte die Ratschläge, die der betagte Künstler Kunststudenten auf den Weg gegeben hat, sowie dessen Streben nach Wiedergabe eines Augenblicks von einem Bewegungsablauf. Bedenkenswert sind aber auch die Gedanken Fechners über Menzels Kurzsichtigkeit und ihre Auswirkung auf die Arbeitsweise und -ergebnisse.

Fechner hatte seine Laufbahn hoffnungsvoll begonnen. In München war er drei Jahre Meisterschüler Franz Defreggers gewesen, und in Berlin erhielt er in jungen Jahren zwei wichtige Anerkennungen von der Akademie: 1887 den Rompreis und fünf Jahre darauf die kleine goldene Medaille. Er porträtierte zahlreiche Persönlichkeiten aus dem Berliner Geistesleben, so auch mehrere Male Theodor Fontane. Im Alter erblindete er. Sein bildkünstlerisches Werk ist weitgehend in Vergessenheit geraten, währenddessen sein literarisches Œuvre, insbesondere die Bücher „Spreehanns" (Berlin 1911) und „Menschen, die ich malte" (Berlin-Zehlendorf 1927), wenigstens noch einem kleinen Kreis regionalgeschichtlich Interessierter bekannt ist.

In ihren Menzel-Erinnerungen schilderte Agathe Herrmann mehrere Erlebnisse und Gespräche mit dem Künstler im Kreise ihrer Familie. Sie war die zweitälteste der vier Töchter des Berliner Bankiers Magnus Herrmann, der eine ganze Reihe von Bildern Menzels besaß und den Künstler häufig zu sich einlud. In Herrmanns Hofgasteiner Ferienhaus weilte Menzel mit den Seinen in den Sommern der Jahre 1872, 1873 und 1874. Dort zeichnete der Künstler u. a. auch die beiden Töchter Grete und Therese Herrmann beim Klavierspiel. Der Mäzen hatte selbst viel Sinn für Musik und spielte ausgezeichnet Violine. Im Hofgasteiner Landhaus musizierte er häufig mit dem Schwiegersohn Albert Hertel und Menzels Schwager Hermann Krigar. So war es naheliegend, daß Agathe Herrmann neben den engen Beziehungen Menzels zu ihrer Familie auch des Künstlers Verhältnis zur Musik andeutete.

Menzels am häufigsten aufgesuchtes Ferienziel war Kissingen. Über seine Aufenthalte in diesem beliebten Kur-

ort verfaßte die Publizistin und Kunstschriftstellerin Helene Vollmar (1855–um 1923) einen amüsanten Aufsatz. Sie war eine gebürtige Hallenserin und hatte ihr Lehrerexamen in Berlin abgelegt, wo sie auch anschließend ein Jahrzehnt als Lehrerin arbeitete. Dann widmete sie sich jedoch ganz der Schriftstellerei sowie karitativen Unternehmungen. Seit 1885 trat sie als Kunstkritikerin der „Norddeutschen Allgemeinen Zeitung“ in Erscheinung, und im Laufe der Zeit wurde sie für mehrere Zeitungen des In- und Auslands tätig. Seit 1892 gab sie mit ihrer Schwester, der Schriftstellerin Agnes Vollmar, die Zeitschrift „Heimatglocken“ heraus, und 1893 gründete sie den Heimatverein, eine Vereinigung gebildeter berufstätiger Frauen. In mehreren Ausgaben der „Modernen Kunst in Meisterholzschnitten“ kamen von ihr Aufsätze über Menzel zur Drucklegung.[29] Sie hatte den Künstler mehrfach im Atelier aufgesucht.
Auf Menzels München-Aufenthalte ging hingegen Hermann Roth, ein rühriger Mitwirkender im Münchner Künstlerhaus-Verein, in seinen Erinnerungen ein. Er schilderte liebenswürdig des Künstlers Gepflogenheiten und Auftreten in der bayerischen Metropole und brachte einige interessante Details zur Lebensweise Menzels ans Licht.
Wichtige biographische Einzelheiten und Hinweise auf den Charakter des Künstlers sind den Ausführungen von Max Jordan (1837–1906) zu entnehmen, der den Grundstein für die großartige Sammlung von Menzels Arbeiten in der Nationalgalerie gelegt hat.[30] Dieser namhafte Kunsthistoriker leitete seit 1871 dieses Museum und war von 1880 bis 1895 als Vortragender Rat im Preußischen Kultusministerium tätig. Unstreitig gehörte er zu denen, die vorbehaltlos für Menzel eintraten. Er erwirkte nicht nur zahlreiche Ankäufe seiner Arbeiten für die Nationalgalerie, sondern veröffentlichte auch gemeinsam mit Robert Dohme „Das Werk Adolph Menzels“ (3 Bde., München 1885/90). Durch Jordans hier abgedruckten Aufsatz erfahren wir u. a., daß der Künstler ganz erheblich in diese Monographie hineindirigiert hat.
In des Malers Anton von Werner (1843–1915) Memoi-

ren ist mehrfach von Begegnungen mit Menzel die Rede. Obgleich sich beide ungewöhnlich hoher Wertschätzung am Hohenzollernhofe erfreuten, lagen Welten zwischen ihnen. Schon ihre Elternhäuser waren grundverschieden, denn Werner entstammte einer Familie von Militärs und Landwirten, die in Ostelbien über Güter verfügte, während Menzel aus ärmlichen Verhältnissen kam. Und auch die Künstlerlaufbahn verlief unterschiedlich: Werner absolvierte das Kunststudium an den Akademien von Berlin und Karlsruhe, jedoch Menzel hatte die Akademie nur wenige Monate besucht. Werner kam schon in jungen Jahren mit den Hohenzollern in direkte Berührung. Mit einer Empfehlung der Großherzogin von Baden an den preußischen Kronprinzen Friedrich Wilhelm ging er im Januar 1871 nach Versailles, um der Kaiserproklamation beizuwohnen, die er dann in der Folgezeit in mehreren Bildvarianten wiedergab.

Seit 1867 stand Menzel mit Anton von Werner in persönlicher Verbindung, und er äußerte sich über ihn und seine Kunst in der Öffentlichkeit lobend, jedoch im kleinen Kreis zurückhaltend und manchmal auch kritisch. Natürlich sah er die Mängel in Werners Bildern, aber letztlich betrachtete er ihn als einen Bewahrer eines erscheinungsgetreuen Realismus, der seit Daniel Chodowiecki und Franz Krüger eine ganz wichtige Rolle in der Berliner Kunst gespielt hatte. Und dann darf nicht vergessen werden: Anton von Werner war ein Machtfaktor erster Größe. Nie zuvor hat es in Preußen und Deutschland einen Künstler gegeben, der über so starken Einfluß auf die Kunstpolitik verfügte. Seit 1875 war er Direktor der Königlichen Akademischen Hochschule für die bildenden Künste und von 1887 bis 1895 auch Vorsitzender des Vereins Berliner Künstler. Und was besonders schwer wog: Er war der Hofchronist der Hohenzollern. Freilich war ihm das auch zum Verhängnis geworden, denn willfährig beugte er sich ihrem Diktat und verlor dabei immer mehr an Niveau.

Anton von Werners Memoiren enthalten aufschlußreiche Bemerkungen zu Menzels Urteilen über einige zeitgenössische Maler sowie Hinweise, die die Menzel-Stiftung zur Förderung junger Künstler und andere Ehrungen anläßlich des 70. Geburtstages des Künstlers betreffen. Natürlich versäumte er nicht, die wohlwollende Haltung der Hohenzollern gegenüber Menzel hervorzuheben.

Der Fürstengunst erfreute sich auch der Österreicher Heinrich von Angeli (1840–1925). Zwischen ihm und Menzel bestanden seit den 70er Jahren persönliche Kontakte. Er schuf ein Porträt von ihm und erwarb andrerseits die Zeichnung „Abendgesellschaft bei der Gräfin Schleinitz" (1875), auf der Menzel auch Angeli und Anton von Werner wiedergegeben hatte. Letzterer meinte in seinen Memoiren über Angeli: „Vorzüglicher Maler, geschulter Sänger, vollendeter Kavalier, ein moderner van Dyck, brachte er mit seinem munteren Wiener Wesen und seinem durch keine höfischen Schranken beengten Witz eine neue Note in den kronprinzlichen Kreis jener damals noch so fröhlichen Zeit."[31] Seine Ausbildung hatte Angeli seit 1854 an den Akademien von Wien und Düsseldorf erhalten. Von 1859 bis 1862 lebte er dann in München und anschließend in Wien, wo er 1876 Professor an der Kunstakademie wurde. Sein Hauptfeld war das Porträt, und nach und nach entwikkelte er sich zum „Fürstenmaler ganz Europas" (A. Springer).[32] So hielt er auch etliche Mitglieder der Hohenzollernfamilie im Bilde fest, u.a. den Kronprinzen Friedrich Wilhelm (den späteren Kaiser Friedrich III.) und den jungen Kaiser Wilhelm II.

Kurz nach dem Tode Menzels veröffentlichte Angeli in der Wiener „Neuen Freien Presse" einen Aufsatz, in dem er mit gewandter Feder einige Leistungen und Auffassungen des Verstorbenen bewertete. Er betonte darin Menzels Vielseitigkeit und enorme künstlerische Höhe in den verschiedenen Bereichen. Und natürlich lenkte er als Maler das Auge auf das Handwerkliche und bewunderte insbesondere die virtuose Zeichenkunst. Nachdrücklich wies er auf Menzels grundsätzliche Ablehnung der nazarenischen Kunst, die von dessen Realismusauffassung am weitesten entfernt lag. Und schließlich ging

er auf Menzels Eitelkeit ein, die er sozusagen als die Achillesferse des überragenden Künstlers ansah.
Der namhafte norddeutsche Kunsthistoriker, -pädagoge und -schriftsteller Alfred Lichtwark (1852–1914) ging in mehreren seiner zahlreichen Briefe an den Vorsitzenden der Kommission für die Verwaltung der Hamburger Kunsthalle auf Menzel ein. Diese Dokumente weisen ihn als scharfen Beobachter und sachlichen Schilderer aus. Wenngleich seine Schreiben in erster Linie Berichte an die Vorgesetzten über die Ergebnisse seiner Dienstreisen für die Hamburger Kunsthalle waren, deren Leitung er fast drei Jahrzehnte innehatte, so besaßen sie doch eigentlich mehr den Charakter von Tagebuchaufzeichnungen. Der bekannte Berliner Maler und Graphiker Max Liebermann hat Lichtwarks Schreibstil einmal treffend charakterisiert: „phrasenlos, stark und scharf ohne irgendwelche Koketterie oder das Brillantfeuerwerk des Feuilletonisten, der seinen Geist leuchten lassen will. Er ist rein sachlich und daher – klassisch.“[33]
Von besonderem Interesse ist Lichtwarks Schilderung des Wohn- und Empfangszimmers Menzels mit seinem Bilderprogramm, das wichtige Aufschlüsse über das Verhältnis zur älteren und zeitgenössischen Kunst gibt. Sehr wertvoll sind jedoch auch seine Notizen über die Gemälde „Aufbahrung der Märzgefallenen“ und „Bon soir messieurs! – Friedrich der Große in Lissa“, die Auskünfte Menzels enthalten.
Lichtwark, Sohn eines Müllers und einer Nachkommin von Johann Sebastian Bach, hatte erst 1880 als Achtundzwanzigjähriger das Kunstgeschichtsstudium an der Leipziger Universität aufgenommen. Doch bereits im Herbst des darauffolgenden Jahres nahm er am Berliner Kunstgewerbemuseum eine Stelle als wissenschaftliche Hilfskraft an, und 1884 wurde er dort Bibliothekar. Seit 1886 leitete er dann die Hamburger Kunsthalle und baute ihre Sammlung mit viel Glück und Geschick auf. Frühzeitig bemühte er sich dabei auch um Arbeiten Menzels.
Der holländische Maler, Graphiker, Zeichner und Kunstschriftsteller Jan Veth (1864–1925) hat in seinen

Ausführungen den achtundachtzigjährigen Menzel vorgestellt. Dabei lassen sich einige kritische Töne vernehmen, so, wenn er in ihm „den Typus eines scharf denkenden, hartnäckigen Spießbürgers" sieht.[34] Auch nannte er ihn den „preußischen Positivisten", der „zeichnet, um zu zeichnen"[35], und trug damit zu einem Klischee bei, das viele Kunsthistoriker verwendet haben. Aber Menzel hat keineswegs etwas ins Bild gesetzt, ohne es zu bewerten, und er hat auch nicht wahllos gezeichnet, sondern vielmehr, um Gestaltungsprobleme zu klären, sich einen Vorrat für in Arbeit befindliche, geplante oder etwaige Bilder zu schaffen, und oftmals auch, um Spuren zu sichern, das heißt vom Verfall bedrohtes Menschenwerk bildlich zu erhalten. Die souveräne Beherrschung des Handwerklichen zu erlangen und zu bewahren war also nur ein Aspekt beim Zeichnen.

Veth hatte sein Rüstzeug an der Amsterdamer Kunstakademie erhalten. 1885 gründete er den Niederländischen Radier-Verein, und im folgenden Jahr begann er zu schriftstellern. 1896 führte er in Berlin mehrere Porträtaufträge aus und zeichnete auch den alten Menzel. Er war der Berliner Kunstszene sehr verbunden und sogar Mitglied der Sezession.

Am Schluß der Anthologie befinden sich drei Aufsätze über Menzel, die Nachrufcharakter besitzen, zugleich aber auf persönliche Beziehungen der Autoren zu dem Künstler eingehen. Besonders ergiebig sind die Ausführungen des aus Danzig stammenden Publizisten und Zeichners Ludwig Pietsch (1824–1911), der jahrzehntelang zum engsten Freundeskreis Menzels gehört hat. Sie enthalten Angaben über die 1865 von Menzel vorgenommene Vernichtung eigener Arbeiten wie auch Hinweise auf des Künstlers Parisaufenthalt im Jahre 1867. Der Kontakt zwischen den beiden war 1861 zustande gekommen, nachdem Pietsch in der Haude- und Spenerschen Zeitung einige Berichte über die erste große Berliner Menzel-Ausstellung geschrieben hatte. 1868 veröffentlichte er dann das „Menzel-Album" im Verlag Gustav Schauers und bedachte auch in der Folgezeit Menzels Kunst in zahlreichen Aufsätzen und Rezensionen mit lobenden und einfühlsamen Worten. Im Jahre 1879 erschien von ihm ein umfänglicher Essay über Menzel in der von Paul Lindau herausgegebenen Monatsschrift „Nord und Süd“, in dem er ihn in die realistische Tradition der Berliner Kunst stellte und kenntnisreich seine künstlerische Laufbahn schilderte.[36] Die Freundschaft der beiden Wahlberliner währte bis zu Menzels Lebensende. Zum Geburtstag pflegte Menzel ihm immer eine Zeichnung zu schenken, und Pietsch meinte in den „Persönlichen Erinnerungen an Adolph Menzel“: „Noch am letzten 25. Dezember (1904) sandte er mir ein solches Blättchen ...“[37]

Die zeitgenössischen Meinungen über Pietsch gingen ziemlich weit auseinander. Der russische Schriftsteller Iwan Turgenjew, der ihm freundschaftlich verbunden war, nannte ihn einen „Koloß von Geduld und Gutmütigkeit“[38], währenddessen Theodor Fontane über ihn äußerte: „Als Charakter steht er ganz tief, ist Null, zählt nicht mit, aber sein Journalistisches ist nicht bloß ersten Ranges, sondern ganz einzig in seiner Art.“[39]

Pietsch wurde als Sohn eines Regierungsrates in Danzig geboren. 1841 ging er nach Berlin und nahm dort an der Kunstakademie das Studium auf. Seit den frühen 50er Jahren setzte seine publizistische Tätigkeit ein, so schrieb er Kommentare zu Zeichnungen für die „Leipziger Illustrierte Zeitung“. Seit etwa 1858 wandte er sich mehr und mehr der Kunstschriftstellerei zu, und seit 1864 war er als Mitarbeiter an der „Vossischen Zeitung“ für Kunstkritik, Gesellschafts- und Reiseberichte zuständig. Als Korrespondent verschiedener Zeitschriften bereiste er viele Länder in Europa, Afrika und Asien, so fuhr er 1869 zur Eröffnung des Suezkanals nach Ägypten, erlebte er 1870/71 den Deutsch-Französischen Krieg im Hauptquartier des damaligen Kronprinzen, begleitete er 1874 den Kronprinzen nach Rußland und im Jahr darauf Kaiser Wilhelm I. nach Mailand. In Paris hielt er sich mehrere Male auf, so 1863, wo er bei Charles Gleyre Malstudien trieb, sowie 1867 und 1889, wo er Berichte über die Weltausstellungen verfaßte. Auf bildkünstlerischem Gebiet war er vornehmlich als Pressezeichner und Illustrator in Erscheinung getreten. Hervorzuheben sind hier seine Bilder zu Theodor Storms „Immensee“ (1856) und Fritz Reuters „Ut mine Stromtid“ (1864/65) sowie seine Zeichnungen für die Zeitschriften „Daheim“ und „Die Gartenlaube“. Pietsch war ein sehr geselliger Mensch und führte in den 70er Jahren regelmäßige Sonntagsempfänge durch, zu denen sich etliche bildende Künstler und Schriftsteller einfanden.[40]

Der Schriftsteller und Publizist Paul Lindenberg (1859–1944) kannte Menzel von mehreren Atelierbesuchen her. Der gebürtige Berliner hatte in Görlitz das Gymnasium besucht und zunächst im Buchhandel und dann seit 1879 in der Redaktion des „Neuen Görlitzer Anzeigers“ gearbeitet. Von 1882 bis 1894 war er an der „Deutschen Rundschau“ in Berlin tätig. Einen Namen machte er sich mit Buchpublikationen zum Berliner Leben, so mit „Berliner Polizei und Verbrechertum“ (1892) und „Berlin in Wort und Bild“ (1895). In seinen noch am Todestag Menzels für das „Posener Tageblatt“ verfaßten Erinnerungen ging er auf seine Atelierbesuche ein. Er überlieferte u. a. Bemerkungen des Greises zur Nichtvollendung des Bildes „Aufbahrung der Märzgefallenen“ und zu den Skizzenbüchern und schilderte das Äußere wie auch das Auftreten des Künstlers. Die eilig niedergeschriebenen Sätze Lindenbergs vermitteln allerdings wenig Neues, und etwas selbstgefällig notierte er, daß er selbst die Rauhbeinigkeit Menzels nicht zu spüren bekommen habe.

Am Ende der Anthologie stehen die knappen Ausführungen des Bildhauers Reinhold Begas (1831–1911). Er wies in ihnen auf die starke Vorbildwirkung, die Menzels Illustrationen zu Franz Kuglers „Geschichte Friedrichs des Großen“ auf ihn ausgeübt hatten und welche Sensation das 1851 geschaffene Transparent „Christus im Tempel“ auf der Weihnachtsausstellung des Berliner Künstler-Unterstützungs-Vereins gewesen war. Und er betonte generell die hohe Eigenständigkeit wie das Geistvolle in dessen Arbeiten.

Reinhold Begas war unstreitig die stärkste bildhauerische Begabung seiner Generation in Deutschland. Er bewegte sich zwischen naturalistischer und neubarocker Gestaltungsweise und verband sie in verschiedenen Mischungsverhältnissen. Eine Orientierung bot ihm die italienische Plastik des 15. und 17. Jahrhunderts. Und wie er in seiner Kunst erscheinungsgetreue und idealisierende Tendenzen vereinigen konnte, so schätzte er innerhalb der zeitgenössischen Kunst ebenso unterschiedliche Gestaltungskonzepte und pflegte freundschaftlichen Umgang sowohl mit Arnold Böcklin als auch mit dessen Antipoden Menzel.

Zweifelsohne besaß Begas gegenüber Menzel Hochachtung. Sie kommt auch in der Menzel-Büste zum Ausdruck, die er 1876 aus carrarischem Marmor geschlagen hat und die von einer beeindruckenden Unmittelbarkeit ist. Dem Bildhauer verdankt die Nachwelt aber auch Abformungen, die eine Vorstellung vom Äußeren des greisen Menzel vermitteln. 1904 wurden in seiner Werkstatt die Hände des Künstlers abgeformt und vom toten Menzel fertigte er eine Gesichtsmaske an.

IV.

Über keinen deutschen Künstler des 19. Jahrhunderts ist so viel geschrieben worden wie über Menzel. Noch zu Lebzeiten erschienen mehrere Monographien und zahllose Aufsätze über ihn. Einiges von dem mittlerweile schwer zugänglich gewordenen Schrifttum einem größeren Kreis zuzuführen, ist das Anliegen dieser Anthologie. Möge sie dazu beitragen, das Interesse an der Person und dem Werk Menzels wachzuhalten.

Berlin, Juli 1991

Anmerkungen zum Nachwort

1 Gewiß waren es mehrere Gründe, die Menzel veranlaßten, das ohne Auftrag begonnene Leuthen-Bild unvollendet zu hinterlassen. In der Zeit von 1860 bis 1871 hätte er es normalerweise zu Ende führen müssen. Doch zunächst gab es eine psycho-physische Ursache für die Nichtvollendung. Während er an diesem Gemälde arbeitete, verschlechterte sich sein Gesundheitszustand, so daß er im Oktober 1860 nach Rheinsberg fuhr und im Juli/August 1861 eine Kur in Bad Freienwalde absolvierte. Am 23. Dezember 1860 schrieb Theodor Fontane in einem an Paul Heyse gerichteten Brief: „Menzel wird sich nun wieder an sein Riesenbild machen: ‚Friedrich der Große vor der Schlacht bei Leuthen‘ – er fühlt, wieviel auf dem Spiel steht, und bangt deshalb, dranzugehn." (Abgedr. bei Erich Petzet: Der Briefwechsel von Theodor Fontane und Paul Heyse 1850–1897, Berlin 1929, S. 96.). Er hatte damals schon, wie es scheint, Berührungsängste mit dem bereits weitgediehenen Gemälde. Offensichtlich fürchtete er sich, unter dem mit dem Hochkirchbild markierten Niveau zu bleiben, dessen Pendant es hatte werden sollen und das unweigerlich bei Beurteilungen als Maßstab herangezogen worden wäre. Insbesondere vor der Ausführung der Hauptfigur muß er sich gescheut haben, galt es doch, mit ihr ein beherrschendes geistiges Zentrum zu schaffen. Die psychologische Erfassung der Situation und der Bildfiguren befriedigte ihn im Laufe der Zeit immer weniger. Offenbar hatte er den Widerspruch zwischen dem repräsentativen Anspruch der monumentalen Komposition und der beabsichtigten unpathetischen Darstellungsweise, die er ja grundsätzlich vertrat, zu spät wahrgenommen. In den 60er Jahren haben zudem die Änderungswünsche des Hofes bei einem etwaigen Ankauf der Arbeit sowie die Erklärung der Kunstkommission des preußischen Staates, nur den Erwerb eines vollendeten Leuthen-Bildes in Erwägung zu ziehen, den Künstler verärgert. Aber auch das nachlassende Interesse kunsttragender Schichten an Geschichtsdarstellungen und eine Interessenverlagerung bei Menzel selbst werden die Nichtvollendung des Gemäldes mitbewirkt haben. Mit der Hinwendung zum „Eisenwalzwerk" (1872) hatte er das Leuthen-Bild wohl endgültig aufgegeben.

2 Heinrich von Angeli: Über Menzel, in: Neue Freie Presse (Wien) vom 10. Februar 1905.

3 Paul Meyerheim: Adolf von Menzel. Erinnerungen, Berlin 1906, S. 109.

4 Hans Wolff (Hrsg.): Adolph von Menzels Briefe, Berlin 1914, S. 220.

5 Brief vom 18. Juni 1884 an Friedrich Stephany, in: Theodor Fontane: Briefe an seine Freunde, 2. Bd., Berlin 1925, S. 92.

6 Deutsches Kunstblatt vom 5. Januar 1854.

7 Ottomar Beta: Gespräche mit Adolf Menzel, in: Deutsche Revue, 23. Jg., 2. Bd., Stuttgart und Leipzig 1898, S. 47.

8 Ebenda, S. 50.

9 Zit. bei Ottomar Beta: Neue Gespräche mit A. v. Menzel, in: Deutsche Revue, 24. Jg., 3. Bd., Stuttgart und Leipzig 1899, S. 171.

10 So schrieb er das Schauspiel „Nichts halb" (1885), den Roman „Die Rache ist mein" (1893) und das satirische Epos „Barbarossas Botschaft" (1896) sowie „Politik des Unbewußten" (1887) und „Regierung und Antisemitismus" (1893).

11 Die „Berliner Künstlersilhouetten" enthalten auch den in die vorliegende Anthologie aufgenommenen Bericht „Bei Adolf von Menzel" aus der Zeitschrift „Die Gegenwart". Zu den seinerzeit bekanntesten Schauspielen Nordens zählten „Der Trunkenbold" und „Fesseln".

12 Er verfaßte u. a. das vaterländische Schauspiel „Die Ahrenshooper" (1894), das Festspiel „Hohenzollern" (1900) sowie die Opernlibretti „Angela" (1894), „Haschisch" (1897), „König Drosselbart" (1899), „Die Beichte" (1901) und „Marienburg" (1903).

13 Axel Delmar: Die kleine Exzellenz, in: Die Woche, Nr. 7, Berlin, den 8. Februar 1905, S. 280.

14 Abgeb. in: Moderne Kunst in Meisterholzschnitten, Bd. XX, Berlin o. J. (1905), S. 110 f. Feder, 16 × 10 cm, mit der Widmung: „Immer im Takt wünscht fürs Leben Menzel".

15 Adolf Rosenberg: Die Berliner Malerschule 1819–1878, Berlin 1879, S. 344.

16 Zit. von Albert Hertel in: A. Hertel: Erinnerungen an Menzel, in: Süddeutsche Monatshefte, 9. Jg., 1911/12, 1. Bd., S. 793.

17 Adolf Rosenberg: a. a. O., S. 281.

18 Abbildungen bei Gustav Kirstein: Das Leben Adolph Menzels, Leipzig 1919, S. 15 u. 37.

19 1850er Jahre, Bleistift auf Papier, Weimar, Kunstsammlungen. Siehe Abb. 21.

20 Fleischhammer: Das „al fresco"-Gemälde v. Adolf Menzel,

in: Zs. d. Vereins f. d. Geschichte Berlins, 52. Jg., 1935, Heft 2, S. 49.

21 Paul Heyse: Jugenderinnerungen und Bekenntnisse, 1. Bd., Stuttgart und Berlin 1912, S. 208.

22 1853, Schweinfurt, Slg. Georg Schäfer, siehe Abb.

23 Die Bilder befinden sich jetzt im Märkischen Museum und im Museum für Verkehr und Technik in Berlin.

24 Zit. bei Julius Elias: Paul Meyerheim, in: Kunst und Künstler, 14. Jg., 1916, S. 102.

25 Ludwig Pietsch: Paul Meyerheim, in: Nord und Süd, XVII. Bd., Mai 1881, 50. Heft, Breslau 1881, S. 201.

26 Siehe Anton von Werner: Erlebnisse und Eindrücke 1870–1890, Berlin 1913, S. 100.

27 Paul Meyerheim: a. a. O., S. 6f.

28 Georg Friedlaender: Aus den Kriegstagen 1870, Berlin 1886, S. 21f.

29 In: Moderne Kunst in Meisterholzschnitten Bd. X, 1896, S. 113–120; Bd. XIX, 1905, S. 177–181 u. 182–185, 186, u. Bd. XX, 1905, S. 101.

30 Allein 1888 erwarb er 50 Deckfarbenblätter und mehr als 1 200 Zeichnungen Menzels für die Nationalgalerie.

31 Anton von Werner: a. a. O., S. 93.

32 Anton Springer: Die Kunst von 1800 bis zur Gegenwart, Leipzig 1920, S. 341.

33 Max Liebermann: Die Phantasie in der Malerei. Schriften und Reden, Berlin 1983, S. 119.

34 Jan Veth: Streifzüge eines holländischen Malers in Deutschland, Berlin 1904, S. 42.

35 Zitate von Jan Veth: ebenda, S. 45.

36 Ludwig Pietsch: Adolf Menzel, in: Nord und Süd, 11. Bd., Breslau 1879, S. 439–469.

37 Ludwig Pietsch: Persönliche Erinnerungen an Adolf v. Menzel, in: Velhagen und Klasings Monatshefte, Jg. 1904/05, 2. Bd., S. 206.

38 Zit. bei Christa Schultze (Hrsg.): Iwan Turgenjew. Briefe an Ludwig Pietsch, Berlin und Weimar 1968, S. VI.

39 Brief an Georg Friedlaender, zit. nach Christa Schultze (Hrsg.): ebenda, S. XXIX.

40 Siehe Anton von Werner: a. a. O., S. 98.

Adolph Menzel – Lebensdaten

1815 Am 8. Dezember wird Adolph Menzel als Sohn des Schuldirektors Carl Erdmann Menzel und dessen Frau, Charlotte Emilie geb. Okrusch, in Breslau geboren.

1816/18 Zwischen 1816 und 1818 wechselt Adolph Menzels Vater den Beruf und richtet sich eine Lithographenwerkstatt ein.

1822–1828 Menzel besucht die evangelische Volksschule in Breslau.

1823 Menzels Schwester Emilie wird am 25. Juli geboren.

1826 Am 3. November wird Menzels Bruder Richard geboren.

1830 Im April erfolgt der Umzug der Familie Menzel nach Berlin.

1832 Am 5. Januar stirbt der Vater, so daß Adolph Menzel für den Unterhalt der Familie sorgen muß. Er führt die Lithographenwerkstatt des Vaters weiter.

1833 Menzel besucht für mehrere Monate die Gipsklasse der Akademie und zeichnet für den Berliner Kunstverleger und -händler Louis Friedrich Sachse elf Federlithographien zu Goethes „Künstlers Erdenwallen".

1834 Am 22. Februar wird er Mitglied des „Vereins der jüngeren Künstler". Bis 1836 fertigt er die zwölf Kreidelithographien zu den „Denkwürdigkeiten aus der Brandenburgisch-Preußischen Geschichte" für Sachse an.

1835 Menzels Freund, der Tapetenfabrikant und Maler Carl Heinrich Arnold, übersiedelt von Berlin in seine Vaterstadt Kassel.

1836 Menzel lernt den Potsdamer Stabsarzt Dr. Wilhelm Puhlmann kennen, der dem Vorstand des dortigen Kunstvereins angehört.

1839–1842 Menzel liefert die ca. 400 Zeichnungen zu Franz Kuglers „Geschichte Friedrichs des Großen", die im Verlag von Johann Jakob Weber in Leipzig erscheint.

1842 Menzel beginnt im Auftrage von Sachse das 436 Federlithographien umfassende Kompendium „Die Armee Friedrichs des Großen in ihrer Uniformierung" (3 Bde., Berlin 1851–1857).

1843–1849 Menzel zeichnet 200 Illustrationen zu den Werken Friedrichs des Großen auf die Holzblöcke, die von anderen Künstlern geschnitten werden. Bei diesem vom Hohenzollernhof vergebenen Auftrag führt Ignaz von

Olfers, Generaldirektor der Königlichen Museen in Berlin, die Verhandlungen.

1844 Bei Sachse in Berlin und bei Goupil und Vibert in Paris erscheinen Menzels „Radierversuche".

1845 Menzel malt das „Balkonzimmer" und liefert dem Hof den Entwurf für ein Seitenfenster des Magdeburger Doms, der die Begegnung des katholisch-ligistischen Feldherrn Tilly mit dem protestantischen Domprediger Bake vor dem Dom zu Magdeburg im Jahre 1631 wiedergibt (nicht ausgeführt).

1846 Menzel entwirft im Auftrage des Hofes Darstellungen zweier Hochmeister des Deutschen Ritterordens für den Sommerremter der Marienburg (Ausführung in veränderter Form 1855).
Am 8. Oktober stirbt Menzels Mutter.

1847/48 Von August 1847 bis Februar 1848 führt Menzel im Auftrag des Kurhessischen Kunstvereins den Karton „Empfang der Herzogin Sophie von Brabant mit ihrem Sohn Heinrich zu Marburg im Jahre 1248" aus.

1848 Menzel kehrt am 21. März von Kassel nach Berlin zurück, wo er die Aufbahrung der Märzgefallenen erlebt, die er noch im selben Jahr auf einem Gemälde wiedergibt.

1849 Menzel beginnt die Gemäldefolge zum Leben und Wirken Friedrichs des Großen.

1850 Für den Magistrat von Berlin fertigt er die Glückwunschadresse an den Kronprinzen Friedrich Wilhelm zu dessen Volljährigkeit an.
Am 20. Oktober wird Menzel in die literarische Vereinigung „Tunnel über der Spree" aufgenommen.

1851 Für den „Verein zur Unterstützung der Hinterbliebenen von Berliner Künstlern" malt Menzel das Transparentbild „Christus als zwölfjähriges Kind im Tempel unter den Lehrern".
Im Verlag von Carl Meder in Berlin erscheint Menzels Heft „Versuche auf Stein mit Pinsel und Schabeisen".

1852 Erste Sommer- und Studienreise nach Süddeutschland und Österreich.

1853 Am 8. November wird Menzel Mitglied der Königlichen Akademie der Künste.
Er porträtiert den befreundeten Dichter Paul Heyse.

1853/54 Auf Bestellung des Berliner Eisengroßhändlers und Kunstsammlers Peter Louis Ravené malt Menzel das Tafelbild „Friedrich der Große auf Reisen".

1854 Im Auftrage des Hofes fertigt Menzel zehn Deckfarbenbilder für ein Festalbum zur Erinnerung an das „Fest der Weißen Rose" (1829) an, das der Zarin Alexandra von Rußland überreicht wird.

1855 Menzel reist im September für zwei Wochen zur Pariser Weltausstellung und besichtigt dort auch Courbets „Pavillon du Réalisme".

Von der „Verbindung deutscher Kunstvereine für historische Kunst" erhält er den Auftrag, ein Gemälde zum Wirken Friedrichs des Großen zu schaffen, worauf der Künstler die „Begegnung Friedrichs II. mit Kaiser Joseph II. in Neiße im Jahre 1769" (1857 vollendet) gestaltet.

1856 Menzel vollendet das 1850 begonnene Historienbild „Friedrich der Große und die Seinen bei Hochkirch".

Er wird zum Professor ernannt.

1857 Menzel erhält vom Hof den Auftrag für das Gemälde „Begegnung von Blücher und Wellington nach der Schlacht bei Belle-Alliance" (1858 vollendet).

1858 Menzel nimmt die Arbeit an dem Gemälde „Ansprache Friedrichs des Großen an seine Generale vor der Schlacht bei Leuthen 1757" auf (unvollendet).

1859 Am 10. Mai heiratet Menzels Schwester den Königlichen Musikdirektor Hermann Krigar.

1861 Die erste größere Personalausstellung Menzels wird im Hofgebäude Unter den Linden 21 (Berlin) gezeigt.

Von Mitte Juli bis Mitte August verbringt er einen Kuraufenthalt in Bad Freienwalde. Im September reist er nach Belgien.

Am 12. Oktober erhält er vom Hof den Auftrag, das Bild der Krönung Wilhelms I. in Königsberg zu malen (1865 vollendet).

1863 Menzel stellt in der Akademie seine Frideriziana aus.

Er beginnt die Deckfarbenbilder für das sogenannte „Kinderalbum" zu malen, das er den Kindern seiner Schwester widmet (1883 überarbeitet und abgeschlossen).

1864 Menzels Bruder Richard heiratet am 23. Juli Elise Preuß, die Tochter eines königlichen Domänenpächters im Oderbruch bei Küstrin.

1865 Am 14. Juli stirbt Menzels Bruder.

1866 Menzel gibt sterbende und gefallene Krieger des Preußisch-Österreichischen Krieges wieder.

1867 Menzel fährt zur Weltausstellung nach Paris, wo er die zweite Medaille und den Orden der Französischen Ehrenlegion für sein Hochkirch-Bild erhält.

Er malt das Tafelbild „Ein Nachmittag im Tuileriengarten".

1868 Menzel stellt im Pariser Salon das Krönungsbild und Deckfarbenbilder aus. Während seines dritten und letzten Paris-Aufenthaltes hat er, durch seinen Freund Fritz Werner vermittelt, Kontakte zu Malern der Schule von Barbizon.
Er wird zum Ehrenmitglied der Österreichischen Akademie der Künste ernannt.

1869 Sein Gemälde „Pariser Wochentag" entsteht. Für die Familie Heckmann (Berlin) fertigt er das Gedenkblatt zum fünfzigjährigen Jubiläum des Unternehmens von Carl Justus Heckmann an.

1870 Am 24. Januar wird Menzel in den Orden Pour le Mérite für Wissenschaft und Kunst aufgenommen (1882 wird er Vizekanzler und 1886 Kanzler dieses Ordens).
Der Berliner Kaufmann, Bankier und Kunstsammler Magnus Herrmann gibt bei Menzel das Gemälde „Die Abfahrt Wilhelms I. zur Armee" in Auftrag (1871 vollendet).

1871 Menzel malt die beiden Ganzfigurenporträts von Bismarck und Moltke für den Festschmuck der Akademie Unter den Linden zu Ehren der Siegesfeierlichkeiten.

1872 Menzel schlägt dem Berliner Bankier Adolph von Liebermann vor, das „Eisenwalzwerk" zu malen (1875 vollendet). Im Hinblick auf dieses Gemälde fertigt er in Königshütte zahlreiche Studien an.

1873 Er besucht die Weltausstellung in Wien.
Menzel erhält vom Hof den Auftrag, „Die Parade vor Viktor Emanuel zu Potsdam 1873" zu malen. Der von Wilhelm I. genehmigte Entwurf kommt wegen „zu hohen Preises" nicht zur Ausführung.

1874 Menzel erhält den K. Bayerischen Maximilian-Orden.

1875 Menzel wird in den Senat der Berliner Kunstakademie berufen.
Er zieht in die Sigismundstraße 3, wo er bis ans Lebensende wohnt und arbeitet.

1876 Menzel reist nach Holland und treibt Milieustudien für seine Illustrationen zu Kleists Lustspiel „Der zerbrochene Krug".

1878 Das Gemälde „Ballsouper" entsteht.

1880 Am 5. September stirbt sein Schwager Hermann Krigar.
Menzel vollendet das Gemälde „Prozession in Hofgastein".

Von nun an regelt Hermann Pächter, der die angesehene Berliner Kunsthandlung R. Wagner übernommen hat, fast ausnahmslos Menzels Kunstverkäufe.

1881 Menzel reist nach Verona (ebenso 1882 und 1883).

1882 Sein enger Freund Dr. Wilhelm Puhlmann stirbt.

Es entstehen die Entwürfe für die Bemalung eines Tafelgeschirrs zur Silberhochzeit des Kronprinzenpaares.

1884 Das Gemälde „Die Piazza d'Erbe in Verona" wird vollendet und im Ausstellungslokal der Berliner Künstler gezeigt.

1885 Menzel wird Ehrenbürger Breslaus und Ehrendoktor der Berliner Universität.

Vom 26. April bis 15. Juni wird im Pavillon de la Ville de Paris eine umfassende Menzel-Ausstellung gezeigt. In Berlin sorgt die Akademie für eine umfängliche Ausstellung seiner Werke.

1886 Menzel tritt dem „Verein für Originalradierung in Berlin" bei, für den er mehrere Radierungen anfertigt.

1887 Im Auftrage der Stadt Hamburg gestaltet Menzel den Ehrenbürgerbrief für den Wollhändler Gustav Christian Schwabe.

1889 Er beteiligt sich inoffiziell an der Jahrhundertausstellung in Paris (anläßlich der Jubiläumsfeier der Französischen Revolution).

1895 Menzel erhält den Roten Adlerorden I. Klasse mit Stern und den Titel Wirklicher Geheimer Rat mit dem Prädikat Exzellenz.

Er wird Ehrenbürger von Berlin und Bad Kissingen sowie Mitglied der Akademien von Paris und London.

In der Nationalgalerie und in der Akademie der Künste zu Berlin werden Menzel-Ausstellungen gezeigt.

1898 Menzel wird zum Ritter des Schwarzen Adlerordens ernannt und damit gleichzeitig in den Adelsstand erhoben.

1900 Im Auftrag von Johanna Arnhold, der Frau des einflußreichen Berliner Großkaufmanns und Kunstmäzens Eduard Arnhold, fertigt Menzel das Deckfarbenbild „Besuch des Aufsichtsrats im Walzwerk" an.

1903 Im Juni wird in London eine Menzel-Ausstellung gezeigt.

1905 Am 9. Februar stirbt Menzel, am 13. Februar erfolgen die Trauerfeier im Alten Museum und die anschließende Beisetzung auf dem Berliner Dreifaltigkeitsfriedhof.

Am 28. März wird in der Nationalgalerie die Gedenkausstellung eröffnet.

Quellenverzeichnis

Heinrich von Angeli: Über Menzel, in: Neue Freie Presse (Wien) vom 10. Februar 1905

Carl Johann Arnold: Erinnerungen aus meinem Zusammenleben mit Adolph Menzel, Weimar 1905, ungedrucktes Manuskript im Zentralarchiv der Staatlichen Museen zu Berlin

Reinhold Begas: Zum Tode Adolf v. Menzels, in: Der Tag vom 10. Februar 1905, Morgenausgabe

Ottomar Beta: Gespräche mit Adolf Menzel, in: Deutsche Revue, 23. Jg., 2. Bd., Stuttgart und Leipzig 1898, S. 45–58, und ebenda, 3. Bd., S. 102–118

Ottomar Beta: Neue Gespräche mit A. v. Menzel, in: Deutsche Revue, 24. Jg., 3. Bd., Stuttgart und Leipzig 1899, S. 166–179

Axel Delmar: „Die kleine Exzellenz", in: Die Woche (Berlin), 7. Jg., Nr. 7, 18. Februar 1905, S. 278–280h

Eduard Engel: Menzel über Raffael, in: Neue Freie Presse (Wien) vom 16. Februar 1905

Helge Evers-Milner: Ein Besuch bei Adolf von Menzel, in: Helge Evers-Milner: Ein Frauenbild aus der Menzelzeit, Berlin 1940, S. 80f.

Helge Evers-Milner: Adolf Menzel und die Mamsell, in: Velhagen und Klasings Monatshefte, 55. Jg., 11. Heft, Juli 1941, S. 739f.

Hanns Fechner: Meine Erinnerungen an Adolf Menzel, in: Deutsche Monatshefte, 3. Jg., 1927, Bd. 1, S. 233–242

Georg Friedlaender: Menzel-Erinnerungen, in: Vossische Zeitung (Berlin) Nr. 83 vom 18. Februar 1905

Agathe Herrmann: Wie ich Menzel kannte, in: Moderne Kunst in Meisterholzschnitten, XX. Bd., Berlin o. J. (1905), S. 99–101

Albert Hertel: Gespräche mit Menzel, in: Süddeutsche Monatshefte, 9. Jg., 1911/12, 1. Bd., S. 680–683

Albert Hertel: Erinnerungen an Menzel, in: Süddeutsche Monatshefte, 9. Jg., 1911/12, 1. Bd., S. 786–793

Paul Heyse: Jugenderinnerungen und Bekenntnisse, Stuttgart und Berlin 1912 (5. Aufl.), 1. Bd., S. 208f.

Max Jordan: Menzel und die Nationalgalerie, in: Moderne Kunst in Meisterholzschnitten, XX. Bd., Berlin o. J. (1905), S. 97–99

Alfred Lichtwark: Briefe an die Kommission für die Verwaltung der Kunsthalle, Hamburg 1924, 1. Bd., S. 184f., 226f., 237–241; 2. Bd., S. 29–33

Paul Lindenberg: Adolf von Menzel, in: Posener Tageblatt Nr. 71 vom 11. Februar 1905
Paul Meyerheim: Adolf von Menzel. Erinnerungen, Berlin 1906
Julius Norden: Bei Adolf von Menzel, in: Die Gegenwart, Jg. 29, Bd. 58, 1900 (13), S. 260–263
Ludwig Pietsch: Persönliche Erinnerungen an Adolf v. Menzel, in: Velhagen und Klasings Monatshefte, 19. Jg., 1904/05, Heft 8, 1905, S. 193–208
Hermann Roth: Münchner Menzel-Erinnerungen, in: Münchner Neueste Nachrichten Nr. 72 vom 14. Februar 1905
Jan Veth: Adolph Menzel, in: Jan Veth: Streifzüge eines holländischen Malers in Deutschland, Berlin 1904, S. 41–52
Helene Vollmar: Menzel in Kissingen, in: Moderne Kunst in Meisterholzschnitten, XX. Bd., Berlin o. J. (1905), S. 101
Anton von Werner: Erlebnisse und Eindrücke 1870–1890, Berlin 1913, S. 129–133 und 443–448

Abbildungsverzeichnis

Adolph Menzel, um 1895, Foto von Brasch

Adolph Menzel, Selbstbildnis im Ausschnitt, 1876/77, Bleistift, 14,9 × 17,2 cm, Berlin, Staatliche Museen

Adolph Menzel, Ansprache Friedrichs des Großen an seine Generale vor der Schlacht bei Leuthen 1757, unvollendet, 1858–1861, Öl/Lw., 318 × 424 cm, Berlin, Staatliche Museen, Nationalgalerie

Adolph Menzel, Krönung Wilhelms I. in Königsberg, 1861 bis 1865, Öl/Lw., 345 × 445 cm, Potsdam, Neues Palais

Adolph Menzel, Aufbahrung der Märzgefallenen, 1848, Öl/Lw., 45 × 63 cm, Hamburg, Kunsthalle

Adolph Menzel, Tafelrunde Friedrichs des Großen in Sanssouci, 1849/50, Öl/Lw., 204 × 175 cm, ehem. Berlin, Nationalgalerie, Kriegsverlust

Adolph Menzel, Menzel gratuliert Puhlmann zum 80. Geburtstag, 1876, 27,5 × 21,8 cm, Berlin, Staatliche Museen, Sammlung der Zeichnungen

Adolph Menzel, Botenfrau, 1854, Öl/Holz, 64,8 × 53,7 cm, Schweinfurt, Sammlung Georg Schäfer

Adolph Menzel, Die Bittschrift, 1849, Öl/Lw., 60 × 75 cm, Burg Hohenzollern bei Hechingen, Hohenzollernmuseum

Adolph Menzel im Atelier in der Sigismundstraße 3, 1895, Foto von Zander & Labisch, Berlin

Adolph Menzel, Flötenkonzert Friedrichs des Großen in Sanssouci, 1850/52, Öl/Lw., 142 × 205 cm, Berlin, Staatliche Museen, Nationalgalerie

Adolph Menzel, Friedrich der Große und die Seinen bei Hochkirch, 1850–1856, Öl/Lw., 295 × 378 cm, ehem. Berlin, Nationalgalerie, Kriegsverlust

Adolph Menzel, Friedrich der Große, Holzschnitt zu Scherrs Germania (Stuttgart 1878), 1878, 22 × 16,8 cm

Adolph Menzel, Oberstabsarzt Dr. Wilhelm Puhlmann, 1850, Wasserfarben, 24,1 × 18,4 cm, Berlin, Staatliche Museen, Sammlung der Zeichnungen

Adolph Menzel, Ziege und Holzpferdchen, aus dem „Kinderalbum“ (1863–1883), Wasser- und Deckfarben, 20,8 × 16,4 cm, Berlin, Staatliche Museen, Sammlung der Zeichnungen

Adolph Menzel, Kind und Kuh, aus Emilie Feiges „Der kleine Gesellschafter“, 1836, Federlithographie, 7,5 × 10,5 cm

Adolph Menzel, Brief vom 1. März 1845 an Carl Heinrich Arnold anläßlich der Verleihung des Roten Adlerordens, Berlin, Staatliche Museen

Adolph Menzel, Die Störung, 1843–1846, Öl/Lw., 111 × 90 cm, Karlsruhe, Staatliche Kunsthalle

Carl Johann Arnold(?), Adolph Menzel in seinem Atelier in Kassel, 1848, Wasserfarbe, 18 × 13 cm, ehem. im Besitz von E. Maercker, Verbleib unbekannt

Carl Johann Arnold, Menzel mit Modell im Atelier, 1854, Bleistift, 16,5 × 22,5 cm, Weimar, Kunstsammlungen

Adolph Menzel, Carl Johann Arnold, 1847, farbige Kreide auf bräunlichem Papier, 46 × 33 cm, Berlin, Staatliche Museen, Sammlung der Zeichnungen

Adolph Menzel, Friedrich der Große auf Reisen, 1853/54, Öl/Lw., Berlin, Nationalgalerie (Aufnahme vor der starken Beschädigung im Zweiten Weltkrieg)

Adolph Menzel, Bildnis des Dichters Paul Heyse, 1853, Pastell, 44,5 × 29,5 cm, Schweinfurt, Sammlung Georg Schäfer

Adolph Menzel bei Paul Heyse und dessen Frau in München, Foto von B. Dittmar

Adolph Menzel im Freundeskreis; neben ihm Elisabeth Menzel geb. Preuß und Major Klugmann, Foto, um 1865

Adolph Menzel, Karoline Meyerheim, 1847, Wasserfarben, 35,7 × 22,6 cm, Berlin, Staatliche Museen, Sammlung der Zeichnungen

Adolph Menzel, Atelierwand, Okt. 1872, Öl/Lw., 111 × 79,3 cm, Hamburg, Kunsthalle

Adolph Menzel, Ein eiserner Handschuh mit drei Putten, 1885, 17,1 × 10,6 cm, ehem. Dresden, Kupferstichkabinett

Paul Meyerheim, Adolph Menzel bei der Arbeit, Feder und Tusche, Verbleib unbekannt

Adolph Menzel, Frühmorgens im Nachtschnellzug, 1877, Kreide und Deckfarben

Adolph Menzel, Biergarten in Kissingen, 1891, Gouache, 17,5 × 24 cm, Verbleib unbekannt, ehem. Dresden, Gemäldegalerie

Adolph Menzel, Meissonier in seinem Atelier in Poissy, 1869, Öl/Lw., 22,3 × 29,9 cm, San Francisco, Fine Arts Museum

Adolph Menzel, Das Ballsouper, 1878, Öl/Lw., 71 × 90 cm, Staatliche Museen, Nationalgalerie

Adolph Menzel, Abreise König Wilhelms I. zur Armee am 31. Juli 1870, 1871, Öl/Lw., 63 × 78 cm, Berlin, Staatliche Museen, Nationalgalerie

Adolph Menzel, Therese und Grete Herrmann beim Klavierspiel in Hofgastein, 1872, Bleistift, Privatbesitz

Adolph Menzel, Blick auf Hofgastein von der Villa Herrmann,

1874, Wasser- und Deckfarben, 41,5 × 28,5 cm, ehem. Berlin, Nationalgalerie, Verbleib unbekannt

Adolph Menzel, Stammbuchblatt aus dem Kissinger „Goldenen Buch", 5. August 1889, Aquarell, 11 × 9,8 cm, Kissingen

Adolph Menzel, Vor der Michaeliskirche in München, 1853, Aquarell, 38 × 30,5 cm, Wien, Albertina

Adolph Menzel, Das Eisenwalzwerk, 1872–1875, Öl/Lw., 158 × 254 cm, Berlin, Staatliche Museen, Nationalgalerie

Anton von Werner in Adolph Menzels Atelier, Foto

Adolph Menzel, Richard Wagner auf der Probe zu Bayreuth, 8. August 1875, Bleistift, 21 × 13 cm, ehem. im Besitz von Prof. Otto Krigar-Menzel

Adolph Menzel, Salon der Frau von Schleinitz am 29. Juni 1874, 1874, Bleistift, 44 × 60 cm, ehem. im Besitz von Heinrich von Angeli

Holzschnitt nach Heinrich von Angelis Menzel-Porträt (Detail)

Adolph Menzel, Bon soir, Messieurs! – Friedrich der Große in Lissa, 1858, Öl/Lw., 247 × 190,5 cm, Hamburg, Kunsthalle

Adolph Menzel, Parlamentarier, 1905, Gouache, 31 × 24 cm, Berlin, Staatliche Museen

Jan Veth, Adolph Menzel, Bleistift, ehem. Berlin, Privatbesitz

Adolph Menzel, Allgemeine Bermerkungen, aus dem „Gedenkbuch für das Leben" (Berlin 1836), Federlithographie, 14,3 × 13,3 cm

Adolph Menzel, Pegasus wird von dem grinsenden Merkur am Fliegen gehindert, Illustration zu den Werken Friedrichs des Großen (Berlin 1846–1857), Holzstich, 4,8 × 9,1 cm

Adolph Menzel und Ludwig Pietsch im Atelier, Foto

Adolph Menzel, Rüstkammerphantasie, 1866, Gouache in verschiedenen Grau- und Brauntönen sowie Weiß über Bleistiftvorzeichnung auf braunem Papier, 44 × 60 cm, Hamburg, Kunsthalle

Adolph Menzel, Nachtgefecht in Hochkirch, Illustration zu Franz Kuglers „Geschichte Friedrichs des Großen" (Leipzig 1840), Holzstich, 7,6 × 8,9 cm

Reinhold Begas, Adolph Menzel, um 1875, carrarischer Marmor mit leichter Tönung, 63 cm, Berlin, Staatliche Museen, Nationalgalerie

Reproduktionen: Archiv Gisold Lammel, Verlagsarchiv

Register

Inhalt

Reclam Bibliothek BELLETRISTIK

GIACOMO LEOPARDI

Ich bin ein Seher

Gedichte · Italienisch und deutsch
Kleine moralische Werke
Zibaldone: Gedanken zur Literatur

Aus dem Italienischen. Herausgegeben und mit einem Nachwort von Sigrid Siemund.
Mit einer Zeittafel und einem Personenregister.
533 Seiten. Band 1369 (Sonderreihe) 10,– DM
ISBN 3-379-00632-7

Giacomo Leopardi (1798–1837) wurde meist vereinfacht als Dichter des Weltschmerzes gesehen. Er begründete für die italienische Poesie den ungekünstelten Redefluß, verbunden mit einer schmiegsamen Sprache, und die Freiheit der Metrik. Damit schloß er sie der modernen europäischen Lyrikentwicklung an. Seine Prosa ist geprägt von klassischer griechischer und lateinischer Kultur, doch in seiner weitgehenden Problematisierung der zivilisatorischen Entwicklung ist Leopardi ganz aktuell. Im „Zibaldone“, einer Art Tagebuch, sammelte er über fünfzehn Jahre, oft fragmentarisch, seine Gedanken zu philologischen und linguistischen Fragen sowie seine Ansichten zu Natur, Vernunft und Kunst.
